"十三五"江苏省高等学校重点教材（编号：2020-2-140）

U0463244

中国
法律制度
概论

主　编　宋　超　王晓燕
副主编　王　菁　章亚梅　曹海俊　冯　泠

扫码获取国际法相关知识

南京大学出版社

图书在版编目(CIP)数据

中国法律制度概论 / 宋超，王晓燕主编. -- 南京：
南京大学出版社，2022.7
ISBN 978 - 7 - 305 - 25849 - 7

Ⅰ. ①中… Ⅱ. ①宋… ②王… Ⅲ. ①司法制度－中
国 Ⅳ. ①D926

中国版本图书馆 CIP 数据核字(2022)第 092245 号

出版发行　南京大学出版社
社　　　址　南京市汉口路 22 号　　　　　邮　编　210093
出 版 人　金鑫荣
书　　名　**中国法律制度概论**
主　　编　宋　超　王晓燕
责任编辑　高　军　　　　　　　编辑热线　025 - 83592123
照　　排　南京南琳图文制作有限公司
印　　刷　南京人民印刷厂有限责任公司
开　　本　787×1092　1/16　印张 21　字数 500 千
版　　次　2022 年 7 月第 1 版　2022 年 7 月第 1 次印刷
ISBN 978 - 7 - 305 - 25849 - 7
定　　价　56.00 元

网址：http://www.njupco.com
官方微博：http://weibo.com/njupco
官方微信号：njupress
销售咨询热线：(025) 83594756

目　　录

绪　论 ……………………………………………………………………… 001

第一章　法学基础理论 …………………………………………………… 009

　　第一节　法的一般原理 ……………………………………………… 009

　　第二节　法律与其他社会规范 ……………………………………… 036

　　第三节　习近平法治思想 …………………………………………… 042

第二章　宪法概论 ………………………………………………………… 061

　　第一节　宪法基本理论 ……………………………………………… 061

　　第二节　国家的基本制度 …………………………………………… 070

　　第三节　我国公民的基本权利和义务 ……………………………… 082

　　第四节　我国的国家机构 …………………………………………… 088

　　第五节　宪法的实施及其保障 ……………………………………… 100

第三章　行政法概论 ……………………………………………………… 104

　　第一节　行政法的基础理论 ………………………………………… 104

　　第二节　国家行政机关与国家公务员 ……………………………… 108

　　第三节　行政行为 …………………………………………………… 113

　　第四节　行政救济 …………………………………………………… 124

第四章　刑法概论 ………………………………………………………… 131

　　第一节　刑法概述 …………………………………………………… 131

　　第二节　犯罪总论 …………………………………………………… 135

　　第三节　刑罚总论 …………………………………………………… 145

　　第四节　刑法分论概述 ……………………………………………… 151

第五章　民法概论 ………………………………………………………… 165

　　第一节　民法概述 …………………………………………………… 165

　　第二节　民事主体 …………………………………………………… 167

　　第三节　民事法律行为及代理 ……………………………………… 172

　　第四节　物权 ………………………………………………………… 175

第五节　债权 ·· 179

第六节　知识产权 ·· 183

第七节　人格权 ·· 197

第八节　婚姻家庭法 ·· 200

第九节　继承法 ·· 213

第十节　民事责任 ·· 226

第十一节　诉讼时效 ·· 228

第六章　经济法概论 ··· 233

第一节　企业法律制度 ·· 233

第二节　宏观调控法律制度 ·· 247

第三节　市场规制法律制度 ·· 259

第七章　诉讼法概论 ··· 277

第一节　刑事诉讼法 ·· 277

第二节　行政诉讼法 ·· 299

第三节　民事诉讼法 ·· 312

参考文献 ·· 329

后　记 ·· 331

绪　论

引例：苏格拉底宁死不越狱

苏格拉底是古希腊著名的哲学家、思想家。在遵守法律方面，苏格拉底堪称千古楷模。

公元前399年，古希腊雅典的官员墨勒托斯等人指控：苏格拉底亵渎雅典城邦所信奉的诸神；蛊惑青年并使之误入歧途，罪该处死。经过一番周折，墨勒托斯等人引用当时雅典荒诞不经的法律说服了法官和雅典公民，将苏氏送进监狱并宣判其死刑。

在等待行刑的这段时间里，苏格拉底的许多学生和朋友纷纷前来看望他，大家都认为当时的雅典法律荒谬不公，判处苏氏死刑更是有悖天理，因此遵守这样的法律简直是迂腐透顶。他的学生兼好友克里同更是愤愤不平，他告诉苏格拉底，朋友们决定帮助他越狱，而且一切均已安排妥当。只要老师同意，立马可以远走高飞。

可是，苏格拉底断然拒绝了克里同等人的请求。他虽然与克里同一样认为当时雅典的法律有很多荒诞可笑之处，但他决不赞同朋友们提出的不公正的法律就可以不遵守的观点。苏格拉底指出，雅典的法官依据不公正的法律对他作出的有罪判决显然是不公正的，但是，自己通过越狱的方式来逃避法律的制裁难道就正当了？如果大家都以法律不公正为由从而拒绝服从法官的裁判，岂不天下大乱？因此苏格拉底毅然决定绝不越狱。

此外，按照当时雅典法律的规定，所有被判有罪的人都可以请求宽恕，或者请求选择缴纳罚金，或者请求选择被放逐的方式以替代其他更严厉的处罚。但前提是被告人必须自愿认罪。对此苏格拉底同样不能接受，他认为自己的行为并不构成犯罪，所以不存在请求宽恕的问题。最终，苏格拉底服从判决，从容地选择了饮毒自尽。

苏格拉底以生命为代价作出了十分明智的选择。他的行为告诉人们，即使你认为某些法律是极其不公正的，但在"不公正的法律"被废止或修改前，我们都必须无条件地遵守。否则，一千个人就可能提出一千条理由来说明"法律的不公正"，从而使自己的违法行为不受法律追究。这样，法律将形同虚设，人们也无法预料自己的行为，社会必将陷于混乱与暴力。

一

法学的产生以法的产生和发展为前提。当社会的政治、经济和文化发展到一定阶段，出现了比较完整的法律体系以后，法学才逐渐形成和发展起来。恩格斯指出："随着立法

发展为复杂和广泛的整体,出现了新的社会分工的必要性:一个职业法学者阶层形成起来了,同时也就产生了法学。"①

古希腊一些著名的思想家,在他们的许多著作中都曾广泛地论及法的问题。苏格拉底、亚里士多德和斯多葛派的哲学家们,把法分为两种:一种是以自然为基础的不变的自然法;另一种是由人们制定的可变的人定法,并且认为自然法是居于人定法之上的指导人定法的普遍法则,较早地提出了自然法的学说。但是,在古希腊,人们对法的研究往往包含在哲学、政治学、伦理学、修辞学之中,法学还没有作为一门独立的学科从其他学科中分立出来。

在欧洲,最早的职业法学者阶层当推古罗马帝国前期的法学家集团,即通常所说的罗马法学家。他们协助罗马皇帝立法,出任高级行政司法官职(执政官),编写法律著作,解答法律问题。罗马法源于公元前 5 世纪中叶的《十二铜表法》,主要发展于公元二、三世纪,形成于公元六世纪中叶东罗马帝国皇帝查士丁尼时代(527—565),前后达千余年(约为我国东周贞定王十八年至南朝陈文帝天嘉六年)。在罗马法中,法律分为三种,即市民法、万民法和自然法。罗马法是古代"以私有制为基础的法律的最完备形式"②。在罗马法臻于完备的过程中,罗马法学家起着重大的作用。著名的罗马"五大法学家"伯比尼安(250 年前后)、保罗(121—180)、盖尤斯(117—180)、乌尔班(170—228)和毛特思丁(250 年前后)等,从理论上论证了自然法、万民法和市民法的关系,详尽地阐述了以商品生产和交换为中心的法律概念和法律关系。他们的学说不仅在当时具有法律效力,而且对后世许多国家的法律和法学的发展也都产生了深远的影响,并发展成为西方社会的法律传统。

中世纪的欧洲为神学所统治,"政治和法律都掌握在僧侣手中,也和其他一切科学一样,成了神学的分支,一切按照神学中通行的原则来处理。教会教条同时是政治信条,圣经词句在各法庭中都有法律的效力。甚至在法学家已经形成一种阶层的时候,法学还久久处于神学控制之下"③。托马斯·阿奎那的法学思想,代表了这个时代法学的特征。他从神学世界观出发,把法律分为四种:① 永恒法,即神的理性的体现,是上帝用来统治宇宙的。② 自然法,即永恒法对理性动物的关系。③ 人法,即通过国家机关制定的法律。它最终是根据永恒法制定的,是反映人的理性的法律。④ 神法,即永恒法在《圣经》中的体现,是一切法律的源泉。他认为,在上述四种法律中,永恒法高于其他一切法,也力图以此来证明封建法律是神的意志的体现,罗马教皇的权力高于世俗的一切权力,以巩固教皇对欧洲的统治。

十七、十八世纪,资本主义经济在封建社会内部迅速发展,日益壮大的资产阶级强烈要求推翻封建制度,建立自己的统治,于是以格劳秀斯、霍布斯、洛克、孟德斯鸠和卢梭等为代表的近代自然法学派应运而生。这个学派代表人物的思想观点虽有差异,但多假定一种自然状态的存在,认为在这种状态中生活的人们是自由、平等的,受人类"理性"即自然法的支配。后来,由于自然状态遭到破坏,人们自由、平等的自然权利受到侵犯,遂相约

① 《马克思恩格斯选集》第 2 卷,人民出版社 1972 年版,第 539 页。
② 《马克思恩格斯选集》第 3 卷,人民出版社 1972 年版,第 143 页。
③ 《马克思恩格斯全集》第 7 卷,人民出版社 1959 年版,第 400 页。

成立政府,服从一定的政治权威,从而产生了国家。在订立的契约中,个人可以放弃一些自然状态下的自由,以换取国家对人们生命、自由和财产的保护,于是出现了各种法律。近代自然法学派的代表认为,一切现行法律都不能与自然法相违背,后者是自然存在和永恒不变的。它的效力并非来自上帝,而是来自人类的理性。这种学说的历史作用在于摧毁了中世纪的神权学说,为资本主义制度的建立准备了理论条件。

19世纪以来,随着资产阶级专政的建立和阶级斗争的发展,近代自然法学派的学说因不再适合资产阶级的需要而日趋衰落,逐渐为以胡果、萨维尼为代表的历史法学派,以边沁、密尔为代表的功利主义法学派和以奥斯丁为代表的分析法学派所取代。历史法学派并非真正要用历史观点来研究法律,而是打着"历史"的招牌,妄图倒转历史的车轮。功利主义法学反映了资产阶级唯利是图、损人利己的阶级本质。分析法学派的锋芒已经不是指向封建制度,而是指向无产阶级和广大劳动人民。到了垄断资本主义时代,为了适应垄断资产阶级的需要,出现了众多的现代资产阶级法学派别,其中影响较大的主要是以庞德为代表的实用主义和社会法学派以及以凯尔逊为代表的规范法学派。前者主张以社会学的观点和方法来研究法学,认为法学应以影响法律的各种社会因素或社会本身作为研究对象,并且主张在行动中研究法律,把法律的适用过程看作是最重要的,鼓吹"司法立法"。后者则把法律和政治、经济等社会现象割裂开来,主张从逻辑形式上分析所谓"法的外壳",而不应研究法律思想和它的本质。这些思想观点都是垄断资产阶级法学世界观的反映,是维护垄断资产阶级统治的精神武器。

我国法学的发展源远流长。从史籍中可以看到,早在西周时,人们对法(包括"礼"和"刑")的本质和作用等问题就有所论述。到了春秋战国之际,各诸侯国相继公布成文法,秦有《秦律》、楚有《宪令》、齐有《七法》、燕有《奉法》、韩有《刑符》、赵有《国律》,特别是公元前407年魏国司寇李悝综合各国法律编成《法经》六篇以后,对法的研究日趋繁荣,学派林立,百家争鸣,在我国法学发展史上写下了灿烂的一页。以商鞅、慎到、申不害、韩非为代表的法家,反映新兴地主阶级的要求,针对儒家的"礼治"思想,提出了"以法治国"的主张。他们认为"治强生于法,弱乱生于阿"①,故必须以法来规范人们的行为,"以事遇于法则行,不遇于法则止"②;并且猛烈抨击儒家的"礼不下庶人,刑不上大夫"③的传统观念,主张"刑无等级"④,"法不阿贵","刑过不避大臣,赏善不遗匹夫"⑤。在这场论战中,韩非子集法家之大成,把法、术、势三者合为一体,建立了完整的政治法律思想体系。它表明我国先秦时期法学的发展已经达到相当的水平。

秦统一中国后,法令书籍概藏于官府,学法律者以吏为师,法学遂为掌握权柄的少数人所垄断。及至汉武帝"罢黜百家,独尊儒术",儒家思想在我国封建社会长期居于统治地位,儒家的经典甚至具有法律效力,可以作为断案的依据(所谓"《春秋》决狱"),法学研究

---

① 《韩非子·外储说右下》。
② 《韩非子·难二》。
③ 《礼记·曲礼上》。
④ 《商君书·赏刑》。
⑤ 《韩非子·有度》。

不仅要以儒家思想为指导,且多限于对法律的注释。如东汉时期,注释律令章句的叔孙宣、马融、郑玄等人,都是当时著名的经学大儒。《唐律疏议》虽然总结了唐以前的法学思想并有所发挥,但主要还是对《永徽律》逐条进行注释。宋、元、明、清四代,封建统治者一般认为只要通经,就能明法,法学得不到应有的重视,因而在一个相当长的时期内,它的发展十分缓慢。清代末年,西方资产阶级法学传入我国,法学逐渐成为一门独立的学科。但半殖民地半封建的旧中国的法学,无非是西方资产阶级法学和我国封建法学的混合体而已。

马克思和恩格斯非常重视法律科学,花了相当大的精力深入研究和探讨法学领域中的许多问题。他们既研究了法律的理论和历史,又着重剖析了当时英、法、普等欧洲国家的法律制度和法学,在此基础上,科学地阐明了法的起源、本质、作用及其发展的一般规律,揭露了剥削阶级法学的反科学、反人民的性质。这是法学发展史上一场深刻的革命,使法学的阶级性和科学性第一次获得了统一,为无产阶级法学的发展奠定了坚实的基础。随着无产阶级革命的胜利和社会主义国家的建立,产生了社会主义的法律和法学,法学的发展进入了一个新阶段。

二

法学是一门独立的学科。它以法作为自己的研究对象,主要研究法的本质、特征、形式和作用,研究法的产生和发展的规律,研究法的制定和实施,以及各种法律规范、法律现象和法律思想,是一门集科学理性思维和人文精神于一体的综合性的社会学科。法学具有如下几个特征:① 法学的核心价值理念就是以人为本、维护公平正义、保护弱者的合法权益;② 法学以法和法律现象、法律问题为直接研究对象,但同时又具有很强的阶级性;③ 法学思维的多维性和视角的多样性;④ 法学是一门应用性很强的学科。

但是,作为一门独立学科的法学,又与其他许多学科有着密切的联系:

1. 法学与哲学

马克思主义哲学,即辩证唯物主义和历史唯物主义,是关于自然、社会和思维的一般发展规律的科学,是马克思主义法学的理论基础。它为法学的研究提供了科学的世界观和方法论。脱离了马克思主义哲学的指导,法学研究就会陷入唯心主义和形而上学的泥淖。

2. 法学与经济学

经济学是研究各种经济关系和经济活动规律,亦即社会生产关系的本质及其运动规律的学科。生产关系是决定一切社会关系的基本关系,生产关系的总和构成经济基础,作为上层建筑的法律思想、法律制度和法律关系,归根到底是由经济基础决定的。

法学与经济学之间的关系十分密切,因为:① 法律所反映的统治阶级意志以及法律所确立的权利义务等都是由统治阶级的物质生活条件决定的。法学研究者只有正确地认识统治阶级的物质生活条件,才能真正认清该阶级法律的本质。② 法律对经济基础起着能动的反作用,推动或阻碍社会生产力的发展。法学只有研究经济及其发展规律,设计出

良好的法律制度,使法律符合经济规律,才能使法律、法学对经济、经济学起积极的推动作用;反之,就将起阻碍作用。③ 民主与法制的进程取决于社会经济模式和经济发展水平。④ 经济学的许多理论和研究方法可以直接引入法学领域,促进法制的改革和发展。

法学从研究法律制度、法律关系、法律行为的角度出发来研究法与经济的关系,而经济学则从生产力、经济制度、经济规律和经济活动的角度出发来研究这种关系。

3. 法学与政治学

政治学是以政治现象及其发展规律作为研究对象的一门学科。它所研究的范围包括政治本质、政治结构、政治组织、政治权力(权利)、政治决策、政治规范、政治理论、政治文化、政治动力、政治秩序等。而法律是进行政治活动和实现政治目标的一种常规形式,特别是现代文明社会,民主政治就是法治政治,一切政治都应当采取合法形式,在宪法和法律范围内有秩序地运行。没有国家政权就没有法律,因为法律是由国家制定的;反过来,没有法律,国家也不成其为国家。法学的本质就是研究如何利用法律来组织和运行国家政权的一门学科。可见,法学和政治学之间的密切联系是由法律和国家这两种社会现象之间固有的联系所决定的。

4. 法学与社会学

社会学是一门重要的具有综合意义的学科。一百多年前,它把整个社会作为研究对象,研究范围非常宽泛,后来随着政治学、法学、经济学、历史学、教育学、心理学等专门学科的形成,社会学主要研究社会结构、社会活动及其进程的宏观问题,主要包括社会关系、社会组织、社会规范、社会制度、社会文化、社会越轨与社会控制、社会运动和社会变迁、社会和谐与社会冲突等。法学与社会学之间存在着密切的、相互交错的关系,这主要表现在如下两个方面:一方面,法学研究社会中的法律,把法律作为一种社会现象进行研究;另一方面,社会学也要通过法律来研究社会,也就是把法律作为社会内容的形式。由此可见,两者有着极其广泛的共同的研究领域。

此外,法学与历史学、心理学、教育学、伦理学、民族学、宗教学以及科学技术等都有着密切的联系。

法学在其产生之初,主要是对法律进行编纂和注释。随着社会的发展,法学研究的范围逐步扩大,门类的划分日趋细密,到近代已发展为一门体系庞大、门类众多、结构严密的学科。由于国家的历史类型和各国的具体情况不同,加之受各种法律思想的影响,法学的体系和分类殊不一致。一般认为,法学的分支学科有:法理学、法律史学、比较法学、各个部门法学(包括宪法学、行政法学、民法学、商法学、经济法学、社会法学、刑法学、诉讼法学等)和国际法学等。法学的分类不是一成不变的,随着政治、经济和科学技术的发展,以及国际交往的增多,必然会出现一些新的法学分支学科的边缘学科。

三

法学的学习与研究都必须以马克思主义为指导,也就是要以马克思主义的基本原理和立场、观点、方法去分析和研究法律这一社会现象。法学方法论是由各种法学研

究方法所组成的方法体系以及对这一方法体系的理论说明。法学方法有广义和狭义两种。广义上的法学方法是指人们在法学研究和法律实践过程中所运用的各种方法,它既包括法学研究者在法学学术研究过程中进行理论构建和理论批判的方法,也包括公、检、法、司等法律职业者在解释和适用法律、法律原则、法律精神等解决具体案件的过程中所使用的各种特定方法,还包括其他法律关系主体在解释和适用法律、法律原则、法律精神,履行法定义务,维护自己合法权益等过程中所使用的各种特定方法。狭义上的法学方法则是指在适用法律过程中借以发现、选择、解释、论证法律和法律结论的各种方法。

法学方法论的内容可分为法学方法论原则和各种具体的法学方法两个基本层次。前一个层次是法学方法体系的理论基础,并对各种方法的适用发挥着整体性的导向功能;后一个层次是法学方法体系的主干部分,在研究各种法律问题时发挥着广泛的作用。

在法学方法的体系中,法学方法论原则处于非常重要的地位,因为方法论原则是关于方法的方法,是我们认识问题、解决问题的基本出发点和基本思路的依据,也是我们开发和运用具体方法的一种具有重大理论意义的根本方法。马克思主义法学理论研究必须坚持以下几条基本的方法论原则:

第一,必须坚持实事求是的思想路线。"实事求是"是指从实际对象出发,探求事物的内部联系及其发展的规律性,认识事物的本质。它是马克思主义思想路线的中国式表达,是规定思维的根本出发点和总方向的方法论原则,也是马克思主义"活的灵魂"。

第二,必须坚持社会存在决定社会意识,亦即社会物质生活过程决定社会精神生活过程的观点。马克思主义法学强调要在深入考察社会物质资料的生产、分配、交换和消费的基本条件和方式的基础上来说明法律的产生、发展和更替,阐明法律的本质、内容和作用。法律作为社会上层建筑是由经济基础决定的,法定权利和法定义务的内容及其分配状况当然要通过人类的理性、观念和意志来确定,但最终的决定力量则存在于社会物质生活的现实过程之中。因此,马克思主义认为,法的关系既不能从它们本身来理解,也不能从人类精神的一般发展来理解,一切法律制度,"只有理解了每一个与之相应的时代的物质生活条件,并且从这些物质条件中被引申出来的时候,才能理解"①。

第三,必须坚持社会现象的普遍联系和相互作用的观点。我们在法学研究中不仅要强调经济因素的作用,而且还要注意社会现象间的普遍联系,不能忘记非经济因素尤其是法律对经济因素的反作用。

第四,必须坚持社会历史的发展观点。马克思主义认为,任何事物都在发展变化着,一切都应当以时间、地点、条件为转移。任何法律体系都不能不具有一定的时空特征,它必须与自己时代的社会条件相适应,并随着这些社会条件的变化而变化。法律的发展过程与社会基本矛盾的运动过程有着深刻的联系。任何法律制度只有在准确反映了社会发展的主题和基本趋势的条件下才能为推动社会进步贡献力量,并在自身运动和发展过程中获得强大的生命力。用发展观点指导法学研究是克服因循守旧的传统和教条主义思想的强大精神武器。

---

① 《马克思恩格斯选集》(第2版)第2卷,人民出版社1995年版,第38页。

法学研究的具体方法很多,归纳起来主要有如下几个:

(1)阶级分析方法。它是用阶级和阶级斗争的观点去观察和分析阶级社会中各种社会现象的方法。它可以广泛地应用于各门社会学科和人文学科,在法学研究中也占有重要地位。没人会否认法律与利益有着极其密切的联系,法律本身就是统治阶级意志的集中表现,法律存在的必要性就在于法律是维系某种社会利益关系、利益格局所不可缺少的条件和工具。任何在政治和经济上占据统治地位的阶级或社会集团,都必然要借助于法律秩序来建立和维护有利于自己的利益秩序。法律的阶级性决定了阶级分析方法在法学理论研究中具有不可替代的价值。

(2)价值分析方法。它是通过认知和评价社会现象的价值属性,从而揭示、批判或确证一定社会价值或理想的方法。法律作为调整社会生活的行为规范体系,从终极意义上来说,法律存在本身并非目的,而是实现一定价值的手段。换言之,所有的立法和司法活动都是一种进行价值选择的社会活动。价值分析方法之所以是法学的基本方法,就在于法学的一个基本任务是揭示法的应然状态或价值属性,即回答法应当是怎样的问题。价值分析方法包括价值认知和价值评价两个方面。价值认知是要研究特定的法律制度是按照哪一个阶级或阶层的利益标准和价值观念来调整社会关系,并在法律关系主体之间分配权利义务的,其直接目的就是客观真实地描述特定社会的法律制度所要确立的价值标准和价值排序。而价值评价则是从一定的阶级利益和社会需要出发,按照一定的价值准则来对特定的法律制度的总体或者部分进行是非好坏的评析。

(3)实证研究方法。它是在价值中立的条件下,以对经验事实的观察为基础来建立和检验知识性命题的各种方法的总称。"价值中立"是指在研究过程中研究人员不得以自己特定的价值标准和主观好恶感情因素来影响资料和结论的取舍,以便保证研究的客观性。这里的"经验事实"是指通过人们的直接或间接观察发现的确定的事实因素,这些事实因素是如此确定、确实,以至于由此所作出的有关"是什么"的判断具有高度的可靠性,即使对这种判断发生争议,也易于复核、检验,而极少出现众说纷纭、永无止境的争议。它既包括与立法和法律实施有关的一切可以确定的事实,也包括法律文本中的词语、句法和逻辑结构等事实因素。法学的实证分析方法包括社会实证、逻辑实证和语义分析三种基本方法。其中的社会实证分析方法又包括法律社会学方法、历史实证研究方法、经济分析方法、比较法研究方法四种基本方法。

四

本书作为高等院校非法律专业的法学教学用书,主要讲述以下三个方面的基础理论和基础知识:

(1)法学基础理论。法学基础理论包括法的最基本最一般的原理;法律与政策、道德、宗教、习俗等其他社会规范的关系;法治的由来及其发展、中国特色社会主义法治理论等一系列基础知识和我国全面推进依法治国的总体目标与具体部署,它对于学习其他部门法学具有强烈的基础引领作用和普遍的指导意义。

(2)我国现行的主要法律。目前主要法律包括宪法、行政法、刑法、民法、商法、经济

法、社会法、三大诉讼法等,它反映现阶段社会发展的客观要求,是党的政策的具体化、条文化,是人们现实生活中的行为准则。正确理解并熟谙现行法律,对于加强社会主义法治建设具有现实的意义。

（3）国际法知识。国际法包括国际公法、国际私法和国际经济法,它是在我国改革开放和实现社会主义现代化的过程中,与外国(国际)的政治、经济和文化交流不可或缺的重要知识。

第一章　法学基础理论

【本章要点提示】　本章的教学,要求学生着重了解法的本质与特征、法律规范、法律渊源、法律分类、法的效力、法律关系等基本概念,熟悉法的创制、法的实施、法律解释等法的运作,理解法律与政策、道德、宗教、习俗等社会规范的关系,掌握习近平法治思想的重要意义及其核心要义。

第一节　法的一般原理

引例:无锡胚胎案

基本案情:原告沈某之子沈杰与儿媳刘曦因自然生育存在困难,于2012年2月在鼓楼医院生殖医学中心采用人工辅助生育技术繁育后代。当时,该夫妇二人与鼓楼医院商定,计划在2013年3月25日进行胚胎移植手术。不幸的是,同年3月20日,夫妻二人在一起交通事故中死亡。之后,双方家属因冷冻胚胎的处置与医院产生分歧,后沈某将其儿媳父母告上法院,并将鼓楼医院追加为第三人,要求取得冷冻胚胎的继承权。

2014年5月15日,江苏省宜兴市法院对此案进行一审宣判。宜兴法院以手术过程中留下的胚胎所享有的受限制权利不能被继承为由,驳回了原告的诉讼请求。后沈某不服,上诉至无锡市中级人民法院。二审法院最终判决撤销一审法院的民事判决,并要求南京鼓楼医院将冷冻胚胎交由原告沈某及其儿媳父母共同监管和处置。

法律分析:沈杰与刘曦意外死亡,合同因发生了当事人不可预见且非其所愿的情况而不能继续履行,南京鼓楼医院不能根据知情同意书中的相关条款单方面处置涉案胚胎、不得基于部门规章的行政管理规定对抗当事人基于私法所享有的正当权利。受精胚胎,具有潜在的生命特质,不仅含有沈杰、刘曦的DNA等遗传物质,而且含有双方父母两个家族的遗传信息,双方父母与涉案胚胎亦具有生命伦理上的密切关联性。同时,沈杰、刘曦遗留下来的胚胎,成为双方家族血脉的唯一载体,承载着哀思寄托、精神慰藉、情感抚慰等人格利益。涉案胚胎由双方父母监管和处置,既合乎人伦,亦可适度减轻其丧子失女之痛楚。

一、法的概念、本质和基本特征

(一) 法的起源

1. 习惯是原始社会的行为规则

了解法的起源对于把握法的概念、本质具有重要意义。

法不是从来就有的,而是人类社会发展到一定历史阶段的产物。它的产生同私有制和阶级的出现有着直接的联系。

人类在进入阶级社会以前,处于原始公社制度下。当时,生产工具极其简陋,生产力水平十分低下,单独的个人根本无法同自然界和猛兽作斗争。人们为了生存和获得生活资料,只能依靠集体的力量从事生产劳动。因而,生产资料也就必然归集体所有,劳动产品由全社会成员平均分配。

正是因为生产力水平的极端低下,所以劳动产品异常匮乏,它只能勉强满足人类生存最起码的需要,没有剩余产品,这就排除了人剥削人的可能。那时没有私有制、剥削和阶级的划分,因此,作为阶级统治工具的国家和法律自然也就无从产生了。

原始社会没有国家和法,但这并不是说它没有自己的社会组织和行为规则。在原始社会里,社会组织的基本单位是氏族。氏族是以血缘关系为基础的人类社会的最初组织形式。氏族成员之间是平等的,一切重大事务都由氏族全体成员参加的议事会决定。氏族首领由氏族成员大会选举产生并可以随时撤换。他不脱离生产,没有任何特权。他的权力不是靠暴力而是靠自己的威信以及氏族成员对他的尊敬和爱戴来维持的。

在原始公社制度下,习惯是氏族成员共同遵守的行为规则。这些行为规则是人们在长期的共同劳动和生活中逐渐地、自发地形成并世代相传的,包含着广泛的内容。它调整着氏族成员之间的相互关系,维护着氏族社会的秩序。氏族习惯不同于阶级社会中的法,它是原始公有制生产关系的产物,是氏族成员的共同意志和利益的反映,因而能为人们自觉地遵守,不需要特殊的强制机关做后盾。违反共同生活规则的行为是极其罕见的。

2. 法是阶级矛盾不可调和的产物

原始社会后期,生产工具的改进,特别是金属工具被采用,不仅使个体生产成为可能,而且能够比以前的共同劳动生产出更多的产品,出现了剩余产品,这就为私有制和人剥削人现象的产生提供了物质前提。随着生产力的发展,人类社会发生了几次大的社会分工,最初是畜牧业从农业中分离出来,随后是手工业和农业分离。社会分工促使劳动生产率不断提高,劳动已经能够提供越来越多的剩余产品,于是把过去照例被杀掉甚至被吃掉的战争俘虏变为奴隶,强迫他们劳动,就成为有利可图的事。同时,这也是生产发展的必然。这样,社会开始分裂为两大对立的阶级:主人和奴隶、剥削者和被剥削者。

社会分工的发展,出现了直接以交换为目的的商品生产,同时随着剩余产品的增多,交换日趋频繁。在交换过程中,氏族首领往往利用所掌握的权力,把交换来的一部分产品化为己有,出现了私有财产。后来,交换进一步渗透到氏族内部,促使氏族成员之间的贫富差距越来越悬殊。氏族贵族和富有者不仅压榨战俘,而且还把本氏族中的贫穷者变为奴隶。奴隶的数量剧增,奴隶劳动成了社会生产的基础,私有制得到了巩固和发展,它破坏并逐步代替了原始公社的公有制经济。于是,建立在生产资料公有制基础上的无阶级、无剥削的原始公社社会,终于被人类历史发展中的第一个阶级社会——奴隶制社会所取代。

奴隶主阶级和奴隶阶级在物质利益上是根本对立的。经济上居于统治地位的奴隶主对奴隶极端残酷的压榨和剥削,必然引起奴隶的强烈反抗。在这种不可调和的阶级矛盾和尖锐的阶级斗争面前,原有的氏族组织就显得无能为力了。奴隶主阶级为了镇压奴隶的反抗,确保自己的经济利益,就必须建立起一套特殊的暴力机构,并凭借它取得政治上的统治权力,实现对整个社会的领导。这种特殊的暴力机构就是国家。

奴隶主和奴隶之间的关系,是统治和被统治、剥削和被剥削的关系。原来反映全体氏族成员意志和利益的习惯,已经无法调整这种新的社会关系。在这种情况下,就需要有一种反映奴隶主阶级意志和利益的行为规则,并以国家的强制力迫使社会成员一同遵守,用以调整社会分裂为阶级之后的社会关系,确立起有利于奴隶主阶级的社会秩序。这种行为规则就是奴隶制法。可见,法的产生有着深刻的经济根源和阶级根源。

法的产生经历了一个漫长的、复杂的过程。最初的法是由奴隶制国家认可的、对奴隶主阶级有利的习惯,即所谓不成文的习惯法,后来才逐渐出现了由奴隶制国家制定的成文法。最早的成文法,大多是对习惯法的记载。

总之,法和国家一样,不是从来就有的,它随着阶级的产生而产生,是阶级矛盾不可调和的产物和表现。因此,它也不是永恒存在的。将来到了共产主义社会,随着阶级的完全消灭,国家的消亡,法律也就失去存在的前提和条件,自行消亡,并被另一种行为规则所取代。

(二) 法的概念

什么是法,这是一个看似简单却很难回答的问题。古往今来,无数法学家和哲学家试图对法律下定义,却始终没有定论。

从词源上来看,法的中文古体为"灋"。"廌"是传说中的一种独角神兽,它会用自己的一只独角去触那些不正直的人和事。据说法官在审判案件时,将"廌"牵到当事人即原告和被告面前,由"廌"来判断是非好坏,被"廌"用独角触的一方即败诉。古代的"灋"与刑通用,主要是指规定人们应当做某种行为,被禁止做某种行为,若是违反,就要受到刑罚处罚。同时,"灋"还蕴涵了对公平、正义的价值追求。汉语中的"律",据说在秦汉时期就与"法"同义。但是在之后的很长时间里,"法"与"律"都是分开使用的,直到清末民初,"法""律"两词才连用,合为"法律",并广泛运用于社会生活中。

在现代社会,法的含义被特定化,通常在广义和狭义两个层面上被使用。广义上的法,是指国家制定或认可的并以国家强制力保障实施的具有拘束力的一切行为规范的总和,它是从法的整体而言的。在这一层面上,法不仅是一国现行规范性法律文件的总和,还包括国家所认可的判例、习惯等。如在我国,广义的法不仅包括宪法、法律、行政法规、地方性法规、部门规章、地方政府规章等规范性法律文件,还包括国家所认可的习惯、道德等其他社会规范。而狭义的法律则专指具有立法权的国家机关(在我国专指全国人民代

表大会及其常务委员会)按照法定程序制定的规范性法律文件。因此,行政机关为执行法律所制定的行政规章、司法机关在适用法律时所作的司法解释等都不属于狭义的法的范畴。

本教材是在广义层面上对法进行理解和阐述的,认为法是由国家制定或认可的,由国家强制力保证实施的,具有普遍约束力的行为规范的总和。

在理解"法"的概念时,我们需要注意以下几点:第一,法指的是现行法律,不包括以前国家的法律,或者被废除了的旧法律,也不包括正在制定中的法律。第二,学者眼中的"法"一般是指"善法""良法","恶法"不属于法的范畴。其实,"法"是有阶级性的,统治阶级认为是"良法"的法律,被统治阶级不一定认为它是"良法",甚至会认为是"恶法"。故我们认为"法"既有"良法",也有"恶法",能够反映一国绝大多数人意志和利益的"法"就是"良法",反之就是"恶法"。第三,不由国家强制力保障实施的行为规范不是法,如道德、习俗、政党或其他社会组织的章程等若未得到国家的认可,均不属于法的范畴。

(三) 法的本质

法的本质是法理学领域内的根本问题之一,作为法的内在规定性,它隐藏在法的现象背后,只能通过抽象思维来把握。古往今来,无数法学家、哲学家耗尽毕生精力探索法的本质。关于法的本质,有人认为是"神的意志""上帝的意志";也有人认为是"民族精神""人的理性";还有人认为是"主权者的命令""纯粹的规范"等。在马克思主义诞生之前,学者们都未真正揭示出法的本质。马克思主义者从法与国家政权的关系、法与统治阶级意志的关系以及法与社会物质生活条件的关系等方面透过法的现象对法的本质进行了如下的科学阐述:

1. 国家意志性

"国家意志性"是法的本质的初级体现。法是国家意志的体现,它以国家政权为依托,没有国家政权,法就无从产生,也无从实施、实现。法的本质首先体现为国家意志性,理由在于:① 从法的产生来看,法是由国家制定或认可的;② 从法的适用范围来看,法以国家的主权范围为界,在一国主权范围内具有普遍适用性;③ 从法的实施来看,法以国家强制力为后盾,具有国家强制性。

2. 阶级意志性

马克思和恩格斯在《共产党宣言》里剖析资产阶级意识形态时深刻地指出:"你们的观念本身是资产阶级的生产关系和所有制关系的产物,正像你们的法不过是被奉为法律的你们这个阶级的意志一样,而这种意志的内容是由你们这个阶级的物质生活条件来决定的。"[1]列宁则更加直接地指出:"法律就是取得胜利并掌握国家政权的阶级的意志的表现。"[2]这些论述揭示了法的本质在于阶级意志性。尽管法的本质首先体现为国家意志性,但法所体现的国家意志实质上是取得胜利并掌握国家政权的统治阶级的意志。在阶

---

① 《马克思恩格斯选集》(第2版)第1卷,人民出版社1995年版,第289页。
② 《列宁全集》(第2版)第16卷,人民出版社1988年版,第292页。

级社会里,统治阶级凭借其在政治、经济、军事上的优势地位,将本阶级意志上升为国家意志,并通过立法活动以法律形式固定下来。因此,法的本质其次体现为阶级意志性。

我们在理解法的阶级意志性时,要避免以下误区:

第一,认为法所体现的统治阶级意志是个别统治者的个人意志。法所体现的统治阶级意志是代表统治阶级整体的、根本利益的共同意志,它既不是个别统治者的个人意志,也不是少数统治者的意志,更不是统治阶级内部成员个人意志的简单相加。

第二,认为法既然是统治阶级意志的体现,它就不规范、不打击统治阶级内部的违法犯罪行为。统治阶级内部的违法犯罪行为实质上是统治阶级内部个别主体试图将个人意志凌驾或超越于统治阶级共同利益之上的行为,这种行为从根本上违背了统治阶级的共同利益,不利于统治阶级对统治秩序的维护。事实证明,任何国家的长治久安都是建立在对被统治阶级乃至统治阶级内部违法犯罪行为严厉打击的基础之上的。当前各国对统治阶级内部的贪污腐败行为予以严厉打击就是明证。

第三,认为法只体现统治阶级的意志,完全不顾及被统治阶级的愿望和要求。法是统治阶级意志的体现,但这并不意味着法完全不考虑被统治阶级的利益需求。事实上,统治阶级为了更好地维护自己的统治,在不危及自身根本利益的前提下,常常对被统治阶级的利益予以适当考虑,以对被统治阶级予以安抚,进而实现其更大、更根本性的利益。在当今资本主义国家的法律体系中涌现出大量体现工人阶级利益的法,如限制工时、规定最低工资标准、给予失业者失业救济等。这些法律现象并不表明资本主义法就是工人阶级意志的体现,而只是资产阶级缓和阶级矛盾的权宜之计——通过对工人阶级愿望和要求的一定程度的满足,避免阶级矛盾激化进而危及资产阶级政权稳定,以便达到更好地维护资产阶级统治的目的。

第四,认为法体现统治阶级的意志就无视社会公共利益。法的阶级意志性与法律体现并保护社会公共利益并不相矛盾。社会公共利益是全体社会成员的共同利益,也是统治阶级利益体系的重要组成部分。法对社会公共利益的保护,本身就是维护统治阶级利益的体现,同时它还能够增进社会公共利益,促进安定、团结、稳定的社会秩序的形成,这对于统治阶级而言,有百利而无一害。因此,法的阶级意志性并不排斥法对社会公共利益的保护。在现代社会,越来越多的国家专门制定相关法律来保护社会公共利益。

3. 物质制约性

马克思的论断表明,法的本质终极体现为物质制约性。任何法的制定、实施和实现,都必须建立在一定的物质生活条件的基础之上,由一定的物质生活条件决定。这也就是说,法的内容是由制定法律的统治阶级的物质生活条件决定的。统治阶级的物质生活条件包括许多方面,其中最主要的是统治阶级所代表的与一定的生产力发展水平相适应的生产关系。

对于法的物质制约性的理解,我们要注意以下几点:

首先,物质生活条件是法的决定性因素,但不是唯一因素。实践表明,处于同一物质生活条件下的国家的法并不是同一的,而是形态各异的,这是由影响法的因素的多样性决定的。除了物质生活条件这一决定性因素以外,一国的政治、思想、文化、道德、宗教等都会影响到法的生成及其状态。也正是如此,世界上才形成了大陆法系、英美法系等不同的

法系。即使在同一法系中,各个国家的法律制度也形态万千、各具特色。

其次,法的物质制约性不排斥法的一定的滞后性或超前性。社会存在决定社会意识,社会意识反映社会存在。但社会意识对社会存在的反映并不总是同步的,有时超前、有时滞后。法作为社会意识的一种,也是如此。综观法的发展历程,我们发现在历代法律中有现代法律所追求的"民主""自由""平等"的影子,有些现代法律中也有与现代法律理念不相适宜的因素,这种现象并没有违背法的物质制约性,是法的滞后性或超前性的表现,我们不能以法的滞后性或超前性来否定法的物质制约性。

最后,法的物质制约性并不否定法的相对独立性。法是人类精神文明的成果,作为一种文明的积淀,具有相对的独立性。历代新法与旧法的交替轮换,不是舍你取我的过程,而是去其糟粕、取其精华的过程。封建制法取代奴隶制法、资本主义法取代封建制法、社会主义法取代资本主义法,都是建立在对旧法的合理因素吸收继承的基础之上的。这种历史继承性就是法的相对独立性的典型体现。

(四) 法的基本特征

在哲学上,特征是指一事物区别于其他相近事物的征象或标志。法的基本特征,即法区别于其他社会规范的征象或标志。一般来说,概念是一事物最本质特征的集中体现,特征是事物本质的外在表现。因此,在明确了法的概念和本质后,我们可以将法的基本特征概括如下:

1. 法是调整社会关系的行为规范

从内部结构来看,法与其他社会规范的区别在于它是一种行为规范。法律规范作为一种行为规范,对社会关系的调整是通过设定权利和义务,对人的行为提出模式化要求的方式来实现的,它不涉及人的思想领域。这种行为模式有三种类型:① "可为"模式,即法规定人们可以作出或不作出某种行为;② "应为"模式,即法要求人们必须作出某种行为;③ "勿为"模式,即法禁止人们作出某种行为。

2. 法是由国家制定或认可的行为规范

从产生方式来看,法与其他社会规范的区别在于它是由国家创制的。国家创制法律的方式有两种:一是国家制定;二是国家认可。所谓国家制定,是指有立法权的国家机关按照法定程序制定法律规范。所谓国家认可,是指拥有立法权的国家机关将社会上已经存在的某些行为规范赋予法律效力,作为法律规范来执行。目前,国家认可法的方式主要有以下两种:① 赋予社会上既存的习惯、道德、宗教规范等以法律效力,这是最常见的一种形式;② 通过承认或加入国际条约赋予国际法规范以国内法律效力。

3. 法是规定人们权利和义务的行为规范

法作为一种行为规范,是通过规定人们的权利和义务来实现的。法律上的权利是指国家通过法律认可或确认并予以保护的法律关系主体可以自主决定作出某种行为或不作出某种行为的一种自由和利益。法律上的义务是指国家通过法律规定对法律关系主体必须作出或不作出某种行为的一种法律约束。也就是说,法律上的义务是指法律关系主体依法承担的某种必须履行的责任,它表现为义务承担者必须作出或不作出一定的行为。

4. 法是具有普遍约束力的行为规范

从适用范围来看,法与其他社会规范的区别在于它具有普遍约束力。法的普遍约束力,是指法作为一个整体在国家主权范围内或法的界限范围内,一切国家机关、政党、社会团体、武装力量、企事业单位、国家工作人员和全体公民都必须遵守。在现代民主、法治社会里,在一国主权范围内,任何人的合法行为都应当无一例外地受到国家法律的保护;任何人的违法行为都应当无一例外地受到国家法律的追究。

5. 法是通过国家强制力来保障实施的行为规范

从实施方式来看,法与其他社会规范的区别在于它是由国家强制力保障实施的,而不是由一般的社会强制力来保障实施的,其他的社会规范则不能由国家强制力保障实施。比如,尚未上升为国家意志的道德规范就只能通过社会舆论和人们内心信念的驱使来实施。国家强制力是最高的一种强制力,它与国家、国家暴力机关紧密相连,任何社会组织或个人都无力抗拒,任何超越法律界限的行为都必然受到法律的制裁。

二、法的要素

法的要素是指构成法的基本元素。通说认为,法由法律规范、法律原则和法律概念三要素构成。其中,法律规范是法的要素中最基本、最核心的要素。

(一) 法律规范

法律规范,也称为法律规则,是指具体规定人们的权利、义务以及相应法律后果的行为准则。法律规范有着严密的逻辑结构,它由三部分组成,即假定条件、行为模式和法律后果。"假定条件"是法律规范中有关适用该规范的条件和情况部分;"行为模式"是法律规范中具体规定人们应当做什么、可以做什么和禁止做什么的部分;"法律后果"是法律规范中规定人们的行为符合或违背行为模式的要求时所引起的法律上的肯定或否定后果的部分。

依照不同的标准,我们可以将法律规范进行不同的分类:

1. 授权性规范、义务性规范和权义复合性规范

法律规范以其内容为标准分为授权性规范、义务性规范和权义复合性规范。

授权性规范,是授予行为主体可以享有作为、不作为或者要求他人作为、不作为权利的规范。授权性规范的特点是为权利主体提供了一定的选择自由,赋予权利主体可以为或不为一定的行为,可以要求他人为或不为一定的行为的自由。对于权利主体来说,授权性规范不具有强制性,它既不强令权利人作为,也不强令权利人不作为。授权性规范中通常采用"可以""有权利""有……自由"等术语。如"中华人民共和国公民对于任何国家机关和国家工作人员,有提出批评和建议的权利"就是一个授权性规范。

义务性规范是直接要求人们作为或不作为的规范。与授权性规范不同,义务性规范表现为对义务主体行为的一定约束,直接要求义务主体为一定的行为或不为一定的行为,义务主体没有选择的自由。义务性规范具有强制性、必要性和对义务主体的不利性三大特征。义务性规范中通常采用"应当""应该""必须""不得""禁止"以及"严禁"等术语。如

"严禁非法拘禁"就是义务性规范。

权义复合性规范是指兼具为行为主体授予权利和设定义务两种性质的法律规范。权义复合规范一方面赋予行为主体按照法律规范的规定作出一定行为的权利,另一方面又要求行为主体必须作出这一行为的义务。权义复合规范大多是有关国家机关组织和活动的规范。如《中华人民共和国民事诉讼法》第四十四条规定:"审判人员有下列情形之一的,应当自行回避,当事人有权用口头或者书面形式申请他们回避:(一)是本案当事人或者当事人、诉讼代理人近亲属的……"该法律规范就是一个权义复合性规范。"审判人员有下列情形之一的,应当自行回避"表述的是义务性规范,"当事人有权用口头或者书面形式申请他们回避"表述的是授权性规范。

2. 强制性规范和任意性规范

以法律规范的强行程度为标准,可将法律规范分为强制性规范和任意性规则。强制性规范是指内容具有强制性质,不允许人们随意变更的规范。一般而言,义务性规范均属于强制性规范。如"父母对子女有抚养教育的义务"就是义务性规范,不允许人们随意进行更改,属于强制性规范。但是,有些授权性规范由于其内容具有强行性质,也属于强制性规范,如"公民享有生命健康权"规范是一个强制性规范。

任意性规范是指在一定范围内,允许人们自行选择或者协商确定为与不为、为的方式以及权利义务内容的规范。如"债务人转移债务的,新债务人可以主张原债务人对债权人的抗辩"。新债务人对是否行使抗辩权有选择权,因此该规范是任意性规范。

3. 确定性规范、委任性规范和准用性规范

以法律规范内容是否确定为标准,可将法律规范分为确定性规范、委任性规范和准用性规范。确定性规范是指法律规范内容确定的规范。在此种法律规范中,明确规定了一定的行为规范,它向人们指明了什么样的行为是法律允许的,什么样的行为是法律禁止的,什么样的行为是法律要求的。如"居间人未促成合同成立的,不得要求支付报酬,但可以要求委托人支付从事居间活动支出的必要费用"就是典型的确定性规范。

委任性规范是指法律规范本身并没有规定行为规范,而是委托(授权)其他机关加以规定。如"著作权集体管理组织是非营利性组织,其设立方式、权利义务、著作权许可使用费的收取和分配,以及对其监督和管理等由国务院另行规定"就是典型的委任性规范。

准用性规范是指没有规定行为规范,而是规定参照、援用其他法律条文或其他法律规范。如《中华人民共和国刑法》第二百七十二条第二款规定的"国有公司、企业或者其他国有单位中从事公务的人员和国有公司、企业或者其他国有单位委派到非国有公司、企业以及其他单位从事公务的人员有前款行为的,依照本法第三百八十四条的规定定罪处罚",就是典型的准用性规范。

(二)法律原则

1. 法律原则的概念

法律原则是指构成法律规范之基础或本源的综合性、稳定性的准则或规范。它与法律规范最根本的区别在于法律规范具有严密的逻辑结构,而法律原则没有。具体表现在:

第一,在确定性方面,法律原则在内容的确定性方面不及法律规范,它作为基础性、本源性的原则或准则,一般不对行为主体具体的权利、义务以及具体的法律后果予以规定,其在内容的确定性方面不及法律规范。第二,在稳定性方面,法律原则通常是社会重大价值的沉淀,反映了一定历史时期的社会价值取向和追求目标,其稳定性较强,轻易不会改变。相比较而言,法律规范在各种因素发生变化的情况下,较为容易发生改变。第三,在适用范围上,法律原则适用范围较广,通常适用于某一类行为、某一法律部门甚至整个法律体系;法律规范的适用范围则相对较窄,一条法律规范通常只能调整一种性质的行为。第四,在适用方式上,法律原则不以"全有或全无"的方式适用,在一个特定的案件中,可能相互冲突的几项原则同时适用;法律规范以"全有或全无"的方式适用,在一个特定的案件中,法律规范要么适用,要么不适用。

2. 法律原则的分类

(1)政策性原则和公理性原则。

按照产生基础的不同,可将法律原则分为政策性原则和公理性原则。政策性原则是指一个国家或民族出于一定的政策考量而制定的原则。如在我国,耕地保护是一项基本的、长期的国策。《中华人民共和国土地管理法》规定:"十分珍惜、合理利用土地和切实保护耕地是我国的基本国策。各级人民政府应当采取措施,全面规划,严格管理,保护、开发土地资源,制止非法占用土地的行为。"

公理性原则是指由法律原理推导出来的原则。这种法律原则是严格意义上的法律原则。如"民事主体从事民事活动,应当遵循自愿原则……""民事主体从事民事活动,应当遵循公平原则……""民事主体从事民事活动,应当遵循诚信原则……"都是民事法律中的公理性原则;"法律无明文规定不为罪,法律无明文规定不为罚"是刑事法律公理性原则。

(2)基本法律原则和具体法律原则。

按照调整社会关系范围的不同,可将法律原则分为基本法律原则和具体法律原则。基本法律原则是指适用于整个法律体系或者某一法律部门,体现法律的基本精神或价值的原则。具体法律原则是指在基本原则指导下适用于某一法律部门中的特定情形的原则。值得注意的是,基本法律原则和具体法律原则是相对而言的,如罪刑法定原则是刑法中的基本原则,但置于整个法律体系之中,则属于具体法律原则。

(3)实体性原则和程序性原则。

按照内容的不同,可将法律原则分为实体性原则和程序性原则。实体性原则是指内容涉及实体问题的原则。程序性原则是指内容涉及程序问题的原则。如《中华人民共和国刑法》第五条规定:"刑罚的轻重,应当与犯罪分子所犯罪行和承担的刑事责任相适应。"这一法条内容涉及的是实体性问题,属于实体性原则。

(三)法律概念

法律概念是指对各种法律事实进行抽象概括而形成的权威性的法律术语。法律概念虽然并不规定行为主体的权利、义务和责任,也不规定相应的法律后果,但它却是立法者制定法律,执法者执行法律,司法者使用法律,社会大众了解、遵守法律的前提和基础。

根据法律概念所涉及内容的不同,我们可以将法律概念分为主体概念、客体概念、关

系概念、事实概念和其他概念。主体概念,是关于何种法律关系主体的概念,如自然人、法人、法定代表人、代理人、国家等;客体概念,是用来表达各种权利义务共同指向的对象的概念,如有体物、无体物、商标、专利、证券、动产、不动产等;关系概念,是用来描述法律关系主体之间关系的概念,如形成权、行政责任、先履行抗辩权等;事实概念,是用以表达各种事件和行为的概念,如违约、侵权、立案、起诉、审判等;其他概念,是指除上述概念以外的其他概念,如两审终审制、诚实信用原则、法典、条例等。

三、法律的渊源、分类和法律体系

(一) 法律的渊源的概念和种类

1. 法律的渊源的概念

法律的渊源这一术语,从不同的角度有不同的理解:有的理解为"法律源泉",有的理解为"权威性文件",有的理解为"原始资料",有的理解为"制定规范的机构",有的理解为"相关著作"。在我国法理学界,通常是从法律的形式渊源的角度来阐述法律的渊源的。法律的渊源,即法律的外在表现形式,是指具有法律的效力作用和意义的法律的各种表现形式。它回答法律规范是怎样以及通过谁形成的、从哪里获得它们的内容并且与它们的效力和权威分开。

2. 法律的渊源的种类

(1) 制定法。

它是指具有立法权的国家机关在法定权限范围内,依照法定程序制定的各种规范性法律文件。制定法是针对某一类情况制定的,一开始就具有法律效力,是现代国家最主要的法律的渊源之一。

(2) 判例法。

它是拥有司法权的机关及其工作人员针对具体案件所作的判决。在判例法国家,判例不仅对本案有效,而且对以后的案件审理活动有指导性和强制性,以后类似案件的审理需要"遵循先例"。如此一来,司法机关的判例就具有了普遍约束力,成为法律,即所谓的"判例法"。

(3) 习惯法。

习惯是人们在长期的共同生产和交往过程中自发形成的一种为人们所共同遵守的行为模式。值得注意的是,并非所有的习惯都是法,由习惯成为习惯法,必须经由国家的认可。只有经由国家认可的习惯,才能上升为习惯法,具备法律拘束力,并由国家强制力保障实施。

(4) 国际条约。

它是指国家间、国际组织间以及国家和国际组织相互间所缔结的条约、协定、公约、议定书等形式的国际书面协定。国际条约的效力来源于国家之间的合意。

(5) 法理。

它是指法学家对法的各种理性分析、说明和阐述。这种学理性阐述,能否成为法的渊源,取决于各个时代不同国家的法律规定和法律传统。一般而言,世界各国历史上都将法理视为法律的渊源,但现代国家一般不承认法理是具有直接法律效力的法律的渊源。

3. 当代中国法律的渊源

(1) 宪法。

宪法是国家的根本大法,是当代中国最重要的法律的渊源。它由最高国家权力机关——全国人民代表大会制定、通过和修改。宪法规定了当代中国最根本的政治、经济和社会制度,规定了国家的根本任务、公民的基本权利和基本义务、国家机关的组织结构和活动原则等国家和社会生活中最基本、最重要的问题。宪法是其他各种法律、法规的"母法",其他法律、法规是宪法这一根本法的具体化。宪法在中国具有最高法律效力,其他各种规范性法律文件的制定都必须以宪法为依据,不得与宪法相抵触。

(2) 法律。

法律是在效力层次上仅次于宪法的法律渊源,它是由全国人民代表大会和全国人民代表大会常务委员会制定的。法律有基本法律和其他法律之分。基本法律由全国人民代表大会制定和修改,内容涉及国家和社会生活某一方面的最基本的问题,如民法、刑法、行政法、经济法等;其他法律由全国人民代表大会常务委员会制定和修改,内容涉及"除应当由全国人民代表大会制定的法律以外的其他法律",如《中华人民共和国著作权法》等。按照宪法规定,在全国人民代表大会闭会期间,全国人民代表大会常务委员会在不与基本法律原则相抵触的条件下,有权对全国人民代表大会制定的法律进行补充和修改。此外,全国人民代表大会及其常务委员所作出的决议和决定,若其具有规范性的内容,也属于法律的范畴,与法律具有同等效力,如全国人民代表大会常务委员会通过的《关于国家安全机关行使公安机关的侦查、拘留、预审和执行逮捕的职权的决定》等。

(3) 行政法规。

行政法规是国务院根据宪法和法律制定的一种规范性文件,其法律地位和效力仅次于宪法和法律。国务院制定的行政法规不得与宪法和法律相抵触,全国人民代表大会常务委员会有权撤销国务院制定的同宪法和法律相抵触的行政法规、决定和命令。

(4) 地方性法规、自治法规和经济特区法规。

地方性法规是指地方国家权力机关及其常设机关为了保证宪法、法律和行政法规的遵守和执行,结合本行政区域内的具体情况和实际需要,依法制定的在本行政区域内具有法律效力的规范性法律文件。根据《中华人民共和国宪法》和《中华人民共和国地方各级人民代表大会和地方各级人民政府组织法》的规定,有权制定地方性法规的主体有:省、自治区、直辖市的人民代表大会及其常务委员会;设区的市的人民代表大会及其常务委员会。设区的市的地方性法规须报省、自治区的人民代表大会常务委员会批准后施行。

自治法规是指民族自治地方的自治机关根据宪法和法律的规定,依照当地民族的政治、经济和文化特点,制定的自治条例和单行条例。根据《中华人民共和国宪法》《中华人民共和国地方各级人民代表大会和地方各级人民政府组织法》和《中华人民共和国民族区域自治法》的规定,民族区域自治地方的人民代表大会有权按照当地民族的政治、经济、文化特点,制定自治条例和单行条例。其中,自治区的自治条例和单行条例,应报全国人民代表大会常务委员会批准后生效;自治州、自治县的自治条例和单行条例,应报省或者

自治区的人民代表大会常务委员会批准后生效,并报全国人民代表大会常务委员会备案。

经济特区法规是指我国经济特区根据授权所制定的规范性法律文件。1981 年 11 月 26 日第五届全国人民代表大会常务委员会第十一次会议授权广东省、福建省制定所属经济特区的各项单行经济法规;1992 年 7 月 1 日全国人民代表大会常务委员会又通过决定,授权深圳市人民代表大会及其常务委员会和深圳市人民政府分别制定法规和规章。

(5) 特别行政区基本法及特别行政区法。

我国是实行"一国两制"的国家。《中华人民共和国宪法》第三十一条规定:"国家在必要时得设立特别行政区。在特别行政区内实行的制度按照具体情况由全国人民代表大会以法律制定。"目前,我国的特别行政区基本法有两个:《中华人民共和国香港特别行政区基本法》和《中华人民共和国澳门特别行政区基本法》。特别行政区法是指依据宪法和特别行政区基本法,在特别行政区内施行的法律。如根据《香港特别行政区基本法》的规定,香港特别行政区法包括 1997 年 7 月 1 日以后香港特别行政区立法会制定的法律和香港原有的普通法律、衡平法律、条例、附属立法和习惯法,但同香港特别行政区基本法相抵触或经香港特别行政区的立法机关作出修改的除外。

(6) 规章。

在我国,规章有两种形式:一是部门规章,二是地方政府规章。部门规章是指国务院所属的各部、各委员会及其直属机构为执行法律或国务院的行政法规、决议、命令,根据宪法、法律和行政法规的规定,在本部门权限范围内制定的规范性法律文件。地方政府规章是指省、自治区、直辖市人民政府以及设区的市的人民政府依照法定程序制定的规范性法律文件。

(7) 国际条约和国际惯例。

国际条约是指我国同外国缔结的双边或多边条约、协定和其他具有条约、协定性质的文件。国际条约属于国际法范畴,但经法定程序批准生效的国际条约与国内法具有同等的约束力。因此,经由我国法定程序批准生效的国际条约也是我国法律的渊源之一。国际惯例是指接受为法律的一般实践、惯例或做法。国际惯例在我国法律和国际条约没有明确规定时适用。

(二) 法律的分类

依据不同的标准或从不同的角度,可以对法律作不同的分类:

1. 成文法和不成文法

这是根据法律的创制方式和表现形式所作的分类。

成文法是指有权制定法律的国家机关,依照法定程序所制定的具有条文形式的法律文件,即规范性文件。成文法因其是国家机关制定的,所以又称为制定法。不成文法是指国家机关认可的、不具有条文形式的习惯。不成文法又称为习惯法。由于它不是经国家机关制定的,所以也称为非制定法。有的法学著作把判例法也称为不成文法律。

2. 根本法和普通法

根本法和普通法是依据法律的内容、效力和制定程序所作的分类。

根本法即宪法,它规定一国国家制度和社会制度的基本原则,具有最高法律效力,是普通法立法的依据。唯其如此,它的制定和修改程序也最为严格。普通法泛指宪法以外所有的法律,它根据宪法确认的原则就某个方面或某些方面的问题作出具体规定,效力低于宪法。

3. 实体法和程序法

这是依据法的内容性质所作的分类。

实体法是从实际内容上规定主体的权利和义务的法律,如民法、刑法等。程序法是为实现实体权利义务而制定的程序方面的法律,如刑事诉讼法、民事诉讼法等。当然,这种划分并不是绝对的,在实体法中往往也规定了某些程序问题,而在程序法中则多有关于诉讼主体权利义务的规定。

4. 一般法和特别法

这是依据法的适用范围所作的分类。

凡是在一国领域内对全体居民和所有社会组织普遍适用而且在它被废除前始终有效的法律,是一般法。如民法、刑法。凡是只在一国的特定地域内(如某个行政区域)或只对特定的主体(如公职人员、军人)或在特定的时期内(如战争时期)有效的法律,是特别法。在适用上,特别法优先于一般法。

5. 国际法和国内法

这是依据法的创制和适用的主体所作的分类。

与国内法不同,国际法是由参与国际关系的国家通过协议制定或确认的并适用于国家之间的法律。国际法律关系的主体主要是国家。它的实施以国家单独或集体的强制措施为保证。

6. 公法和私法

把法律划分为公法和私法,始于古罗马法学家乌尔比安。这种分类在西方法学中得到广泛应用。但划分公法和私法的依据却众说纷纭。比较普遍的说法是以法律运用的目的为划分的依据,即凡是以维护公共利益为目的的法律为公法;凡是以维护私人利益为目的的法律为私法。西方法学通常把宪法、行政法、刑法、诉讼法归于公法,而把民法、商法归于私法。实际上,进入 20 世纪后,国家参与和干涉社会经济活动日益频繁,出现了"法社会化"现象,公法和私法互相渗透,从而动摇了公私法划分的传统。

7. 法系

"法系"是当代比较法研究中常用的一种分类概念,它是根据法的结构、形式和历史传统等外部特征,以及法律意识和法律实践的特点等因素,对不同国家和地区的法律制度所进行的分类。一般来说,源于同一法律文化传统,在法律的结构、形式、调整方法和技术等方面具有共同特点的各国法律制度被称为一个法系。

按照不同的标准,可以对法系作出不同的划分,如英美法系、大陆法系、伊斯兰法系、印度法系、中华法系,以及远东法系、非洲法系,等等。目前法学研究较多而且应用比较广泛的概念是大陆法系和英美法系。

大陆法系,也称罗马法系、民法法系、法典法系或罗马—日耳曼法系,它是以古代罗马法,特别是 19 世纪初的《法国民法典》为传统而产生和发展的法律的总称。属于大陆法系的除法国、德国这两个欧洲大陆国家以外,还包括欧洲和世界许多国家,主要是西班牙、荷兰、葡萄牙以及曾经是这些国家的殖民地的国家,还有受其影响较深的日本、泰国、土耳其等国家。中华人民共和国成立前国民党统治时期的法律,多是参照德、日两国的法律制定的,因此基本属于大陆法系。

英美法系又称英国法系或普通法系、判例法系,它是以英国 14 世纪到资本主义时期的法律为传统而产生和发展起来的法律的总称,由于美国独立后仍沿用英国法律,所以也称为英美法系。属于英美法系的国家还包括一些曾经是英国殖民地的国家和地区,如印度、巴基斯坦、缅甸、马来西亚、新西兰、澳大利亚等。我国香港特别行政区的法律制度在形式上也保留了英美法系的特点。

大陆法系和英美法系的法律制度在许多方面有明显的差别:① 历史渊源不同。大陆法系发源于欧洲大陆,经过文艺复兴以后的"采用罗马法"运动,最终以《法国民法典》和后来的《德国民法典》作为代表;英美法系发端于英国中世纪后期,主要表现为在统一地方习惯法的过程中形成的判例法。② 法律渊源不同。大陆法系以制定法为主要渊源,法被理解为抽象的规范,判例在理论上不是法的渊源;而英美法系以判例法为主要渊源,法的主要作用被认为是解决诉讼。③ 立法技术不同。大陆法系重视法典编纂,习惯于编纂较为系统的部门法典;英美法系国家虽然也有成文立法,但多是单行法规,不倾向于制定系统性较强的法典。④ 适用法律的技术不同。大陆法系的法官审理案件时,将成文法规定的一般准则适用于具体事件和行为,而且法官只能适用法律,不能创造法律;英美法系的法官审理案件时,除依据成文法以外,也要适用判例法,法官在审理案件时必须"遵循先例",即从过去同类判例中抽象出一般原则,然后再将该原则适用于眼前的案件,在这一过程中,法官往往就参与了创造法律的活动。⑤ 诉讼程序不同。大陆法系一般采用职权主义,以法官纠问为主;英美法系则采用当事人主义,以当事人辩论为主。⑥ 法律结构不同。大陆法系法律结构的基本划分是公法和私法,而英美法系法律的基本分类是普通法和衡平法。此外,两大法系在司法机构设置、法律概念和术语以及法律文化、意识等方面也有差别。20 世纪以后,特别是第二次世界大战以来,随着国际交流的发展,两大法系的法律制度出现相互渗透的趋势,但由于传统不同,它们之间的基本差别仍然存在。

(三) 法律体系

法律体系,也称部门法律体系,是指一国现行的全部法律规范按照不同的标准和原则,划分为不同的法律部门而形成的内部和谐一致、有机联系的统一整体。

在理解法律体系时,需注意以下几点:

第一,法律体系是一国全部法律规范构成的整体。也就是说,它既不是几个国家的法律构成的整体,也不是一个地区或几个地区的法律构成的整体,而是一个主权国家的法律构成的整体。因此,尽管我国存在不同社会制度、不同性质的法律和不同法系的法律,但我国的法律体系是统一的。

第二,法律体系是一国的国内法律体系,不包括完整意义上的国际法。如《联合国国际货物销售合同公约》就不属于我国法律体系的范畴。

第三,法律体系是一国现行法律体系,不包括已经废止不再有效的法律,也不包括尚未制定或已经制定但尚未生效的法律。如"紧急状态法(草案)"由于尚未生效,不属于现行法律,因此不属于我国法律体系的组成部分。

第四,法律体系是部门法律构成的体系,部门法律是构成法律体系的基本单位。

中国特色社会主义法律体系由七大法律部门(宪法及宪法相关法律、民法商法、行政法、经济法、社会法、刑法、诉讼与非诉讼程序法)和三个不同层级(法律,行政法规,地方性法规、自治条例和单行条例)的法律规范构成,部门齐全、层次分明、结构协调、体例科学。这一法律体系,具有鲜明的中国特色,适应了我国社会主义初级阶段的基本国情,并为我国的科学、和谐、和平发展提供了较为完备的法律支持和制度保障。

四、法的效力

(一) 法的效力的概念

法的效力,有广义和狭义两种。广义的法的效力,泛指法的约束力和强制力,既包括规范性法律文件的效力,也包括非规范性法律文件的效力。狭义的法的效力,是从法的普遍约束力的角度而言的,是指法的生效范围或适用范围,即法对什么人、什么事、在什么地方和什么时间生效。它可以分为法的空间效力、法的时间效力、法对人的效力和法对事的效力。我们这里所讲的法的效力是指狭义的法的效力。

(二) 法的空间效力

法的空间效力,是法生效的地域范围,即法在哪些地域范围具有拘束力。一般来说,一国法律以该国国家主权所及的领域范围为限,不仅包括一国的领陆、领水、领空和底土,还包括一国延伸意义上的领土,如本国驻外的使领馆,在本国领域之外的本国船舶和飞行器,甚至有些涉外法律规则可以超出本国而有域外效力,如按照《中华人民共和国刑法》第七至八条的规定,中华人民共和国公民在中华人民共和国领域外犯本法规定之罪的,适用本法,但是按本法规定的最高刑为3年以下有期徒刑的,可以不予追究;中华人民共和国国家工作人员和军人在中华人民共和国领域外犯本法规定之罪的,适用本法;外国人在中华人民共和国领域外对中华人民共和国国家或者公民犯罪,而按本法规定的最低刑为3年以上有期徒刑的,可以适用本法,但是按照犯罪地的法不受处罚的除外。值得注意的是,并非所有法的效力都遍及全国,有些法在全国范围内生效,有些法仅在部分地区或针对部分主体生效。

(三) 法的时间效力

法的时间效力,是指法生效的时间范围,具体包括法何时生效、何时失效以及法对生效之前的事件和行为有无溯及力。

1. 法的生效时间

法的生效时间,即法在何时生效。一般而言,法因公布而生效,未经公布的法是不具

有效力的。但法的公布时间不等同于法的生效时间。法可以自公布之日起生效,也可以在公布后的一个具体日期生效,或在公布后一定期限或满足一定条件后生效,具体时间取决于该法的具体规定。

2. 法的失效时间

法的失效时间,即法在何时效力终止。一般而言,法因废止而失效,法被废止的时间即是法的失效时间。法的废止有明示废止和默示废止两类。所谓明示废止,即通过新的规范性法律文件明文规定或者单行的规范性法律文件专门废止旧法;所谓默示废止,即在法律适用中,出现新法和旧法冲突时,适用新法而使旧法事实上被废止,适用上位法而使下位法事实上被废止。

3. 法的溯及力

法的溯及力,是指法溯及既往的效力,即法对其生效以前的事件和行为是否适用。如果适用,就具有溯及力;如果不适用,就不具有溯及力。

在溯及力这一问题上,我国采用法不溯及既往原则。所谓法不溯及既往,即法一般只对其生效后发生的行为和事件具有拘束力,而对其生效前发生的行为和事件不具有拘束力。值得注意的是,为了更好地保护公民、法人和其他组织的权利和利益,我国有些法律作出特别的规定。如《中华人民共和国刑法》第十二条规定:"中华人民共和国成立以后本法施行以前的行为,如果当时的法律不认为是犯罪的,适用当时的法律;如果当时的法律认为是犯罪的,依照本法总则第四章第八节的规定应当追诉的,按照当时的法律追究刑事责任,但是如果本法不认为是犯罪或者处刑较轻的,适用本法。"可见,《中华人民共和国刑法》在适用上采用的是从旧兼从轻原则。

(四) 法对人的效力

法对人的效力,是指法对哪些人适用或有效。我国现行法律对人的效力采用的原则有属人主义、属地主义、保护主义和普遍主义。

1. 属人主义

属人主义,又称国民主义,是指以是否具有本国国籍为标准,凡是具有本国国籍的公民和法人,无论在本国领域内还是在本国领域外,本国法都对其适用。

2. 属地主义

属地主义,又称领土主义,是指以是否在本国领域内为标准,凡是在本国领域内的人,都适用本国法,而不论是本国人还是外国人。

3. 保护主义

保护主义,是指以保护本国利益为基础,任何人只要损害了本国利益,无论损害者的国籍和所在地是哪里,均受本国法律的追究。

4. 普遍主义

普遍主义,是对属人主义、属地主义和保护主义的一种补充,是指针对几种特殊类型的危害人类社会公共利益的犯罪,各个国家都拥有管辖权,适用本国法律予以追究。

（五）法对事的效力

法对事的效力,是指法在实施过程中对哪些事项具有约束力。一般而言,法对什么样的事项具有效力,应当予以明文规定。法对其所规定的事项发生效力,对不属于其规定的事项不发生效力。

五、法律关系

（一）法律关系的概念和种类

1. 法律关系的概念

法律关系,是指法律规范在调整社会关系的过程中所形成的人们之间的权利和义务关系。法律关系有如下特征:第一,法律关系是根据法律规范建立的一种社会关系,法律规范是法律关系产生的前提。第二,法律关系是以法律上的权利和义务为内容的社会关系,法律关系有别于法律所调整的社会关系本身。第三,法律关系是合法的社会关系。没有合法形式,甚至是完全违背法律的,不是法律关系,而是法律事实,如非法同居关系、无效合同关系、以合法形式掩盖非法目的的契约关系等,均属于法律事实。第四,法律关系是体现意志性的社会关系。法律关系是根据法律规范有意识、有目的建立的,它和法律规范一样,体现国家意志性。

2. 法律关系的种类

（1）调整性法律关系和保护性法律关系。

根据法律关系产生的依据、执行的职能和实现规范的内容的不同,可将法律关系分为调整性法律关系和保护性法律关系。调整性法律关系根据主体的合法行为产生,执行法律的调整职能,它所实现的是法律规范的行为模式的内容。这种法律关系的典型特征在于不需要法律制裁,通常法律主体之间能够依法行使权利、履行义务,是法的正常实现形式,如因出生而产生父母子女关系。

保护性法律关系根据主体的违法行为产生,执行法律的保护职能,它所实现的是法律规范的否定性法律后果内容。这种法律关系的典型特征在于是以法律制裁为必备要素,是法的非正常实现形式,如刑事法律关系。

（2）横向法律关系和纵向法律关系。

根据主体在法律关系中的地位是否平等,可将法律关系分为横向法律关系和纵向法律关系。横向法律关系,是法律地位平等的主体之间的权利义务关系。这种法律关系的典型特征是法律关系主体之间的法律地位是平等的,彼此之间不存在隶属关系,权利和义务的内容具有一定程度的任意性,如民事法律关系。

纵向法律关系,是法律地位不平等的主体之间的权利义务关系。这种法律关系的典型特征在于法律关系主体之间的法律地位是不平等的,相互之间存在管理、服从或监督关系,权利和义务的内容具有强制性,不能随意转让,也不能任意放弃,如行政法律关系、刑事法律关系。

（3）绝对法律关系和相对法律关系。

根据法律关系主体是否特定化,可将法律关系分为绝对法律关系和相对法律关系。绝对法律关系,是指权利主体特定,而义务主体不特定的法律关系。这种法律关系的典型特征是权利主体是具体的、特定的,义务主体是除权利主体以外的所有人,不具体,也不确定,它以"一个人对一切人"的形式表现出来。如在所有权关系中,所有权主体是特定的,而义务主体是除所有权主体以外的所有人,属于绝对法律关系;在知识产权关系中,知识产权人是特定的,而义务主体的知识产权人以外的所有人,是不特定的,也是绝对法律关系。

相对法律关系,是指权利主体特定,义务主体也特定的法律关系。这种法律关系的典型特征在于权利和义务主体都是确定的,它以"一个人对一个人"的形式表现出来。如在婚姻关系中,丈夫和妻子都是特定的,属于相对法律关系;在债权关系中,债权人和债务人都是特定的,属于相对法律关系。

（4）单向法律关系、双向法律关系和多向法律关系。

根据法律关系主体的多少及其权利义务是否一致,可将法律关系分为单向法律关系、双向法律关系和多向法律关系。单向法律关系,是指权利人只享有权利,义务人只履行义务的法律关系。这种法律关系的典型特征是权利人享有权利和义务人履行义务都是单向的,两者之间不存在相反的联系。如在赠与关系中,受赠人只享有权利而不承担义务,赠与人只承担义务而不享有权利。

双向法律关系,是指在特定的双方法律关系主体之间,存在两个密不可分的单向权利义务主体,其中一方主体的权利对应另一方主体的义务,反之亦然。这种法律关系的典型特征在于双方主体都互有权利义务,并且双方的权利义务指向不一致,即一方的权利对应另一方的义务,一方的义务对应另一方的权利。如在买卖关系中,卖方享有收取货款的权利和承担给付货物的义务,买方享有接收货物的权利以及承担给付货款的义务。卖方的权利对应着买方的义务,卖方的义务对应着买方的权利。

多向法律关系,是指在三个或三个以上法律关系主体之间法律关系的复合体,其中既包括单向法律关系,也包括双向法律关系。这种法律关系的典型特征在于多方主体都有权利和义务,并且当事人的权利义务指向一致,即享有同样的权利,同时承担同样的义务,如合伙关系。

（二）法律关系的要素

法律关系的要素包括法律关系的主体、法律关系的客体和法律关系的内容。

1. 法律关系的主体

法律关系的主体,是指法律关系的参加者,即在法律关系中享有权利和承担义务的人或组织。其中,权利的享有者为权利人,义务的承担者为义务人。

在我国,法律关系的主体有三种,即自然人、机构或组织、国家。

自然人、机构或组织、国家作为法律关系的主体,必须具备一定的资格和能力,即权利能力和行为能力。权利能力有一般权利能力和特殊权利能力之分。一般权利能力,又称基本权利能力,是一国任何公民均享有的权利能力,是任何人取得公民资格的基本条件,不得任意剥夺或解除。特殊权利能力是公民在达到一定的年龄、身份或其他条件下享有的法律资格。这种资格并不是每个公民都可以享有的,它只授予某些特定的法律主体。如婚姻权利能力要求婚姻当事人必须达到法定的婚姻年龄、符合婚姻法的基本原则等才能享有结婚这一特殊权利能力。

法律关系的主体要享有行为能力,必须首先具备权利能力,但权利能力和义务能力并不是自然一致的,权利能力和义务能力可以分离。根据《中华人民共和国民法典》的规定,我国自然人的行为能力分为完全行为能力人、限制行为能力人、无行为能力人三种。

2. 法律关系的客体

法律关系的客体,是指法律关系的主体之间的权利和义务共同指向的对象。法律关系的客体有以下几种类型:

(1)物。法律意义上的物是指法律关系主体支配的、在生产和生活上所需要的客观实体。物理意义上的物要成为法律关系的客体,必须具备以下条件:第一,应得到法律的认可。未得到法律认可的不是法律意义上的物。第二,应为人类所认识和控制。尚未被人类认识或在人类控制范围以外的物,如地球以外的天体,不属于法律意义上的物。第三,能够给人们带来某种物质利益,具有经济价值。值得注意的是,在我国有三种物由于受法律的管制,不能成为私人法律关系的客体:① 人类公共之物或国家专有之物,如海洋、山川、水流、空气;② 军事设施、武器,如枪支、弹药等;③ 危害人类之物,如毒品、假药、淫秽书籍等。

(2)人身利益。它包括人格利益和身份利益,是人格权和身份权的客体。现代科技和医学的发展促使输血、器官移植、精子提取等社会现象不断涌现,尽管存在诸多争议,但人身在一定范围内成为法律关系的客体已成为客观事实。人身作为法律关系的客体,有几个问题值得我们注意:首先,活人的整个身体不能作为法律关系的客体,不能把人作为物权、债权和继承权的客体。在我国,拐卖或贩卖人口、买卖婚姻等行为均是法律禁止的行为。其次,权利人自己不能对自己的身体进行违法或有伤风化的活动,如卖淫嫖娼、自伤、自残行为都属于违法行为或法律不提倡的行为。再次,对人身权的行使必须依法进行,不得超出法的界限,严禁对他人的身体非法强行行使权利,如监管人员不得殴打、虐待被监管人员。最后,关于血液、器官、皮肤等人身部分的法律性质问题,应当区分情况具体对待。当人身之部分尚未脱离人的整体时,属于人身本身;当人身之部分自然地从身体中分离,可视为法律上的"物";当该部分已植入他人身体时,就成为他人人身的组成部分。

(3)智力成果。它是指人们在智力成果活动中所创造的精神财富。智力成果是非物质财富,属于人类精神文化现象,是人类及个体精神活动物化的结果。智力成果不同于有体物,其价值和利益体现在其载体(如书本、纸张、胶片、砖石等)所承载的信息、知识、技术、符号或其他精神文化上。

(4)行为。它是指权利主体的权利和义务主体的义务所共同指向的作为或不作为。如在民法上,债权的客体是给付行为。

3. 法律关系的内容

法律关系的内容是法律关系主体之间的法律权利和法律义务。

（1）法律权利。它是指法律所确认和保障的，权利人所享有的追求某种正当利益的行为自由。法律权利一般包括如下内容：第一，权利主体享有自主决定作出一定行为的自由；第二，权利主体享有要求他人作出一定行为或不作出一定行为的自由；第三，权利主体在自己的权利受到侵犯的时候，享有请求国家机关予以保护的自由。

（2）法律义务。它是指义务人对他人或社会所承担必须作为或不作为的责任。法律义务有作为义务和不作为义务之分。作为义务是要求义务人必须积极作出一定行为的义务，如赡养父母义务、依法服兵役义务等；不作为义务是要求义务人不得作出一定行为的义务，如禁止非法拘禁、严禁刑讯逼供等。

（3）法律权利和法律义务之间的关系。法律权利和法律义务共同作为法律关系内容的构成要素，既相互联系，又相互区别。法律权利和法律义务的联系表现在：首先，法律权利和法律义务都不能孤立地存在与发展。任何法律权利的实现都以法律义务的履行为前提，而法律义务的履行往往以实现相应的法律权利为条件。其次，法律权利和法律义务大多是相互对应的。一方的权利是另一方的义务，一方的义务是另一方的权利。最后，在某些情况下，法律权利和法律义务重合。如在我国，劳动和受教育既是法律权利，也是法律义务。法律权利和法律义务的区别表现在：法律权利和法律义务是相对立的；法律权利不能被看作是法律义务，法律义务也不能被看作是法律权利；法律权利和法律义务有各自的范围和限度；等等。

（三）法律事实

法律事实，是指法律规范所规定的、能够引起法律关系产生、变更、消灭的客观情况。

根据是否以人的意志力为转移，可将法律事实分为法律事件和法律行为。法律事件，是指法律规范规定的、不以当事人的意志为转移而引起法律关系产生、变更或消灭的客观事实。法律事件又分为自然事件和社会事件。自然事件，是指某种自然原因引起的事件，与人的行为无关。如自然灾害、生老病死等。社会事件，是指虽与人的行为有关，但该行为的出现对于特定法律关系的当事人是不能控制的。如社会革命、战争等。法律行为，是指法律规范规定的、在当事人的意志控制下实施的，并能引起法律关系产生、变更或消灭的行为。法律行为有合法行为与违法行为、善意行为与恶意行为、国家行为和当事人行为之分。

六、法的运行

法的运行，是指法律从创制到实施再到实现的过程。

（一）法的创制

1. 法的创制的概念

法的创制，也就是我们通常所称的立法，是指一定的国家机关依照法定职权和程序，制定、补充、修改、废止或者认可法律和其他规范性法律文件的活动。立法有广义和狭义之分。广义的立法泛指一切有权的国家机关依法制定各种规范性法律文件的活动；狭义的立法专指享有国家立法权的国家机关的立法活动。本教材从广义层面上来理解立法。

立法具有如下特征:第一,立法是国家职能活动,只能由一定的国家机关进行;第二,立法在形式上既包括创造性地制定法律,也包括对现有法律进行补充、修改甚至废止,以及将其他社会规范认可为法律;第三,立法是一种按照法定程序进行的活动,违反法定程序制定的法律无效;第四,立法活动的结果是产生具有规范性、国家强制性的普遍行为规则。

立法的行为方式:

法的制定:有立法权的国家机关依据宪法和法律规定的权限和程序,创制规范性法律文件的活动。

法的认可:有立法权的国家机关对社会上存在的某些行为规范或习惯,赋予其法律效力的活动。

法的修改:有立法权的国家机关对法律进行部分变更,包括删除、修改原有内容和补充新内容的活动。

法的废止:有立法权的国家机关终止某些现行法律效力的活动,有明示废止和默示废止两种形式。

2. 立法权

立法权是法律创制中的核心内容。所谓立法权,是指一定的国家机关依法享有的制定、补充、修改、废止法律等规范性法律文件或者认可法律的权力。根据享有立法权的主体和形式的不同,可将立法权分为以下几种:

(1)中央立法权。

中央立法权,是指由一定的中央国家权力机关行使,用以调整基本的、带有全局性的社会关系,在整个立法体系中居于基础和主导地位的立法权。在我国,中央立法权的行使主体是全国人民代表大会及其常务委员会。

(2)地方立法权。

地方立法权,是指由一定地方国家机关行使的立法权。在我国,享有地方立法权的主体有省、自治区、直辖市的人民代表大会及其常务委员会、设区的市的人民代表大会及其常务委员会、经济特区所在市的人民代表大会及其常务委员会以及民族自治地方的人民代表大会。

(3)行政立法权。

行政立法权,是指由特定的行政机关依法行使的立法权,包括中央行政立法权和地方行政立法权。在我国,行使中央行政立法权的主体包括国务院及其各部委、直属机构;享有地方立法权的主体包括省、自治区、直辖市人民政府,设区的市的人民政府等。

(4)授权立法权。

授权立法权,是指特定的国家机关根据特别授权获得的、在一定期限内或者一定范围内进行立法的一种附属立法权。在我国,授权立法的情形有二:第一,国务院根据全国人民代表大会及其常务委员会的授权对法律相对保留事项制定行政法规;第二,经济特区所在地的省、市的人民代表大会及其常务委员会根据全国人民代表大会的授权制定经济特区法规。

3. 立法程序

立法程序,是指享有立法权的国家机关制定、修改、废止、认可规范性法律文件的活动中必须遵循的法定步骤。根据我国宪法和法律的规定,我国立法程序主要有四个步骤,即法律议案的提出、法律草案的审议、法律草案的通过和法律的公布。

(1)法律议案的提出。

法律议案的提出是指享有立案提案权的组织或人员,按照法定条件向有权立法的机关提出关于制定、修改、废止、认可规范性法律文件的意见和建议。法律议案不同于一般的立法建议,它是由法定的机关和人员提出的,被列入会议议程的关于立法的建议和意见。在我国,享有立案提案权的主体有:各级人民代表大会的代表、主席团、常设机关和各种委员会;国务院和各级地方人民政府;国家最高司法机关和军事机关。

(2)法律草案的审议。

法律草案的审议是指立法机关对列入议事日程的法律草案进行审查和讨论。在我国,一般法律草案的审议要经过两个阶段,一是各专门委员会的审议,二是立法机关全体会议的审议。法律草案的审议有如下结果:提交表决、搁置、终止审议。

(3)法律草案的通过。

法律草案的通过是指立法机关对法律草案经过讨论后以表决的方式作出同意的决定,从而使法律草案成为法律。在大多数国家,通过法律的形式有相对多数通过和绝对多数通过两种。根据我国宪法和法律的规定,宪法修正案要求绝对多数通过,即必须经全国人民代表大会全体代表的2/3以上多数赞成才能通过;普通法律草案要求相对多数通过,即只需有全国人民代表大会全体代表或全国人民代表大会常务委员会全体委员的半数以上赞成即可通过。

(4)法律的公布。

法律的公布是指法律制定机关以法定的方式将已经通过的法律向社会予以正式公布。《中华人民共和国宪法》规定,国家主席根据全国人民代表大会及其常务委员会的决定公布法律。法律的公布与法律的实施有密切联系。未经公布的法律不能认为已具备效力,不能予以实施。

(二)法的实施

法的实施,是指法律规范在社会生活中被人们施行和运用的活动和过程。法的实施实质上就是将书本上的法律变成现实中的法律,应然状态的法律变成实然状态的法律。法的实施有两种途径:一是法的适用;二是法的遵守。

1. 法的适用

法的适用是指国家专门机关及其公职人员按照法定职权和程序将法律运用于具体主体和事项的活动,即执法和司法。

(1)执法。

执法,又称行政执法,是指国家行政机关及其公职人员依照法定职权和程序,贯彻、执行法律的活动。执法具有如下特点:第一,执法是以国家名义行使行政权对社会进行全面管理的活动。因此,行政机关只有代表国家行使行政权,依法对各种行政事务进行组织和管理,并直接产生特定的行政法律效力和后果的行为,才是执法行为。行政机关内部生活方面的事务和行政礼仪活动都不是执法活动。第二,执法的主体是行政机关及其公职人员。根据我国宪法和法律的规定,我国执法的主体有三类:一是各级人民政府;二是各级人民政府下属的享有执法权的各职能部门,如工商、税务、公安等;三是经授权依法成立的各种管理公共事务的组织。第三,执法具有国家强制性,由国家强制力作保障。第四,执法具有主动性和单方性。行政机关应当积极主动地执行法律,履行职责。

当代中国行政执法的基本原则包括:行政法治原则、行政公正原则、行政公开原则和行政效率原则。其中,行政法治原则要求行政机关依法行政,依法办事;行政公正原则要求行政机关及其工作人员办事公道,平等对待相对人,不偏私,不歧视;行政公开原则要求行政行为除依法应保密的以外,应一律公开进行;行政效率原则是指行政机关在行使其职能时要讲究效率,要力争以尽可能快的时间、尽可能少的人员、尽可能低的经济耗费,办尽可能多的事,取得尽可能大的经济、社会效益。

(2)司法。

司法,是指国家司法机关按照法定职权和程序,具体运用法律处理案件的专门活动。司法具有如下特点:第一,司法是司法机关以国家强制力为后盾实施法律的活动,具有国家强制性。司法机关依法作出的裁决,所有当事人必须执行,不得违抗。第二,司法的主体是司法机关。在我国,司法机关的范围有广义和狭义之分,狭义的司法机关仅指人民法院和人民检察院;广义的司法机关除了人民法院和人民检察院以外,还包括公安机关、国家安全机关、监狱、军队保卫部门等。第三,司法具有被动性。民商事纠纷中司法往往是"不告不理",在纠纷或违法情形产生后才以中立者的身份,对事实争议、法律争议进行裁判。第四,司法具有严格的程序要求。司法机关处理案件必须按照法定的程序进行。法定程序是保证司法机关正确、合法、及时适用法律的前提,是实现司法公正的重要保证。

当代中国的司法原则包括:司法公正;在法律面前一律平等;以事实为依据、以法律为准绳;司法独立。司法公正是法律精神的内在要求,是司法机关职能的要求,也是其自身存在的合法性基础;在法律面前一律平等,要求司法机关将法律统一适用于全体公民,任何人在法律面前都没有特权,其权益平等地受到法律的保护,违法行为一律受到法律的追究;以事实为依据、以法律为准绳,要求司法机关审理一切案件,都必须以案件的客观事实为依据,严格依照法律办事,切实做到有法必依、执法必严、违法必究;司法独立,要求司法机关依法独立行使职权,不受任何行政机关、社会团体和个人的干涉。

2. 法的遵守

(1)守法。

守法是指所有国家机关、社会团体和个人严格依照法律规定从事某种事务和作出某种行为的活动。守法的主体是一切国家机关、武装力量、政党、社会团体、企事业单位以及所有社会成员。任何组织和个人都有守法的义务,任何组织和个人都不得享有可以不遵守法律的特权。

守法的范围包括一定国家机关制定的所有规范性法律文件和非规范性法律文件。具体来说包括宪法、法律、行政法规、地方性法规、规章、民族自治地区的自治条例和单行条

例、特别行政区的法律,以及我国参加或对外缔结的国家条约和我国承认的国际惯例,等等。此外,执法和司法机关制定的非规范性法律文件,如人民法院的裁判文书等,对特定的组织和个人也具有法律效力。守法,既包括消极、被动的守法,即履行义务;也包括积极主动的守法,即行使权利。

（2）违法。

违法是指违反现行法律,给社会造成某种危害、有过错的行为。违法有广义和狭义之分。广义上的违法是指一切违反现行法律规定的行为,包括一般违法行为和犯罪;狭义的违法仅指一般的违法行为,即违反了法律规定,但未构成犯罪的行为。

违法的主体是自然人、法人和其他社会组织。对于违法的主体来说,不强调其年龄和智力状况。即使是未达到法定责任年龄的人,或存在智力障碍的人,其行为如果违反了法律的规定,同样应当认定为违法行为,而不能因为其年龄幼小或智力上存在障碍,就否定其行为的违法性质。

违法的主观方面是指违法主体对其实施的违法行为及其后果所具有的主观上的心理状态。一般而言,违法行为要求行为人主观上具有过错,包括故意和过失两方面。如果某种行为在客观上造成了社会损害后果,但行为主体在主观上没有故意或过失的心理状态,就不能认定为违法。如各国法律都规定,在意外事件和不可抗力的情形中,没有违法的问题。

违法的客体是指违法行为所侵犯的、为法律所保护的社会关系。任何一种违法行为,无论表现形式如何,都是对法律所保护的一定社会关系的破坏,具有社会危害性。如果某种行为没有或者不可能侵害任何客体,就不能认为是违法。

违法的客观方面是指行为人具有违反法律的行为。违法必须是一种行为,只有行为才能构成违法。任何思想和意识,只要不是行为,就不构成违法。

（三）法的实现

1. 法的实现的概念

法的实现是指法的要求在社会生活中被转化为现实。法的实现是法律运行的结果阶段,强调的是法律的结果,它使立法者的一定要求、愿望或目标变成现实。法的实现有如下特征:

第一,法的实现是法的目的的实现。法是统治阶级意志的体现。统治阶级在创制法律时,总是预先将自己的理想、意愿和目的蕴藏于法律规范中。通过法的实施,法律中所蕴含的理想、意愿和目的就全部或部分地转化为现实。

第二,法的实现是权利与义务的实现。法是以权利义务为内容的社会规范。法律规范总是赋予行为人一定的权利或一定的义务,通过行为模式的指引,告知行为人可以做什么、不可以做什么、必须做什么、禁止做什么等。当行为人按照法律规范的指引作为或不作为时,实质就是权利人享有权利、义务人履行义务的过程,此时法律就实现了。

第三,法的实现是人的自觉行动。从法的创制、实施到法的实现,人是其中最关键的因素。法是由人创制的,同时也是人在社会生活中予以实施的,权利被享有、义务被履行、禁令被遵守,都是人作为和不作为的结果。法是人和社会发生联系的一种中介,离开了人,法律无法进入社会,也无法实现。

第四,法的实现以国家强制力作为后盾。法的实现过程包括法的执行、法的适用和法的遵守。法的执行与法的适用都是国家机关执行法律的行为和活动,以国家强制力为保障。法的遵守虽然是行为主体自觉遵守法律,将法的要求转化为自己的行为,但行为主体的自觉行为很大程度上是慑于国家强制力的威慑力。

2. 法的实现条件

法律能否实现,能够在多大程度上实现,取决于法本身以及其他社会条件。总体上而言,法的实现需要具备两大条件:一是法自身方面的条件;二是其他社会条件。

(1) 法自身方面的条件。

法的实现是以存在有效的、可操作性的、可行性的法律为前提的,没有符合条件的法律的存在,法的实现便失去了对象和载体。首先,法必须是有效的法。只有具有效力的法,行政机关才能执行,司法机关才能适用,人们才会遵守,社会才会接受。没有效力的法或已经失去效力的法不会在社会中运行,也就无法实现法所追求的利益和目的。其次,法是具有可操作性的法。法是否具有可操作性直接关系到法能否被实施。如果法本身不具有可操作性,那么法就仅仅是停留在纸面上的法,而不会成为现实中的法。最后,法必须具有可行性。法的可行性是指法对社会关系的调整切实可行。法只是社会规范的一种,法无力也不可能对所有的社会关系进行调整。哪些社会关系能够成为法的调整对象,取决于社会关系本身以及现存的经济发展状况。如果无视社会的经济基础和社会关系本身的性质,人为地将本不属于或不适于法调整的社会关系纳入法的调整对象范围之内,那么这种法是无法实现的。

(2) 社会条件。

法的实现除了法自身条件的满足以外,还必须具备相应的社会条件。

首先,法的实现要建立在一定的经济基础上。法的实现前提在于法的创制,关键在于法的实施。从法的创制上来看,社会现存的经济关系和经济发展状况一方面为法的创制提供了充分的物质基础。另一方面又要求作为上层建筑的法必须准确地反映现存的经济关系和经济发展状况。从法的实施来看,权利的享有、义务的履行以及行政机关执行法律、司法机关贯彻法律都必须依赖一定的物质条件。

其次,法的实现离不开其他社会规范的共同作用。宗教、道德、习俗等其他社会规范,与法一样,是社会进行控制的不可缺少的手段。虽然法在社会规范中占有特殊地位,但还必须与其他社会规范协调配合,才能将其对社会关系的调整作用发挥到极致。离开了宗教、道德和习俗配合的法,是很难在社会中立足并得到社会的承认和遵守的。

(四) 法律监督

1. 法律监督的概念

法律监督有广义和狭义之分,广义的法律监督是指所有国家机关、社会团体和公民对各种法律活动的合法性进行的监督;狭义的法律监督是指特定国家机关依照法定职权和法定程序,对立法、执法和司法活动的合法性所进行的监督。法律监督的最终目的在于保

证法的实现。在这里,我们所讲的法律监督是指广义上的法律监督。

2. 法律监督的构成

一般来说,法律监督具备三个要素:主体、客体和内容。这些构成要素说明了谁监督、监督谁以及监督什么,它们彼此依存、相互影响,形成了一个完整的法律监督制度。

法律监督的主体,即法律监督的实施者,是指依法享有法律监督权的国家机关(包括权力机关、行政机关和司法律机关)、社会团体和自然人。

法律监督的客体,即监督谁的问题,是指法律监督的对象。在中国,人人都必须接受法律的监督。具体而言,法律监督的客体包括所有国家机关和武装力量、各政党和社会团体、各企业事业单位和全体公民。其中,对国家机关及其公务人员各种活动的监督尤为重要。

法律监督的内容非常广泛,它的范围应当同法律的覆盖面相适应,内容包括法律的制定、执行和遵守,即贯穿于法律运行的各个环节和整个过程。因为法律监督的客体主要以国家机关及其公务人员的职务活动为主,因而,国家机关及其公务人员的各种公务活动及其行为的合法性是法律监督的主要内容。

3. 法律监督的体系

(1)国家法律监督。

对法律的国家监督是一种法律监督,即国家机关以国家名义进行的,由国家强制力保证实施的,具有法律效力的监督。国家监督在整个法律监督体系中占有特殊的地位,具有权威性和特殊的作用。国家机关作为法律监督的主体,一般指国家的权力机关、行政机关和司法机关对法律活动的监督,包括各级人民代表大会及其常务委员会,各级人民政府及其所属的行政主管部门,各级军事机关、审判机关和检察机关等。国家机关的法律监督权限、监督范围、程序和效力由宪法和法律、法规作出明确规定。国家法律监督是我国法律监督体系的核心。

(2)社会法律监督。

社会法律监督指的是国家机关以外的,包括社会组织、政治团体、人民群众等通过多种手段和途径对执法、司法和守法行为的监督。其目的在于保证法律实施的合法性,其特点是不直接运用国家权力。虽然社会法律监督不必遵照一定的法律程序和形式,但它是国家法律监督的基础,也是国家法律监督能够有效实施的重要保障,我们绝不可低估其意义。

(五)法律解释

1. 法律解释的概念

法律解释,是指一定的人或组织对法律规定含义的说明。与一般解释相比,法律解释具有如下特征:第一,法律解释的主体是享有法定解释权的人或组织;第二,法律解释的对象是所有具有法律效力的规范性法律文件;第三,法律解释在性质上是一种创造性的活动,是立法活动的继续;第四,法律解释是在法律的实施过程中进行的。

2. 法律解释的种类

根据不同标准,可将法律解释分为不同的类型。

(1) 正式解释与非正式解释。

根据解释主体和解释效力的不同,可将法律解释分为正式解释和非正式解释。

正式解释,也叫法定解释或有权解释,是指由特定国家机关、官员或其他有解释权的人对法律作出的具有法律上普遍约束力的解释。在我国,根据 1981 年全国人民代表大会常务委员会《关于加强法律解释工作的决议》的规定,我国正式法定解释包括立法解释、行政解释和司法解释。

非正式解释,又称任意解释、学理解释,是指由学者或者其他个人及组织对法律规定所作的不具有法律约束力的解释。这种解释尽管不具有法律拘束力,但它对法学研究、法学教育、法制宣传等具有很重要的意义。

(2) 限制解释、扩充解释与字面解释。

根据解释尺度的不同,法律解释可以分为限制解释、扩充解释与字面解释。

限制解释是指在法律条文的字面含义显然比立法原意广时,作出比字面含义窄的解释。扩充解释是指在法律条文的字面含义显然比立法原意窄时,作出比字面含义宽的解释。字面解释是指严格按照法律条文字面的通常含义解释法律,既不缩小,也不扩大。

(3) 狭义解释与广义解释。

狭义解释,又称严格解释,是指严格按照法律条文的字面含义对法律的解释。

广义解释,是指不拘泥于法律条文的文字含义,对法律比较自由的解释。

3. 法律解释的方法

法律解释的方法是解释者在进行法律解释时为了达到解释的目的所使用的方法。法律解释的方法大体上包括文义解释、历史解释、体系解释、目的解释等几种。文义解释,也称语法解释、文法解释、文理解释,是指从法律条文中的字面意义来说明法律规定的含义。历史解释,是指通过研究有关立法的历史资料或从新旧法律的对比中了解法律的含义。体系解释,也称系统解释,是指将被解释的法律条文放在整部法律中乃至整个法律体系中,联系此法条与其他法条的相互关系来解释法律。目的解释,是指从制定某一法律的目的来解释法律。

4. 当代中国的法律解释体制

根据《中华人民共和国宪法》《中华人民共和国立法法》和全国人民代表大会常务委员会《关于加强法律解释工作的决议》,当代中国确立的是以全国人民代表大会常务委员会的解释权为核心的各机关分工配合的法律解释体制。具体而言,当代中国对法律的解释分为立法解释、行政解释和司法解释。

立法解释是全国人民代表大会常务委员会对法律的解释。《中华人民共和国立法法》第四十二条规定,法律有以下情况之一的,由全国人民代表大会常务委员会解释:① 法律的规定需要进一步明确具体含义的;② 法律制定后出现新的情况,需要明确适用法律依据的。《中华人民共和国立法法》第四十三条规定,有权向全国人民代表大会常务委员会提出法律解释要求的主体包括国务院、中央军事委员会、最高人民法院、最高人民检察院、

全国人民代表大会各专门委员会和省级人民代表大会常务委员会。全国人民代表大会常务委员会的法律解释同法律一样具有同等效力。

行政解释是指国务院及其主管部门对法律的解释。有权进行行政解释的机关包括制定行政法规的国务院以及制定行政规章的各部委和制定规范性文件的国家机关授权的下级机关。行政解释包括两种情况：第一，对不属于审判和检察工作中的其他法律如何具体应用的问题所作的解释；第二，国务院及其主管部门在行使职权时对自己所制定的法规所进行的解释。

司法解释是指最高人民法院、最高人民检察院对法律的解释。凡属于法院审判工作中具体应用法律的问题，由最高人民法院进行解释。凡属于检察院检察工作中具体应用法律的问题，由最高人民检察院进行解释。最高人民法院和最高人民检察院的解释如果有原则性的分歧，报请全国人民代表大会常务委员会解释或决定。最高人民法院、最高人民检察院制定并发布的司法解释，具有法律效力。法律解释在颁布了新的法律，或在原法律修改、废止或者制定了新的司法解释后，不再具有法律效力。

第二节　法律与其他社会规范

引例：德国告密者案

基本案情：1944 年，一个德国士兵私下里向他的妻子说了一些他对希特勒及纳粹党其他领导人物不满的话。他的妻子在他长期离家服兵役期间"已投向另一个男子的怀抱"，并想除掉她的丈夫，就把他的言论报告给了当地的纳粹党头目。结果，她的丈夫遭到了特别军事法庭的审讯，被判处死刑。经过短时期的囚禁后，未被处死，又被送到了前线。纳粹政权倒台后，那个妻子因设法使其丈夫遭到囚禁而被送上法庭。她的抗辩理由是：据当时有效的法律，她丈夫对她所说的关于希特勒及纳粹党的言语已构成犯罪。因此，当她告发她丈夫时，她仅仅是使一个罪犯归案受审。

法律分析：这个案件以及类似的一系列案件，使得二战后针对战争问题的审判在法律与道德问题上陷入了一个困境，如果严格坚持实证主义的"法律就是法律"的观点的话，那么，像告密者这样的人就不能得到法律的惩罚，但是，如果要惩罚这些人，我们依据的似乎不是法律，因为他们并没有违背当时的法律，而是依据法律之外的道德原则。对这个案件，德国的法院援引了"良知"和"正义"之类的观念，认为"妻子向德国法院告发丈夫导致丈夫的自由被剥夺，虽然丈夫是被法院以违法的理由宣判的，但是，这种法律'违背所有正常人的健全良知和正义观念'。"后来的许多案件都采用了这种推理方式，在有些案件中，法院明确宣布，"完全否认人格价值和尊严的法律不能够被看作法"。

一、法律与政策

（一）法律与政策的一般关系

政策是指一定的社会集团为了实现某种利益，达到某种政治、经济或社会的目的，根据社会发展情况而制定的行动方案。根据其制定和实施的主体的不同，政策有国家的政策与政党的政策之分。国家的政策是由各种国家机关制定并组织实施的，内容涉及立法、行政和司法等各个领域。政党的政策则是由各政党制定并组织实施的，其中，执政党的政策在整个国家生活中占据着极其重要的地位。无论是国家的政策，还是执政党的政策，都与法律有着十分密切的联系，它们彼此之间互相影响、互相作用。这一点在任何国家都不会例外。因此，法律与政策的关系问题就成了一个重要的法学理论问题。

我国法理学界一直非常重视法律与政策的关系问题，特别是法律与中国共产党政策的关系问题。众所周知，中国共产党是我国社会主义事业的领导核心，在国家生活中占据着举足轻重的地位。党的政策是党实现对国家领导的基本方法和手段。党的政策对于国家实现其任务和职能具有至关重要的意义。可以说，在我国，法律和党的政策是治理国家、管理社会的两种最主要的手段。正确处理二者的关系，事关我国社会主义建设事业的全局，事关国家的前途和命运。有鉴于此，我们将着重讨论我国社会主义法律与党的政策的相互关系和相互作用。

（二）法律与政策的异同

1. 法律与政策的联系

执政党要实现对国家的领导，通常使自己的政策对法律的制定和实施产生影响，使政策转变为法律，从而成为国家意志，由国家强制力保证实施。具体而言，法律和政策的联系体现在：

第一，两者的阶级本质相同。无论是法律还是执政党的政策，都是统治阶级意志的体现，服从、服务于统治阶级的利益。

第二，两者的经济基础相同。法律和执政党的政策都是建立在一定经济基础之上的上层建筑，由一定的物质生产方式决定，并对经济起能动的反作用。

第三，两者的社会目标相同。法律与执政党的政策的社会目标均在于实现良好的国家和社会统治秩序。

第四，两者的调整对象部分相同。法律和政策所调整的社会关系在范围上交叉，大部分的社会关系既由法律来调整，也由执政党的政策来调整。

2. 法律与政策的区别

法律与政策虽然在根本上是一致的，但彼此之间也存在着明显的区别。这主要表现在：

第一，两者的意志属性不同。法律是国家意志的体现。政策是政党意志的体现，不具

有国家意志的属性。

第二,两者的内容和表现形式不同。法律的内容一般比较明确、具体,规范性较强;政策的内容一般比较原则、抽象,具有号召性和指导性。

第三,两者的调整范围不同。法律和政策所调整的社会关系在范围上是交叉的。大多数社会关系既要由法律来调整,也要由政策来调整。但是,也有一些社会关系只由法律和政策的其中一种来调整。

第四,两者的稳定性程度不同。法律的稳定性较强,而政策有总政策、基本政策和具体政策之分。一般而言,总政策和基本政策是相对稳定的,具体政策则往往要随着客观形势的变化而作出灵活的调整。

第五,两者的实施方式不同。法律是由国家强制力来保证实施的。政策在实施上也有一定的强制性,但没有国家强制性。

处理党的领导和依法治国之间的关系,关键在于处理法律和党的政策之间的关系。我们认为,正确处理法律和党的政策之间的关系重点在于把握两点:一是加强党的政策对法律的指导作用。从法律的制定到法律的贯彻执行的全过程都必须以党的政策为指导,与党的政策保持高度一致,符合党的政策的要求。二是要强化法律对党的政策的制约作用。党的任何活动都必须在宪法和法律范围内进行,严禁任何"以政策越法""以政策代法"现象的发生。

二、法律与道德

(一) 道德的含义

道德是人们关于思想和行为的善与恶、美与丑、正义与非正义、公正与偏私、光荣与耻辱等观念的感觉、观点、原则、规则和标准的总和。它以人们自我评价和他人评价以及社会评价的方式为特点来调整人们的内心意愿和行为。它的内容和法律一样都是来自一定社会的物质生活条件,道德的实施主要是靠社会舆论、社会风俗习惯和人们的内心信念来保证的。道德属于上层建筑,建立在一定的经济基础之上,并且反过来为经济基础服务。道德具有物质制约性、历史性、阶级性、民族性和人类共同性等方面的属性。

(二) 法律与道德的异同

法律与道德之间既相互联系,存在共同性的一面,也有相互区别的一面。正确认识两者的联系与区别,是促使法律与道德在社会关系调整中协同发挥作用的前提。

1. 法律与道德的联系

法律与道德有许多共同之处,如其内容都是由社会物质生活条件决定的,都为经济基础服务,都受一定阶级的社会意识形态直接影响,都是规范人的行为的行为规范,对人的行为具有一定的约束力,都是维护一定的阶级利益和社会秩序的。法律与统治阶级道德的上述诸多联系决定着它们的社会阶级本质和服务方向必然是共同的,也决定着它们的基本原则和主要内容必然是一致的。

另外,法律与道德的联系性还表现在:第一,法律是最低限度的道德,道德和法律之间往往相互渗透。一方面,有些道德具有法律效力。统治阶级为了维护自己的统治,总是力图将在社会中占统治地位的道德上升为法律形式,从而使某些道德具有法律效力。另一方面,法律也体现一定的道德精神。法律形成的过程实质上是立法者关于善与恶、美与丑、正义与非正义、公正与偏私的道德价值判断过程。那些严重违反人类基本的道德价值观念、肆意践踏人权的法律规范,不是法律,不可能得到人们的认同与遵守。第二,法律与道德的相互制约性。道德通过对法律的某些规定的公正性以及公正程度的评价,促使法律的立、改、废工作开展,使法律符合统治阶级或者人民群众的利益,保持法律的伦理方向。反过来,法律通过立法、执法和司法,可以促使某些道德规范的完善和发展,约束不道德行为不得超出法律许可的范围。第三,相互保障性。可以这么说,法律是道德的政治支柱,道德是法律的精神支柱。因为国家通过立法和司法进一步保障许多道德的实施,而加强道德教育也势必可以提高立法者的立法水平和司法者的司法水平,增强公民守法意识,进而保障法制的发展。

2. 法律与道德的区别

法律和道德作为两种不同的社会规范,具有不同的规定性。二者之间的主要区别是:

第一,两者的形成方式不同:法律是由一定国家机关依照法定职权和程序创制或认可的,是一定国家机关有意识的“自觉”行为。道德是人们在长期社会交往中潜意识追求真、善、美事物的过程中“自发”形成的,无专门两者的创制机关。

第二,两者的产生时间不同:法律的产生时间比道德要晚,法律是人类社会发展到一定历史阶段的产物,它伴随着私有制和阶级的出现而出现。道德是人类早期文明的产物,在人类社会出现时就产生了。在原始社会,道德是最主要的社会调整手段。

第三,两者的表现形式:法律外在表现为一定的国家机关制定或认可的各种规范性法律文件,如宪法、法律、行政法规、地方性法规、规章,等等。道德存在于人们的社会意识中,没有特定的表现形式,一般通过人们的行为和语言表现出来。

第四,两者的调整对象不同:法律调整人的行为,而不调整人的思想。法律关注的重心是人的外部行为,只要外部行为具有“合法性”,无论其思想动机如何邪恶,也不违法。道德调整的范围包括人的行为和人的思想两方面,其侧重点在对人的思想的调整上,即通过对人们内心的信念和思想活动的调整,来影响人们的外部行为。

第五,两者的调整范围不同:法律仅仅调整那些对建立正常社会秩序具有重要意义并且有可能由国家评价和保障的社会关系。道德调整的范围比法律调整的范围要宽泛得多,几乎涉及社会生活的每一个领域和所有的社会关系。

第六,两者的调整内容不同:法律是以权利和义务为调整机制对社会关系进行调整的,它不仅规定行为人的权利,也强调行为人的义务,并要求行为人行使权利和履行义务具有一致性。道德主要是通过规定道德义务对社会关系进行调整的,要求个人对他人和社会履行其应尽的义务,并且这种义务的履行不以享有某种权利为前提。

第七,两者的调整手段不同:法律是由国家强制力保证实施的,行为人对法律的违反必然招致法律的制裁。道德的施行主要依靠人们内心的信念和社会舆论的力量的驱使,而不会导致法律的制裁。

在我国,法律的规范和原则处处体现道德准则。如《中华人民共和国宪法》规定公民

有遵守社会公德的义务,《中华人民共和国民法典》规定了诚实信用原则等,使得守法本身具有某种道德意味。在道德规范中也有守法的内容,法律和道德相互交融,相互补充,共同规范着社会生活。

三、法律与宗教

(一) 宗教的含义

宗教,是指由一定的宗教团体制定的或者在一定的宗教活动中自发形成的适用于宗教团体内部的行为规则。其内容包括宗教信仰的基本原则、宗教组织的结构、神职人员和一般教徒在宗教活动中的权利和义务、违反宗教教规行为的惩罚措施,等等。

(二) 法律与宗教的异同

在实行政教合一的国家,宗教和法律相互贯通,法律事实上就是一种表达宗教观念和宗教要求的重要方式。在这种类型的国家,宗教和法律合为一体,对宗教和法律进行区分的意义不大。而在实行政教分离的国家,一般是严禁宗教干预国家政治生活的,宗教和法律作为不同的社会规范,既存在联系,也存在区别。

1. 法律与宗教的联系

法律与宗教的联系体现在:第一,法律与宗教都属于上层建筑。法律和宗教都属于上层建筑的组成部分,由一定的经济基础决定。两者都是用来实现社会控制的规范体系,满足统治阶级进行阶级统治的需要。第二,法律与宗教在价值取向上有着共同之处。秩序、正义、公平等不仅仅是法律所追求的价值目标,也是宗教教义的核心内容。第三,在法律的起源阶段,法律与宗教是混为一体的,具有一致性。第四,在法律的早期阶段,法律借助宗教力量而获得权威性和正当性。

2. 法律与宗教的区别

第一,两者的产生时间不同:法律是在人类社会发展到一定历史阶段,伴随着私有制和阶级的出现而出现的。宗教产生于原始社会后期,早于法律产生的时间。

第二,两者的产生方式不同:法律由一定国家机关按照法定职权和程序制定或认可,是在人的理性支配下自觉行为的结果。宗教是人们囿于对自然和社会认识能力的局限,盲目崇拜超自然神灵的结果。

第三,两者的调整范围不同:法律仅仅调整那些对建立正常社会秩序具有重要意义并且有可能由国家评价和保障的社会关系,但不调整人的思想。宗教规范的调整范围几乎涵盖了所有的社会关系,不仅包括人的外部行为,也包括人的内心世界,并且其更加侧重于规范人的内心世界。

第四,两者的调整对象不同:法律具有普遍适用性,对一国全体居民都具有约束力。宗教原则上只适用于宗教徒,只在特殊情况情况下,才适用于全体居民。

第五,两者的调整手段不同:法律是以国家强制力保证实施的,行为人对法律的违反必然招致法律的制裁。宗教依靠教徒内心信仰,并辅之以外部强制,即由宗教组织内部的专门机构对教徒违反教规的行为进行惩罚。

我国是一个多民族、多宗教的国家,宗教信仰自由是一项长期的基本宗教政策。我国宪法以根本大法的形式确认了这一政策。《中华人民共和国宪法》第三十六条规定:"中华人民共和国公民有宗教信仰自由。任何国家机关、社会团体和个人不得强制公民信仰宗教或者不信仰宗教,不得歧视信仰宗教的公民和不信仰宗教的公民。国家保护正常的宗教活动。任何人不得利用宗教进行破坏社会秩序、损害公民身体健康、妨碍国家教育制度的活动。宗教团体和宗教事务不受外国势力的支配。"

四、法律与习俗

(一) 习俗的含义

习俗,是指人们在长期的社会生活实践中逐渐形成的,为社会成员共同信守的习惯和风俗。习俗的产生有两大因素:一是物质因素,即人们在某一方面的实践具有一致性或惯性;二是心理因素,即人们自觉按照一定习惯或风俗行事。有且只有同时具备这两项因素,才能称之为习俗。

(二) 法律与习俗的异同

1. 法律与习俗的联系

习俗和法律一样,都属于上层建筑的范畴,建立在一定的物质经济基础之上,并能动地反作用于其经济基础。习俗和法律都是社会规范和社会调整手段,在调整范围上部分交叉,共同担负着调整社会关系、维护社会秩序的重任。有些习俗经过国家机关的认可,具有法律效力,上升为法律范畴。

2. 法律与习俗的区别

法律与习俗作为不同的社会规范,两者的区别主要在于:

第一,两者的产生条件不同:法律是随着私有制和阶级的出现而产生的。习俗是共同的、长期的生产生活实践和人们对习惯和风俗的自觉遵守。

第二,两者的形成方式不同:法律是由国家权力机关依照法定程序制定或认可的。习俗是人们在长期共同生产生活实践中形成的,无特定组织和程序。

第三,两者的意志属性不同:法律是一定国家机关行使立法权的产物,代表或体现的是国家意志。习俗是一定民族、一定地区或一定人群的共同意志。

第四,两者的稳定程度不同:法律的稳定性较强,不能朝令夕改。习俗的稳定性比法律要强。

第五,两者的实施方式不同:法律由国家强制力保证实施,违法行为要由国家专门机关依法予以制裁。习俗通常依靠社会成员的认同、社会舆论的压力及社会成员行为之间的相互影响等而获得遵守。

在我国,习俗也是法律的重要渊源之一。一些合理、合法的习俗经国家机关的认可,赋予其法律效力,成为法律的重要组成部分。国家认可习俗有两种方式:一是明示认可,

即国家机关以立法性文件形式确认习俗的法律效力;二是默示认可,即国家机关在适用法律过程中将某些习俗作为处理案件的依据,从而事实上赋予了其法律效力。

第三节 习近平法治思想

引例:习近平法治思想的福建检察实践——专访福建省人民检察院党组书记、检察长霍敏

福建是习近平总书记的第二故乡。

在福建省检察院展览厅,习近平总书记在福建工作期间视察福建省检察院和基层检察院的珍贵照片,格外引人注目。站在展板前、展柜边,检察人员向参访来宾娓娓道来——习总书记在福建工作十七年半,留下的宝贵思想财富,对政法工作作出的重要指示批示,成为福建检察人忠诚履职、砥砺前行的不竭动力……

近年来,福建检察特色亮点引人关注,不少检察工作走在全国前列,多项先进经验在全国推广,群众对检察工作满意率持续提升。这些业绩何以取得? 福建省检察院党组书记、检察长霍敏告诉记者,一以贯之地践行习近平法治思想,正是福建不断推进检察事业高质量发展的重要"法宝"。

公平正义是司法的灵魂和生命

记者:"努力让人民群众在每一个司法案件中都感受到公平正义。"总书记的这句话,我们耳熟能详。检察机关如何做好主责主业,强化法律监督,维护公平正义?

霍敏:检察机关是国家法律监督机关,新时代我们迎来了"四大检察"协调充分发展的新局面。我们坚持在办案中监督、在监督中办案,坚持实体与程序并重,坚持质量与效率统一,准确把握刑事司法政策,防止冤错案,守好公平正义的最后一道防线。

比如,开展扫黑除恶专项斗争以来,全省检察机关落实"是黑恶犯罪一个不放过,不是黑恶犯罪一个不凑数"的要求,严把审查监督各道关口,共批捕涉黑涉恶案件1543件4770人,起诉1143件6509人,增加认定涉黑涉恶犯罪235件,排除认定涉黑涉恶犯罪717件。福州市、宁德市检察机关抗诉的兰某某等人涉黑案、张某某等人涉黑案,分别入选全国扫黑办和最高检发布的典型案例。

习近平总书记强调公平正义是司法的灵魂和生命。顺应新时代人民群众对民主、法治、公平、正义的新要求新期待,我们努力让公平正义以一种可感、可触、可见的方式实现。其中,公开听证就是保障人民群众知情权、参与权、表达权和监督权的重要举措。目前,公开听证工作已在全省检察机关推开,我们把认定案件的性质、事实、理由、依据都摆在桌面上,公开审查,既释法说理,也听听大家的意见,自觉接受社会监督,以公开促公正。今年1月到9月,全省检察机关开展公开听证215次,取得不错的效果。

让群众有实实在在的司法获得感

记者:"群众信访件件有回复"工作,在福建检察机关落实得怎样?

霍敏：你这个问题，使我想起了习近平总书记在福建工作时倡导的"马上就办、真抓实干"的工作方法。群众信访无小事，落实好最高检部署的"群众信访件件有回复"，既是传承"马上就办、真抓实干"精神，也是贯彻落实习近平法治思想、推进解决法治领域人民群众反映强烈突出问题的有力抓手。

今年6月，我在基层接访一起长达44年的信访积案，办案过程融合天理、国法、人情，最终得到了妥善解决。截至目前，全省检察机关对49933件群众信访，能够回复的全部做到"7日内程序回复、3个月内办理过程或结果答复"。省检察院还对132件涉检信访件，由班子成员直接包案、直接接访、直接汇报，有力促进案结事了。

当然，我们不是只满足于程序答复和结案，而是真正解决群众反映问题，促进案结事了。特别是对于疑难复杂、久诉不决的"钉子案""骨头案"，检察长带头接访，全面深入了解信访群众诉求，精准把握法律政策、风土人情和事实依据，做好矛盾化解和释法说理，做到合法合理合情。

今年以来，在全省检察机关开展领导干部"大接访"活动，筛选410件信访积案由各级院领导干部包案办理，已接访266件，已化解79件。

......

营造法治化营商环境

记者：福建是民营经济大省，检察机关怎样当好民企的"老娘舅"，护航民企健康发展？

霍敏：习近平总书记多次强调，法治是最好的营商环境。2019年3月10日下午，习总书记参加福建代表团审议时指出，要为各类所有制企业营造公平、透明、法治的发展环境，营造有利于企业家健康成长的良好氛围，帮助民营企业实现创新发展。

贯彻总书记的重要讲话、重要指示批示精神，从检察机关办理的涉企案件中大家看到，营造法治化营商环境，依法平等保护民营企业，办一案助一企，这一理念已在全省各级检察院形成，并贯穿于履职的全过程。

以省检察院办理的福州软件园物业纠纷案为例，业主不服法院终审判决申请监督，检察官在当事人之间经过十多次的斡旋调和，使6年未了的物业纠纷，检察监督半年促成双方和解，再把矛盾争议一揽子解决，实现了各方共赢。这起民事检察护航民企"样板"案，2020年7月，被列为最高检发布的民营经济司法保护指导性案例。

营造法治营商环境，福建省检察院先后制定实施服务民营经济创新创业创造"16条意见"、服务保障台胞台企合法权益"18条意见"。近期，我们围绕做好"六稳"工作、落实"六保"任务和落实全方位推动高质量发展超越行动计划，提出15项意见措施。

为增强企业管理者和经营人员法律意识，省检察院落实"谁执法谁普法"普法责任制，在泉州晋江建成非公企业法治教育基地，宣传贯彻习近平总书记关于民营经济、民营企业重要讲话、重要指示批示精神，直观展示新时代司法检察理念，深刻解析非公领域犯罪典型案例、发案成因、防治对策以及相关法律法规。

循法而行，依法而治。习近平法治思想扎根中国特色社会主义法治实践沃土，在推动更高水平良法善治的时代进程中彰显实践品格、展现实践伟力。福建检察机关和全体检察人员更要带着感情去学懂弄通做实，更加自觉地用习近平法治思想武装头脑、指导实践。

来源：《检察日报》2020-12-04 作者：张仁平 林宝存 吴宇春

2020 年 11 月,具有里程碑意义的中央全面依法治国工作会议明确提出了"习近平法治思想"。在开启全面建设社会主义现代化国家的重要时刻,提出习近平法治思想,既有充分的科学依据,又有重大的现实意义和深远的历史意义。习近平法治思想是习近平新时代中国特色社会主义思想的重要组成部分,是对中国特色社会主义法治建设经验和成就的科学总结,是马克思主义法治理论中国化最新成果,是引领新时代法治中国建设取得更大成就的思想旗帜。①

习近平同志是习近平法治思想的创立者和主要贡献者,他所发表的数以百计堪称经典的法治专题讲话、文章、批示,他所提出的数以千计理义精深的法治新概念、新命题、新话语,他所集成凝练的全面依法治国新理念新思想新战略,深刻阐明了中国特色社会主义法治的本质特征、政治方向、发展道路、价值功能、基本原则、中国特色、世界意义等根本性问题,系统阐述了什么是法治、什么是中国特色社会主义法治、为什么要实行全面依法治国、如何推进全面依法治国、如何在法治轨道上推进国家治理体系和治理能力现代化等战略性问题,既集中体现出马克思主义法治理论和中国特色社会主义法治理论在现时代的创新发展,又生动展现出他对创立习近平法治思想所作出的独创性、集成性、原创性贡献。

一、法治的由来及其内涵

(一) 法治的由来和发展

"法治",古今中外不同时代的思想家对这一概念有过不同的论述。"法治"一词最早产生于西方,古希腊的思想家柏拉图、亚里士多德,古罗马的思想家西塞罗,中世纪的思想家阿奎那,都曾从多视角论述过"法治"。亚里士多德关于"法治应包含两重意义:已成立的法律获得普遍的服从,而大家所服从的法律又应该是制订得良好的法律"的论断②,至今仍具有很强的现实意义。

进入近代,随着资本主义商品经济的发展,法治同自由、平等、人权等思想得到迅速传播。洛克明确提出"法律的统治",强调"统治者应该以正式公布的和被接受的法律,而不是以临时的命令和未定的决议进行统治"。③ 哈林顿主张建立"法律的王国,而不是人的王国",通过法律限制和控制政治权利是法治最主要的原则。康德主张建立"法治国",认为"国家是许多人以法律为根据的联合"。

当代,在西方国家,法治理论也得到丰富和发展。富勒认为,法治的精髓在于,在对公民采取行动的时候,政府将忠实地适用规则,这些规则是作为公民应当遵循,并且对他的权利和义务有决定作用的规则而事先公布的。如果法治不意味着这个,它就没有什么意思。④ 在此基础上,他提出并阐释了八项法治原则:法律适用的普遍性(一般性)、法律的公开性(即法律必须公布)、法律的非溯及力(即法律只面向未来,不面向过去)、法律的明

① 张文显:《习近平法治思想的实践逻辑、理论逻辑和历史逻辑》,《中国社会科学》2021 年第 3 期。
② [古希腊]亚里士多德:《政治学》,吴寿彭译,商务印书馆 1965 年版,第 199 页。
③ [英]洛克:《政府论》(下篇),叶启芳、瞿菊农译,商务印书馆 2017 年版,第 87 页。
④ [美]富勒:《法律的道德性》,郑戈译,商务印书馆 2017 年版,第 242 页。

确性、法律的一致性(即法律自身应避免互相矛盾)、法律的可行性(即法律不应要求人们做无法实现的事情)、法律的稳定性(即法律不应朝令夕改)、官方行为与法律的一致性,从而丰富和发展了法治理论。

其实,法治理论并不是西方国家独创和倡导的。围绕着"法治"的叙述、分析和界定,在全世界各种文化和各国历史中都存在并且以不同的形态和理念表现出来。中国古代思想家就有法治思想的论述,曾使用过"法治"一词,主张厉行法治。如《管子·明法律》中有"威不两措,政不二门,以法治国,则举措而已",《商君书·慎法》中有"法律任而国治矣",《韩非子·心度》中有"治民无常,唯治为法"等论述。这些中国历史上的法家都主张"法治",强调"不别亲疏,不殊贵贱,一断于法","不务德,而务法"等,都将法治视作治理国家和管理社会的基本手段和工具。在近代中国,主张"法治"的是梁启超。他以"人治主义"和"法治主义"区分和概括儒家和法家学说。国民党统治时期,罗隆基在《新月》第3卷第11期杂志上发表了一篇名曰《什么是法治》的文章,他说,"法治的真意是政府守法,是政府的一举一动以法律为准则,不凭执政者义气上的成见为准则"。这里已经包含"依法治国""法治政府"的意思了。

中华人民共和国成立后特别是改革开放以来,中国的法治建设快速发展,在继承中国历史上法治传统和借鉴西方法治文明的基础上,密切结合中国的实际,创立了中国特色社会主义法治理论,并付诸实践,提出并推进依法治国基本方略,加快建设法治国家、法治政府、法治社会,尽快促使法治制度化、体制化、民主化。

(二)法治的内涵

"法治"一词的内涵非常丰富,一般来说,它至少包含以下几方面的含义:

第一,法治是一种以法律为主导的治国方略。中国古时的"垂法而治""以法治国"等说法,主要就被作为一种治国方略来理解,是指一种与"以礼治国""以德治国""以人治国"不同的治国方略。在西方法律思想体系中,法治也是首先被作为一种治国方略而提出的,即"法律的统治"或"通过法律的治理"。

第二,法治是一种理性的办事原则。"法治"一词又经常被理解为"依法办事",其基本含义是:在制定法律之后,任何人和组织的社会性活动均受既定法律规则的约束。这里的所谓"理性",是指排除国家管理、公民及社会组织活动的"任意性",要求一切主体都依照既定的法律规则办事,不得违反法律。即使法律本身不完善甚至有错误,也必须通过正当程序修改或废止法律,而不能率性而为、违反法律。只有这样,才能保障社会整体的秩序和公平。

第三,法治是指一定价值理念指导下的制度形态,在这个意义上,它是治国方略的具体化。在现实社会中,法治必须具体化为一系列的制度,包括立法、执法、司法、法律监督制度。各国具体情况不同,具体制度也各具特色,但都必须建立起这些法治所必备的条件,这是法治的"硬件",没有这些具体的制度就不是法治。建立起一定的法律制度,并不意味着法治的理想已经实现,这些制度在内容上还必须体现一定的价值观念、一定的原则精神,制度只是这些观念的具体化。也就是说,法治必须是"良法"之治。这些"原则精神"构成了现代法治的"软件"。

第四,法治还可以指在严格依法办事的基础上所形成的一种良好的法治秩序。法治不仅指治国方略,不仅表现为一系列原则和制度,还可以理解为这些原则和制度实现后所形成的一种社会秩序的状态,即良好的法律得到普遍遵守,国家权力得到有效制约,公民的权利和自由得到充分保障,宪法法律在社会生活中具有至上地位的社会秩序。法治的内涵还可以从静态意义和动态意义两个方面去理解。从静态意义上理解,法治就是指建立在民主基础上的一个国家或地区的依法办事的原则和制度。从动态意义上理解,法治是指法律运行的状态、方式、程度和过程。

总之,法治就是"法的统治""严格依法办事的原则和制度"和"治国理政的基本方式",法治就是法律的价值理念及相关制度设计的综合体;法治就是在严格依法办事的基础上形成的一种秩序类型,把自由与秩序、理想与现实统一了起来。

(三) 法治的基本要素

法治是一个内涵十分丰富的概念,其基本要求表现为法律在国家、社会生活中居于至高无上的地位,具有普遍约束力。国家机关及其工作人员和公民的一切活动都必须以法律为依据,从而保证法律得到严格执行,其核心在于依法办事,依据事先设定的基于社会基本价值和理念的良善的规则和原则为一切行为,不恣意妄为。法治的基本要求反映了法治的特定价值基础和价值目标是达到某种法律秩序,即在社会生活的各方面均法律化、制度化,法律主体的权利义务明确化,其行为运行秩序化。法治国家的基本构造与要素,总的说来包含如下标准:

1. 法律至上

法律在全部社会规范体系中居于主导地位,这是法治的首要标准和要素,即在法治国家中,法律应当具有至高无上的地位和权威,成为评判人的一切外部行为的最终标准。在国家的法律体系上表现为宪政原则和法律位阶制度,即宪法处于法律位阶的顶端,高于其他法律、行政法规和规章,任何法律一旦违宪便属无效;法律高于任何权力、高于其他任何规范和个人权威。一切权力来源于法律,受控于法律。正如潘恩所说:"在专制政府中国王便是法律,同样地,在自由国家中法律便应该成为国王,而且不应该有其他的情况。"[①]法律是一切权力和行为的正当性来源。在国家生活中,法律具有至上的效力和最高的权威,针对过大的权力不易被控制的特点,特别强调国家机关的一切职权都应来源于法律,必须依法行使,不得违反。

2. 良法之治

"法治状态下的法一定是善法、良法,社会主义法治一定是社会主义的善法之治、真法之治,同时也应是美法之治。我们制定出来的法律不应该是恶法,不应该背离人类理性,不应该背离社会发展的客观规律,同时,也不应背离最广大人民的根本利益和集中意

---

① [美]潘恩:《潘恩选集》,马清槐等译,商务印书馆1981年版,第35-36页。

志。"①法治的目的是保障人权,为了达此目的,便意味着国家制定的法律应当是良好的法律,即至少是体现一定民主政治的法律。良法之治意谓法治国家所依之法均应是以人权为核心和前提原则构建的良善之法,其在法律的实质内容上表现为生存、安全、平等、民主、自由、人道主义、共同福利、正义、和平、发展等基本人权;在法律的形式内容上表现为法的程序性保障,如法不溯及既往,法的明确性、公开性、普遍性、不矛盾性、可行性与可诉性、安定性等,使良法不仅是内在价值的善,而且具有形式上的善,即"看得见的正义"。第二次世界大战以后纽伦堡审判留给后世的法治原理至今仍有极大的借鉴价值,并推演出许多具体的原则。

3. 体制保障

法治的推进需要有一系列的制度作为保障,在国家体制的设计方面,主要有以下要求:一是权力制衡。国家机关的权力要互相平衡互相制约,避免权力过于集中,形成专断。法治源于对国家权力的正确定位和法律控制,法律和权力之间关系的争论奠定了法治观念的基础。② 二是司法独立。司法机关必须独立、公正、中立地行使职权,维护法律的权威与尊严,成为社会公正的最后保护屏障。三是司法审查。法治的核心要素之一是对权力的控制,应对立法权与行政权进行必要的监督与控制,确保立法具有充分的合宪性,真正反映民意,政府行为具有完全的合法性,依法行政,司法审查制度即是一种有效的手段。

二、习近平法治思想的形成和发展

中国特色社会主义进入新时代,中华民族迎来了从站起来、富起来到强起来的伟大飞跃。当前,世界百年未有之大变局加速演变,国际环境不稳定性不确定性明显上升,我国日益走近世界舞台中央,国内改革发展稳定任务日益繁重,全面依法治国在党和国家工作全局中的地位更加突出、作用更加重大。

在这样一个关键的历史时段,习近平法治思想的提出,为深入推进全面依法治国、加快建设社会主义法治国家,运用制度威力应对风险挑战,全面建设社会主义现代化国家、实现中华民族伟大复兴的中国梦,提供了科学的法治理论指导和制度保障。

习近平法治思想是在推进伟大斗争、伟大工程、伟大事业、伟大梦想的实践之中形成完善的,也还会随着实践的发展而进一步丰富。

1982 年 3 月至 1985 年 5 月,习近平同志在河北省正定县担任县委副书记、县委书记期间,面对"文化大革命"遗留的经济落后、社会失序、思想混乱、精神文明衰败的艰难局面,他在坚持以经济发展为中心的同时,富有胆识地提出"建立社会主义新秩序",并以精神文明建设和法制建设相结合作为建立社会主义新秩序的重要抓手。他大力推进法制建

---

① 徐显明:《善法之治才是法治》,河南人大网,http://www.henanrd.gov.cn/2006/02 - 16/761.html。

② [美]埃尔曼:《比较法律文化》,贺卫方、高鸿钧译,生活·读书·新知三联书店 1990 年版,第95 页。

设,开展"三网一赛"①,实现了由"乱"到"治"的根本转变。他大力加强农村法制建设,创新社会治安机制,对封建宗族势力、黑恶势力严加防范,露头就打。在全面开展县域社会治理、建设社会主义新秩序的过程中,习近平同志创造性地贯彻党中央"有法可依、有法必依、执法必严、违法必究"的方针,积累了以法制建设保障经济建设、支撑精神文明建设的丰富经验,形成了依法管理经济、治理社会的法治理念。

1985 年 6 月至 1988 年 6 月,习近平同志任福建省厦门市委常委、厦门市人民政府副市长,分管经济改革、财政税收、城市建设和管理、环境保护等方面的重要工作。他具有前瞻性地指出了社会主义经济体系、经济体制和民主法制的辩证关系,强调了法制在建设社会主义市场体系中的引领和保障作用,大力开展法律法规宣传教育,积极引导执法机关、司法机关、法律监督机关等熟悉法律、严格执法、依法办案、依法监督,注重培养法律工作人员运用法律想问题、办事情、做决策的能力。在建设社会主义市场体系的实践中,习近平同志展现出了较强的法治思维和运用法治方式的领导水平。一是在全国地级市率先提出"小政府、大社会"原则,推进政府职能转换和行政改革,实行大部委制改革,简化企业审批、放权给企业,建立精简、高效、廉洁、团结的政府;②二是提出公民、个人和企业"依法纳税",党委、政府和司法机关"依法治税",实行税务执法与涉税司法衔接;三是提出对环境问题进行依法治理、综合治理;等等。

1988 年 6 月至 1990 年 4 月,习近平同志任福建省宁德地委书记。在复杂的社会背景下,习近平同志以马克思主义的立场、观点和方法,对社会主义民主法制问题进行了深刻反思,全面剖析了社会主义民主法制的重大理论问题和现实问题,丰富和发展了社会主义民主法制原理,主要包括:第一,社会主义建设不仅需要民主与科学,更需要法制,民主与法制是相互依存、相互制约的,二者不可偏废。社会主义民主和法制是由社会主义公有制所决定的,不能照搬西方的民主制、代议制的政治制度;③第二,人民代表大会制度是我国的根本政治制度,而不是美国式的"三权鼎立",要在充分发挥人民代表大会及其常委会的作用的前提下,认真处理好党委、人大、政府之间的关系,发挥党委领导责任、人大决策责任和政府执行责任;④第三,规范有序推进人民群众行使民主权利,不断提高人民群众的民主素质和行使民主权利的能力;⑤第四,从严治党,净化党内生活,推进廉政建设,完善监督体系,把自律与他律相结合;⑥第五,高度重视社会治安整治工作,为人民群众营造安居乐业的法制环境。⑦

1990 年 4 月至 1996 年 4 月,习近平同志先后任福建省福州市委书记、福建省委常

---

① "三网",即人民民主专政的政法网、安全保卫网、法制宣传教育网;"一赛",即维护社会治安的竞赛。

② 《习近平同志推动厦门经济特区建设发展的探索与实践》,《人民日报》(海外版)2018 年 6 月 23 日,第 1 版。

③ 习近平:《摆脱贫困》,福建人民出版社 2014 年版,第 138 - 142 页。

④ 习近平:《摆脱贫困》,福建人民出版社 2014 年版,第 138 - 142 页。

⑤ 习近平:《摆脱贫困》,福建人民出版社 2014 年版,第 138 - 142 页。

⑥ 习近平:《摆脱贫困》,福建人民出版社 2014 年版,第 74 - 75 页。

⑦ 参见宁德地委办公室会议纪要(1989 年 4 月 11 日)。

委、福建省委副书记等职。在六年的市域治理实践中，其法治实践不断深化、法治视野愈发开阔、法治思想更加成熟，提出了诸多法治新概念新命题。例如，将法制作用延伸至经济改革、社会治理、城市管理等领域，高频运用"法制""法律化""法制化""地方立法""经济立法""法制轨道""依法管理""依法监督""依法独立行使审判权和检察权"等法制（法治）话语；把法治上升为市域治理的基本方略，明确提出"依法治城""依法治市"等法治理念和法治方略，主张摆脱运动式、突击型治理，努力向正常化、规范化、法律化方向发展；①科学把握经济与法制的必然关系，创造性地提出"市场经济是法制经济""市场经济的成熟度与法制建设成正比"②"努力营造国际化的投资环境，不断完善法制环境"③等命题和观点；坚持以法治地、依法用地，强调"要深化农村改革，建立健全土地流转制度，坚持所有权，稳定承包权，活化使用权，依法保护农民的合法权益，严厉打击各种坑农、害农行为"④等等。

自 1996 年 4 月至 2002 年 10 月，习近平同志先后任福建省委副书记、代省长、省长。这一时期恰逢世纪之交，我国经济社会快速发展、全面深化经济体制改革、加快构建社会主义市场经济体制、实施依法治国基本方略、成功加入世贸组织等新变化对法治建设进度和质量都提出了新要求。习近平同志作为省委领导班子主要成员和一省之长，适应时代新变化新需求，在依法治省实践中革故鼎新，坚定了法治信念、积累了法治经验、升华了法治思想，主要体现为：第一，明确提出"依法治省"，推动出台了《中共福建省委关于依法治省的决定》，开拓了福建省法制建设的新征程。第二，深入推进法治经济建设，为经济改革和发展提供法治保障。习近平同志将此前提出的"市场经济是法制经济"命题升华为"市场经济是法治经济"。从"制"到"治"，一字之变体现了法治思想的升华，体现了经济市场化、全球化时代的法治理念变革。第三，全方位推进社会治理，建设法治社会。2001 年 4 月，习近平同志提出"法治社会"概念⑤，强调全方位推进社会治理，加强食品安全治理，全力维护社会稳定，积极化解矛盾纠纷，落实综治措施，确保一方平安。⑥

自 2002 年 10 月至 2007 年 3 月，习近平同志担任浙江省委书记、省人大常委会主任期间，作为改革开放前沿省的主要领导同志，站立时代前沿看问题、立足改革全局谋发展、坚持扩大开放抢先机，致力于全面推进依法治省、建设法治浙江、建设平安浙江。他强调指出，"必须按照建设社会主义法治国家的要求，积极建设'法治浙江'，逐步把经济、政治、文化和社会生活纳入法治轨道"⑦，从而创造性地提出了"法治浙江"概念。2006 年 4 月26 日，在习近平同志的亲自主持下，中共浙江省委审议通过《中共浙江省委关于建设"法治浙江"的决定》，对建设法治浙江进行了总体部署。习近平同志指出，从"依法治省"到"全面推进依法治省"再到"建设法治浙江"，是"省委根据党中央的决策部署，对浙江现代

---

① 《福州晚报》1991 年 10 月 22 日，第 1 版。
② 《福建日报》1996 年 4 月 9 日，第 1 版。
③ 《福州晚报》1994 年 8 月 29 日，第 1 版。
④ 《福州晚报》1995 年 4 月 23 日，第 1 版。
⑤ 《福建日报》2001 年 4 月 10 日，第 A1 版。
⑥ 《福建日报》2001 年 2 月 5 日，第 A1 版。
⑦ 习近平：《之江新语》，浙江人民出版社 2007 年版，第 202 页。

化建设总体布局的进一步完善"①,也体现了对充分发挥法治在国家和社会治理中的关键作用的认识的进一步深化。"全面推进依法治省""法治浙江"及"平安浙江"等命题和理论的提出,标志着习近平同志的法治思想进一步成熟,表明其法治思想的内在逻辑已足够清晰,理论体系已基本形成。习近平同志领导的建设"法治浙江"和"平安浙江"实践,为党的十八大之后"全面推进依法治国"、建设"法治中国"和建设"平安中国"积累了实践经验,提供了理论准备和制度样板。

2007 年 3 月至 10 月,习近平同志任上海市委书记。虽然时间只有 7 个月,但其法治思想在这个超大规模国际化大都市治理中得到了进一步的验证、深化和拓展。他提出了"全面推进依法治市,提高城市法治化水平"的上海法治建设总目标,并就依法执政、权力监督制约、科学立法和民主立法、依法行政、公正司法、法治经济和法治社会建设、打造国际化法治化营商环境作出了全面部署。

2007 年 10 月至十八大期间,习近平同志担任中共中央政治局常委、中央书记处书记、国家副主席。在分管党的建设工作实践中,他创造性地发展了以"民主集中制"为核心的党和国家领导制度理论,指出"坚持和完善民主集中制,一方面必须充分发展党内民主、充分尊重广大党员的主体地位,确保党员按照党章规定充分行使党内民主权利;另一方面必须坚决维护中央权威、坚决维护党的团结统一。这二者是相辅相成、相互促进的。党内民主是党的生命和活力之源,是民主集中制的政治基础。坚持党和国家的集中统一,维护中央权威,是贯彻民主集中制的内在要求,是全党全国人民的最高利益所在"②。在丰富的外交实践活动中,习近平同志提出了一系列具有大国风范的国际治理概念、命题和话语,初步形成了富有时代精神和人类情怀的"完善全球治理体系"思想和"构建人类命运共同体"观念,强调"在实现中华民族伟大复兴的光辉历程中,中国将始终高举和平、发展、合作旗帜,同各国人民一道推动建设持久和平、共同繁荣的和谐世界,中华民族将为人类文明进步作出更大贡献"③。

党的十八大以来,以习近平同志为核心的党中央从坚持和发展中国特色社会主义的全局和战略高度定位法治、布局法治、厉行法治,把全面依法治国纳入"四个全面"战略布局,创造性地提出了全面依法治国的一系列新理念新思想新战略,领导和推动我国社会主义法治建设发生历史性变革,取得历史性成就。

十八届四中全会专门研究全面依法治国,出台关于全面推进依法治国若干重大问题的决定,对全面依法治国进行顶层设计,描绘了宏伟蓝图;

党的十九大提出到 2035 年基本建成法治国家、法治政府、法治社会,确立了新时代法治中国建设的路线图、时间表;

① 习近平在浙江省委建设"法治浙江"工作专题会议上的讲话(2005 年 12 月 31 日),《浙江日报》2006 年 1 月 1 日,第 1 版。

② 习近平:《关于新中国 60 年党的建设的几点思考——在中央党校 2009 年秋季开学典礼上的讲话》,《学习时报》2009 年 9 月 28 日。

③ 习近平在出席 2010 年海外华裔及港澳台地区青少年"中国寻根之旅"夏令营开营式上的讲话(2010 年 7 月 25 日),《人民日报》2010 年 7 月 26 日,第 1 版。

十九届二中全会专题研究宪法修改,由宪法及时确认党和人民创造的伟大成就和宝贵经验,以更好发挥宪法的规范、引领、推动、保障作用;

十九届三中全会站在加强党对全面依法治国的集中统一领导的高度,成立中央全面依法治国委员会,统筹推进全面依法治国工作;

十九届四中全会从推进国家治理体系和治理能力现代化的角度,对坚持和完善中国特色社会主义法治体系,提高党依法治国、依法执政能力作出部署;

十九届五中全会在制定"十四五"规划和二〇三五年远景目标建议时,再次就全面依法治国作出部署,对立足新发展阶段、贯彻新发展理念、构建新发展格局立法工作提出新的要求。

习近平总书记已经主持召开 3 次中央全面依法治国委员会会议。2018 年 8 月 24 日,中央全面依法治国委员会第一次会议把党的十八大以来以习近平同志为代表的中国共产党人在法治领域的理论创新成果加以集成,提出了"全面依法治国新理念新思想新战略"的命题,习近平同志将其表述为"十个坚持",把我们党对中国特色社会主义法治建设规律的认识提升到了新的高度,也标志着习近平法治思想体系的形成。

2020 年 11 月 16 日至 17 日,在中央全面依法治国工作会议上,党中央正式明确提出"习近平法治思想"。习近平同志在会上发表了以"十一个坚持"为主要内容的重要讲话,全面总结了党的十八大以来法治建设取得的显著成就,系统阐述了新时代中国特色社会主义法治思想,科学回答了中国特色社会主义法治建设一系列重大理论和实践问题,深刻阐明了新时代全面依法治国的政治方向、重要地位、工作布局、重点任务、重大关系、重要保障等重大理论和实践问题。与"十个坚持"相比,"十一个坚持"在形式上更加完备、在逻辑上更为严密、在表述上更为科学。从"十个坚持"到"十一个坚持",从"新时代全面依法治国新理念新思想新战略"到"习近平法治思想",既体现了概念的精准化、命题的科学化,又体现了理论体系臻于成熟、内在逻辑更加完善。

习近平法治思想凝聚着中国共产党人在法治建设长期探索中形成的经验积累和智慧结晶,标志着我们党对共产党执政规律、社会主义建设规律、人类社会发展规律的认识达到了新高度,开辟了 21 世纪马克思主义法治理论和实践的新境界。

三、习近平法治思想的重大意义

习近平法治思想贯穿着坚定理想信念、鲜明人民立场、敏锐战略眼光和宏大全球视野,从历史和现实相贯通、国际和国内相关联、理论和实际相结合上,深刻回答了新时代为什么实行全面依法治国、怎样实行全面依法治国等时代课题,为深入推进全面依法治国、加快建设中国特色社会主义法治体系、建设社会主义法治国家指明了方向。习近平总书记高度重视在实践中运用和发展马克思主义,坚持马克思主义立场观点方法,坚持从中国实际出发,结合活生生的法治实践,根据客观形势发展,不断创造新的理论,提出了一系列新的科学论断和观点,为发展马克思主义法治理论作出了重大原创性贡献。习近平法治思想是对我国社会主义法治建设实践的科学总结和理论升华,以新的视野、新的认识赋予其新的时代内涵。我们要深入学习领会习近平法治思想的重大意义和原创性贡献,在学懂弄通做实上下功夫,切实统一思想、统一意志、统一行动。

（一）习近平法治思想的政治意义

党的十八大以来,习近平总书记从党和国家事业发展全局高度定位法治、布局法治、厉行法治,深刻阐明全面依法治国在治国理政中的全局性、战略性、基础性地位。制度建设和法治建设被提到更加突出重要的位置,中国特色社会主义法治理论和实践跃上新的历史高度,为创造"两大奇迹"提供了有力法治保障,彰显了中国共产党领导和中国特色社会主义制度的巨大优越性。明确习近平法治思想在全面依法治国工作中的指导地位,有利于加强党对全面依法治国的集中统一领导,有利于保证全面依法治国的正确政治方向,有利于凝聚推进法治中国建设的磅礴力量,有利于在统筹推进"四个伟大"实践中、在全面建设社会主义现代化国家新征程上更好发挥法治固根本、稳预期、利长远的保障作用。我们要始终沿着习近平法治思想指引的方向,增强坚守法治、厉行法治的政治定力,坚持不懈深化全面依法治国实践,为全面建设社会主义现代化国家提供有力法治保障。

（二）习近平法治思想的理论意义

习近平总书记以马克思主义政治家、思想家、战略家的深刻洞察力和理论创造力,深入回答事关我国社会主义法治建设的一系列重大问题,丰富和发展了马克思主义法治理论,从法治领域深化了对共产党执政规律、社会主义建设规律、人类社会发展规律的认识,开辟了中国特色社会主义法治理论和实践新境界。习近平法治思想是马克思主义法治理论中国化的最新成果,是对马克思主义国家和法治学说的继承和发展,是当代中国马克思主义、21世纪马克思主义在法治领域的最新理论成果。恩格斯深刻指出:"马克思的整个世界观不是教义,而是方法。它提供的不是现成的教条,而是进一步研究的出发点和供这种研究使用的方法。"习近平法治思想在法治理论上作出许多重大突破、重大创新、重大发展,为发展马克思主义法治理论作出了重大原创性贡献。我们要坚持把习近平法治思想作为引领新时代法治中国建设的思想旗帜,准确把握科学理论体系,自觉运用好蕴含其中的科学认识论、方法论,不断从理论和实践的结合上取得新成果。

（三）习近平法治思想的实践意义

习近平法治思想是对党领导法治建设丰富实践和宝贵经验的科学总结,是根植新时代全面依法治国实践产生的思想理论成果,为中国特色社会主义法治体系和社会主义法治国家建设提供了强大思想武器。党的十八大以来,我国社会主义法治建设发生历史性变革、取得历史性成就,充分展现出习近平法治思想的强大真理力量、独特思想魅力和巨大实践伟力。特别是习近平总书记对推进司法体制改革、深化司法公开、维护司法公正等工作多次作出重要指示,倾注了大量心血,推动做成想了很多年、讲了很多年但没有做成的改革,为加快建设公正高效权威的社会主义司法制度、推进国家治理体系和治理能力现代化提供了科学指引、注入了强大动力。事实证明,有习近平同志作为党中央的核心、全党的核心领航掌舵,有习近平法治思想科学指引,中国特色社会主义法治道路必将越走越宽广。我们要运用好这一伟大思想理论成果,把握实践要求,推动全面依法治国决策部署在人民法院不折不扣落到实处,建设更高水平的法治中国。

（四）习近平法治思想的世界意义

习近平总书记着眼"两个大局"，统筹推进国内法治和涉外法治，强调法治在推进全球治理体系变革中的重要作用，提出运用法治和制度规则协调各国关系和利益、坚定维护国际法基本原则和国际关系基本准则、推进全球治理规则民主化法治化等一系列重大理论观点。习近平法治思想体现了继承性和创新性相结合、立足国情与放眼世界相统一的鲜明特色，饱含对世界法治文明发展时代课题的睿智思考和独特创见，用科学理论逻辑和雄辩有力事实，彰显了中国特色社会主义法治道路的显著优越性，为构建人类命运共同体、推进世界法治文明进步贡献了中国智慧和中国方案。习近平总书记多次强调，全面推进依法治国必须走对路。实践证明，中国特色社会主义法治道路具有独特优势和强大生命力，为世界各国特别是发展中国家走适合自己国情的法治道路提供了有益借鉴。我们要坚持以习近平法治思想为指引，胸怀中华民族伟大复兴战略全局和世界百年未有之大变局，坚定不移走中国特色社会主义法治道路，努力建设更高水平的社会主义法治文明。

四、习近平法治思想的核心要义

（一）坚持党对全面依法治国的领导，是中国特色社会主义法治的本质特征和内在要求

2014 年 10 月，习近平总书记在党的十八届四中全会第二次全体会议上开宗明义地说："全面推进依法治国，必须走对路。如果路走错了，南辕北辙了，那再提什么要求和举措也都没有意义了。"

习近平法治思想深刻回答了法治中国建设由谁领导的问题，科学指明了推进全面依法治国的根本保证。习近平总书记指出："党的领导是中国特色社会主义法治之魂。"只有在党的领导下依法治国、厉行法治，人民当家作主才能充分实现，国家和社会生活法治化才能有序推进。习近平总书记提出的"十一个坚持"中，首要的就是坚持党对全面依法治国的领导，充分表明党的领导在全面依法治国中的统领性、全局性、决定性地位。

党政军民学，东西南北中，党是领导一切的。全面依法治国，绝不是要虚化、弱化甚至动摇、否定党的领导，而是为了进一步巩固党的执政地位、改善党的执政方式、提高党的执政能力。国际国内环境越是复杂，改革开放和社会主义现代化建设任务越是繁重，越要运用法治思维和法治手段巩固执政地位、改善执政方式、提高执政能力，保证党和国家长治久安。必须坚持党总揽全局、协调各方的领导核心作用，统筹依法治国各领域工作，确保党的主张贯彻到依法治国全过程和各方面。必须坚持实现党领导立法、保证执法、支持司法、带头守法，健全党领导全面依法治国的制度和工作机制，通过法定程序使党的主张成为国家意志、形成法律，通过法律保障党的政策有效实施，确保全面依法治国正确方向。推进党的领导入法入规，推进党的领导制度化、法治化，不断提高党领导依法治国的能力和水平。

（二）坚持以人民为中心，是全面推进依法治国的力量源泉

习近平法治思想深刻回答了法治中国建设为了谁、依靠谁的问题，科学指明了新时代

全面依法治国的根本立场。习近平法治思想明确全面依法治国最广泛、最深厚的基础是人民，必须坚持以人民为中心，坚持为了人民、依靠人民。要把体现人民利益、反映人民愿望、维护人民权益、增进人民福祉落实到全面依法治国各领域全过程。积极回应人民群众新要求新期待，系统研究谋划和解决法治领域人民群众反映强烈的突出问题，不断增强人民群众获得感、幸福感、安全感，用法治保障人民安居乐业。

习近平总书记强调："推进全面依法治国，根本目的是依法保障人民权益。"必须始终把人民利益摆在至高无上的地位，把人民对美好生活的向往作为奋斗目标，加强人权法治保障，保证人民依法享有广泛权利和自由。公正是法治的生命线，是人民对美好生活向往的重要内容。全面依法治国，必须紧紧围绕保障和促进社会公平正义来进行，把社会公平正义这一法治价值追求贯穿到立法、执法、司法、守法的全过程和各方面，努力让人民群众在每一项法律制度、每一个执法决定、每一宗司法案件中都感受到公平正义，让公平正义的阳光照耀人民心田。习近平法治思想坚持人民主体地位，明确人民是依法治国的主体和力量源泉，注重调动人民群众投身全面依法治国实践的积极性和主动性，使全体人民都成为社会主义法治的忠实崇尚者、自觉遵守者、坚定捍卫者。在习近平法治思想指引下，我们尊重人民主体地位，尊重人民群众在实践活动中所表达的意愿、所创造的经验、所拥有的权利、所发挥的作用，通过不断深化立法、执法、司法公开，扩大人民群众知情权、参与权、表达权、监督权，注重广察民情、广纳民意、广聚民智，充分激发蕴藏在人民群众中的创造伟力，使全面依法治国深深扎根于人民群众的创造性实践中。

（三）坚持中国特色社会主义法治道路，是全面推进依法治国的发展道路和正确方向

习近平法治思想深刻回答了法治中国建设走什么路的问题，科学指明了新时代全面依法治国的正确道路。习近平总书记指出："中国特色社会主义法治道路，是社会主义法治建设成就和经验的集中体现，是建设社会主义法治国家的唯一正确道路。"我们要从中国国情和实际出发，坚持党的领导、人民当家作主、依法治国有机统一，坚定不移走中国特色社会主义法治道路，决不照搬别国模式和做法，决不走西方所谓"宪政""三权鼎立""司法独立"的路子。

鞋子合不合脚，自己穿了才知道。走什么样的法治道路、建设什么样的法治体系，是由一个国家的基本国情决定的。世界上不存在定于一尊的法治模式，也不存在放之四海而皆准的法治道路。中国特色社会主义法治道路本质上是中国特色社会主义道路在法治领域的具体体现，核心要义是坚持党的领导、坚持中国特色社会主义制度、贯彻中国特色社会主义法治理论。坚持中国特色社会主义法治道路，最根本的是坚持党的领导。在坚持和拓展中国特色社会主义法治道路这个根本问题上，我们要增强自信、保持定力。

坚持中国特色社会主义法治道路，必须传承中华优秀传统法律文化，借鉴国外法治有益成果。我国古代法制蕴含着十分丰富的智慧和资源，中华法系在世界几大法系中独树一帜。要注意研究我国古代法制传统和成败得失，挖掘和传承中华法律文化精华，汲取营养、择善而用。我们要学习借鉴世界上优秀的法治文明成果，但必须坚持以我为主、为我所用，认真鉴别、合理吸收，不能搞"全盘西化"，不能搞"全面移植"，不能照搬照抄。

（四）坚持依宪治国、依宪执政，是全面推进依法治国的工作重点

宪法是国家根本法，是治国安邦的总章程，是党和人民意志的集中体现。我国宪法确认了中国共产党领导人民进行革命、建设、改革的伟大斗争和根本成就，体现了中国特色社会主义道路、理论、制度、文化发展的成果，反映了我国各族人民的共同意志和根本利益，成为党和国家的中心工作、重大方针、重要政策在国家法制上的最高体现。习近平总书记指出："维护宪法权威，就是维护党和人民共同意志的权威。捍卫宪法尊严，就是捍卫党和人民共同意志的尊严。保证宪法实施，就是保证人民根本利益的实现。"实践充分证明，我国宪法是符合国情、符合实际、符合时代发展要求的好宪法，是我们国家和人民经受住各种困难和风险考验、始终沿着中国特色社会主义道路前进的根本法治保证，必须长期坚持、全面贯彻。

坚定"四个自信"，必须坚定宪法自信，增强宪法自觉。我国宪法好不好，中国人民最有发言权。在新中国第一部宪法制定过程中，全国有 1.5 亿人参加了宪法草案的学习讨论，提出了 118 万多条意见，这在世界制宪史上是极为罕见的，体现了广泛的人民民主。毛泽东同志说："搞宪法是搞科学。""宪法的起草是慎重的，每一条、每一个字都是认真搞了的。"我们不能用西方宪政理论来评价中国的法治实践，更不能套用西方的宪法规则或条款来设计我国的宪法制度。我们讲依宪治国、依宪执政，同西方所谓"宪政"有本质区别，不能把二者混为一谈，我们依据的是中华人民共和国宪法。在这一点上，必须头脑清醒、立场坚定，保持战略定力。

党的十八大以来，以习近平同志为核心的党中央把全面贯彻实施宪法作为全面依法治国、建设社会主义法治国家的首要任务和基础性工作，在习近平法治思想的引领和推动下，我国宪法实施的实践不断丰富，体制机制不断健全。通过宪法修正案，完善以宪法为核心的中国特色社会主义法律体系，用科学有效、系统完备的制度体系保证宪法实施。实施宪法规定的特赦制度，依法颁授国家勋章和国家荣誉称号，设立国家宪法日，实施宪法宣誓制度，完善国旗法、国徽法、国歌法等国家标志法律制度。推进合宪性审查工作，加强和改进备案审查工作，确保法律法规、制度政策符合宪法规定、原则和精神，维护国家法治统一。依据宪法作出关于香港维护国家安全的法律制度和执行机制的决定、制定香港国安法，维护宪法权威和香港的宪制秩序。习近平总书记在多个重要会议、重要活动上发表重要讲话，三次对国家宪法日作出重要指示，就我国宪法发展历程、性质特点、地位作用、宪法实施和监督、宪法宣传教育等作出一系列重要论述，丰富和发展了中国特色社会主义宪法理论。习近平总书记关于宪法的重要论述，是习近平法治思想的重要组成部分，引领着新时代依宪治国、依宪执政新实践。我们要深入学习领会习近平法治思想，深刻认识我国宪法的深厚底蕴、实践根基、优势功效，切实尊崇宪法，严格实施宪法，把全面贯彻实施宪法提高到一个新水平，更好发挥宪法在治国理政中的重要作用。

（五）坚持在法治轨道上推进国家治理体系和治理能力现代化，是实现良法善治的必由之路

习近平法治思想深刻回答了法治与国家治理、法律制度与国家制度的关系问题，强调

在法治轨道上推进国家治理体系和治理能力现代化,科学指明了推进国家治理现代化的正确路径。习近平总书记指出:"法治是国家治理体系和治理能力的重要依托。""我国社会主义法治凝聚着我们党治国理政的理论成果和实践经验,是制度之治最基本最稳定最可靠的保障。""只有全面依法治国才能有效保障国家治理体系的系统性、规范性、协调性,才能最大限度凝聚社会共识。"

国家治理体系是在党领导下管理国家的制度体系,包括经济、政治、文化、社会、生态文明和党的建设等各领域体制机制、法律法规安排。推进国家治理体系和治理能力现代化,就是要适应时代变化,既改革不适应实践发展要求的体制机制、法律法规,又不断构建新的体制机制、法律法规,使各方面制度更加科学、更加完善,实现党、国家、社会各项事务治理制度化、规范化、程序化。

运用法治思维和法治方式深化改革、推动发展、化解矛盾、维护稳定、应对风险,是国家治理能力的重要体现。在统筹推进伟大斗争、伟大工程、伟大事业、伟大梦想的实践中,在全面建设社会主义现代化国家新征程上,我们要更加重视法治、厉行法治,更好发挥法治固根本、稳预期、利长远的重要作用,坚持依法应对重大挑战、抵御重大风险、克服重大阻力、解决重大矛盾,提升法治促进国家治理体系和治理能力现代化的效能。

(六)坚持建设中国特色社会主义法治体系,是全面推进依法治国的发展目标和总抓手

习近平法治思想深刻回答了法治中国建设实现什么目标的问题,科学指明了新时代全面依法治国的总抓手。习近平总书记指出:"全面推进依法治国涉及很多方面,在实际工作中必须有一个总揽全局、牵引各方的总抓手,这个总抓手就是建设中国特色社会主义法治体系。"中国特色社会主义法治体系,本质上是中国特色社会主义制度的法律表现形式,是国家治理体系的骨干工程。全面依法治国的总目标,就是建设中国特色社会主义法治体系、建设社会主义法治国家。

中国特色社会主义法治体系贯穿法治国家、法治政府、法治社会建设各个领域,涵盖立法、执法、司法、守法各个环节,涉及法律规范、法治实施、法治监督、法治保障、党内法规各个方面。建设中国特色社会主义法治体系,必须坚持正确方向。要发挥依法治国和依规治党的互补性作用,确保党既依据宪法法律治国理政,又依据党内法规管党治党、从严治党。坚持依法治国和以德治国相结合,实现法治和德治相辅相成、相得益彰,实现法安天下、德润人心。

建设中国特色社会主义法治体系,必须加快形成完备的法律规范体系、高效的法治实施体系、严密的法治监督体系、有力的法治保障体系,形成完善的党内法规体系。加强重点领域、新兴领域、涉外领域立法,健全国家治理急需的法律制度、满足人民日益增长的美好生活需要必备的法律制度,不断完善以宪法为核心的中国特色社会主义法律体系。加快健全科学立法、严格执法、公正司法、全民守法等方面的体制机制,健全法律面前人人平等保障机制,确保宪法法律全面有效实施。改革和完善不符合法治规律、不利于依法治国的保障机制,为全面依法治国提供完备的制度保障。加强对权力运行的制约和监督,坚持以党内监督为主导,健全人大监督、民主监督、行政监督、司法监督、群众监督、舆论监督制

度,发挥审计监督、统计监督职能作用,推动各类监督有机贯通、相互协调。完善党内法规制定体制机制,做好党内法规制定工作,推动形成比较完善的党内法规制度体系。

（七）坚持依法治国、依法执政、依法行政共同推进,法治国家、法治政府、法治社会一体建设,是全面推进依法治国的战略布局

习近平法治思想深刻回答了全面依法治国工作布局的问题,科学指明了新时代法治中国建设的战略安排。全面依法治国是一个系统工程,必须统筹兼顾、把握重点、整体谋划,更加注重系统性、整体性、协同性。在中国法治版图结构中,依法治国、依法执政、依法行政是三个关键环节,法治国家、法治政府、法治社会是三大重点板块。在推进法治中国建设的过程中,无论哪一个关键环节明显滞后,无论哪一个重点板块成为短板,都会严重影响法治建设的质量和速度。

依法治国、依法执政、依法行政是一个有机整体,关键在于党要坚持依法执政、各级政府要坚持依法行政。各级党组织和党员干部应坚持以法治的理念、法治的体制、法治的程序开展工作,改进党的领导方式和执政方式,推进依法执政制度化、规范化、程序化,提高党科学执政、民主执政、依法执政水平。各级政府应坚持法定职责必须为、法无授权不可为,健全依法决策机制,完善执法程序,严格执法责任,做到严格规范公正文明执法。

法治国家、法治政府、法治社会三者各有侧重、相辅相成。党的十九大明确提出,到2035年基本建成法治国家、法治政府、法治社会。其中,法治国家是法治建设的目标,法治政府是建设法治国家的重点任务和主体工程。用法治给行政权力定规矩、划界限,规范行政决策程序,加快转变政府职能,深化政务公开,确保政府行政立治有体、施治有序。法治社会是构筑法治国家的基础。党中央印发的《法治社会建设实施纲要（2020—2025年）》,提出要建设信仰法治、公平正义、保障权利、守法诚信、充满活力、和谐有序的社会主义法治社会。

（八）坚持全面推进科学立法、严格执法、公正司法、全民守法,是新时代法治建设的"十六字"方针

在全面推进依法治国的工作格局中,科学立法是前提条件,严格执法是关键环节,公正司法是重要任务,全民守法是基础工程。

习近平总书记指出,"要继续推进法治领域改革,解决好立法、执法、司法、守法等领域的突出矛盾和问题"。要深化立法体制机制改革,完善党委领导、人大主导、政府依托、各方参与的立法工作格局,提高立法工作质量和效率。加强重点领域、新兴领域、涉外领域立法。深化行政执法体制改革,完善行政执法程序,全面落实行政执法责任制,提高严格规范公正文明执法水平。深化司法责任制综合配套改革,加强司法制约监督,健全社会公平正义法治保障制度,努力让人民群众在每一个司法案件中感受到公平正义。全面推进依法治国需要全社会共同参与,需要全社会法治观念增强,必须深入开展法治宣传教育,在全社会弘扬社会主义法治精神,建设社会主义法治文化。

(九) 坚持统筹推进国内法治和涉外法治,是建设法治强国的必然要求

法治兴则国兴,法治强则国强。面对世界百年未有之大变局,必须统筹推进国内法治发展和涉外法治建设,积极参与全球治理体系改革和建设,加强涉外法治体系建设,加强国际法运用,维护以联合国为核心的国际体系和以国际法为基础的国际秩序,共同应对全球性挑战。中国走向世界,以负责任大国形象参与国际事务,必须善于运用法治,加强国际法治合作,推动全球治理体系变革,构建人类命运共同体。

习近平法治思想深刻回答了国内法治和涉外法治的内在联系,科学指明了新时代法治中国建设的基本格局。习近平总书记指出,"要加快涉外法治工作战略布局,协调推进国内治理和国际治理,更好维护国家主权、安全、发展利益"。

新时代加强涉外法治工作战略布局的领域宽广、内涵丰富、任务繁重。加快中国法域外适用的法律体系建设,在国家安全、反恐、金融、反洗钱、网络安全和经济安全等重要领域确立域外效力条款,加大域外适用规则执法力度。建立健全涉外工作法务制度,推动驻外使领馆普遍设立法务参赞、警务联络官,及时向赴境外人员提供安全和法律服务。加强国际执法司法合作,共同打击暴力恐怖势力、民族分裂势力、宗教极端势力和贩毒走私、跨国有组织犯罪。善于综合利用立法、执法、司法等手段开展斗争,提高对外法律斗争能力,占领法治制高点,坚决维护国家主权、尊严和核心利益。做好国际法治人才培养推荐工作,推举更多优秀人才到国际组织特别是国际仲裁机构、国际司法机构任职,让国际组织有更多中国面孔、中国声音、中国元素。积极参与全球治理规则制定,提出更多凝聚中国智慧和中国价值的制度方案,做全球治理变革进程的参与者、推动者、引领者。

(十) 坚持建设德才兼备的高素质法治工作队伍,是全面推进依法治国的组织保障

习近平总书记指出,"全面推进依法治国,建设一支德才兼备的高素质法治队伍至关重要"。全面推进依法治国,必须着力建设一支忠于党、忠于国家、忠于人民、忠于法律的社会主义法治工作队伍,推进法治专门队伍正规化、专业化、职业化,提高职业素养和专业水平。坚持立德树人,德法兼修,努力培养造就一大批高素质法治人才及后备力量。

法治专门队伍是党政机关中从事法治工作的专业力量,主要包括在人大和政府从事立法工作的人员,在行政机关从事执法工作的人员,在司法机关从事司法工作的人员。立法人员应具有很高的思想政治素质,具备遵循规律、发扬民主、加强协调、凝聚共识的能力。执法人员应忠于法律、捍卫法律,严格执法、敢于担当。司法人员应信仰法律、坚守法治,端稳天平、握牢法槌,铁面无私、秉公司法。要加快推进法治专门队伍革命化、正规化、专业化、职业化建设,加强理想信念教育,深入开展社会主义核心价值观和社会主义法治理念教育,做到忠于党、忠于国家、忠于人民、忠于法律。

法律服务队伍是全面依法治国的重要力量,在保障当事人合法权益、维护社会公平正义、开展法治宣传教育、化解社会矛盾纠纷、促进社会和谐稳定等方面发挥不可替代的重要作用。加强法律服务队伍建设,教育引导法律服务工作者坚持正确政治方向,依法依规诚信执业,认真履行社会责任,满腔热忱投身社会主义法治国家建设。加快构建社会律师、公职律师、公司律师等优势互补、结构合理的律师队伍,健全律师执业权利保障机制,

规范律师执业行为,更好发挥律师在全面依法治国中的重要作用。

法学专家队伍对法治理论创新和法治人才培养至关重要。健全政法部门和法学院校、法学研究机构人员双向交流机制,实施高校和法治工作部门人员互聘计划,重点打造一支政治立场坚定、理论功底深厚、熟悉中国国情的高水平法学家和专家团队,建设高素质学术带头人、骨干教师、专兼职教师队伍。坚持运用马克思主义的立场观点方法,汲取中华法律文化精华,借鉴国外法治有益经验,打造具有中国特色和国际视野的法学学科体系、话语体系,做中国法学的创造者、世界法学的贡献者。

(十一)坚持抓住领导干部这个"关键少数",是全面推进依法治国的关键问题

习近平总书记指出,"领导干部具体行使党的执政权和国家立法权、行政权、监察权、司法权,是全面依法治国的关键","带头尊崇法治、敬畏法律,了解法律、掌握法律,不断提高运用法治思维和法治方式深化改革、推动发展、化解矛盾、维护稳定、应对风险的能力,做尊法学法守法用法的模范"。为此,建立健全党政主要负责人履行推进法治建设第一责任人的制度,推动党政主要负责人切实履行第一责任人职责,做到重要工作亲自部署、重大问题亲自过问、重要环节亲自协调、重要任务亲自督办。健全政绩考评体系,把法治建设成效作为衡量各级领导班子和领导干部工作实绩重要内容,纳入政绩考核指标体系。

全面推进依法治国必须抓住领导干部这个"关键少数",不断提高他们运用法治思维和法治方式深化改革、推动发展、化解矛盾、维护稳定的能力,要求他们做尊法学法守法用法的模范。要坚持依法治权,用宪法和法律法规设定权力、规范权力、制约权力、监督权力,把权力关进法律和制度的笼子里。

【本章思考题】

1. 怎样理解法的本质和基本特征?
2. 什么是法系? 大陆法系和英美法系之间有何差异?
3. 什么是法的效力? 法的效力范围包括哪些?
4. 法的实现需要什么条件?
5. 法律与政策、道德之间的关系是什么?
6. 法治的内涵及其基本要素是什么?
7. 习近平法治思想的重大意义是什么?
8. 习近平法治思想的核心要义有哪些?

【本章讨论案例】

1. 2002 年 2 月 23 日,清华大学电机系四年级学生刘海洋为了"考证黑熊嗅觉是否灵敏",在北京动物园将硫酸泼向几只黑熊,导致黑熊身体大面积烧伤。事件发生后,刘海洋被北京市西城区公安分局刑事拘留。

请分析:

(1)刘海洋为什么要这样做?

(2)刘海洋的行为是否构成犯罪?

（3）此案应如何处理？

2. 2015年4月3日，有网友爆料称，9岁男童施某某被养母虐待。两天后，南京警方查明，施某某因未完成养母李征琴（50岁）布置的课外作业且说谎及考试作弊等事由，被养母用抓痒挠、跳绳抽打及脚踩，致双手、双脚、背部大面积红肿。经南京市公安局物证鉴定所鉴定，施某某躯干、四肢等部位挫伤面积为体表面积的10％，其所受损伤已构成轻伤一级。4月5日凌晨，李征琴被警方刑拘。13日下午，施某某的生母张传霞前往浦口区检察院"给表姐求情"，被控制的李征琴是她表姐。诉讼期间，施某某的律师许家斌向法院递交了要求法院督促检察院撤诉的申请书，被害人的生母，也给办案机关递交了调解书，要求公安机关不再追究李征琴的刑事责任。2015年9月30日下午2时，南京市浦口区人民法院作出一审宣判：被告人李征琴犯故意伤害罪，判处有期徒刑六个月。

请从情理法的角度分析本案的意义。

第二章 宪法概论

【本章要点提示】 本章的学习,要求学生掌握宪法的特征、宪法的历史发展、宪法的基本原则,了解国家性质、国家基本制度、国家政权组织形式和国家结构形式,熟悉公民基本权利与义务、我国国家机构的组织系统,懂得宪法的实施及其保障机制。

第一节 宪法基本理论

引例:《纽约时报》诉沙利文案

基本案情:1960 年 3 月 29 日,美国亚拉巴马州的 64 名黑人牧师联合在《纽约时报》上用一整版的篇幅刊登了一则标题为"关注他们高涨的呼声"的付费广告,该广告的主要内容描述了美国南部民权运动的发展,即黑人团体和青年学生所进行的非暴力示威行动,以及他们所遭受的恐怖主义式报复。他们称"在美国宪法和权利法案的许诺下,我们有权利以人的尊严生活。"但是,亚拉巴马州首府蒙哥马利市的政府官员动用军警及暴力对付示威的黑人学生,不妥当地"包围"了一所黑人学院的校园。广告还提到某些"南方的违法者"曾经用炸弹袭击了黑人运动领袖马丁·路德·金的家,并七次以"超速""闲逛"等"罪"逮捕了他,还指控他"做伪证"。

沙利文是亚拉巴马州蒙哥马利市负责警察局的公共事务长,他认为广告中有些陈述是完全或部分错误的,如马丁·路德·金只被政府逮捕过四次,而广告却声称有七次。这些事件大都发生在他担任公共事务长之前,所以认为广告损害了他的名誉。于是,沙利文向亚拉巴马州法院提起了诉讼,控告《纽约时报》和 4 名黑人,要求《纽约时报》赔偿 50 万美元。

亚拉巴马州法院根据普通法上严格的私人诽谤规则,即只需广告的诽谤存在,被告必须对错误陈述所造成的诽谤负有赔偿责任,且原告无须证明实际损失的存在就可以获得惩罚性赔偿。经法院裁决,涉案广告中确有不实之处,诽谤存在,对《纽约时报》处以 50 万美元的罚款。《纽约时报》不服,上诉至亚拉巴马州最高法院,最高法院支持了下级法院的判决。于是《纽约时报》上诉至联邦最高法院。

1964 年联邦最高法院推翻了亚拉巴马州法院作出的有利于沙利文的判决。联邦最高法院指出:亚拉巴马州所适用的法律规则存在宪法缺陷,在公共官员针对其官方行为受到批评所提起的诽谤诉讼中,州法院未能保护第一修正案和第十四修正案所要求的言论与新闻自由。广告中确实有错误信息,如果能够成功地认同所指对象是沙利文,即可视为

普通法上对其的诽谤。但是，沙利文不是一个普通的私人个体，而是一位政府官员，该广告也不是一项私人事项的广告，而涉及公共事务，显然有权获得宪法保护。

法律分析：美国联邦最高法院宣布了一项非常重要的原则，即在审判针对政府公职人员所提出的诽谤案时，"宪法保障要求有一项联邦的规则来禁止政府官员因涉及其执行职务行为的职责有损声誉和不真实而取得赔偿，除非他能够证明这种指责是出于'真正的恶意'，即明知其陈述是错误的，或满不在乎地罔顾陈述是否错误"。沙利文陈述的事实不能证明《纽约时报》刊登那份广告是怀有"真正的恶意"，因而其诉讼请求不能得到支持。

一、宪法的概念和本质

（一）宪法是国家的根本法

宪法和普通法律在本质上是一致的。但宪法又不同于普通法律，它是国家的根本大法，在一国的法律体系中占有特殊重要的地位。和普通法律相比较，宪法具有下列特征：

第一，宪法规定的内容与普通法律不同。宪法规定一个国家的社会制度、国家制度的基本原则。如国家性质、政治制度、经济制度、国家机关的组织和活动的基本原则，以及公民的基本权利义务等。这些都是国家生活中带有根本性的问题。而普通法律只是国家生活或社会生活中某一方面的行为规范。例如，民法只是调整一定范围内的财产关系和人身关系的法律；刑法只是规定什么行为是犯罪和对犯罪者适用何种刑罚的法律；其他部门法律也都如此。

第二，宪法的法律效力与普通法律不同。宪法具有最高的法律效力，是国家一切立法活动的基础，是制定各种普通法律的依据。一切普通法律都不得与宪法的规定相违背，如果违背了宪法的规定，就是违宪。违宪的法律应当修改或者废除。所以，通常又称宪法为"母法"，普通法律为"子法"。

第三，宪法的制定和修改程序与普通法律不同。宪法的上述两个重要特征，决定了它需要比普通法律具有更大的稳定性。所以，许多国家对宪法的制定和修改，都规定了比普通法律更加严格的程序。它通常由设立的专门委员会起草，并须经最高国家权力机关或制宪机构全体成员的 2/3 或 3/4 的多数通过，才能生效。有的国家在宪法通过之前，还将草案交付全民讨论，或在宪法公布之前，交付公民投票表决。我国《宪法》明确规定，宪法的修改，由全国人大常委会或 1/5 以上的全国人大代表提议，并由全国人大以全体代表的 2/3 以上的多数通过。其他法律和议案则只需要由全国人大全体代表过半数通过。

（二）宪法是各种政治力量对比关系的集中表现

政治力量对比首先是阶级力量对比。宪法集中表现了阶级力量的实际对比关系，具体表现为：

第一，宪法是阶级斗争的结果和产物，是在阶级斗争中取得胜利的居于统治地位的阶级制定的，集中反映了统治阶级与被统治阶级之间的统治与被统治的关系。

第二，各国宪法的具体内容千差万别，即使是同一历史类型的宪法，其内容也各有不同。影响宪法内容差别的因素很多，其中具有决定性的，乃是阶级力量实际对比关系的具体情况。

第三,阶级斗争的实践表明,统治阶级与被统治阶级之间的力量对比关系不可能一成不变,而常常互有消长。阶级力量对比关系的这种变化,必然会在宪法中得到反映,引起宪法内容的变化。这既可以表现为宪法历史类型的更替,也可以表现为同一历史类型的同一国家在其发展的各个时期,由于阶级力量对比关系的变化而引起的宪法内容的相应变化。

需要指出的是,尽管阶级力量对比在政治力量对比中居于首要地位,但不能把政治力量对比局限于阶级力量对比,前者的含义较之后者更为广泛。政治力量既包含与阶级力量有直接联系的同一阶级内的各个阶层、各个派别的力量,也包含与阶级力量虽有若干联系但又有重大区别的各种社会集团的力量。如果单纯从阶级力量对比关系来考察和说明宪法的本质,而忽视其他各种政治力量的对比关系对宪法的重大影响,就未免把宪法的本质问题简单化了。例如,新中国成立以来宪法的几次修改,就反映了各个不同历史时期包含阶级力量对比关系在内的政治力量对比关系所发生的变化。

(三) 宪法是对民主制度的确认和保障

宪法是和民主制度相联系的,它是对民主制度的确认和保障。

奴隶制国家、封建制国家实行的是君主专制制度,国家的一切权力集中于奴隶主阶级或封建地主阶级的政治代表——君主手中,君主的权力是至高无上的。在君主专制制度下,如果出现一个具有最高法律效力并能限制君主权力的宪法,那是君主所不能容忍的。所以,在奴隶制或封建制国家中,不可能有国家根本法的宪法。

近代意义上的宪法,即作为国家根本法的宪法,是十七、十八世纪资产阶级革命的产物。资产阶级在革命胜利后,为了巩固胜利成果,就有必要制定一种具有最高权威的法律,把在革命斗争中争得的民主制度固定下来,并予以保障,这就是宪法。所以,资产阶级宪法是同资产阶级民主制度紧密联系在一起的,是对资产阶级民主制度的确认和保障。

社会主义宪法是无产阶级革命的产物。列宁说:"工人阶级夺取政权之后,像任何阶级一样,要通过改变所有制和实行宪法来掌握和保持政权,巩固政权。"[1]而保持政权和巩固政权,要靠民主制度。所以,社会主义宪法是对社会主义民主制度的确认和保障,没有社会主义民主制度的出现,也就没有社会主义宪法。

综上所述,对宪法的概念可作如下表述:宪法是集中反映一国政治力量对比关系,确认和保障该国民主制度的国家根本法。

二、宪法的产生及其发展

十七、十八世纪,随着资产阶级革命在英、美、法等国的胜利,出现了世界上最早的一批资产阶级宪法。

英国资产阶级革命从 1640 年开始,经历了半个世纪,直到 1688 年的"光荣革命",资产阶级才最终确定了它的统治,从而出现了世界上最早的宪法。英国虽然是宪法的发源

---

① 《列宁全集》第 30 卷,人民出版社 1957 年版,第 433 页。

地,然而却没有一部统一的、完整的、法典形式的宪法文件。它的宪法是所谓"不成文宪法"。有关英国国家制度和社会制度的许多问题,分别由一系列宪法法案、宪法性习惯和宪法性判例加以规定。这是由英国资产阶级革命的不彻底性和英国的具体国情所决定的。

世界上第一部成文宪法是 1787 年的美国宪法。美国原是英国的殖民地,经过 7 年的独立战争,摆脱了英国的殖民统治,于 1776 年宣布独立。1787 年,在费城召开制宪会议,制定了宪法。1787 年的美国宪法确认了资产阶级民主共和政体和"三权分立"的政治制度。

1789 年法国爆发了资产阶级革命,同年 8 月,国民议会通过了《人和公民的权利宣言》(亦称《人权宣言》)。《人权宣言》宣布了资产阶级的自由、平等和"主权在民""分权"等原则;确认了"法律面前人人平等""罪刑法定""罪刑相当""法律不溯及既往""无罪推定"等法治原则;《人权宣言》最后强调私有财产是不可侵犯的神圣权利。1791 年,法国制宪会议制定了以《人权宣言》为序言的第一部法国资产阶级宪法。

英、美、法三国的宪法是资产阶级宪法的先驱。其后,随着资产阶级革命的发展,资产阶级在许多国家建立了自己的统治,它们仿效美、法等国宪法,先后制定了本国的资产阶级宪法,维护和发展了资本主义制度。资本主义进入帝国主义阶段后,垄断资产阶级日益走向反动,反映在宪法问题上是行政权力的不断扩大和议会权力的逐渐削弱。垄断资产阶级及其统治代表恣意破坏宪法所确认的民主原则,甚至不惜采用暴力镇压的手段,以取代宪法民主、自由的规定。第二次世界大战后,由于德、意、日法西斯战败,反法西斯的民主与和平力量空前壮大,一度被废弃的资产阶级民主制度有所恢复,一些资产阶级国家的宪法还扩大了公民权利和自由的范围,增加了社会经济权利。与此同时,亚、非、拉地区还出现了一批新兴资产阶级民族主义的宪法。这些宪法虽然仍属资产阶级历史类型,但它们强调民族独立和民族主权,强调发展民族经济,反对殖民主义、帝国主义和霸权主义,这是它们不同于英、美、法等发达资本主义国家的宪法之处。

1917 年俄国十月革命推翻了地主、资本家的统治,建立了世界上第一个无产阶级民主政权国家。1918 年《俄罗斯社会主义联邦苏维埃共和国宪法(根本法)》问世,标志着历史上第一部社会主义宪法的诞生。

第二次世界大战后,欧、亚出现了一系列人民民主国家。许多人民民主国家在总结各自的革命经验的基础上,先后制定了反映本国特点和阶级力量对比关系的宪法。包括新中国宪法在内的这些宪法,就其历史类型来说,都是社会主义类型的宪法。

三、我国宪法的历史发展

(一) 近代中国的立宪运动和宪法

立宪运动,就是争取制定宪法,实行民主政治的运动。世界各国历来的宪政都是在革命成功并在国家政治生活中有了民主事实以后才实现的。我国近代立宪运动的历史,实质上就是中国革命势力同反革命势力在国家制度问题上的斗争历史,表现为三种不同的势力所要求的三种不同性质的宪法。

第一种宪法，就是中国大地主、大买办阶级所炮制的伪宪法。如清朝政府的《钦定宪法大纲》《十九信条》，北洋军阀统治时期袁世凯的《中华民国约法》和曹锟的《中华民国宪法》，国民党政府的《训政时期约法》《五五宪草》以及 1946 年的《中华民国宪法》等。这些反动派本来是不要宪法、仇视立宪的，他们玩弄立宪骗局，炮制宪法，都是为了欺骗人民，挽救他们摇摇欲坠的反动统治。

第二种宪法，就是中国民族资产阶级所向往的资产阶级民主共和国宪法。以康有为代表的资产阶级改良派曾提出建立君主立宪的要求，并发动了"戊戌变法"，但是失败了。以孙中山为代表的资产阶级革命派，发动了辛亥革命，推翻了清王朝，成立了中华民国，制定了《中华民国临时约法》。这个宪法性文件在当时是有进步意义的。但是，辛亥革命由于缺乏彻底的反帝反封建的纲领，又未能充分发动和依靠广大人民群众，革命成果终于被封建军阀所窃取，《临时约法》实际上成了一纸空文。历史证明，在帝国主义和无产阶级革命时代，资产阶级的立宪在半殖民地半封建的旧中国是行不通的。

第三种宪法，就是工人阶级领导的、以工农联盟为基础的人民民主共和国的宪法。它包括第二次国内革命战争时期的《中华苏维埃共和国宪法大纲》；抗日战争时期和第三次国内革命战争时期的《陕甘宁边区施政纲领》《陕甘宁边区宪法原则》等宪法性文件；1949年新中国成立前夕的《共同纲领》以及新中国成立后颁布的几部宪法。它们有的是中国共产党领导的新民主主义立宪运动的产物，有的是中华人民共和国成立以来新的历史经验的总结。实践证明，只有这种社会主义类型的宪法，才适合中国的国情，才是历史发展的必然趋势。

（二）中华人民共和国宪法的历史发展

1. 起临时宪法作用的《中国人民政治协商会议共同纲领》

新中国成立前夕，中国人民政治协商会议第一届全体会议经过充分的讨论，一致通过了《中国人民政治协商会议共同纲领》（以下简称《共同纲领》）。

当时之所以制定《共同纲领》而没有制定宪法，是因为当时中华人民共和国还没有成立，人民解放战争还在进行，国民经济有待恢复，人民民主制度有待继续巩固，普选的人民代表大会还没有条件召开，制定宪法的条件还不具备，所以只能召开中国人民政治协商会议，由它代行全国人民代表大会的职权，制定起临时宪法作用的《共同纲领》。

《共同纲领》规定了新中国的社会制度和国家制度的基本原则，以及有关政治、经济、军事、文化、教育、民族、外交等的各项基本政策。这些规定是新中国成立初期国家建设的纲领和立法的基础，在促进国民经济的恢复和发展，创建革命法制，巩固人民民主专政等方面，发挥了极大的积极作用。

2. 1954 年《宪法》

中国人民在中国共产党的领导下，在新中国成立初期，认真贯彻执行《共同纲领》，进行了艰苦卓绝的工作，取得了丰富的经验和空前的成就。当国民经济恢复时期已告结束和社会主义建设即将开始的时候，我国国内政治力量的对比关系发生了新的变化，各级普选的人民代表大会普遍召开，制定宪法的条件已经成熟。这时，在中国共产党的倡议下，

我国开始了制定宪法的工作。

1953年1月13日,成立了以毛泽东为首的中华人民共和国宪法起草委员会,负责宪法的起草工作。宪法草案经过全民广泛深入的讨论,于1954年9月2日第一届全国人民代表大会第一次会议一致通过,《中华人民共和国宪法》(以下简称《宪法》)诞生。这是我国历史上第一部社会主义类型的宪法。

1954年《宪法》既以《共同纲领》为基础,又是《共同纲领》的发展。《共同纲领》所规定的各项基本原则,经过实践检验证明是正确的,都在宪法中被肯定下来。《共同纲领》所规定的已经实现了的任务,宪法则作了省略。

1954年《宪法》既坚持了原则性,又有一定的纲领性,是一部很好的宪法。它适应了由新民主主义转变为社会主义的过渡时期的需要,对于巩固我国人民革命斗争的胜利成果,推动我国社会主义改造和社会主义建设事业的胜利发展,具有伟大的历史作用。

3. 1975年《宪法》

1954年《宪法》实施以后,我国的社会主义事业又前进了一步,在阶级关系以及政治、经济、文化和对外关系等方面都发生了重大的变化,有必要对宪法加以修改。但是,由于种种原因,宪法修改工作一再被延搁,直到1975年1月召开第四届全国人民代表大会时,才对1954年《宪法》进行了修改,制定了1975年《宪法》。这部宪法是在"文化大革命"期间制定的,受到了极"左"路线的影响,存在着严重的缺点和错误,在实际生活中并没有产生什么作用。

4. 1978年宪法

1976年10月"四人帮"被粉碎,我国进入了一个新的历史时期。为了适应社会主义现代化建设的需要,必须对1975年宪法进行彻底的修改。1978年3月5日第五届全国人民代表大会第一次全体会议通过了1978年《宪法》。限于当时的历史条件,这部宪法也很不完善。尽管在1979年和1980年,曾分别对1978年《宪法》的个别条文作了修改,但这种修改,已远远不能适应新时期我国政治、经济、文化发展的客观需要,必须对1978年《宪法》作全面修改。

5. 我国的现行宪法——1982年《宪法》

(1) 现行宪法的制定经过及其指导思想。

1980年9月,全国人大五届三次会议接受中共中央关于修改宪法和成立宪法修改委员会的建议,决定成立宪法修改委员会,主持修改1978年宪法。在修改过程中,宪法修改委员会广泛征集和认真研究了各地方、各部门、各方面的意见,于1982年4月,提出了宪法修改草案,由全国人大常委会公布,交付全国各族人民讨论。1982年12月4日,第五届全国人民代表大会第五次会议通过了新宪法,即现行宪法,并公布施行。

现行宪法是在完成了指导思想上的拨乱反正,全面开创社会主义建设新局面的正确纲领已经确立的情况下制定的。它继承和发展了1954年《宪法》的基本原则,总结和确认了我国社会主义发展的丰富经验,特别是党的十一届三中全会以来我国历史性的伟大转变,经济体制、政治体制改革的新成果和各条战线取得的新胜利,同时也注意吸取国际经验;既考虑到当前的现实,又考虑到发展前景。

现行宪法明确规定国家今后的根本任务是集中力量进行社会主义现代化建设,把四项基本原则作为立国之本,用根本大法的形式记载和确定下来,对改革开放这一强国之路作出了原则性的规定。现行宪法对国家制度、经济制度、建设社会主义精神文明、公民的基本权利和义务以及国家机构的设置和职权范围等一系列重大问题,也都作了极其明确的规定。宪法颁布和实施以来的实践证明,这些规定是符合我国国情的,它为我国进行社会主义现代化建设,为坚持四项基本原则和改革开放提供了宪法保障。

因此,这是一部有中国特色的、适应新的历史时期社会主义现代化建设需要的新宪法。

(2) 现行宪法的修改。

为了适应社会主义建设事业的发展和进一步改革开放的需要,同时也是为了把已经取得的改革开放的成果用根本法的形式固定下来,宪法必须适时进行修改。

修改宪法的方法通常有两种:一种是全面修改,即由一个新的宪法文本代替原来的文本;另一种是修正案的方式。我国 1957 年、1978 年和 1982 年三次修改宪法,都是对宪法的全面修改,修改后的新的宪法文本,通常称为新宪法。

我国现行宪法即 1982 年《宪法》通过并施行后,对宪法的修改,一改以往全面修改的方式,而采用修正案的方式,只对宪法个别条款或部分内容进行修改。这样既有利于保持宪法的稳定性,又能使宪法的规定适应社会实践发展的需要,从而体现了坚持稳定和与时俱进的精神。

现行宪法实施以来,曾先后于 1988 年 4 月七届全国人大一次会议、1993 年 3 月八届全国人大一次会议、1999 年 3 月九届全国人大二次会议、2004 年 3 月十届全国人大二次会议和 2018 年 3 月十三届全国人大一次会议共五次对宪法内容进行了修改,有力促进了改革开放和社会主义现代化建设。

前三次通过的 19 条宪法修正案,有 15 条修正案在宪法序言和总纲部分,主要内容: ① 确定了邓小平理论在国家政治和社会生活中的指导地位; ② 明确了我国长期处于社会主义初级阶段; ③ 肯定了改革开放的基本方针,从而使党在社会主义初级阶段的基本路线在宪法中的表述更加完整; ④ 完善了我国社会主义初级阶段的基本经济制度(公有制为主体、多种所有制经济共同发展)和分配制度(按劳分配为主、多种分配方式并存); ⑤ 确定了农村经济组织家庭承包经营为基础、统分结合的双层经营体制; ⑥ 确定了非公有制经济的法律地位; ⑦ 确定了国家实行社会主义市场经济; ⑧ 确定了依法治国、建设社会主义法治国家的基本方略; ⑨ 确定了中国共产党领导的多党合作和政治协商制度的长期存在和发展。

根据中国共产党的建议,2004 年 3 月十届人大二次会议通过的宪法修正案内容: ① 把"三个代表"重要思想作为国家指导思想写进宪法; ② 增加了"推动物质文明、政治文明和精神文明协调发展"的内容; ③ 在爱国统一战线构成中增加了"社会主义事业建设者"; ④ 完善了土地征用的条款,规定国家可依法对土地实行征收或征用并给予补偿; ⑤ 增加了国家鼓励、支持非公有制经济发展的内容; ⑥ 完善了私有财产保护制度; ⑦ 确立了国家建立健全同经济发展水平相适应的社会保障制度的目标; ⑧ 增加了国家尊重和保障人权的内容; ⑨ 变戒严规定为紧急状态的规定,为紧急状态法律制度奠定了宪法基

础;⑩ 完善了政权组织制度;⑪ 确认《义勇军进行曲》为我国国歌。此次宪法的修改,进一步体现了科学发展观和与时俱进的精神,并为构建和谐社会提供了更加完备的宪法保障,从而使这部宪法进一步臻于完备。

第十三届全国人民代表大会第一次会议 2018 年 3 月 11 日表决通过了《中华人民共和国宪法修正案》。大会主席团当日发布公告,予以公布施行。宪法修正案对现行宪法进行了共 21 处修改,主要内容有几个方面:① 确立了科学发展观、习近平新时代中国特色社会主义思想在国家政治和社会生活中的指导地位,实现指导思想的与时俱进。② 调整完善了中国特色社会主义事业总体布局和第二个百年奋斗目标方面的内容。③ 完善了全面依法治国和宪法实施方面的内容。④ 调整充实我国革命和建设发展历程的内容。⑤ 调整完善了广泛的爱国统一战线和民族关系方面的内容。⑥ 调整完善了和平外交政策方面的内容,对外工作方面的大政方针。⑦ 充实了坚持和加强中国共产党全面领导的有关内容。⑧ 增加了国家倡导社会主义核心价值观方面的内容。⑨ 修改完善了国家主席任职任期方面的规定。⑩ 在宪法中增加了有关设区的市的地方立法权方面的内容。⑪ 适应深化国家监察体制改革的要求,完善了这方面的制度,也就是增加了与监察委员会有关的规定,这方面的规定在修正案中比较多,首先增加了一节,同时在另外十个条款的 11 处作了相应的修改。

四、宪法的基本原则

宪法的基本原则是指在制定、修改和实施宪法过程中必须遵循的最基本的准则,是贯穿于立宪和行宪的基本精神。综合世界各国宪法的理论与实践,宪法的基本原则主要有人民主权原则、人权保障原则、法治原则、权力制约原则。

(一) 人民主权原则

主权是指国家的最高权力。人民主权,即国家的最高权力属于人民,归人民所有。人民主权论是十七、十八世纪启蒙思想家们倡导的,主要代表人物为法国的卢梭,其理论基础是自然权利说和社会契约论。在卢梭看来,国家是人民根据契约协议的产物,政府的一切权力都是人民授予的。因此,国家的主人不是君主,而是人民,治理者只是受人民的委托治理国家。1776 年美国《独立宣言》在历史上第一次将人民主权确定为基本政治原则,它宣布:为了保障生命、自由和追求幸福的权利,"才在人们中间成立政府。而政府的正当权力,系得自被统治者的同意。如果遇有任何一种形式的政府变成是损害这些目的的,那么,人民就有权利来改变它或废除它,以建立新的政府"。1789 年法国《人权宣言》也宣布:"整个主权的本原,主要是寄托于国民。任何团体、任何个人都不得行使主权所未明白授予的权力。"当今世界各国的宪法,一般都以这种或那种形式规定了人民主权原则。如法国 1958 年《宪法》第三条规定:"国家主权属于人民,由人民通过其代表和通过公民投票的方式行使国家主权。"我国《宪法》第二条也确认了人民主权原则,并规定了实现人民主权的具体形式与途径:"中华人民共和国的一切权力属于人民。人民行使国家权力的机关是全国人民代表大会和地方各级人民代表大会。人民依照法律规定,通过各种途径和形式,管理国家事务,管理经济和文化事业,管理社会事务。"

（二）人权保障原则

人权是指人之为人所应该享有的权利。人权的主体是"人"，首先是指自然意义上的人。因此，人权是由一切人享有的。人权在本质上首先属于应有权利、道德权利。从人权的产生和发展看，人权是人们不断反抗人身依附、政治专制和精神压迫的结果。人权观念的萌芽古已有之，但系统的人权学说源于十七、十八世纪的启蒙思想家洛克、卢梭等人提出的天赋人权论。1776 年美国《独立宣言》指出："我们认为下面这些真理是不言而喻的：人人生而平等，造物者赋予他们若干不可剥夺的权利，其中包括生命权、自由权和追求幸福的权利。"1789 年法国《人权宣言》宣告："在权利方面，人生来是而且始终是自由平等的。"这些宣言贯彻了天赋人权思想，要求政府以人权保障为目的和原则。人权保障原则并未停留在"政治宣言"上，而是进一步体现在各国宪法对基本权利的保障上。在我国，从《中国人民政治协商会议共同纲领》开始，各部宪法都规定了公民的基本权利和义务，特别是 2004 年将"国家尊重和保障人权"写入现行宪法后，人权保障原则成为我国的基本价值观。

（三）法治原则

法治是指依照法律来统治的一种治国方式。十七、十八世纪的启蒙思想家十分重视法治的意义。如洛克认为，政治应该以正式公布的既定法律来进行统治，这些法律不论贫富、不论权贵和庄稼人都一视同仁，并不因特殊情况而有出入。潘恩也说，在专制政府中，国王便是法律，但在自由国家中，法律便应成为国王。法国《人权宣言》集中地反映了这种法治思想，它宣称："法律对一切人，无论是给予保护或施加惩罚，都应当是一样的。"法治的核心思想在于法律至上，法律面前人人平等，反对任何组织和个人享有法律之外的特权。法治与人治是两种截然不同的国家治理模式。二者区别的关键在于：当法律与当权者个人意志发生冲突时，个人意志高于法律的是人治，法律高于个人意志的是法治。法治与法制并不完全相同。法制可以作为一个中性的词汇，来描述法律制度本身，而不包含任何特定的价值。我们可以说，希特勒的专制统治下有法制，古代中国的王朝统治下也有法制。而法治的概念包含了特定价值倾向，它至少意味着法律不再只是掌握权力者的统治工具，它还要求以法律制约权力。在当代，法治原则已经体现在各国的宪法规范和宪政实践中。我国 1982 年《宪法》第五条第一款明确规定："中华人民共和国实行依法治国，建设社会主义法治国家。"

（四）权力制约原则

权力制约原则是指国家权力的各部分之间相互监督、彼此牵制，从而保障公民权利。权力制约作为宪法的一项基本原则，源于近代分权学说。英国的洛克首倡国家权力的分立，继而法国的孟德斯鸠系统地提出了三权分立学说，认为国家权力必须分为立法权、行政权和司法权，分别由议会、政府和法院行使，才能保障公民自由。法国《人权宣言》宣布，凡分权未确立的社会就没有宪法。美国宪法之父麦迪逊则强调国家权力之间的制衡，认为"野心必须以野心相对抗"，才能有效防止权力滥用。因此，美国宪法在国会、总统和最

高法院之间的横向分权以及联邦与州之间的纵向分权中无不体现牵制与平衡的精神。在我国宪法中,并没有把"三权分立"看作是宪法的基本原则,而是规定了民主集中制原则。《宪法》第3条第1款明确规定:"中华人民共和国的国家机构实行民主集中制的原则"。民主集中制强调各机关之间、各层级之间的合作与最终的统一性。不过,民主集中制不排斥国家权力各部分之间的分工,也不排斥监督制约机制。换言之,我国宪法中的权力制约原则主要表现为权力监督原则。如我国《宪法》规定:"国家行政机关、监察机关、审判机关、检察机关都由人民代表大会产生,对它负责,受它监督","人民法院、人民检察院和公安机关办理刑事案件,应当分工负责,互相配合,互相制约,以保证准确有效地执行法律"。

第二节　国家的基本制度

引例:衡阳选举舞弊案

基本案情:2012年12月28日至2013年1月3日,衡阳召开十四届人大一次会议,出席会议的人大代表527名,从93名代表候选人中差额选举产生76名湖南省人大代表。会议期间,部分候选人为当选湖南省人大代表送钱拉票。会后,该行为被举报。2013年4月,湖南省纪委成立专案组。6月中旬,基本查清了案件事实:衡阳破坏选举案共有56名当选的湖南省人大代表存在送钱拉票的行为,涉案金额达1.1亿余元人民币,有518名衡阳市人大代表和68名工作人员收受钱物。这是1949年以来公开披露的涉案金额最大、涉及党政官员和人大代表最多的一起选举舞弊案。

事后,根据《中华人民共和国选举法》和《中华人民共和国全国人民代表大会和地方各级人民代表大会代表法》的有关规定,湖南省十二届人大常委会第六次会议决定,对以贿赂手段当选的56名省人大代表依法确认当选无效并予以公告;对5名未送钱拉票但工作严重失职的省人大代表,依法公告终止其代表资格。衡阳市有关县(市、区)人大常委会会议分别决定,接受512名收受钱物的衡阳市人大代表及3名未收受钱物但工作严重失职的市人大代表辞职。2014年8月,北京市第二中级人民法院和湖南省12家相关法院分别依法对湖南衡阳破坏选举案全部被告人作出了一审宣判。湖南省政协原副主席童名谦在内的69人依法分别被判处有期徒刑、拘役或剥夺政治权利等刑罚。湖南省纪委对第二批57名涉案人员给予纪律处分。

法律分析:衡阳破坏选举案的后果深刻告诫我们,人民代表大会制度作为我国的根本政治制度不容挑战,而要想切实保障广大人民群众的根本利益,必须规范选举制度,加强对人大代表选举过程的管理和监督,完善人大代表的思想政治建设和作风建设,严格依法办事,不得违背宪法和法律。

国家基本制度是指一个国家的宪法和法律规定的关于这个国家的性质和形式等方面的基本制度的总称。国家的基本制度一般可以分为两个方面:一是关于国家的性质;二是关于国家的形式。

一、国家性质

国家性质,又称"国体",是社会各阶级在国家中的地位和作用。人类阶级社会的发展史表明,社会各阶级在国家中的地位和作用是不相同的:在经济领域占据主导地位的阶级往往控制或掌握着国家政权,处于统治者或领导者的地位;而社会中的其他阶级,要么处于被统治者地位,要么处于被领导者地位。虽然在不同国家或者同一国家的不同历史时期,这种阶级关系的状况并不相同,但充分体现了一个国家的国家性质。

我国现行宪法关于我国国家性质的规定是:中华人民共和国是工人阶级领导的、以工农联盟为基础的人民民主专政的社会主义国家。我国在政治上实行以工农联盟为基础的人民民主专政;在经济上是以公有制为主体、多种所有制经济共同发展,以按劳分配为主体、多种分配方式并存;在精神文明上是社会主义精神文明。这些是我国国家性质的本质表现。

(一) 我国的人民民主专政制度

我国《宪法》第一条规定:"中华人民共和国是工人阶级领导的以工农联盟为基础的人民民主专政的社会主义国家。"这一项规定是对我国国家性质的确认。

工人阶级的领导是人民民主专政的根本标志。人民民主专政之所以必须由工人阶级领导,这是由工人阶级的特点及其肩负的伟大历史使命所决定的。我国工人阶级是近代以来我国社会发展特别是社会化大生产发展的产物,具有严格的组织纪律性和革命的坚定性、彻底性等品格。工人阶级只有解放全人类,才能最后解放自己,它的根本利益同广大人民群众的根本利益是一致的。因而,只有工人阶级才能够把广大人民群众团结在自己的周围,实现社会主义,最终建成共产主义。

工人阶级领导下的工农联盟是人民民主专政的阶级基础。工人阶级和农民阶级是我国革命和建设的根本力量。工人阶级只有得到广大农民的积极支持,才能彻底实现无产阶级革命的历史任务;广大农民也只有在工人阶级的领导下,才能求得自己的彻底解放。在民主革命时期,我国工人阶级和农民阶级在反对帝国主义、封建主义和官僚资本主义的斗争中,已经结成了牢固的革命联盟。新中国成立以后,我国的工农联盟在社会主义的基础上进一步得到巩固。现在我国已进入以经济建设为中心的社会主义建设新时期,工农联盟也随之进入新的历史阶段。当前,工农联盟不断巩固和加强,是战胜国内外一切敌人,加快社会主义现代化建设步伐的基本保证。我国近代的知识分子,深受帝国主义、封建主义和官僚资产阶级的凌辱和压迫,富有革命性,不少人在民主革命中首先觉悟,起着先锋和桥梁作用。在社会主义革命和社会主义建设时期,在中国共产党的领导和教育下,绝大多数知识分子有了显著的进步。他们拥护党的基本路线,拥护四项基本原则,拥护改革开放,热爱社会主义祖国,自觉地为社会主义事业服务,已经成为工人阶级的一部分。离开了他们,社会主义现代化建设就不可能实现。所以,知识分子同工人、农民一样,是建设社会主义的基本力量。我国《宪法》序言指出:"社会主义建设事业必须依靠工人、农民和知识分子。"

人民民主专政是对人民民主和对敌人专政这两个方面的结合。只有在广大人民内部

实行广泛的民主,才能充分调动广大人民群众建设社会主义的积极性,形成强大的阶级统治力量,才能对少数敌对分子实行有效的专政。只有对少数敌人实行强有力的专政,才能确保人民当家做主的权利。人民民主专政的政权之所以强大有威力,就是因为它把在广大人民内部实行民主和对少数敌人的专政正确地结合。《宪法》序言指出:"在我国,剥削阶级作为阶级已经消灭,但是阶级斗争还将在一定范围内长期存在。中国人民对敌视和破坏我国社会主义制度的国内外的敌对势力和敌对分子,必须进行斗争。"因此,专政的职能不能削弱。为了坚持专政的职能,《宪法》第二十八条还规定了明确的措施:"国家维护社会秩序,镇压叛国和其他危害国家安全的犯罪活动,制裁危害社会治安、破坏社会主义经济和其他犯罪的活动,惩办和改造犯罪分子。"

《宪法》序言指出,我国人民民主专政实质上即无产阶级专政。这是因为人民民主专政无论从它的领导力量、阶级基础,还是从它所维护的经济基础来看,和无产阶级专政都是一致的。无产阶级专政在不同国家可以有不同形式。我国的人民民主专政是中国共产党领导人民创造的适合我国情况和革命传统的一种形式。在1949年的《共同纲领》中,在1954年《宪法》中,在1956年党的八大文件中,一直把我国的国家政权称为人民民主专政。现行《宪法》仍然这样规定。因为人民民主专政的提法能够确切地表明我国的阶级状况和政权的广泛基础,明白地表示出我们国家政权的民主性质。

(二) 我国的爱国统一战线、共产党领导的多党合作和政治协商制度

我国《宪法》在序言中就爱国统一战线、中国共产党领导的多党合作和政治协商制度以及中国人民政治协商会议的性质、作用等都作了阐述和规定。

我国的爱国统一战线是在长期的革命和建设进程中形成和发展起来的。现阶段,我国的统一战线已由过去四个阶级的联盟发展成为由中国共产党领导的、有各民主党派和各人民团体参加的、包括全体社会主义劳动者、社会主义事业的建设者、拥护社会主义的爱国者和拥护祖国统一的爱国者的广泛的爱国统一战线,这个统一战线将继续巩固和发展。今后一个时期,爱国统一战线的任务是:高举爱国主义、社会主义旗帜,团结一切可以团结的力量,调动一切积极因素,同心同德,群策群力,为巩固和发展安定团结的政治局面服务,为推进社会主义现代化建设和改革开放服务,为建设社会主义民主和法制服务,为促进"一国两制"、和平统一祖国服务。

中国共产党领导的多党合作和政治协商制度是我国一项基本政治制度。它是马列主义同中国革命与建设相结合的一个创造,对于巩固扩大爱国统一战线,发扬社会主义民主,促进全国各族人民大团结,实现党和国家的总任务具有重要意义。

我国的多党合作必须坚持中国共产党的领导,必须坚持四项基本原则,这是中国共产党同各民主党派合作的政治基础。"长期共存、互相监督、肝胆相照、荣辱与共",是中国共产党同各民主党派合作的基本方针。

中国共产党领导的多党合作和政治协商制度,根本区别于资本主义国家的两党制或多党制。民主党派是与共产党通力合作的友党,是参政党,不是在野党,更不是反对党。我国斗争的历史和现实的政治基础决定了在中国必须实行这种制度。

中国人民政治协商会议是我国人民爱国统一战线的组织,也是共产党领导的多党合

作和政治协商的一种重要组织形式。人民政协的主要职能是政治协商和民主监督,组织参加政协的各党派、团体和各族各界人士参政议政。

政治协商是对国家和地方的大政方针以及政治、经济、文化和社会生活中的重要问题在决策之前进行协商和就决策执行过程中的重要问题进行协商。政治协商以会议为主要形式,并依据一定的程序和规则进行。实践表明,政治协商是我国人民在党的领导下发扬社会主义民主的一种重要形式,也是我国政治生活中的一项优良传统。认真协商,集思广益,有助于党和政府在工作中坚持真理、修正错误;有助于调整好统一战线各方面的关系,充分调动各方面的积极性,把国家的事情办好;有助于使国家的政策、法律为群众所掌握,从而转化为社会主义现代化建设的物质力量。

民主监督是对国家宪法、法律和法规的实施,重大方针政策的贯彻执行,国家机关及其工作人员的工作,通过建议和批评进行监督。人民政协的民主监督既包括统一战线内部中国共产党和各民主党派之间的互相监督,也包括各界代表对国家机关及其工作人员进行的有组织的监督。政协组织的有关会议、建议案、提案、委员视察、民主评议、批评与举报等,是政协实行监督的主要形式。

参政议政是政治协商和民主监督的拓展和延伸。参政议政除了涵盖"政治协商、民主监督"的全部内容和形式以外,还包括选择人民群众关心、党政部门重视、政协有条件做的课题,组织调查和研究,积极主动地向党政领导机关提出建设性意见;通过多种方式,广开言路、才路,充分发挥政协成员的专长和作用,为改革开放和社会主义现代化建设献计献策等。

(三) 我国的基本经济制度和分配制度

1. 生产资料的社会主义公有制是我国经济制度的基础

经济制度即经济基础或经济结构,是指一定社会生产关系的总和。它的基础是生产资料所有制。经济制度决定着国家的性质和发展方向,关系着全体人民的物质生活和文化生活水平。

《宪法》规定:"中华人民共和国的社会主义经济制度的基础是生产资料的社会主义公有制,即全民所有制和劳动群众集体所有制。"由此明确了全民所有制和劳动群众集体所有制是社会主义公有制的两种形式。我国现阶段生产资料公有制之所以要采取两种形式,是同我国目前生产力发展的状况分不开的。新中国成立以来,特别是改革开放以来,我国的社会生产力虽然有很大发展,但总的来说水平还不高,并且呈现出不平衡状况。因此,必须实行与这种生产力状况相适应的两种公有制形式并存的制度。

"国有经济,即社会主义全民所有制经济,是国民经济中的主导力量。"这是因为全民所有制经济掌握着国家的经济命脉,与高度现代化的现代工业相联系,是实现国民经济技术改造,使社会生产得以不断发展的物质基础,也是城乡居民所必需的工业品的重要生产基地和社会主义建设基金的重要来源。因此,《宪法》规定:"国家保障国有经济的巩固和发展。"

劳动群众集体所有制经济是由集体经济组织内的劳动者共同占有生产资料的一种公有制经济。它主要适合于我国现阶段农业生产力的状况。宪法1999年修正案第十五条规定:"农村集体经济组织实行家庭承包经营为基础、统分结合的双层经营体制。"在《宪

法》中对这种经营体制作出规定,将有利于这种经营体制的长期稳定、不断完善和农村集体经济的健康发展。《宪法》还确认农村中的生产、供销、信用、消费等各种形式的合作经济,城镇中的手工业、工业、建筑业、运输业、商业、服务业等行业的各种形式的合作经济,都是社会主义劳动群众集体所有制经济。集体所有制经济不仅为国家提供了 90% 以上的商品粮以及大量的工业原料和出口商品,而且在发展日用工业品生产,满足城乡人民生活需要,扩大劳动就业等方面发挥着越来越重要的作用。因此,《宪法》规定:"国家保护城乡集体经济组织的合法权利和利益,鼓励、指导和帮助集体经济的发展。"

2. 坚持以公有制为主体、多种所有制经济共同发展的基本经济政策

我国正处在社会主义初级阶段,在生产资料所有制方面,除上述两种形式的公有制经济外,还必然存在其他多种非公有制经济,如个体经济、私营经济等。

我国现阶段的个体经济和私营经济,不同于资本主义制度下的个体经济和私营经济。它们与社会主义公有制经济相联系,并且有如下特点和优点:① 产权明晰,自负盈亏,自担风险,而无须国家投资和承担风险;② 可以从劳动与最简单的生产资料相结合开始,进行原始积累,易于调动广大劳动者的积极性,发挥我国人力资源雄厚的优势,充分、合理利用各种资源,加快经济发展;③ 组织简单,开办容易,经营机制灵活,具有很强的市场适应能力和资本增值能力;④ 遍布全国城乡各地区各产业,能适应我国经济发展不平衡的国情,有利于资源的合理配置;⑤ 能为各类消费层次的人们提供多种多样的商品和服务,拾遗补阙,繁荣城乡市场,推动经济增长,增加财政收入,扩大就业,促进社会稳定。可见,个体、私营经济是适应我国生产力水平和社会主义市场经济发展需要,具有旺盛生命力和广阔发展空间的经济成分。

党的十五大确立了"公有制为主体、多种所有制经济共同发展"的我国社会主义初级阶段的基本经济制度,明确指出非公有制经济是我国社会主义市场经济的重要组成部分。对个体、私营经济等非公有制经济要继续鼓励、引导,使之健康发展。党的十五大的这些重要精神和论述,已充分体现在 1999 年九届全国人大二次会议审议通过的宪法修正案中。修正案规定:"国家在社会主义初级阶段,坚持公有制为主体,多种所有制经济共同发展的基本经济制度。""在法律规定范围内的个体经济、私营经济等非公有制经济,是社会主义市场经济的重要组成部分。"但在现实生活中,非公有制经济的发展仍然受到观念体制和政策等诸多因素的限制,在地区和行业之间发展很不平衡,发展潜力还没有得到充分发挥,一些允许外商投资的领域还没有完全对民间投资开放,在市场准入的一些具体政策或一些地方的办事程序中,对非公有制经济还存在歧视因素。为了充分调动和发挥非公有制经济的积极性,促进非公有制经济的发展,在对待非公有制经济的方针上,2004 年十届全国人大二次会议对 1999 年九届全国人大二次会议通过的《宪法》第十六条修正案作了进一步修改:"国家保护个体经济、私营经济等非公有制经济的合法权利和利益。国家鼓励、支持和引导非公有制经济的发展,并对非公有制经济依法实行监督和管理。"

总之,在社会主义初级阶段,必须坚持公有制为主体、多种所有制经济共同发展的基本经济制度,发挥个体、私营经济和其他经济成分在社会主义市场经济中的积极作用,以利于整个国民经济的发展。

3. 坚持按劳分配为主体、多种分配方式并存的分配制度

《宪法》第六条还规定："社会主义公有制消灭人剥削人的制度,实行各尽所能,按劳分配的原则。""各尽所能,按劳分配"是与旧社会的"劳者不获,获者不劳"根本对立的。实行各尽所能,按劳分配原则,就是要求有劳动能力的公民,尽自己的能力为社会多作贡献,在这个前提下,由国家或集体按照每个公民劳动的数量和质量分配生活资料。

社会主义初级阶段的分配形式不可能是单一的。我国既然实行以公有制为主体、多种所有制经济共同发展的基本经济制度,就必然要求在分配上实行并"坚持按劳分配为主体、多种分配方式并存的分配制度"(修正案第十四条),把按劳分配和按生产要素分配结合起来。我国现阶段除了按劳分配这种主要形式和个体劳动所得以外,还有因企业发行债券而取得的债权利息、股份分红,以及企业经营者的收入中包含的部分风险补偿;私营企业雇用一定数量的劳动力,会给企业主带来部分非劳动收入。以上这些收入,只要是合法的,就应当允许。在分配政策上,我们既要提倡一部分人通过诚实劳动和合法经营先富裕起来,又要防止贫富悬殊,坚持共同富裕的方向。

总之,在社会主义初级阶段,必须"完善按劳分配的多样、多种分配制度,坚持各种生产要素按贡献参与分配,更加注重社会公平,加大调节收入分配的力度,努力缓解地区之间和部分社会成员收入分配差距扩大的趋势"。

4. 国家保护社会主义公共财产和公民的私有财产权

社会主义公共财产,是指全民所有制财产和集体所有制财产。《宪法》第十二条规定:"社会主义的公共财产神圣不可侵犯。国家保护社会主义的公共财产。禁止任何组织或者个人用任何手段侵占或者破坏国家的和集体的财产。"

宪法在保护社会主义公共财产的同时,还规定保护公民的合法收入、储蓄、房屋和其他合法财产所有权。因为社会主义革命只是要求废除生产资料的资本主义所有制和剥削制度。2004年修宪,把国家对公民私有财产的保护写入宪法,完善和发展我国的私有财产保护制度,表现在以下几方面:一是加大了对私有财产保护的力度,强调对私有财产保护的严肃性;二是明确了保护的范围,既包括生活资料,也包括生产资料;三是用"财产权"代替原条文中的"所有权",从而在权利的含义上更加准确、全面。可以预见,对私有财产提供保护,既有利于人们增强对私有财产的安全感,也有利于推动民间投资,调动人们创业的积极性,防止私人财产的非投资性外流,促进非公有制经济发展。国家既然保护公民生前的私有财产,其死后的财产也理应受到国家的保护,由其合法继承人继承。《宪法》关于保护公民继承权的规定是保护公民私有财产权的延伸。

宪法修正案第二十二条还规定:"国家为了公共利益的需要,可以依照法律规定对公民的私有财产实行征收或者征用并给予补偿。"这就进一步完善了我国的私有财产制度。

(四) 社会主义物质文明、政治文明、精神文明、社会文明、生态文明协调发展

早在一百多年前,马克思在《〈政治经济学批判〉序言》中说:"物质生活的生产方式制

约束着整个社会生活、政治生活和精神生活的过程。"①马克思明确地把整个社会生活划分为物质生活、政治生活和精神生活三大领域。恩格斯在《反杜林论》中揭示了社会主义社会的发展,就是"经济、政治和智力的发展",就是"经济、政治和精神"的发展②。邓小平在改革开放之初就已经提出要把物质文明、精神文明和民主法制建设作为社会主义现代化建设"三位一体"的总目标的思想。党的十六大不仅把发展社会主义民主政治,建设社会主义政治文明同建设社会主义物质文明、精神文明一起确定为建设小康社会的重要目标,而且把"三个文明"建设的思想写入党章,从而明确了"社会主义物质文明、政治文明和精神文明协调发展"的思想。2004年第四次修改宪法时,确立了"三个文明"在建设中国特色社会主义过程中的地位,为"三个文明"协调发展提供了宪法保障。2018年宪法第五次修正案,提出"推动物质文明、政治文明、精神文明、社会文明、生态文明协调发展",是对中国特色社会主义事业总体布局的进一步丰富和完善。

1. 坚持以经济建设为中心,不断加强物质文明建设

中国特色社会主义进入新时代,我国社会主要矛盾已经转化为人民日益增长的美好生活需要和不平衡不充分的发展之间的矛盾。"五个文明"统筹协调发展,最重要的是把经济建设搞上去,坚持以经济建设为中心,不断解放和发展生产力,创造更多的物质文明成果,不断提高人民的生活水平和质量,为政治文明、精神文明、社会文明、生态文明建设奠定坚实的物质基础,实现中国特色社会主义经济、政治、文化、社会、生态全面发展的目标。

2. 进一步加强社会主义精神文明建设,提高整个民族的思想道德和科学文化素质

社会主义精神文明是社会主义社会的重要特征,也是社会主义制度优越性的重要表现。如果忽视了社会主义精神文明建设这个伟大任务,人们对社会主义的理解就会陷入片面,就会使人们的注意力仅仅限于物质文明建设,甚至仅仅限于物质利益的追求,那么,我国的现代化就会失去理想和目标,就不能抵制多种腐化因素的侵袭,最后就很难避免走上畸形发展和变质的邪路。

3. 着力推进社会主义政治文明建设

推动"三个文明"协调发展,应当把政治文明建设放在更加突出的位置,着力加强政治文明建设,从制度上、法律上促进"五个文明"协调发展。明确把政治文明建设作为社会主义现代化建设的目标之一写入国家根本法,这是对我国国情认识的一次飞跃,既填补了理论上的空白,又具有很强的实践性,使社会主义现代化建设的体系更加完整,使政治文明建设具有坚实的政治基础和坚强的宪法保障。

4. 扎实推进社会主义社会文明建设

社会文明指人类社会的开化状态和进步程度,是人类改造客观世界和主观世界所获得的知识成果的总和,是物质文明、政治文明、精神文明、国家文明和人类文明等方面的统一体。着力推进社会文明建设,才能坚持以人为本,构建和谐社会,才能使社会改革拥有

---

① 《马克思恩格斯选集》(第2版)第2卷,人民出版社1995年版,第32页。
② 《马克思恩格斯选集》(第2版)第3卷,人民出版社1995年版,第524、632页。

总目标。

5. 全力推进社会主义生态文明建设

生态文明建设是关系中华民族永续发展的根本大计。生态文明是中国特色社会主义事业的重要内容,关系人民福祉,关乎民族未来,事关"两个百年"奋斗目标和中华民族伟大复兴中国梦的实现。加快推进生态文明建设是加快经济发展方式,提高发展质量和效益的内在要求,是全面建成小康社会、实现中华民族伟大复兴中国梦的时代抉择,是积极应对气候变化、维持全球生态安全的重大举措。

二、国家形式

如果说国家性质属于内容问题,那么国家形式属于形式问题。国家形式包括政权组织形式和国家结构形式。

(一) 政权组织形式

1. 人民代表大会制度是我国的政权组织形式

国家政权组织形式又称政体或国家根本政治制度,是指统治阶级所采取的用以实现其国家权力的形式,即统治阶级为了反对敌人保护自己而组织起来的政权机关。没有适当形式的政权机关,就不能代表国家。政体和国体是相适应的,两者的关系是内容与形式的关系。政体最终决定于国体,并积极作用于国体。

我国《宪法》第二条第一、二款规定:"中华人民共和国的一切权力属于人民。""人民行使国家权力的机关是全国人民代表大会和地方各级人民代表大会。"这表明我国的政权组织形式是人民代表大会制度。

人民代表大会制度,是以民主集中制为原则,由人民选举代表组成全国和地方各级人民代表大会,并以人民代表大会为基础,建立全部国家机构,在人民监督下行使管理国家的权力的制度。人民代表大会制度是我国人民在中国共产党领导下,在总结我国革命根据地政权建设经验的基础上创造出来的一种政权组织形式,它直接反映了我国的国家性质,充分体现了工人阶级和广大人民群众的国家主人翁的地位。实践表明,人民代表大会制度是最适合我国国情的国家的根本政治制度。

我国人民代表大会制度的优越性主要表现在以下几个方面:

第一,人民代表大会制度充分保证了我国人民当家作主、管理国家的地位。各级人民代表大会的代表由人民直接或间接选举产生,人民代表受选民和原选举单位的监督,选民和原选举单位有权依法随时撤换自己选出的代表;人民代表有权就国家生活中的一切问题发表意见,并根据少数服从多数的原则作出决定;人民代表有权向国家机关提出质询,受质询的机关必须负责答复。这就保证了我国人民能够通过各级人民代表大会实现管理国家的权利,真正成为国家的主人;同时也保证了各级人民代表大会的代表和国家机关工作人员能够充分代表广大人民群众的意志和利益,真正成为人民的公仆。

第二,人民代表大会制度充分保证了国家权力的集中行使。全国人民代表大会是最高国家权力机关,它有权决定国家政治生活中的一切重大问题;地方各级人民代表大会都

是地方国家权力机关,它有权决定本地方的各种重大问题;全国人民代表大会和地方各级人民代表大会选举产生各级人民政府、各级人民法院和各级人民检察院等其他国家机关,所有这些国家机关都要接受同级人民代表大会的监督,并向同级人民代表大会负责和报告工作。这就充分表明了人民代表大会制度能够实现国家权力的高度集中,使各级人民代表大会成为"议行合一"的机关。

第三,人民代表大会制度有利于调动中央和地方两个积极性。从宪法关于中央和地方的职权划分上可以看出,按照民主集中制原则组织起来的人民代表大会,不但贯彻了下级服从上级、地方服从中央的原则,并且赋予地方机关以应有的自主权。即在国家事务中,凡属全国性的、需要在全国范围内作出统一决定的重大问题,都由中央决定;凡属地方性的问题,应由地方处理的,则由地方因时因地制宜地加以解决。这样就既能保证中央国家机关对全国的统一领导,又能充分发挥地方政权机关的积极性,共同把国家的事情办好。

2. 我国选举制度的基本原则

我国的选举制度是人民代表大会制度的重要组成部分。

选举制度是选举国家代表机关应该遵循的各项制度的总称。选举制度的主要内容包括:选举资格的确定;每个选民是否平等地享有选举权和被选举权;不同的阶级和阶层以及不同选区是否按一定比例选出代表;候选人资格的确定和候选人的产生;选举的组织、程序(如直接选举或间接选举)和投票方式;以及按什么原则来确定当选的代表等。选举制度的内容通常由宪法和选举法规定。我国的第一部选举法即《中华人民共和国全国人民代表大会和地方各级人民代表大会选举法》(以下简称《选举法》)是 1953 年颁布的。现行《选举法》是 1979 年五届全国人大二次会议通过的,其后分别于 1982 年、1986 年、1995年、2004 年、2010 年、2015 年和 2020 年进行了修改,进一步完善了我国的选举制度。

我国的选举制度贯彻了社会主义民主的原则,保证我们国家的各级人民代表大会的代表真正来自人民,代表人民的利益,接受人民的监督。这充分体现在宪法和选举法所确认的选举制度的各项基本原则上。

(1) 选举权的普遍性。

选举权包括选举权和被选举权两个方面,它是公民的基本权利之一。选举权的普遍性,即享有选举权的人的广泛性。根据《宪法》和《选举法》的规定,除依照法律被剥夺政治权利的人以外,凡年满 18 周岁的我国公民,不分民族、种族、性别、职业、家庭出身、宗教信仰、教育程度、财产状况和居住期限,都享有选举权和被选举权。由于我国阶级状况已经发生了深刻的变化,依法被剥夺政治权利的人越来越少,这就使我国的选举权更具有普遍性。选举权的这种普遍性,决定了我国各级人民代表大会具有广泛的代表性和坚实的群众基础。

(2) 选举权的平等性。

选举权的平等性包括选民有平等的投票权和每一代表产生的人口比例相等这两个方面。我国选举法规定,每一选民在一次选举中只有一个投票权,表明了我国已经实现了一人一票的平等原则。

根据选举法的规定,各级人民代表大会的名额和代表的产生都以一定的人口为基础。

但在 1953 年制定第一部选举法时,我国城镇人口比重较低,城市代表所代表的人口数少于农村代表所代表的人口数。改革开放后,我国经济社会快速发展,城镇化不断推进,城乡人口结构比例发生了较大变化,为了完善我国的选举制度,在其后的选举法修改中,对城乡人大代表所代表的人数比例作了适当的调整,但仍未达到完全相同。在 2010 年选举法修改时,明确规定城乡按相同人口比例选举人大代表,从而完全实现了选举权平等的原则。

（3）直接选举和间接选举并用。

直接选举是指人民代表大会的代表由选民直接选举产生;间接选举是指上一级人民代表大会的代表由下一级人民代表大会选举产生。目前,在我国这两种办法同时采用。我国选举法规定,不设区的市、市辖区、县、自治县、乡、民族乡、镇的人民代表大会的代表,由选民直接选举;全国人民代表大会的代表,省、自治区、直辖市、设区的市、自治州的人民代表大会的代表,由下一级人民代表大会选举。

（4）无记名投票。

投票方法有秘密投票和公开投票两种。秘密投票亦称无记名投票,在选票上不记投票人的姓名,选民按照自己的意愿填写选票,并亲自投入票箱。这样,选民可以排除外来干扰,自主地选出自己信赖的人担任代表。1953 年《选举法》规定举手表决和无记名投票并用。现行选举法则规定,全国和地方各级人民代表大会代表的选举一律实行无记名投票的方法。这是我国选民文化程度提高和选举制度进一步民主化的一个标志。

（5）代表向选民或原选举单位负责并受其监督。

选民对代表的监督权和罢免权是选举权不可分割的部分。选民只有选举权是不够的,还必须运用监督权和罢免权来保障选举权。我国《选举法》不仅规定各级人民代表大会的代表受选民和原选举单位的监督,选民或原选举单位都有权罢免自己选出的代表,而且还具体地规定了罢免的程序。这就更能确保选举人行使其民主权利。

（6）从物质上和法律上保障选民的选举权利。

我国选举法规定,所有选举经费都由国库开支。这是使选举人和候选人都能在实际上享受自由选举权利的物质保证。同时,为了保障选民自由行使选举权利,不受外力干涉,选举法还明确规定,对用暴力、威胁、欺骗、贿赂等非法手段破坏选举或妨害选民自由行使选举权和被选举权的人,将依法给予行政处罚或刑事处罚。

不难看出,我国的选举制度不仅着眼于实际民主,并且根据我国的实际情况,采取尽可能完备的民主形式,充分体现了我国选举制度的优越性。

（二）国家结构形式

国家结构形式是指调整国家的整体与各个组成部分之间的关系的形式。现代世界各国的国家结构形式,基本上可以分为单一制和联邦制两种。单一制的国家是以普通行政单位或者自治单位所组成的统一国家。在单一制的国家中,全国只有一个宪法和一个中央政权;各行政单位或者自治单位都受中央的统一领导,而且不论中央与地方的分权达到何种程度,地方的权力均由中央以宪法和法律加以规定。联邦制的国家是由各州、邦或成员国所组成的。在联邦制国家中,除了联邦宪法和联邦中央政权外,各州、邦或成员国都

有自己的宪法和中央政府,它们根据联邦宪法关于权限划分的规定,行使各自的国家权力。国家结构形式是和国家的阶级本质相适应并由国家的阶级本质所决定的。究竟采取哪一种国家结构形式,这要结合本国的具体历史状况和民族关系的特点来确定。

1. 我国采取单一制的国家结构形式

我国《宪法》序言中指出:"中华人民共和国是全国各族人民共同缔造的统一的多民族国家。"第四条第三款规定:"各少数民族聚居的地方实行区域自治,设立自治机关,行使自治权。各民族自治地方都是中华人民共和国不可分离的部分。"宪法的这些规定,表明我国的国家结构形式是单一制。

我国采取单一制的国家结构形式,主要原因是:

第一,从理论上说,马克思主义原则上不主张联邦制,而主张建立集中统一的单一制国家。因为单一制国家有利于促进生产的发展和无产阶级的团结统一。然而,当国内各民族实际上处于分离状态,不可能建立单一制的国家,而采取联邦制却有利于各民族由分离走向统一时,可以把联邦制作为各民族由分离走向统一的一种过渡形式。十月革命后的俄国,列宁主张采取联邦制,就是基于这种考虑。

第二,从我国的民族成分和民族分布状况看,我国是一个多民族的国家,除汉族外,还有 55 个少数民族。一方面,全国各省、市和约占 70% 以上的县都有少数民族居住;另一方面,在各少数民族聚居的地区,也有大量的汉族或其他少数民族居住。我国各民族的这种大杂居、小聚居的分布状况,促使我国各民族在政治、经济、文化的发展方面,建立了密不可分的联系。这就为我国各族人民结成统一的祖国大家庭提供了客观条件。而且各民族只有在统一的祖国大家庭中团结互助,才能得到共同的发展。

第三,从我国民族关系的历史发展情况看,我国从秦汉以来,就形成了统一的中央集权制国家。两千多年来,我国虽然曾出现过民族压迫和民族分裂的局面,但是,各民族之间的经济联系和文化交流从未中断。国家的统一,各民族的团结,始终是我们国家和民族关系史的主流。近百年来,特别是中国共产党诞生以来,我国各族人民在党的领导下,在反对国民党反动政权的共同斗争中,结成了血肉不可分离的战斗友谊。因而在新中国成立以后,组成统一的多民族国家,是历史发展的必然结果。

第四,从我国社会主义建设事业的发展要求来看,我国少数民族人口虽然只占全国总人口的 6.7%,但他们居住的地区却占全国总面积的 50%—60%。那里资源十分丰富。可是,许多少数民族在解放前长期停滞在前资本主义的落后状态。在建立了社会主义制度以后,他们的经济、文化还很落后,历史上长期形成的民族间事实上的不平等还显著存在。所以,国家在实现社会主义现代化的过程中,必须根据各少数民族的特点和需要,大力帮助各少数民族地区加速经济和文化的发展,逐步消除历史遗留下来的民族间事实上的不平等,使他们能够赶上或接近汉族的发展水平。

第五,从我国所处的国际环境的形势来看,仇视我国社会主义制度的敌对势力,总是不甘心它们的失败,千方百计地挑拨离间我国各民族间的友好关系,破坏我国各民族人民的团结和国家的统一。因此,我国各族人民只有在党的领导下,不断地加强祖国的统一和各民族的团结,才能巩固和发展我们的革命成果,顺利地进行建设。

可见,在我国采取单一制的国家结构形式,建立统一的多民族国家,无论在理论上和实际上都是必要的和可能的,符合我国各族人民的根本利益和共同意志。

2. 民族区域自治制度

民族区域自治,就是在中华人民共和国领土内,在党和国家的统一领导下,遵照宪法和法律的规定,以少数民族聚居的地区为基础,建立相应的民族自治地方和自治机关,由少数民族当家作主,管理本地方民族的内部事务。民族区域自治制度是我国的一项基本政治制度,也是创造性地运用马克思主义关于民族问题理论的伟大实践。

1984年第六届全国人大第二次会议通过了《中华人民共和国民族区域自治法》(以下简称《民族区域自治法》),2001年2月第九届全国人大常委会对该法进行了修改。根据《宪法》和《民族区域自治法》的规定,民族区域自治的主要内容有:

(1)国家保障各少数民族的合法的权利和利益,维护和发展各民族的平等、团结、互助、和谐关系。

(2)凡是聚居的少数民族,都有权实行区域自治,也只有在少数民族聚居的地方,才能够实行区域自治。

(3)民族自治地方分为自治区、自治州、自治县。在民族自治地方,按照民主集中制原则设立自治机关。民族自治地方的自治机关是自治地方的人民代表大会和人民政府。

(4)民族自治地方的自治机关的负责人主要由实行区域自治的民族的公民担任。

(5)在多民族居住的民族自治地方的人民代表大会中,除实行区域自治的民族的代表外,其他各民族也应有适当名额的代表。

(6)各民族自治地方的自治机关除行使宪法规定的地方国家机关的职权外,还可以按照宪法和法律的规定,行使自治权。

(7)各民族自治地方都是中华人民共和国不可分离的部分。各民族自治地方的自治机关,都是中央统一领导下的地方政权机关。

(8)民族自治地方的自治机关必须维护国家的统一,保证宪法和法律在本地方的遵守和执行。民族自治地方的自治机关根据本地方的情况,在不违背宪法和法律的原则下,有权采取特殊政策和灵活措施,加速民族自治地方经济、文化建设事业的发展。

总之,民族区域自治就是民族自治与区域自治的有机结合。它的实质就是在统一的祖国大家庭里,使有着或大或小聚居区的、可以构成一级自治单位的少数民族,建立自治地方,实现管理国家、管理本民族内部地方性事务的权利,并按照本民族地区的特点,发展本民族地区的经济和文化,从而保障少数民族的平等地位,增强各民族间的团结,维护国家的统一。

3. 我国的行政区域划分

行政区域的划分,就是将国家的领土划分为若干不同层次的行政区域,以便利国家的管理。根据《宪法》的规定,我国的行政区域划分如下:① 全国分为省、自治区、直辖市;② 省、自治区分为自治州、县、自治县、市;③ 县、自治县分为乡、民族乡、镇。直辖市和较大的市分为区、县。自治州分为县、自治县、市。自治区、自治州、自治县都是民族自治地方。

我国《宪法》第三十一条还规定:"国家在必要时得设立特别行政区。在特别行政区内实行的制度按照具体情况由全国人民代表大会以法律规定。"

特别行政区是我国"一国两制"构想在宪法上的体现,是考虑到台湾、香港、澳门问题而设立的。特别行政区是我国的一级地方政权,但与一般省不同,它享有高度自治权。这表明,我国在维护国家主权统一和领土完整的原则方面是坚定不移的,但在具体政策、措施方面又有很大灵活性。这是原则性和灵活性相结合的典范。

第三节 我国公民的基本权利和义务

引例:教育公平——异地高考公共政策中的"约辩"事件

基本案情:2012 年 9 月 1 日,教育部等四部委联合制定《关于做好进城务工人员随迁子女接受义务教育后在当地参加升学考试工作意见的通知》,规定对京沪等人口流入集中的地区,明确表示要进一步摸清底数,掌握非本地户籍人口变动和随迁子女就学等情况,抓紧建立健全进城务工人员管理制度,"制定出台有关随迁子女升学考试的方案"。江西籍上海女孩占海特,因在微博上公开"约辩"争取异地高考的权利,备受媒体关注。2012 年 12 月 8 日上午,占海特一家与其他非沪籍家庭在人民广场举办"亲子活动",并举出印有"权利公平、规则公平"等字样的纸张。警察要求占全喜(占海特之父)收起标语,在被拒绝后双方争抢标语,发生争执。占全喜遂被增援的警方带走,当晚被以涉嫌"妨害公务罪"刑事拘留(后改为治安拘留),后于 12 月 13 日释放。

法律分析:该事件实际涉及两部分,一是占海特与他人"约辩"异地高考;二是公安机关对该行为的处理,前一行为涉及宪法规定的公民言论自由和公民受教育权的保护。后一行为中警察带走并拘留占海特之父涉及公民的人身自由,以及公民行使监督权的边界等法律问题。

一、公民基本权利义务的概念

公民通常是指具有一国国籍的人。我国《宪法》规定,凡具有中华人民共和国国籍的人都是中华人民共和国公民。

在我国,公民和人民是两个既相联系又相区别的概念。公民是一个法律概念。人民是一个政治概念,是相对于敌人而言的。人民是国家权力的拥有者,是民主的主体。敌人则是专政的对象,是不能享有民主权利的。人民还是一个历史范畴,在不同国家的不同历史时期,有着不同的内容。在我国,凡是我国人民,就都是我国公民,他们占公民中的绝大多数。但公民不仅包括人民,也包括敌对分子在内。我国《宪法》中,凡涉及国家主权或从总体上来说明国家权力的归属时,常使用"人民"这一概念,而在涉及个人的法律地位时,则使用"公民"这一概念。

公民基本权利和义务,不同于普通法律规定的权利和义务。它由宪法加以规定,是公民权利和义务中最重要的那一部分。它直接反映公民在国家中的法律地位,体现公民与国家之间最本质的联系,构成公民的其他一切权利和义务的基础。

二、我国公民基本权利和义务的特点

公民基本权利和义务的性质是由国家的性质决定的。我国国家的性质决定了我国公民的基本权利和义务具有广泛性、真实性、一致性和平等性等特点。

我国公民权利的广泛性，表现在以下两个方面：一方面，享受权利的主体极其广泛。全国各族人民中的工人、农民、知识分子以及一切拥护社会主义的爱国者和拥护祖国统一的爱国者都能享有宪法赋予的权利，受到限制的人只是极少数，而且随着反动剥削阶级被消灭，这种权利受到限制的人越来越少。另一方面，公民享有权利的范围极其广泛。它包括政治、经济、文化以及人身等各个方面的权利和自由。

需要特别指出的是，随着"人权"入宪，宪法不仅保障我国公民享有的人权和公民权，而且还尊重和保障所有在我国领域内的非我国公民（包括外国侨民、难民、移民和无国籍人）的人权和其他权利。这就是说，除了法律规定的只有我国公民才享有的权利（诸如选举权、社会保障的福利待遇等）外，非我国公民的其他权利也受到与我国公民同样的尊重和保障。

我国公民权利的真实性，表现为宪法规定的这些权利都是从实际出发、实事求是和切实可行的，并有物质保证和法律保障，因而是一定能够实现的。

我国公民权利义务的一致性，即权利和义务的统一。《宪法》第三十三条第四款规定："任何公民享有宪法和法律规定的权利，同时必须履行宪法和法律规定的义务"，不允许任何公民只享受权利而不尽义务。《宪法》规定的这种权利和义务的一致性，既反映了权利和义务的相辅相成关系，也体现了国家利益、集体利益与公民个人利益以及公民的目前利益与长远利益的一致性。

我国公民权利义务的平等性，表现为每个公民不因民族、种族、性别、职业、家庭出身、宗教信仰、教育程度、财产状况和居住期限的不同，而在享受权利和履行义务方面有所差别。《宪法》重申了"公民在法律面前一律平等"（第三十三条第二款）这一极其重要的法治原则，并且明确规定，任何组织或公民都不得有超越宪法和法律的特权。

三、我国公民的基本权利

（一）政治权利和自由

政治权利和自由，就是管理国家事务、参与国家政治生活的权利和自由。它是社会主义制度下公民最重要的权利之一。宪法赋予公民的政治权利和自由有：

第一，选举权和被选举权。凡年满18周岁的公民，除依照法律被剥夺政治权利的人以外，都有选举权和被选举权。选举权和被选举权是公民的一项重要的政治权利，具体地体现了我国人民当家作主、参加国家管理的主人翁地位。

第二，政治自由。公民的政治自由包括言论、出版、集会、结社、游行、示威的自由（第35条）。这些政治自由，是公民参加社会生活和国家生活的基本权利，体现了社会主义民主原则。公民的这些政治自由的正确行使，对于充分发挥人民群众的政治积极性，实现人民群众对国家机关工作的监督，密切人民群众同国家机关的联系等方面，都具有重要意义。

（二）宗教信仰自由

作为一种意识形态的宗教,是上层建筑的一部分,是支配着人们日常生活的外部力量在人们头脑中的幻想的反映。在社会主义社会中,随着剥削制度和剥削阶级的消灭,宗教存在的阶级根源已基本消失。但宗教的社会根源和认识根源将长期存在。企图依靠行政命令和其他强制手段一举消除宗教的影响,是背离马克思主义关于宗教问题的基本观点的,也是非常有害的。所以,宪法确认公民有宗教信仰自由。

宗教信仰自由,就是说每个公民既有信仰宗教的自由,也有不信仰宗教的自由;既有信仰这种宗教的自由,也有信仰那种宗教的自由;既有过去不信仰宗教、现在信仰的自由,也有过去信仰宗教、现在不信仰的自由。《宪法》还规定,任何国家机关、社会团体和个人不得强制公民信仰宗教或者不信仰宗教,也不得歧视信仰宗教的公民和不信仰宗教的公民。国家在保护正常的宗教活动的同时,也不允许任何人利用宗教进行破坏社会秩序、损害公民身体健康、妨碍国家教育制度的活动。宗教团体和宗教事务不受外国势力的支配。

（三）人身自由

人身自由有狭义和广义之分。狭义的人身自由是指公民的人身不受非法拘捕、限制、搜查、审问和侵害;广义的人身自由还包括与人身相联系的人格尊严、住宅不受侵犯,以及通信自由和通信秘密的权利。

公民的人身自由是公民参加社会活动和享受其他权利的前提。失去了人身自由,其他权利也就无从谈起。《宪法》第三十七条第一、二款规定:"中华人民共和国公民的人身自由不受侵犯。任何公民,非经人民检察院批准或者决定或者人民法院决定,并由公安机关执行,不受逮捕。"鉴于"文革"的惨痛教训,《宪法》特别规定,禁止非法拘禁和以其他方法非法剥夺或者限制公民的人身自由,禁止非法搜查公民的身体。《宪法》还规定,保障公民的人格尊严不受侵犯,禁止用任何方法对公民进行侮辱、诽谤和诬告陷害。公民的住宅不受侵犯。禁止非法搜查或者非法侵入公民的住宅。公民的通信自由和通信秘密受法律的保护。只有严格按照《宪法》的这些规定办事,才能维护正常的社会秩序,激发每个公民参加社会主义现代化建设的热情。

（四）批评、建议、申诉、控告、检举和取得赔偿的权利

《宪法》赋予公民对于任何国家机关和国家工作人员提出批评和建议的权利。对于他们的违法失职行为,有向有关国家机关提出申诉、控告或者检举的权利。对于公民的申诉、控告或者检举,有关国家机关必须查清事实,负责处理,任何人不得压制和打击报复。如果由于国家机关和国家工作人员侵犯公民权利而使公民受到损失时,受损失的公民有依照法律规定取得赔偿的权利。《宪法》的这些规定,对于切实保障公民对于国家机关和国家工作人员的监督,促进国家干部遵纪守法、克服官僚主义、努力做好工作,都是极为有利的。

（五）社会经济权利

公民的社会经济权利,是公民实现其他权利的重要保证。我国《宪法》赋予公民的社会经济权利,包括财产权、劳动权、劳动者的休息权、退休人员生活的保障权和物质帮助权等。

财产权是公民最基本的权利之一,《宪法》总纲部分第十三条已作了明确规定。《宪法》规定,一切有劳动能力的公民,都有劳动的权利和义务。国家通过各种途径,创造劳动就业条件,加强劳动保护,改善劳动条件,并在发展生产的基础上,提高劳动报酬和福利待遇。同时要求劳动者应当以国家主人翁的态度对待自己的劳动。国家提倡社会主义劳动竞赛,奖励劳动模范和先进工作者;提倡公民从事义务劳动。

为了保证劳动者的休息权,国家规定了职工的工作时间和休假制度,并随着经济的发展,逐步完善劳动者休息和休养的设施。

国家依照法律规定实行企业事业组织的职工和国家机关工作人员的退休制度。退休人员的生活受到国家和社会的保障。

劳动者的物质帮助权,是指劳动者在年老、疾病或者丧失劳动能力的时候,有从国家和社会获得物质帮助的权利。国家通过发展社会保险、社会救济和医疗卫生事业,保证劳动者享受这种权利。

《宪法》还规定,国家和社会保障残废军人的生活,抚恤烈士家属,优待军人家属。这些同志为革命作出了贡献,理应受到国家和人民的尊敬和关怀。宪法又规定,国家和社会帮助安排盲、聋、哑和其他有残疾的公民的劳动、生活和教育。

（六）文化教育权利

公民的文化教育权利,包括受教育和进行科学研究、文学艺术创作以及其他文化活动的自由权利。

公民有受教育的权利和义务。受教育作为公民的权利,意指国家应培养青年、少年、儿童在品德、智力、体质等方面全面发展。受教育作为公民的义务,包括适龄儿童接受初等教育的义务,公民就业前接受劳动就业培训的义务等。

公民有进行科学研究、文学艺术创作和其他文化活动的自由。国家对于从事教育、科学、技术、文学、艺术和其他文化事业的公民的有益于人民的创造性工作,给予鼓励和帮助。

《宪法》的上述规定,不仅表明国家对公民受教育和对从事科学、艺术、文化教育、卫生、体育等项事业的关怀,同时也是我国实现社会主义现代化的重要条件。

（七）妇女的权利和婚姻、家庭、母亲、儿童、老人受国家的保护

妇女在政治的、经济的、文化的、社会的和家庭的生活等各方面,都享有同男子平等的权利。国家保护妇女的权利和利益,实行男女同工同酬,培养和选拔妇女干部。《宪法》的这些规定,对于解放妇女,动员广大妇女群众积极参加社会主义现代化建设具有重大意义。

婚姻、家庭、母亲和儿童受国家的保护;父母有抚养教育未成年子女的义务,成年子女有赡养扶助父母的义务;禁止破坏婚姻自由,禁止虐待老人、妇女和儿童。《宪法》的这些规定,对于反对重男轻女的封建思想,建立民主和睦的家庭,保护母亲和儿童的健康;促进社会主义精神文明的建设,都是十分重要的。

(八) 保护华侨、归侨和侨眷的正当权利和利益

国家保护华侨的正当权利和利益,保护归侨和侨眷的合法权利和利益。《宪法》的这一规定,重申了我们党和国家对华侨、归侨和侨眷一贯采取的保护政策。这对于团结广大爱国华侨、归侨和侨眷,共同振兴中华、完成祖国的统一大业,具有积极意义。

综上所述,可以看到,我国宪法赋予公民的基本权利是十分广泛的。这些权利是中国人民在中国共产党领导下经过长期英勇斗争的结果,是无数革命先辈抛头颅、洒热血为我们争得的。每个公民都应该珍惜这些权利,捍卫这些权利,并正确地行使这些权利。

任何权利和自由都不可能是绝对的、不受限制的,只是由于国家的阶级本质不同,因而在限制的内容、方法、程度和目的上有所差异。我国《宪法》规定:"中华人民共和国公民在行使自由和权利的时候,不得损害国家的、社会的、集体的利益和其他公民的合法的自由和权利"。这一规定的目的,在于要求公民提高自己作为国家和社会主人翁的自觉性,树立正确的权利观,正确地维护和行使自己的各项权利,使维护自己的权利同维护国家的、社会的、集体的利益相一致,把维护自己的权利同尊重他人的权利结合起来。任何借口行使权利而使国家的、社会的、集体的利益和其他公民的合法的自由和权利受到损害的行为,都是错误的。

此外,《宪法》还在总纲中规定,中华人民共和国保护在中国境内的外国人的合法权利和利益。中华人民共和国对于因为政治原因要求避难的外国人,可以给予受庇护的权利。把关于庇护权的规定放在总纲中,可以分清中国公民与外国公民的界限,使得宪法的结构更加合理。

四、我国公民的基本义务

(一) 维护国家统一和全国各民族的团结

《宪法》第五十二条把维护国家的统一和全国各民族的团结作为我国公民的基本义务,充分反映了全国人民的共同心愿。国家的统一和各民族的团结是我国社会主义事业胜利的保证。认真执行《宪法》的规定,自觉地维护国家的统一和各兄弟民族的大团结,是我国各族人民的共同职责。

(二) 遵守宪法和法律,保守国家秘密,爱护公共财产,遵守劳动纪律,遵守公共秩序,尊重社会公德

宪法和法律是我国工人阶级和广大人民意志和利益的体现。任何违犯宪法和法律的行为,都是违背广大人民的意志,损害国家和人民利益的。为了维护国家和人民的利益,任何一个公民都必须严格遵守宪法和法律。

保守国家秘密,是关系到国家安全和社会主义现代化建设事业的大事,公民都必须自觉遵守。在目前的大好形势下,国内外的敌对势力和敌对分子总是妄图偷窃我国的国家秘密,破坏我国的人民民主专政和社会主义现代化建设事业。因此,严格遵守国家保密制度,保守国家秘密,是每个公民必须履行的一项基本义务。

公共财产是建设社会主义现代化和逐步提高人民群众物质和文化生活水平的物质保证。所以,爱护公共财产是关系到国家和人民利益的大事。

劳动纪律是进行有秩序的生产和不断提高劳动生产率的重要保证。只有严格的劳动纪律,才能保证社会化大生产顺利进行和社会主义现代化建设事业的不断发展,因此,每个公民都应该自觉地遵守劳动纪律。

遵守公共秩序,尊重社会公德,是建设社会主义精神文明的重要内容,也是社会主义革命和建设事业顺利进行的重要保证。只有人人遵守公共秩序,尊重社会公德,才能维护和发展良好的社会风气和社会秩序。

(三) 维护祖国的安全、荣誉和利益

维护祖国的安全、荣誉和利益,也是建设社会主义精神文明的一项重要内容。任何公民都不得为了一己的私利或者小集团的利益,损害国家的安全、荣誉和利益。对于那种卑躬屈膝、出卖灵魂、丧失民族气节、有辱国格和人格的行为,应该坚决摒弃和抵制。

(四) 保卫祖国,抵抗侵略,依照法律服兵役和参加民兵组织

社会主义祖国的强盛是我国各族人民享受幸福生活的源泉。当前,我们国家仍然面临着国际敌对势力的侵略和威胁。为了维护我国领土和主权的完整,保卫人民民主专政,保卫社会主义建设事业,《宪法》把保卫祖国,抵抗侵略,规定为每一个公民的崇高职责,是十分必要的。

依照法律服兵役和参加民兵组织是履行保卫祖国、抵抗侵略义务的实际行动,是每一个适龄公民的光荣义务。每一个公民要自觉地履行这一光荣义务,在保卫社会主义祖国的事业中,作出更大的贡献。

(五) 依照法律纳税

税收是国家财政收入的重要组成部分,也是调节生产、流通、分配和消费的重要经济杠杆。我国的税收取之于民、用之于民,与剥削阶级国家的税收有本质上的不同。公民依照法律纳税,对于增加国家财政收入,保障国家资金需要,发展社会主义现代化建设,具有重要意义。

第四节　我国的国家机构

引例：沈阳市中级人民法院工作报告未获通过案

基本案情：在 2001 年 2 月 14 日召开的沈阳市第十二届人民代表大会第四次会议上，对沈阳市中级人民法院的工作报告进行表决时，应到代表 508 名，出席会议的代表 474 名，报告获赞成票 218 票，反对的 162 票，弃权 82 票，9 人未按表决器，致使法院的工作报告未获通过。同日，大会主席团作出了关于《沈阳市中级人民法院工作报告》继续审议的意见：沈阳市第十二届人民代表大会第四次会议对《沈阳市中级人民法院工作报告》进行了审议，经表决未获通过。大会主席团一致意见，由沈阳市人民代表大会常务委员会继续审议，并将审议结果向第十二届人民代表大会第五次会议报告。

法律分析：我国宪法规定，各级人民法院对本级人民代表大会及其常委会负责并报告工作，地方各级人民代表大会有权听取和审查本级人民法院的工作报告。沈阳市人大对沈阳市中级人民法院工作报告进行审查并不予通过，是行使法定职权的表现。这是中国各级人大会议在审议"一府两院"工作报告时所从未发生过的情况，被中国法律专家认为是中国民主政治的标志性事件，引起社会各界的关注。

一、我国国家机构的组织系统

国家机构是统治阶级为了实现国家权力而建立起来的一整套国家机关的总称。国家机构的本质是由国家的性质决定的。我国的国家性质决定了我国国家机构与一切剥削阶级的国家机构有着本质的不同。我国的国家机构是实现人民民主专政的工具，是保护人民，打击敌人，组织社会主义建设，保卫社会主义制度，实现社会主义现代化的有力武器。

根据《宪法》的规定，我国的国家机构组织系统如下：

（1）国家权力机关。它在整个国家机构组织系统中居于首位。国家权力机关分为最高国家权力机关和地方各级国家权力机关。最高国家权力机关是全国人民代表大会及其常务委员会；地方各级国家权力机关是地方各级人民代表大会及其常务委员会（包括民族自治地方的人民代表大会及其常务委员会）。

（2）国家主席，即中华人民共和国主席。

（3）国家行政机关。它是国家权力机关的执行机关。最高国家行政机关是国务院；地方各级国家行政机关是地方各级人民政府（包括民族自治地方的人民政府）。

（4）国家军事领导机关，即中央军事委员会。

（5）国家监督机关，即监察委员会。它包括国家监察委员会和地方各级监察委员会。

（6）国家审判机关，即人民法院。它包括最高人民法院、地方各级人民法院和专门人民法院。

（7）国家检察机关，即人民检察院。它包括最高人民检察院、地方各级人民检察院和专门人民检察院。

我国是社会主义国家,国家权力可以而且必须由人民代表大会统一行使。同时,在这个前提下,对于国家的行政权、监察权、审判权、检察权和武装力量的领导权,也都有明确的划分,使国家权力机关和行政、监察、审判、检察等其他国家机关能够协调一致地工作。国家机构的这种合理分工、相互配合,既可以避免权力过分集中,又可以使国家的各项工作有效地进行。

二、我国国家机构组织和活动的基本原则

(一)民主集中制原则

我国的国家机构实行民主集中制的原则。民主集中制是我国国家机关组织和活动的最重要、最基本的原则,是党的政治原则与组织原则在国家制度上的体现。

民主集中制作为国家机关组织和活动的基本原则,在国家机关与人民群众的关系方面,表现为国家权力机关由人民通过民主选举产生,对人民负责,受人民监督;在国家权力机关与其他国家机关的关系方面,表现为其他国家机关都由国家权力机关产生,并对它负责,受它监督;在中央国家机关与地方国家机关、上级国家机关与下级国家机关关系方面,表现为地方服从中央,下级服从上级,同时,中央和上级国家机关也应尊重地方和下级国家机关的意见,充分发挥它们的主动性、积极性。

由于各类国家机关的情况不同,因而在贯彻民主集中制的方式上就会有所差别。国家权力机关以会议方式进行工作,以少数服从多数来决定问题。国家审判机关和国家检察机关分别设立审判委员会和检察委员会,实行少数服从多数的原则。国家行政机关则实行首长负责制,在决定问题时,首长意见起决定性作用。但首长在作出决定前,都要采取适当的形式发扬民主以集思广益,而且,国家行政机关都必须向国家权力机关负责并接受其监督,所以,行政机关实行首长负责制应理解为民主集中制原则的一种具体运用。

(二)法治原则

法治原则要求所有国家机关都必须严格按宪法和法律的规定进行活动,所有国家工作人员都必须遵守宪法和法律,严格依法办事,不允许任何人有超越宪法和法律的特权。《宪法》规定,我国实行"依法治国","一切国家机关和武装力量、各政党和各社会团体、各企业事业组织都必须遵守宪法和法律。一切违反宪法和法律的行为,必须予以追究。"

(三)群众路线原则

在我国,人民群众是国家的主人,处理国家事务必须依靠人民群众,一切都要从人民群众的利益出发,按照人民群众的意志办事。《宪法》明确规定,一切国家机关和国家工作人员必须依靠人民的支持,经常保持同人民的密切联系,倾听人民的意见和建议,接受人民的监督,努力为人民服务。

(四)效率和精简的原则

社会主义的国家机构应该是有效率的、接近人民群众和便于人民群众参加国家管理

的。因此,《宪法》规定了一切国家机关实行精简的原则,实行工作责任制,实行工作人员的培训和考核制度,不断提高工作质量和工作效率,反对官僚主义。

三、全国人民代表大会

(一) 全国人民代表大会的性质、地位、组成、任期和职权

全国人民代表大会是我国最高国家权力机关,在我国国家机关体系中居于最高的地位。全国人民代表大会集中统一地行使最高国家权力,其他任何国家机关的权力都不能超过它或与之相等。

全国人民代表大会由省、自治区、直辖市人民代表大会和人民解放军选出的代表组成。各少数民族都应当有适当名额的代表参加全国人民代表大会。

全国人民代表大会每届任期 5 年。在任期届满的两个月以前,全国人民代表大会常务委员会必须完成下届全国人民代表大会代表的选举。如果遇到不能进行选举的非常情况,由全国人民代表大会常务委员会以全体组成人员的 2/3 以上的多数通过,可以推迟选举,延长本届全国人民代表大会的任期。在非常情况结束后 1 年内,必须完成下届全国人民代表大会代表的选举。全国人民代表大会会议每年举行一次,由全国人民代表大会常务委员会召集。如果全国人民代表大会常务委员会认为必要,或者有 1/5 以上的全国人民代表大会代表提议,可以临时召集全国人民代表大会会议。

《宪法》赋予全国人民代表大会的职权,可以概括为以下几个方面:① 行使国家立法权。修改宪法;制定和修改刑事、民事、国家机构的和其他的基本法律。② 监督宪法的实施。③ 决定、选举和罢免国家领导人。这项职权包括选举中华人民共和国主席、副主席;选举全国人大常委会的组成人员;根据中华人民共和国主席的提名,决定国务院总理的人选;根据国务院总理的提名,决定国务院其他组成人员的人选;选举中央军事委员会主席;根据中央军事委员会主席的提名,决定中央军事委员会其他组成人员的人选;选举国家监察委员会主任;选举最高人民法院院长和最高人民检察院检察长;罢免中华人民共和国主席、副主席,全国人大常委会的组成人员,国务院组成人员,中央军事委员会主席和中央军事委员会其他组成人员,国家监察委员会主任,最高人民法院院长和最高人民检察院检察长。④ 决定国家生活中的重大问题的职权。包括审查和批准国民经济和社会发展计划、国家的预算及其执行情况的报告;改变或撤销全国人大常委会不适当的决定;批准省、自治区和直辖市的建置;决定特别行政区的设立及其制度;决定战争和和平的问题等。⑤ 应当由最高国家权力机关行使的其他职权。

(二) 全国人民代表大会常务委员会的性质、地位、组成、任期和职权

全国人民代表大会常务委员会是全国人民代表大会的常设机关,是最高国家权力机关的组成部分,对全国人民代表大会负责并报告工作。全国人大常委会由委员长、副委员长若干人、秘书长、委员若干人组成,每届任期同全国人大每届任期相同。委员长、副委员长连续任职不得超过两届。全国人大常委会的组成人员不得担任国家行政机关、监察机关和检察机关的工作,以利于加强对这些机关的监督。

根据《宪法》规定,全国人大常委会的职权可以概括为以下几个方面:① 解释宪法和监督宪法的实施。② 立法权。包括制定和修改除应当由全国人大制定的法律以外的其他法律;在全国人大闭会期间,对全国人大制定的法律进行部分补充和修改,但不得同该法律的基本原则相抵触;解释法律。③ 监督权。包括监督国务院、中央军委、国家监察委员会、最高人民法院和最高人民检察院的工作;撤销国务院制定的同宪法、法律相抵触的行政法规、决定和命令;撤销省、自治区、直辖市国家权力机关制定的同宪法、法律和行政法规相抵触的地方性法规和决议。④ 任免权。包括在全国人大闭会期间,根据国务院总理的提名,决定部长、委员会主任、审计长、秘书长的人选;根据中央军委主席的提名,决定中央军委其他组成人员的人选;根据国家监察委员会主任的提请,任免国家监察委员会副主任、委员;根据最高人民法院院长的提请,任免最高人民法院副院长、审判员、审判委员会委员和军事法院院长;根据最高人民检察院检察长的提请,任免最高人民检察院副检察长、检察员、检察委员会委员和军事检察院检察长,并且批准省、自治区、直辖市的人民检察院检察长的任免;决定驻外全权代表的任免。⑤ 对国家重大问题和外事工作的决定权。包括在全国人大闭会期间,审查和批准国民经济和社会发展计划、国家预算在执行过程中所必须作的部分调整方案;决定同外国缔结的条约和重要协定的批准和废除;规定军人和外交人员的衔级制度和其他专门衔级制度;决定特赦;在全国人大闭会期间,如果遇到国家遭受武装侵犯或者必须履行国际间共同防止侵略的条约的情况,决定战争状态的宣布;决定全国总动员或者局部动员;决定全国或者个别省、自治区、直辖市进入紧急状态。第四次修宪前,全国人大常委会的职权中,有"决定全国或个别省、自治区、直辖市的戒严"一项,而戒严只是紧急状态中适用于对付大规模动乱、骚乱的一种形式,难以适应其他紧急情况。⑥ 规定和决定授予国家的勋章和荣誉称号的权力。⑦ 全国人大授予的其他职权。

(三) 全国人民代表大会各专门委员会和全国人民代表大会代表

《宪法》规定,全国人民代表大会设立若干专门委员会,专门委员会分经常性的和临时性的两种。前者如民族委员会、宪法和法律委员会、财政经济委员会、教育科学文化卫生委员会、外事委员会、华侨委员会和其他需要设立的专门委员会。后者为对某个特定问题组织的调查委员会。各专门委员会在全国人大及其常委会领导下,研究、审议和拟订有关议案。《宪法》关于专门委员会的设置,其目的在于进一步加强全国人大及其常委会的立法工作和对政府工作的监督。

全国人民代表大会代表是代表人民集体行使最高国家权力的使者。他们进行工作的主要方式是按期出席全国人大的会议。全国人大代表和全国人大常委会组成人员,有权提出属于各自职权范围内的议案,提出对国务院或者国务院各部、各委员会的质询案,受质询的机关必须负责答复。

为了保障全国人大代表顺利进行工作,并督促他们更好地履行职责,《宪法》还就代表的权利和义务作了明确的规定。这些权利和义务有:① 代表人身自由受到法律的特别保护,非经法定程序,不受逮捕或者刑事审判;② 在全国人民代表大会各种会议上的发言和表决不受法律追究;③ 模范地遵守宪法和法律,保守国家秘密,并且在自己参加的生产、

工作和社会活动中,协助宪法和法律的实施;④ 应当同原选举单位和人民保持密切的联系,听取和反映人民的意见和要求,努力为人民服务;⑤ 接受原选举单位的监督。原选举单位有权罢免本单位选出的代表。

四、中华人民共和国主席

我国 1954 年《宪法》有设立中华人民共和国主席的规定。1975 年《宪法》取消了国家主席的设置。1978 年《宪法》未予恢复。现行宪法恢复了国家主席的设置。这是我国政治生活正常化的表现,是国家体制进一步健全和完善的标志。

根据《宪法》的规定,中华人民共和国主席、副主席由全国人民代表大会选举产生和罢免。年满 45 周岁的有选举权和被选举权的中华人民共和国公民可以被选为中华人民共和国主席、副主席。中华人民共和国主席、副主席每届任期同全国人民代表大会每届任期相同。

主席的职权是:向全国人民代表大会提名国务院总理的人选;根据全国人民代表大会和全国人民代表大会常务委员会的决定,公布法律,任免国务院的组成人员,授予国家的勋章和荣誉称号,发布特赦令、动员令,宣布进入紧急状态,宣布战争状态;代表国家进行国事活动,接受外国使节;根据全国人民代表大会常务委员会的决定,派遣和召回驻外全权代表,批准和废除同外国缔结的条约和重要协定。

中华人民共和国副主席协助主席工作,并受主席委托,可以代行主席的部分职权。中华人民共和国主席缺位的时候,由副主席继任主席的职位。

五、国务院

我国国务院即中央人民政府,是最高国家权力机关的执行机关,是最高国家行政机关。国务院对全国人民代表大会负责并报告工作;在全国人民代表大会闭会期间,对全国人民代表大会常务委员会负责并报告工作。这就表明了国务院的性质和它在我国国家机关体系中的地位。

国务院由总理、副总理若干人、国务委员若干人、各部部长、各委员会主任、审计长、秘书长组成。国务院每届任期同全国人大每届任期相同。总理、副总理、国务委员连续任职不得超过两届。

总理领导国务院工作,副总理、国务委员协助总理工作。总理、副总理、国务委员、秘书长组成国务院常务会议。总理召集和主持国务院常务会议和国务院全体会议。

根据《宪法》的规定,国务院实行总理负责制。总理负责制也就是首长负责制,它的含义是国务院总理在领导国务院工作中处于主导地位,对国务院工作负全部责任,并有完全的决定权。

《宪法》赋予国务院的职权是:根据宪法和法律,规定行政措施,制定行政法规,发布决定和命令;向全国人民代表大会或者全国人民代表大会常务委员会提出议案;规定各部和各委员会的任务和职责,统一领导各部和各委员会的工作,并且领导不属于各部和各委员会的全国性的行政工作;统一领导全国地方各级国家行政机关的工作,规定中央和省、自治区、直辖市的国家行政机关的职权的具体划分;编制和执行国民经济和社会发展计划和国家预算;领导和管理经济工作、城乡建设、生态文明建设,以及教育、科学、文化、卫生、体育、计划生育、民政、公安和司法行政等工作;管理对外事务,同外国缔结条约和协定;领导和管理国防建设事业,领导和管理民族事务,保障少数民族的平等权利和民族自治地方的自治权利;保护华侨的正当的权利和利益,保护归侨和侨眷的合法的权利和利益;改变或者撤销各部、各委员会发布的不适当的命令、指示和规章以及地方各级国家行政机关的不适当的决定和命令;批准省、自治区、直辖市的区域划分,批准自治州、县、自治县、市的建置和区域划分;依照法律规定决定省、自治区、直辖市的范围内部分地区进入紧急状态;审定行政机构的编制,依照法律规定任免、培训、考核和奖惩行政人员;全国人民代表大会及其常务委员会授予的其他职权。

国务院各部、各委员会实行部长、主任负责制。国务院各部部长、各委员会主任负责本部门的工作,召集和主持部务会议或者委员会会议、委务会议,讨论决定本部门工作的重大问题。

国务院设立审计机关,对国务院各部门和地方各级政府的财政收支,对国家的财政金融机构和企业事业组织的财务收支,进行审计监督。审计机关在国务院总理领导下,依照法律规定独立行使审计监督权,不受其他行政机关、社会团体和个人的干涉。

六、中央军事委员会

按照马克思主义的基本原理,军队应是国家机构的重要组成部分。现行《宪法》根据这一指导思想,结合我国的具体状况,增加了中央军事委员会一节,这是完全必要的。

《宪法》规定,中华人民共和国中央军事委员会领导全国武装力量。

中央军事委员会由主席、副主席若干人和委员若干人组成。全国人民代表大会选举中央军事委员会主席,并根据中央军事委员会主席的提名,决定中央军事委员会其他组成人员的人选。全国人民代表大会有权罢免中央军事委员会主席和中央军事委员会其他组成人员。在全国人民代表大会闭会期间,全国人民代表大会常务委员会根据中央军事委员会主席的提名,决定中央军事委员会其他组成人员的人选。中央军事委员会每届任期同全国人民代表大会每届任期相同。

中央军事委员会实行主席负责制。中央军事委员会主席对全国人民代表大会和全国人民代表大会常务委员会负责。宪法的这些规定,明确了军队在国家体制中的地位,有利于进一步加强我国军队的革命化、现代化和正规化的建设。

七、地方各级人民代表大会和地方各级人民政府

依据我国行政区域的划分,按照《宪法》第九十五条的规定,省、直辖市、县、市、市辖区、乡、民族乡、镇设立人民代表大会和人民政府。自治区、自治州、自治县设立自治机关。

地方各级人民代表大会是地方国家权力机关。省、自治区、直辖市、自治州、设区的市的人民代表大会代表由下一级的人民代表大会选举,并受原选举单位的监督;县、自治县不设区的市、市辖区、乡、民族乡、镇的人民代表大会代表由选民直接选举,并受选民监督。

根据在中央统一领导下,中央与地方适当分权的原则,《宪法》规定了地方各级人民代表大会的职权,概括起来有以下几个方面:① 在本行政区域内,保证宪法、法律、行政法规

的遵守和执行;有权改变或者撤销本级人民代表大会常务委员会不适当的决定。② 依照法律规定的权限,通过和发布决议,审查和决定地方的经济建设、文化建设和公共事业建设的计划;县级以上的地方各级人民代表大会审查和批准本行政区域内的国民经济和社会发展计划、预算以及它们的执行情况的报告。③ 选举并且有权罢免本级人民政府的省长和副省长、市长和副市长、县长和副县长、区长和副区长、乡长和副乡长、镇长和副镇长。县级以上的地方各级人民代表大会还有权选举并且罢免本级监察委员会主任、本级人民法院院长和本级人民检察院检察长,但是,选出或者罢免人民检察院检察长,须报上级人民检察院检察长提请该级人民代表大会常务委员会批准。④ 省、直辖市的人民代表大会和它们的常务委员会,在不同宪法、法律、行政法规相抵触的前提下,可以制定地方性法规,报全国人民代表大会常务委员会备案。设区的市的人民代表大会和它们的常务委员会,在不同宪法、法律、行政法规和本省、自治区的地方性法规相抵触的前提下,可以依照法律规定制定地方性法规,报本省、自治区人民代表大会常务委员会批准后施行。

县级以上的地方各级人民代表大会设立常务委员会,由主任、副主任若干人和委员若干人组成,对本级人民代表大会负责并报告工作。县级以上的地方各级人民代表大会常务委员会的组成人员不得担任国家行政机关、监察机关、审判机关和检察机关的职务,以保证常委会对其他国家机关进行有效的监督。

县级以上地方各级人大常委会的职权有:① 讨论、决定本行政区域内各方面工作的重大事项;② 监督本级人民政府、监察委员会、人民法院和人民检察院的工作;③ 撤销本级人民政府的不适当的决定和命令;④ 撤销下一级人民代表大会的不适当的决议;⑤ 依照法律规定的权限决定国家机关工作人员的任免;⑥ 在本级人民代表大会闭会期间,罢免和补选上一级人民代表大会的个别代表。

地方各级人民政府,是地方各级国家权力机关的执行机关,是地方各级国家行政机关。地方各级人民政府对本级人民代表大会负责并报告工作。县级以上的地方各级人民政府在本级人民代表大会闭会期间,对本级人民代表大会常务委员会负责并报告工作。地方各级人民政府对上一级国家行政机关负责并报告工作,同时受国务院统一领导。县级以上的地方各级人民政府领导所属各工作部门和下级人民政府的工作,有权改变或者撤销所属各工作部门和下级人民政府的不适当的决定。

县级以上地方各级人民政府依照法律规定,有权管理本行政区域内的经济、教育、科学、文化、卫生、体育事业、城乡建设事业和财政、民政、公安、民族事务、司法行政、计划生育等行政工作,发布决定和命令,任免、培训、考核和奖惩行政工作人员。乡、民族乡、镇的人民政府执行本级人民代表大会的决议和上级国家行政机关的决定和命令,管理本行政区域内的行政工作。

县级以上的地方各级人民政府设立审计机关,以便在全国范围内加强统一的审计监督。地方各级审计机关依照法律规定独立行使审计监督权,对本级人民政府和上一级审计机关负责。

地方各级人民政府实行省长、市长、县长、区长、乡长、镇长负责制,以提高国家行政工作的效率,更有效地领导和组织地方的各项建设事业。

《宪法》还就我国长期行之有效的居民委员会、村民委员会等群众性自治组织的地位和作用作了规定。

八、民族自治地方的自治机关

我国的民族自治地方的自治机关是自治区、自治州、自治县的人民代表大会和人民政府。它们都是在中央统一领导下的地方国家机关的组成部分。民族自治地方的自治机关的产生、任期等,都应适用《宪法》第三章第五节关于地方国家机关的产生、任期等有关规定。

在民族自治地方的人民代表大会中,除实行区域自治的民族的代表外,其他居住在本行政区域内的民族也应当有适当名额的代表。民族自治地方的人大常委会中应当有实行区域自治的民族的公民担任主任或者副主任;自治区主席、自治州州长、自治县县长由实行区域自治的民族的公民担任。

民族自治地方的自治机关除行使《宪法》第三章第五节规定的地方国家机关的职权外,还依照宪法和其他法律的规定行使自治权,即依照当地民族的政治、经济和文化的特点,制定自治条例和单行条例,依法报有关领导机关批准后生效;依照国家财政体制属于民族自治地方的财政收入,由民族自治地方的自治机关自主地安排使用;在国家计划的指导下,自主地安排和管理地方性的经济建设事业;自主地管理本地方的教育、科学、文化、卫生、体育事业;依照国家的军事制度和当地的实际需要,经国务院批准,可以组织本地方维护社会治安的公安部队等。上级国家机关应保障、支持和帮助民族自治地方的自治机关实现自治权。

《宪法》还规定,国家从财政、物资、技术等方面帮助各少数民族加速发展经济建设和文化建设事业。帮助民族自治地方从当地民族中大量培养各级干部、各种专业人才和技术工人。《宪法》的这些规定,一定能够促进民族自治地方的社会主义建设事业的发展。

九、监察委员会

深化国家监察体制改革是以习近平同志为核心的党中央作出的事关全局的重大政治体制改革,是强化党和国家自我监督的重大决策部署。改革的目标是,整合反腐败资源力量,加强党对反腐败工作的集中统一领导,构建集中统一、权威高效的中国特色国家监察体制,实现对所有行使公权力的公职人员监察全覆盖。

《宪法修正案》(2018年3月)、《中华人民共和国监察法》(以下简称《监察法》)的相关规定明确了监察工作的指导思想和领导体制、原则、方针、国家监察委员会、地方各级监察委员会的产生程序和监委的职责,并实现了对所有行使公权力的公职人员监察全覆盖。

1. 监察工作的指导思想和领导体制

为坚持和加强党对反腐败工作的集中统一领导,《监察法》规定:坚持中国共产党对国家监察工作的领导,以马克思列宁主义、毛泽东思想、邓小平理论、"三个代表"重要思想、科学发展观、习近平新时代中国特色社会主义思想为指导,构建集中统一、权威高效的中国特色国家监察体制。

2. 监察工作的原则

一是监察委员会依照法律规定独立行使监察权,不受行政机关、社会团体和个人的干

涉。二是监察机关办理职务违法和职务犯罪案件,应当与审判机关、检察机关、执法部门互相配合,互相制约。三是监察机关在工作中需要协助的,有关机关和单位应当根据监察机关的要求依法予以协助。四是国家监察工作严格遵照宪法和法律,以事实为根据,以法律为准绳;在适用法律上一律平等。五是权责对等,严格监督。六是惩戒与教育相结合,宽严相济。

3. 监察工作的方针

一是国家监察工作坚持标本兼治、综合治理,强化监督问责,严厉惩治腐败。二是深化改革、健全法治,有效制约和监督权力。三是加强法治道德教育,弘扬中华优秀传统文化,构建不敢腐、不能腐、不想腐的长效机制。

4. 国家监察委员会的产生程序

国家监察委员会由全国人民代表大会产生,负责全国监察工作;国家监察委员会由主任、副主任若干人、委员若干人组成;主任由全国人民代表大会选举,副主任、委员由国家监察委员会主任提请全国人民代表大会常务委员会任免;国家监察委员会主任每届任期同全国人民代表大会每届任期相同,连续任职不得超过两届;国家监察委员会对全国人民代表大会及其常务委员会负责,并接受其监督。

5. 地方监察委员会的产生程序

地方各级监察委员会由本级人民代表大会产生,负责本行政区域内的监察工作;地方各级监察委员会由主任、副主任若干人、委员若干人组成;主任由本级人民代表大会选举,副主任、委员由监察委员会主任提请本级人民代表大会常务委员会任免;地方各级监察委员会主任每届任期同本级人民代表大会每届任期相同;地方各级监察委员会对本级人民代表大会及其常务委员会和上一级监察委员会负责,并接受其监督。

6. 监察委员会履行监督、调查、处置三项职责

(1)履行监督职责。

对公职人员开展廉政教育,对其依法履职、秉公用权、廉洁从政从业以及道德操守情况进行监督检查。

(2)调查职责。

对涉嫌贪污贿赂、滥用职权、玩忽职守、权力寻租、利益输送、徇私舞弊以及浪费国家资财等职务违法和职务犯罪进行调查。

(3)处置职责。

对违法的公职人员依法作出政务处分决定;对履行职责不力、失职失责的领导人员进行问责;对涉嫌职务犯罪的,将调查结果移送人民检察院依法审查、提起公诉;向监察对象所在单位提出监察建议。

7.《监察法》实现对所有行使公权力的公职人员监察全覆盖,监察对象主要是六类人员

一是中国共产党机关、人民代表大会及其常务委员会机关、人民政府、监察委员会、人民法院、人民检察院、中国人民政治协商会议各级委员会机关、民主党派机关和工商业联合会机关的公务员,以及参照《中华人民共和国公务员法》管理的人员;

二是法律、法规授权或者受国家机关依法委托管理公共事务的组织中从事公务的人员；

三是国有企业管理人员；

四是公办的教育、科研、文化、医疗卫生、体育等单位中从事管理的人员；

五是基层群众性自治组织中从事管理的人员；

六是其他依法履行公职的人员。

8. 赋予监察机关的权限

一是规定监察机关在调查职务违法和职务犯罪时，可以采取谈话、讯问、询问、查询、冻结、搜查、调取、查封、扣押、勘验检查、鉴定等措施。二是被调查人涉嫌贪污贿赂、失职渎职等严重职务违法或者职务犯罪，监察机关已经掌握其部分违法犯罪事实及证据，仍有重要问题需要进一步调查，并有涉及案情重大、复杂，可能逃跑、自杀，可能串供或者伪造、隐匿、毁灭证据等情形之一的，经监察机关依法审批，可以将其留置在特定场所；留置场所的设置和管理依照国家有关规定执行。三是监察机关需要采取技术调查、通缉、限制出境措施的，经过严格的批准手续，按照规定交有关机关执行。

9. 严格规范监察程序

对监督、调查、处置工作程序作出严格规定，包括：报案或者举报的处理；问题线索的管理和处置；决定立案调查；搜查、查封、扣押等程序；要求对讯问和重要取证工作全程录音录像；严格涉案财物处理等。关于留置措施的程序：设区的市级以下监察机关采取留置措施，应当报上一级监察机关批准，省级监察机关采取留置措施，应当报国家监察委员会备案；留置时间不得超过三个月，特殊情况下经上一级监察机关批准可延长一次，延长时间不得超过三个月；监察机关发现采取留置措施不当的，应当及时解除。采取留置措施后，除有碍调查的，应当在二十四小时以内，通知被留置人员所在单位和家属。同时，应当保障被留置人员的饮食、休息和安全，提供医疗服务。

10. 加强对监察机关和监察人员的监督

《监察法》从接受人大监督，强化自我监督，明确监察机关与审判机关、检察机关、执法部门互相配合、互相制约的机制，明确监察机关及其工作人员的法律责任等四个方面加强了对监察机关和监察人员的监督。

（1）接受人大监督。监察机关应当接受本级人民代表大会及其常务委员会的监督；各级人民代表大会常务委员会听取和审议本级监察机关的专项工作报告，组织执法检查；人民代表大会代表或者常务委员会组成人员在本级人民代表大会及其常务委员会举行会议时，可以依照法律规定的程序，就监察工作中的有关问题提出询问或者质询。

（2）强化自我监督。与党的纪律检查机关监督执纪工作规则相衔接，将实践中行之有效的做法上升为法律规范。规定了对打听案情、过问案件、说情干预的报告和登记备案，监察人员的回避，脱密期管理和对监察人员辞职、退休后从业限制等制度。同时规定了对监察机关及其工作人员不当行为的申诉和责任追究制度（第五十七条至第六十一条）。还明确规定：监察机关应当依法公开监察工作信息，接受民主监督、社会监督、舆论监督。

（3）明确监察机关与审判机关、检察机关、执法部门互相配合、互相制约的机制。对监察机关移送的案件，人民检察院经审查，认为需要补充核实的，应当退回监察机关补充调查，必要时可以自行补充侦查；对于有刑事诉讼法规定的不起诉的情形的，经上一级人民检察院批准，依法作出不起诉的决定；监察机关在收集、固定、审查、运用证据时，应当与刑事审判关于证据的要求和标准相一致。

（4）明确监察机关及其工作人员的法律责任。监察机关及其工作人员有违反规定发生办案安全事故或者发生安全事故后隐瞒不报、报告失实、处置不当等 9 种行为之一的，对负有责任的领导人员和直接责任人员依法给予处理。监察法还规定：监察机关及其工作人员行使职权，侵犯公民、法人和其他组织的合法权益，造成损害的，依法给予国家赔偿。

十、人民法院和人民检察院

（一）人民法院

人民法院是国家的审判机关，依法行使审判权。国家审判权是指人民法院依照法律审理和判决刑事、民事和行政案件的权力。它是整个国家权力不可分割的重要组成部分。

人民法院的任务是：审判刑事案件、民事案件和特定的行政案件，并且通过审判活动，惩办一切犯罪分子，解决民事纠纷和特定的行政案件，以保卫人民民主专政制度，维护社会主义法制和社会秩序，保护社会主义的全民所有的财产、劳动群众集体所有的财产，保护公民私人所有的合法财产，保护公民的人身权利、民主权利和其他权利，保障国家的社会主义革命和社会主义建设事业的顺利进行。人民法院还用它的全部活动，教育公民忠于社会主义祖国，自觉地遵守宪法和法律。

我国审判机关由最高人民法院、地方各级人民法院和专门人民法院组成。地方各级人民法院又分为：高级人民法院、中级人民法院和基层人民法院。最高人民法院是国家最高审判机关，它监督地方各级人民法院和专门人民法院的审判工作。上级人民法院监督下级人民法院的审判工作。最高人民法院对全国人民代表大会和全国人民代表大会常务委员会负责并报告工作；地方各级人民法院对产生它的人民代表大会及其常务委员会负责并报告工作。各级人民法院的院长由同级人民代表大会选举；在省内、自治区内按地区设立的和在直辖市内设立的中级人民法院院长，由省、自治区和直辖市人民代表大会选举。

我国《宪法》和《中华人民共和国人民法院组织法》还规定了人民法院行使国家审判权时应该遵循的原则和制度，主要有：人民法院依照法律规定独立行使审判权；对于一切公民在适用法律上一律平等；使用本民族语言、文字进行诉讼；公、检、法三机关分工负责，互相配合，互相制约；公开审判制度；两审终审制度；辩护制度；回避制度；集体领导制度（包括合议制度和审判委员会制度）等。

（二）人民检察院

人民检察院是国家的法律监督机关。它对国家机关及其工作人员和公民是否遵守宪法和法律行使检察权。检察权指的是对宪法、法律的实施进行检察监督的权力,是国家权力的重要组成部分。

人民检察院的职权:① 依照法律规定对有关刑事案件行使侦查权;② 对刑事案件进行审查,批准或决定是否逮捕犯罪嫌疑人;③ 对刑事案件进行审查,决定是否提起公诉,对决定提起公诉的案件支持公诉;④ 依照法律规定提起公益诉讼;⑤ 对诉讼活动实行法律监督;⑥ 对判决裁定等生效法律文书的执行工作实行法律监督;⑦ 对监狱、看守所的执法活动实行法律监督;⑧ 法律规定的其他职权。

我国人民检察院分为最高人民检察院、地方各级人民检察院和军事检察院等专门人民检察院。地方各级人民检察院分为:省、自治区、直辖市人民检察院;省、自治区、直辖市人民检察院分院,自治州和省辖市人民检察院;县、市、自治县和市辖区人民检察院。各级人民检察院的检察长由同级人民代表大会选举;省、自治区、直辖市人民检察院分院的检察长由省、自治区、直辖市人民代表大会选举;地方各级人民检察院检察长的任免,须报上一级人民检察院检察长提请该级人民代表大会常务委员会批准。省一级人民检察院和县一级人民检察院,根据工作需要,提请本级人民代表大会常务委员会批准,可以在工矿区、农垦区、林区等区域设置人民检察院,作为派出机构。

最高人民检察院领导地方各级人民检察院和专门人民检察院的工作,上级人民检察院领导下级人民检察院的工作。最高人民检察院对全国人民代表大会和全国人民代表大会常务委员会负责并报告工作。地方各级人民检察院对本级人民代表大会及其常务委员会负责并报告工作。可见,我国人民检察院实行双重领导制。这样,可以保证对全国实行统一的法律监督。

《中华人民共和国人民检察院组织法》规定:检察长统一领导检察院的工作;各级人民检察院设立检察委员会,在检察长的主持下,讨论决定重大案件和其他重大问题。如果检察长在重大问题上不同意多数人的决定,可以报请同级人民代表大会常务委员会决定。这样,就可以在集体领导和个人负责相结合的原则下,保证国家检察权的正确实施。

依照法律规定,人民检察院的工作原则:① 坚持实事求是,贯彻执行群众路线,倾听群众意见,接受群众监督,调查研究,重证据不轻信口供,严禁刑讯逼供,正确区分和处理敌我矛盾和人民内部矛盾。人民检察院的工作人员,必须忠实于事实真相,忠实于法律,忠实于社会主义事业,全心全意地为人民服务。② 对于任何公民,在适用法律上一律平等,不允许有任何特权。③ 依照法律规定独立行使检察权,不受行政机关、社会团体和个人的干涉。

人民检察院在进行活动时,也应保障各民族公民使用本民族语言文字进行诉讼的权利。

第五节　宪法的实施及其保障

引例：马伯里诉麦迪逊案

基本案情：1800 年美国总统大选揭晓，联邦党人约翰·亚当斯总统落选，民主党人托马斯·杰斐逊当选新总统。亚当斯为使联邦党人能够继续控制联邦政府，于 1801 年 3 月 4 日杰斐逊正式就任总统前采取了一系列紧急措施：先是任命他的国务卿马歇尔为联邦最高法院首席法官，之后又借国会通过巡回法院法案的时机，成倍增加联邦法院法官人数，还通过构成法(Organic Act)，授权在哥伦比亚地区任命 42 名治安法官。以上这些新增加和增设的法官人选，全由亚当斯总统提名，都是联邦党人。对这些人选，于 3 月 3 日深夜之前完成了提交参议院批准任命、总统签署、国务卿加盖国玺等法官任命的法律程序，但因时间仓促，有些委任状还未送出便到了新总统就任日期即 3 月 4 日。新总统杰斐逊上任后，即命令其国务卿麦迪逊扣发尚未发出的委任状。马伯里即是被任命为联邦治安法院法官而未领到委任状的人之一。在等待了数月之后，马伯里依据 1789 年国会制定的《司法条例》第 13 条关于"联邦司法机关有权责成行政部门颁发执行命令"的规定，诉请至联邦最高法院。

如何判决马伯里一案的问题，使以联邦首席法官——联邦派的马歇尔为首的联邦最高法院面临着两难境地：如果判决马伯里胜诉，向行政部门发出执行命令，行政部门不可能执行这一命令，联邦最高法院处于尴尬境地；如果判决马伯里败诉，不向行政部门发出执行命令，则联邦派颜面尽失。

联邦最高法院于 1803 年对此案作出了判决。在由首席法官马歇尔起草并为联邦最高法院全体法官一致同意的判决书中主要对三个问题进行分析和判断：一是马伯里是否应该得到委任状。判决书认为马伯里被任命为法官已经履行了必要的法律手续，其有权得到委任状，而总统和国务卿不予颁发委任状没有理由。二是在马伯里正当法律权利由此遭到侵犯时，法律是否为其提供了救济手段。判决书认为法律已经为马伯里提供了法律上的救济手段。三是是否通过由联邦最高法院向行政部门颁发执行命令的方式为马伯里提供法律上的救济手段。答案是否定的，因为它超越了联邦宪法第 3 条关于联邦最高法院管辖权的规定。联邦宪法第 3 条关于联邦最高法院初审案件管辖权的规定是："关于大使、公使、领事以及以一州为当事人的案件，最高法院有初审权。"而《司法条例》第 13 条超越宪法规定赋予联邦最高法院向行政部门颁发执行命令的权力，这一规定与宪法的规定相违背，因此，《司法条例》第 13 条是无效的。

法律分析：该案开创了美国的违宪审查制度，进一步完善了"三权分立"的体制，强化了司法权对立法权和行政权的制约，有助于协调国家机关的内部关系，形成比较完整的三权分立的权力结构，同时进一步完善了"宪法至上"的观念，在宪法原则和宪法制度的确立与完善等方面，产生了相当大的影响。

一、宪法实施概述

宪法实施指宪法规范在实际生活中的具体运用和贯彻落实,宪法实施包括宪法的遵守、宪法的执行和宪法的适用。

宪法的遵守是宪法实施最基本的要求,一切国家机关、社会组织和公民个人必须严格依照宪法规定从事各种活动,根据宪法享有和行使权利,根据宪法承担和履行义务。宪法的执行一般指国家代议机关和国家行政机关贯彻落实宪法规范的活动,国家机构的设置、行使职权、活动方式和活动程序必须严格执行宪法的规定。宪法的适用一般指国家司法机关在司法活动中贯彻落实宪法的活动。

二、宪法的修改和宪法的解释

(一) 宪法的修改

宪法修改是宪法在实施过程中,随着社会现实条件的不断发展变化,宪法规范与社会实际出现不相适应的情形,宪法授权的特定机关依照宪法规定的程序删除、增加或变更宪法内容的行为。

宪法修改的程序一般包括提案、先决投票、起草、公布修宪草案、通过和公布几个阶段。我国宪法修改的机关是全国人民代表大会,宪法的修改由全国人民代表大会常务委员会或者 1/5 以上的全国人民代表大会代表提议,宪法的修改由全国人民代表大会以全体代表的 2/3 以上的多数通过。

(二) 宪法的解释

宪法解释是依据一定的标准或原则对宪法内容、含义及其界限作出的说明,宪法解释分为正式解释和非正式解释。正式解释又称有权解释,是由宪法授权的或宪法惯例认可的特定国家机关对宪法条文作出的具有法律效力的说明。非正式解释又称无权解释,是非法定的机关、团体和个人对宪法条文作出的不具有法律约束力的说明。各国解释宪法的机关一般包括立法机关、司法机关和专门机关。我国宪法解释的主体是全国人民代表大会常务委员会。

三、宪法实施的保障

宪法实施的保障是为了使宪法得到切实有效的贯彻落实而实行的一系列相关的制度和措施。宪法实施保障的基本内容包括:保障法律、法规、规范性文件的合宪性,法律、法规、规范性文件必须以宪法为依据,不得与宪法相抵触;保障国家机关及其工作人员、各政党、武装力量、社会团体、企业事业组织、全体公民行为的合宪性。

(一) 违宪审查制度

1. 违宪审查的概念

违宪审查是为了保障宪法的实施,特定国家机关依照法定程序和方式,对法律、法规、

法律性文件以及一切国家机关、组织、公民的行为是否违宪进行审查并作出裁决的活动。宪法是立法的依据,也是违宪审查的依据。

2. 违宪审查的模式

违宪审查的模式主要有四种:第一,以美国为代表的普通法院审查模式。普通法院在审理具体案件的过程中附带就所适用的法律的合宪性进行审查,以确定其所适用的法律是否符合宪法。普通法院审查模式是一种"附随性违宪审查制度",违宪审查必须以普通诉讼的提起为前提,所审查的是与诉讼有关的法律、法规和法律性文件。第二,以德国为代表的宪法法院审查模式。在普通法院之外另设专门的宪法法院集中负责违宪审查事项。宪法法院审查模式是一种"抽象性违宪审查制度",不必以普通诉讼案件的提起为前提,而是直接对法律是否违宪进行专门的审查。第三,以法国为代表的宪法委员会审查模式。在国家机构中设立一个专门的宪法委员会负责违宪审查事项。无论是宪法法院审查模式还是宪法委员会审查模式,违宪审查都是由专门设立的机关负责,负有专门的职责权限。第四,以社会主义国家为代表的最高国家权力机关审查模式,也称立法机关审查模式,由最高国家权力机关负责违宪审查事项。

(二) 我国的宪法实施保障机制

1. 政治保障

中国共产党是执政党,在国家政治生活中处于领导地位,中国共产党模范带头地遵守和执行宪法成为宪法得以贯彻落实的根本保证,这将促使其他政党、组织和广大人民群众自觉地遵守和执行宪法。

2. 法律保障

宪法条文明确规定宪法是国家的根本法,宪法具有最高的法律效力,宪法条文同时规定了修改宪法的特别程序。

3. 制度保障

我国属于立法机关实施宪法保障的模式,全国人大及其常委会负有监督宪法实施的职责。全国人大对全国人大常委会制定的法律进行合宪性审查,全国人大常委会对行政法规、地方性法规、自治条例和单行条例进行合宪性审查。

在宪法实施保障的方式上,我国采取事先审查与事后审查相结合的方式。事先审查又称预防性审查,当法律、法规和法律性文件尚未正式颁布实施之前,由特定机关对其是否合宪进行审查。事后审查是特定机关、组织或个人质疑有关法律法规的合宪性时提出合宪性审查请求,进而对是否合宪进行审查。

【本章思考题】

1. 怎样认识我国的国家性质?
2. 我国的政权组织形式是怎样的? 它的优越性表现在哪些方面?
3. 我国公民有哪些基本权利和义务? 如何正确行使权利?
4. 怎样正确理解并坚持"国家尊重和保障人权"的宪法原则?

5. 宪法关于我国各类国家机关的性质和组织系统是怎样规定的？各类国家机关的相互关系是怎样的？

6. 请谈谈怎样保障宪法的实施。

【本章讨论案例】

1. 2003 年 4 月 28 日，辽宁省人民政府发布《关于进一步加强非典防治工作的通告》，规定凡来自"非典"疫情多发地区的各类人员，必须立即自觉向居住地居民委员会、村民委员会或住地所属单位报告，在住地相对封闭接受医学观察十天，期间不得随意外出。沈阳市进一步规定，这些人员将被隔离到政府指定的 9 家宾馆入住，并且住宿、餐饮费用需自理。

如何认识"非典"防治期间公民人身自由的保障？

2. 2003 年 3 月 17 日，实习于广州一服装公司的大学生孙志刚未携带身份证逛街时，被广州黄村街派出所以没有暂住证为由予以收容。3 月 18 日，孙志刚被送往广州收容遣送中转站，后又被收容站送往广州收容人员救治站，并于 3 月 20 日死亡。中山大学中山医学院法医鉴定中心的鉴定表明：综合分析，孙志刚符合大面积软组织损伤致创伤性休克死亡，即孙志刚是被打死的。经过相关司法程序，相关责任人员被追究法律责任。

2003 年 5 月 14 日，三位法学博士将一份题为"关于审查《城市流浪乞讨人员收容遣送办法》的建议书"的文件，传真至全国人大常委会法制工作委员会，建议全国人大常委会对收容遣送制度进行违宪审查。三位博士指出，根据《中华人民共和国宪法》第三十七条、《中华人民共和国行政处罚法》第九条、《中华人民共和国立法法》第八条和第九条的规定，1982 年由国务院颁布的收容遣送办法及其实施细则中限制公民人身自由的规定，违反了宪法、行政处罚法和立法法，所以建议对《城市流浪乞讨人员收容遣送办法》进行违宪和违法审查。

请问：普通公民是否可以直接"上书"全国人大常委会，建议对行政法规进行审查？

第三章 行政法概论

【本章要点提示】 本章的学习,要求学生着重了解行政法的特点、行政法的基本原则、行政主体和行政相对人、国家行政机关、国家公务员等,熟悉行政许可、行政处罚、行政强制等行政行为,明确行政责任和行政复议、行政赔偿等行政救济方式。

第一节 行政法的基础理论

引例:律师王某诉财政部政府信息公开案

基本案情:为了解每次坐飞机都要交 50 元或 90 元民航发展基金的收费依据,2012年 5 月 16 日,律师王某向财政部提出政府信息公开申请,要求对方公开两个文件:一是财综〔2012〕17 号文件(即《民航发展基金征收使用管理暂行办法》)的制定依据,二是财综〔2004〕51 号文件《财政部 民航总局关于改革民航机场管理建设费征收管理方式等有关问题的通知》的制定依据。

同年 5 月 29 日,财政部告知王某所申请的信息不属于"依申请公开政府信息的范围"。王某随后提出行政复议。2012 年 9 月 5 日,财政部作出"行政复议决定书"维持原决定。王某不服,向北京市第一中级人民法院提起行政诉讼,请求法院撤销财政部的告知书,判令财政部限期公开他所申请的信息。

面对诉讼,财政部表示,其作出的"政府信息公开告知书"程序合法。在审查王先生申请的内容时,财政部发现,国务院对民航机场建设费和民航发展基金的批复涉及国家秘密,符合《政府信息公开条例》中关于行政机关不得公开的政府信息的相关规定。此外,财政部所作的"行政复议决定书"也程序合法。

法院经审理认为,财政部的告知书仅告知王某申请的信息不予公开,但未说明不予公开的具体理由。据此,法院判决撤销了财政部所作的"政府信息公开告知书",并判决财政部对王某的申请重新作出处理。

法律分析:依法行政是全面依法治国的基本要求,也是建设法治政府的核心。《政府信息公开条例》规定"行政机关公开政府信息,应当坚持以公开为常态、不公开为例外"。财政部对王某申请公开的两个文件的制定依据不予公开,也未说明理由,不符合法治政府建设的要求和行政法规的规定。

一、行政法的概念

(一) 行政的概念和特点

一般认为,行政是国家行政机关对国家事务和社会事务所作的决策、组织、管理和调控等活动的总称。行政的基本特点是:

(1) 行政是行政主体的特定活动,并非行政主体的一切活动。行政主体的民事活动如借贷、租赁等活动,行政机关中个人的私人行为等,都不在行政活动之列。

(2) 行政是行政主体以国家名义实施的旨在执行国家权力机关的法律、决定、命令等的活动。

(3) 现代国家的行政活动必须具有严格的法律根据,即现代行政都应是法治行政。宪法和法律的授权与委托是行政行为合法性、正当性的基础。

(4) 行政具有国家强制性。

(二) 行政法的定义和特点

行政法作为法律体系的一个独立部门,是调整因行政主体行使职权而产生的特定法律关系的法律规范系统。它一方面要规范和约束行政机关的行政权力与行政行为,保护公民、法人和其他组织的正当权益,另一方面也要规范和约束公民、法人与其他组织的行为,维护公共利益和社会秩序。

与其他的部门法相比,行政法的特点主要表现为:

(1) 从内容上看,行政法涉及的领域、范围广泛,调整内容繁杂,具有较强的专业技术性,内容也较易于变动和更新——相比于其他部门法,行政法规范的立、改、废更为经常。

(2) 行政法有明显的命令、管理和服从性质,是垂直型(或纵向型)法律调整的典型表现形式。

(3) 行政法表现形式多样,数量大,难有统一、完整的法典。但一般可以分为行政法总则和行政法分论两大部分。行政法总则是行政法的普遍原则和共同规则,以行政组织法、行政行为法和行政监督救济法为基本结构。行政法分则是只适用于特定行政领域的规则。

(4) 行政法的实体性规范和程序性规范相互交织,往往共存于同一个法律文件之中。

二、行政法的基本原则

行政法的基本原则贯穿于行政法律规范制定和实施的全过程,在行政法治的实现过程中起着核心和指导作用。

(一) 行政合法原则

这是我国行政法的首要原则,也可称为依法行政原则。这一原则要求:国家行政管理权力和活动要严格依照法律法规和规章的授权,做到法定职责必须为、法无授权不可为,行政活动的程序符合法律法规要求,实现行政机关的权责法定、权责统一、执法严明。具

体而言,这一原则的要求包括:

(1) 权责法定。权责法定要求:行政机关的职能、权限、责任、程序等都必须由法律法规予以明确规定。权责法定是实现依法行政的基本前提,也是消除腐败的基本制度设计之一。按照全面推进依法行政的要求,要完善行政组织和行政程序法律制度,推进机构、职能、权限、程序、责任法定化,推行政府权力清单制度,推进各级政府事权的规范化、法律化,努力消除权力设租、寻租空间。

(2) 依法律授权活动。依法律授权活动要求:行政行为必须在法律法规规定的范围内进行,依照法律法规的明确授权而行;法无授权不可为,行政行为不得超越法律法规所许可的范围、方式和程序等;行政越权行为无效,一切超越法定权限的行为不具有公定力、确定力、拘束力、执行力。《中共中央关于全面推进依法治国若干重大问题的决定》中指出:行政机关不得法外设定权力,没有法律法规依据不得作出减损公民、法人和其他组织合法权益或者增加其义务的决定。

(3) 权责相统一。权责相统一包括两个方面:① 行政权威原则,即要由法律、法规赋予行政机关以明确的职权以及相应的执法手段,保证政令有效;② 行政责任原则,即行政机关违法或者不当行使职权,应当依法承担法律责任。这就是说,行政权力的运用与其法律责任应当相统一,要做到执法有权威、有权必有责、用权受监督、违法受追究、侵权须赔偿。

(二) 行政合理原则

这一原则要求:设立行政主体、确定行政职权、行使行政职权、追究违法行为和实施行政救济等都必须正当、客观、适当、适度等;行政裁量权行使合法合理、不得滥用;行政行为不合理应当受到追究。合理性的标准主要有三个方面:

(1) 公平、正当性,即行政主体的一切行政活动,都要做到:努力符合国家与人民的最大利益和需要;平等对待行政管理相对人,不得偏私和歧视,体现法律平等的原则;遵循相关性原则,只考虑符合立法授权目的的各种因素,不得考虑不相关因素等。

(2) 客观性,即行政活动应当基于现实的社会事实,尽量符合社会发展的客观需要,不能够仅凭主观臆断作出行政决定。

(3) 比例性,这主要有三方面的要求:① 合目的性,即行政机关行使裁量权所采取的具体措施必须符合法律目的;② 适当性,即行政机关所选择的具体措施和手段应当为法律所必需,结果与措施和手段之间存在着正当性;③ 损害最小,即在行政机关为实现某一行政目的所采取的诸方式中,应当采用对当事人权益损害最小的方式,也就是说,行政机关能用损害轻微的方式实现行政目的,就不能选择使用手段更激烈的方式。

按照法治政府建设的要求,国家建立健全行政裁量权基准制度,细化、量化行政裁量标准,规范裁量范围、种类、幅度。从对行政不合理行为的追究来看,我国的行政诉讼法也规定:对于明显不当的行政行为,人民法院可以将其判决撤销或者部分撤销;对于行政处罚明显不当,或者其他行政行为涉及对款额的确定、认定确有错误的,人民法院可以判决变更。

（三）程序正当原则

程序正当是当代行政法的主要原则之一。该原则的要求是多方面的,其中包括:

（1）行政公开原则。行政机关实施行政管理原则上应当公开,应充分保障公民的知情权。《中共中央关于全面推进依法治国若干重大问题的决定》指出:"坚持以公开为常态、不公开为例外原则,推进决策公开、执行公开、管理公开、服务公开、结果公开。各级政府及其工作部门依据权力清单,向社会全面公开政府职能、法律依据、实施主体、职责权限、管理流程、监督方式等事项。"

（2）公众参与原则。行政机关作出重要规定或者决定,应当听取公民、法人和其他组织的意见;特别是在作出对公民、法人和其他组织不利的决定时,要听取他们的陈述和申辩。多部行政法律法规都规定了听证制度、公开征求意见制度,这都体现了行政程序中的参与原则。

（3）回避原则。行政机关工作人员履行职责,与行政管理相对人存在利害关系时,应当回避。

另外,行政机关在程序上还要遵循及时原则、陈述原则、申辩原则、及时救济原则等。

（四）高效便民原则

法治政府建设要求行政执法体制权威高效、便民利民。行政法的高效便民原则要求:

（1）行政效率原则。这要求有关行政机关积极履行法定职责,禁止不作为或者不完全作为,不能超越法定时限或者有不合理延迟。

（2）便利当事人原则。在行政活动中,不得增加当事人的程序负担,努力做到程序便捷。要从便利当事人的角度整合执法力量,推动综合执法。为了实现行政执法的权威高效、便民利民,国家推进综合执法体制改革,要求根据不同层级政府的事权和职能,按照减少层次、整合队伍、提高效率的原则,合理配置执法力量。

（五）诚实守信原则

诚实信用也是法治政府的基本特点和要求之一。政府诚实守信原则要求:

（1）行政信息真实原则。行政机关公布的信息应当全面、准确、真实,行政机关都应当对其真实性承担法律责任。

（2）保护公民信赖利益原则。非因法定事由并经法定程序,行政机关不得撤销、变更已经生效的行政决定;因国家利益、公共利益或者其他法定事由需要撤回或者变更行政决定的,应当依照法定权限和程序进行,并对行政管理相对人因此而受到的财产损失依法予以补偿。

三、行政主体和行政相对人

（一）行政法律关系

行政法律规范在现实社会生活中的落实和展开就形成行政法律关系。行政法律关系

是由行政法律规范所调整的、因行政主体行使行政职权而形成的行政关系,即行政主体与行政主体之间、行政主体与其组成机构及公务员之间、行政主体与行政相对人之间,因行政主体行使行政职权而形成的权利义务关系。任何行政法律关系都由行政法律关系的主体、行政法律关系的客体及行政法律关系的内容三个部分构成。

(二)行政主体

行政主体是指参加行政法律关系,依法拥有行政职权,能以自己的名义独立行使职权,承担法律责任的国家行政机关及其授权的组织。按照行政诉讼法的规定,行政主体还包括依照法律法规授权作出行政行为的组织。

根据行政主体实施行政职权的范围,可将行政主体划分为两类,即外部行政主体和内部行政主体。外部行政主体依法对本行政主体之外的行政相对人实施行政管理权。内部行政主体依法对本行政主体的组成机构、公务员或其下属的其他行政主体实施行政管理权。

在我国,外部行政主体可以分为如下几种:国务院、国务院各部委、国务院各直属机构、国务院各部委管理的国家局、地方各级人民政府、地方各级人民政府的职能部门、地方各级人民政府的派出机关、被授权的社会组织等。内部行政主体主要有:行政机关、内部领导机构、办公机构、内部事务管理机构等。

(三)行政相对人

行政相对人是在行政法律关系中与行政主体相对应,处于被管理和被支配地位的机关、组织或个人。在我国,行政相对人主要有以下几种:公民、法人、不具有法人资格的其他组织、外国组织和个人等。

第二节　国家行政机关与国家公务员

引例:国务院严肃处理青岛"11.22"中石化东黄输油管道泄漏爆炸特别重大事故

基本案情:2013年11月22日10时25分,位于山东省青岛经济技术开发区的中石化股份有限公司管道储运分公司东黄输油管道原油泄漏发生爆炸,造成62人死亡、136人受伤,直接经济损失7.5亿元。经调查认定,事故发生的直接原因是:输油管道与排水暗渠交汇处管道腐蚀减薄、管道破裂、原油泄漏,流入排水暗渠及反冲到路面。原油泄漏后,现场处置人员采用液压破碎锤在暗渠盖板上打孔破碎,产生撞击火花,引发暗渠内油气爆炸。管理上的原因是:中石化集团公司及下属企业安全生产主体责任不落实,隐患排查治理不彻底,现场应急处置措施不当。山东省、青岛市、青岛经济技术开发区及相关部门组织开展安全生产大检查不深入不细致,管道保护、规划、市政、安监等部门履行职责不力,事故风险研判失误。

根据调查事实和有关法规规定,对中石化管道分公司运销处处长裴冬平、安全环保监察处处长廖达伟、潍坊输油处处长兼副书记靳春义,青岛市黄岛区委办、经济技术开发区工委管委办公室副主任兼应急办主任汪啸,青岛经济技术开发区安监局副局长李宝三、石化区分局局长任献文等15人移交司法机关处理。给予党纪、政纪处分48人。其中,给予中石化集团公司董事长、中石化股份公司董事长傅成玉行政记过处分,中石化集团公司总经理、中石化股份公司副董事长王天普行政记大过处分,中石化集团公司副总经理、中石化股份公司总裁李春光行政记大过、党内严重警告处分,中石化股份公司副总裁、安全总监王永健行政记大过处分、免职;给予中石化管道分公司党委书记田以民撤销党内职务处分,党委常委、总经理钱建华行政撤职、撤销党内职务处分;给予青岛市委副书记、市长张新起(副省级)行政警告处分,市委常委、副市长牛俊宪行政记大过处分,市委常委、开发区工委书记张大勇党内严重警告处分、免职,开发区工委副书记、管委会主任孙恒勤行政撤职、撤销党内职务处分,开发区安监局局长薛凌行政撤职、留党察看两年处分,开发区行政执法局(市政公用局)副局长马启杰行政降级、党内严重警告处分;给予黄岛区薛家岛街道工委书记薛仁龙(2007年1月至2012年2月任青岛市规划局黄岛分局局长)党内警告处分;给予山东省油区工作办公室主任杨希珍行政记过处分。

法律分析:青岛"11·22"爆炸事故是一起十分严重的责任事故,主要在于政府及相关部门履职不到位、企业安全生产主体责任不落实、对隐患排查治理不认真、政府监管缺失、应急处置不力等。对相关责任单位和责任人,尤其是国家公务人员依照《刑法》《公务员法》《行政机关公务员处分条例》等法律法规作出处理符合全面依法治国的基本要求。

一、行政组织法概述

行政组织法是行政法的基本制度,主要包括行政组织和公务员问题。行政组织是指以实现国家行政职能为目的,以行政职位为基本构成单位的组织。行政组织的典型和主要形态是国家行政机关。

行政组织法是关于行政组织的职能和权限、设置权和编制权、公务员录用权和管理权的法律制度,可以分为行政组织(国家行政机关和非政府公共组织)和公务员两大部分。

行政组织法的基本原则是:第一,民主集中制原则。这是处理行政机关与其他国家机关、各行政机关之间以及行政机关与公务员相互关系的根本准则。第二,中央与地方行政机关的职权划分,遵循在中央的统一领导下,充分发挥地方的主动性、积极性原则。第三,实行精简的原则。

行政组织法的基本制度是:行政首长负责制、行政机关和政府组成人员任期制、民族区域自治制度以及公务员制度等。

二、国家行政机关

(一) 国家行政机关的概念及结构

国家行政机关是指按照宪法和有关组织法的规定而设立的,依法行使国家行政职权、对国家各项行政事务进行组织和管理的国家机关。它是国家权力机关的执行机关,是行政法律关系的主体之一。

在我国,国家行政机关体系的基本结构是:中央政府一级的机关有国务院、国务院各部委、国务院的直属机构、国务院各部委管理的国家局等。地方政府一级的行政机关有:各省、自治区、直辖市的人民政府,市(设区的市)、自治州的人民政府,县级市、县、自治县的人民政府,乡、民族乡、镇的人民政府;地方各级人民政府的职能部门;地方各级人民政府的派出机关,如行政公署、区公所、街道办事处等。地方各级人民政府是同级人民代表大会的执行机构,受上级人民政府和国务院领导。

(二)国家行政机关的职权和职责

1. 行政职权

行政职权是国家行政权的具体化,是由各个具体行政主体所享有和行使的国家行政权。按照行政职权的内容,可将其划分为行政规范制定权(亦称"行政立法权")、行政决定权、行政命令权、行政措施实施权、行政确认权、行政监督权、行政制裁权和行政救济权等。

从国家行政机关体系的整体来看,恰当分配行政职权所应遵循的原则是:提高行政权的运作效率;分工明确,责任和权限清晰;避免职权的交叉或疏漏;发挥中央和地方、上级和下级双方的积极性;职权与职责相对应等。党的十七大明确提出,健全政府职责体系,完善公共服务体系,推行电子政务,强化社会管理和公共服务。

2. 行政职责

行政职责是国家行政机关在行使职权的过程中必须承担的义务。它是由国家法律、法规规定的,行政主体不可推卸。可把行政机关的职责概括为以下几个方面:忠实履行职责,不得失职;严格遵守权限,不得越权;符合法定目的,不得滥用职权;严格遵守程序,不得随意行政;遵循合理原则,避免不当行政;自觉接受监督,提高行政公开性;减少和规范行政审批,减少政府对微观经济运行的干预;减少行政层次,降低行政成本,着力解决机构重叠、职责交叉、政出多门问题;等等。

三、国家公务员

我国于 1993 年制定了《国家公务员暂行条例》。2005 年 4 月 27 日第十届全国人民代表大会常务委员会第十五次会议通过了第一部《中华人民共和国公务员法》,于 2006 年1 月 1 日起实施。

(一)国家公务员的概念

在我国,国家公务员是指依法履行公职,纳入国家行政编制,由国家财政负担工资、福利的工作人员。国家公务员依法行使国家行政权力、执行国家公务,是国家行政管理的具体实施者和承担者。

(二)国家公务员的分类

国家实行公务员职位分类制度。按照公务员职位的性质、特点和管理需要,公务员职位被划分为综合管理类、专业技术类和行政执法类等类别。

公务员职务分为领导职务和非领导职务。领导职务层次分为:国家级正职、国家级副职、省部级正职、省部级副职、厅局级正职、厅局级副职、县处级正职、县处级副职、乡科级正职、乡科级副职。他们可以通过被选举或被任命而成为政府组成人员。这类公务员实行任期制,如总理每届任期5年,连选连任不得超过两届等。

非领导职务层次在厅局级以下设置,分为:巡视员、副巡视员、调研员、副调研员、主任科员、副主任科员、科员、办事员。他们是公务员的主体,在国家行政机关中占绝大多数。这类公务员主要通过考试录用产生,也有部分通过调任产生。

(三) 国家公务员的义务和权利

公务员的义务和权利是基于公务员的身份而产生的。无论公务员的职务高低,其基本义务和权利都是相同的。

根据国家公务员法的规定,公务员应当履行下列义务:模范遵守宪法和法律;按照规定的权限和程序认真履行职责,努力提高工作效率;全心全意为人民服务,接受人民监督;维护国家的安全、荣誉和利益;忠于职守,勤勉尽责,服从和执行上级依法作出的决定和命令;保守国家秘密和工作秘密;遵守纪律,恪守职业道德,模范遵守社会公德;清正廉洁,公道正派;法律规定的其他义务。

同时国家公务员法规定,公务员享有下列权利:获得履行职责应当具有的工作条件;非因法定事由、非经法定程序,不被免职、降职、辞退或者处分;获得工资报酬,享受福利、保险待遇;参加培训;对机关工作和领导人员提出批评、建议;提出申诉和控告;申请辞职等。

(四) 公务员录用和奖惩制度

1. 录用

录用是指国家行政机关通过公开考试、严格考核的办法,按照德才兼备的标准,择优录用担任非领导职务公务员的制度。报考公务员的人员应当具备国家规定的资格条件。录用公务员有严格的法定程序,如发布招考公告、资格审查、公开考试、考核、审批等。

2. 考核

考核是行政机关按照管理权限,对公务员的德、能、勤、绩的全面评价。对公务员的考核分为平时考核和定期考核。平时考核是定期考核的基础,而定期考核则是对公务员奖惩、培训、辞退以及调整职务、级别和工资的依据。考核应坚持客观、公正原则,充分发扬民主,实行领导与群众相结合、平时与定期相结合,全面、客观地评价公务员的工作实绩。对公务员的考核结果分为优秀、称职、基本称职和不称职四个等次。

3. 奖励

奖励是对有显著成绩和贡献以及有其他突出事迹的公务员所给予的精神或物质鼓励。国家法律、法规规定了给予奖励的诸种情形,如忠于职守、积极工作、成绩显著的;在工作中进行发明、创造或者提出合理化建议,为国家取得显著经济效益和社会效益的,等等。奖励分为:嘉奖、记三等功、记二等功、记一等功、授予荣誉称号。对受奖励的公务员

或者公务员集体予以表彰,并给予一次性奖金或者其他待遇。

4. 惩戒

惩戒制度主要有:对有违反公务员纪律,散布有损国家声誉的言论,组织或者参加旨在反对国家的集会、游行、示威等活动;组织或者参加非法组织,组织或者参加罢工;玩忽职守,贻误工作;拒绝执行上级依法作出的决定和命令;贪污、行贿、受贿,利用职务之便为自己或者他人牟取私利;违反财经纪律,浪费国家资财等行为的公务员,行政机关可以给予警告、记过、记大过、降级、撤职、开除处分。

(五)公务员职务升降、交流和回避制度

1. 职务晋升

公务员职务晋升必须坚持德才兼备、任人唯贤原则,注重工作实绩。被晋升人员应当具备拟任职务所要求的资格条件,其中拟晋升上一级领导职务的,一般应当具有在下一级两个以上职位任职的经历。职务晋升要遵守法定程序:晋升一般按照职务序列逐级晋升,但个别德才表现和工作实绩特别突出的可以越一级晋升。

2. 降职

降职是将公务员的职务由高职务降为低职务。一般降职的原因有二:一是公务员在定期考核中被确定为不称职;二是不胜任现职,又不宜转任同级其他职务。

3. 交流

在我国,公务员的交流有调任、转任和挂职锻炼三种形式。调任,是指行政机关以外的工作人员调入国家行政机关担任领导职务或者助理调研员以上非领导职务,以及国家公务员调出国家行政机关任职。转任,是指公务员因工作需要或者其他正当理由在行政机关内部的平级调动。转任的公务员必须符合担任职务规定的条件要求,经考核合格,方能转任。挂职锻炼,是指行政机关有计划地选派在职公务员在一定时间内到基层机关或者企业、事业单位担任一定职务,接受锻炼的制度。

4. 回避

公务员的回避有三种:任职回避、公务回避和地域回避。

任职回避是对于相互间有法定亲属关系的公务员在任职时所作的限制。这种回避中应回避的亲属关系包括:夫妻关系、直系血亲关系、三代以内旁系血亲以及近姻亲关系。所应进行任职回避的情形包括:在同一机关担任双方直接隶属于同一行政首长的职务的;在同一机关担任有直接上下级领导关系的职务的;在其中一方担任领导职务的机关从事监察、审计、人事、财务工作的。

公务回避是指公务员在执行公务时因出现法定情形而实行的回避。这些法定情形包括:所处理公务涉及本人的利害关系;所处理公务涉及与本人有夫妻关系、直系血亲关系、三代以内旁系血亲及近姻亲关系人员的利害关系。

地域回避是对特定公务员在任职时所作的地域限制。根据规定,公务员担任乡级机关、县级机关、设区的市级机关及其有关部门重要领导职务的,一般不得在原籍任职。但是,民族区域自治地方人民政府的公务员除外。

(六) 公务员辞职、辞退和退休制度

1. 辞职

辞职是公务员依法自愿辞去职务的行为。公务员辞职,应当向任免机关提出书面申请,任免机关应当在 30 日内予以审批,未经审批,公务员不得擅自离职,否则,将予以开除处分。下列公务员不得辞职:不满最低服务年限的;在涉及国家安全、重要机密等特殊职位上任职的公务员,离开上述职位不满国家规定的"脱密"期限的;正在接受审计、纪律审查,或者涉嫌犯罪,司法程序尚未终结的公务员。

领导成员因工作严重失误、失职造成重大损失或者恶劣社会影响的,或者对重大事故负有领导责任的,应当引咎辞去领导职务。领导成员应当引咎辞职或者因其他原因不再适合担任现任领导职务,本人不提出辞职的,应当责令其辞去领导职务。公务员辞职后的 2 年内到与原机关有隶属关系的企业或者营利性的事业单位任职,须经原任免机关批准。

2. 辞退

辞退是行政机关依照法定程序和法定事由辞去公务员的行为。公务员有以下情形的,应予以辞退:在年度考核中,连续两年被确定为不称职的;不胜任现职工作,又不接受其他安排的;因单位调整、撤销、合并或者缩减编制、员额需要调整工作,本人拒绝合理安排的;旷工或者无正当理由逾期不归连续超过 15 天,或者一年内累计超过 30 天的;不履行公务员义务,不遵守公务员纪律,又不宜给予开除处分的。辞退公务员,要由该公务员所在机关提出建议,按管理权限报任免机关审批,并以书面形式通知本人。被辞退的公务员,可以领取辞退费或者根据国家有关规定享受失业保险。

3. 退休

公务员的退休有两种情形:法定退休和自愿退休。法定退休条件有两项,满足其中一项即应退休:男年满 60 周岁,女年满 55 周岁;完全丧失工作能力。自愿退休由本人提出申请,经任免机关批准,可以提前退休,条件是:工作年限满 30 年的;距国家规定的退休年龄不足 5 年,且工作年限满 20 年的。

第三节　行政行为

引例:程某某诉上海市松江区某执法大队行政强制纠纷案

基本案情:原告程某某为牌号沪 C49968 五菱小客车的车辆所有人。2008 年 6 月 11 日 22 时许,原告程某某驾驶该五菱小客车,载客三人,由松江区革砖公路、沪松公路口开往松江区荣乐东路 605 号,谈妥车费 25 元。在营运过程中被上海市松江区某执法大队(简称"执法大队")查获,执法大队经过检查,发现该车无营运证,涉嫌非法营运,原告对此也予以承认,执法大队遂作出暂扣车辆的决定,并出具了《暂扣、扣押物品凭证》及《处理告

知书》。同月13日,原告在执法大队处接受处理时,亲笔书写了《承诺书》,表示:"经过教育我认识到自己非法营运的行为。我今后保证不再做了,如果以后再被查到,将接受从重处罚。"但嗣后原告不服,诉至人民法院。

原告程某某诉称,2008年6月11日22时许,执法大队以原告非法营运为由,无故扣押原告车辆,并开具《暂扣、扣押物品凭证》。原告认为执法大队的行为系无中生有,损害了原告的合法权益。因此请求法院:① 依法判令撤销被告执法大队暂扣原告的沪C49968五菱小客车的行政强制措施;② 依法判令被告执法大队赔偿原告经济损失7000元;③ 本案诉讼费由被告执法大队承担。

被告上海市松江区某执法大队辩称,事发当时原告程某某驾驶牌号为沪C49968的五菱小客车,载客三人,由苇砖公路、沪松公路口开往松江区荣乐东路605号,谈妥车费25元,该车无营运证,涉嫌非法营运,原告对此也作了承认。被告执法大队的行政行为认定事实清楚,证据确凿,适用法律正确,程序合法,请求维持被告执法大队的具体行政行为。

法院经审理认为,原告程某某驾驶牌号沪C49968五菱小客车进行非法营运的事实清楚,原告对此也作了承认,并亲笔书写了《承诺书》,被告执法大队对原告非法营运的行为尚在处理过程中,对原告车辆不解除扣押并无不当。被告的行政行为认定事实清楚,证据确凿,适用法律正确,且程序合法。据此,法院依据《中华人民共和国行政诉讼法》第五十四条第一项,判决如下:

一、维持被告上海市松江区某执法大队暂扣原告程某某沪C49968五菱小客车的具体行政行为;

二、驳回原告程某某要求被告上海市松江区某执法大队赔偿其经济损失7000元的诉讼请求。

法律分析:执法大队对程某某的非法营运行为进行查处是典型的行政行为,执法大队是能以自己的名义实施行政行为、独立承担相应法律责任的行政主体。执法大队暂扣程某某的小客车的行为是行政强制措施,认定事实清楚,证据确凿,运用法律正确,且程序合法,理应得到法院支持。

一、行政行为的概念和特征

行政行为是行政主体在其职权范围内依法对行政相对人实施的具有法律效力的行为。行政行为不同于行政机关的内部行为,也不同于国家的政治行为。

行政行为的基本特征有:

1. 基于法律的国家强制性

行政行为是执行宪法和法律的行为。任何行政行为都必须有法律根据。依法行政是现代民主和法治的基本要求。依法作出的行政行为因其法律根据而具有国家强制性。行政行为由国家强制力来保障其实施。这种国家强制力也是行政权的基本属性。

2. 法律许可范围内的自由裁量性

由于立法技术的局限性和现代国家行政管理的专业性、技术性、复杂性及多变性等特点,立法机关在立法时总是给行政主体留下相当广泛的裁量余地,以确保行政主体有效地实施国家行政管理,更好地保护国家和社会的公共利益。行政机关应当在法律许可的范围内,积极、灵活地执行和适用法律,发挥自己的能动性,以提高行政效率和效益。

3. 单方意志性

行政主体实施行政行为,只要是在法律、法规授权范围之内,就无须与行政相对人协商,不必征得行政相对人的同意,而是根据法律规定的标准和条件,自行决定是否作出某种行为,并可以直接实施该行为。

4. 效力先定性

行政行为一经作出,在没有被有权机关宣布撤销或变更之前,对行政主体和行政相对人以及其他国家机关都具有拘束力,任何团体和个人都必须遵守、服从。要否定行政行为的效力,需要经过有权机关依职权和法定程序审查决定。

5. 无偿性

行政行为以无偿为原则,以有偿为例外。行政主体所追求的是国家和社会公共利益,其对公共利益的维护和分配,应当都是无偿的。行政相对人无偿地分担了公共负担(如纳税),因而行政主体行使公共权力、履行法定的职责、为相对人提供公共服务,一般应是无偿的,行政相对人应无偿地享受服务。当然,当特定行政相对人承担了特别公共负担或分享了特殊公共利益时,应是有偿的。

关于具体行政行为和抽象行政行为的说明:

2014年修改之前的《中华人民共和国行政诉讼法》(以下简称《行政诉讼法》)中广泛使用具体行政行为的概念,2014年修法后,用"行政行为"的概念取代了"具体行政行为"的概念。

抽象行政行为的概念是相对于"具体行政行为"而言的。抽象行政行为,是指行政主体针对不特定对象制定规则的活动。它主要指行政立法行为和制定其他行政规范性文件的行为。《行政诉讼法》第五十三条规定:公民、法人或者其他组织认为行政行为所依据的国务院部门和地方人民政府及其部门制定的规范性文件不合法,在对行政行为提起诉讼时,可以一并请求对该规范性文件进行审查。

该法第六十四条又规定:人民法院在审理行政案件中,经审查认为本法第五十三条规定的规范性文件不合法的,不作为认定行政行为合法的依据,并向制定机关提出处理建议。

二、行政行为的分类

依据不同的标准,可以对行政行为予以不同的分类。这里依据行政行为的内容把行政行为分为如下几个方面:

(一) 行政许可

行政许可,是指行政主体根据行政相对人的申请,通过颁发许可证或执照的形式,依法赋予特定行政相对人从事某种活动或实施某种行为的权利和资格的行政行为。

（二）行政征收

行政征收，是指行政主体凭借国家行政权，依法向行政相对人强制、无偿地征集一定数额金钱或实物的行政行为。行政征收要严格依照法定程序。

我国目前的行政征收方式主要有税收和社会费用。① 税收。税收是国家税收机关凭借其行政权力，依法强制、无偿地取得财政收入的一种手段。税收只能由税务机关和海关负责征收。② 社会费用。社会费用是一定行政机关凭借国家行政权所确立的地位，为行政相对人提供一定的公益服务，或授予国家资源和资金的使用权而收取的对价。

（三）行政确认

行政确认，是指行政主体依法对行政相对人的法律地位、法律关系或有关法律事实进行甄别，给予确定、认定、证明并予以宣告的行政行为。行政确认的形式主要有确定、认定（认证）、证明、登记、批准、鉴证、鉴定等。

行政确认的内容可分为两个方面：① 确认法律事实，如技术鉴定（计算鉴定、医疗事故鉴定、交通责任事故鉴定、产品质量鉴定等）、卫生检疫、抚恤性质和等级的鉴定、公证等；② 确认法律关系，如不动产所有权的确认、不动产使用权的确认、专利权的确认等。

（四）行政强制

行政强制，是指行政主体为实现行政目的，对行政相对人的财产、身体及自由等予以强制而采取的措施。行政强制主要包括行政强制措施和行政强制执行。

（五）行政处罚

行政处罚，是指行政主体依法对行政相对人违反行政法律规范、尚未构成犯罪的行为，以减损权益或者增加义务的方式予以惩戒的行为。

（六）行政给付

行政给付，是指行政主体在公民年老、疾病、丧失劳动力的情况下，以及公民下岗失业、低收入、遭受天灾人祸等特殊情况下，依申请人申请，依照法律规定，赋予其一定物质权益的行政行为。诸如发放抚恤金、特定人员离退休金、社会救济金、社会福利金、自然灾害救济金及救济物资等，都属于行政给付。

（七）行政指导

行政指导，是指行政主体依法作出的，旨在引导行政相对人自愿采取一定作为或不作为，以实现行政管理目的的一种非职权行为。行政指导的内容包括：说服、建议、协商、奖励、帮助等。行政指导要遵循相应的法律程序。

（八）行政合同

行政合同，是指行政主体以实施行政管理为目的，与行政相对人就有关事项经协商一致而达成的协议。缔结和履行行政合同,要遵循公开竞争、全面履行、公益优先等原则。

(九) 行政裁决

行政裁决,是指行政机关依照法律授权,对于当事人之间发生的、与行政管理密切相关的民事纠纷予以审查并作出裁决的行政行为。

行政裁决的种类有:权属纠纷的裁决,如对土地所有权或使用权纠纷的裁决;侵权纠纷的裁决,如对商标权、专利权纠纷的裁决;损害赔偿纠纷的裁决,如对食品卫生、药品管理、环境保护、医疗卫生、产品质量、社会福利等方面纠纷的裁决。

此外,行政行为还包括行政征用、行政委托、行政调解等。

三、行政行为的法律效力

行政行为的法律效力,大致有以下几个方面:

(1) 拘束力。这是指行政行为具有法律规定的或行政机关所决定的法律效果,行政机关和行政相对人都必须尊重并遵守之。行政机关有执行所作出行政行为的义务;行政相对人也必须履行行政行为所规定的义务,而不能以这样或那样的借口予以推诿、拖延。

(2) 公定力。这是指行政行为即使被认为是违法的,在有权机关予以撤销或变更之前,行政相对人及其他人都不能以任何借口否认其存在,都必须姑且视其具有行政行为的效力。也就是说,只要行政相对人没有向复议机关申请复议,由有权行政机关作出撤销或变更行政行为的决定或确认该行为违法,也没有向法院提起诉讼,由法院作出撤销判决或部分撤销判决,那么行政行为即使违法,在事实上也依然具有效力。

(3) 执行力。这是指行政行为生效后,行政主体有权采取一定手段,使行政行为的内容得以实现的效力。当行政相对人不履行其应该履行的法定义务时,行政机关可依法强制其实现该义务的履行。这种行政强制执行是行政机关依职权行使行政权力的一种形式,不需要事先得到法院的判决。

根据《行政诉讼法》和《中华人民共和国行政复议法》(以下简称《行政复议法》),判断行政行为合法性的基本标准是:① 行使行政职权的主体合法;② 合乎法定职权范围;③ 作出行政行为的证据确凿;④ 适用法律法规正确;⑤ 符合法定程序;⑥ 无滥用职权。

下面简要介绍几种重要的行政行为以及相应的行政程序。

四、行政许可

行政许可是行政机关依法对社会、经济事务实行事前监督管理的一种重要手段。行政许可法对于促进行政审批制度改革、进一步推进行政管理体制改革、从源头上预防和治理腐败,具有重要意义。行政许可制度虽有其不可或缺的积极作用,但行政许可不当也有其消极作用,如可能抑制竞争,降低行政效率和行政效益,滋生行政腐败,助长权钱交易等,因而,必须对行政许可予以严格法律规制。2003 年 8 月 27 日第十届全国人民代表大会常务委员会第四次会议通过《中华人民共和国行政许可法》(以下简称《行政许可法》)。该法于 2004 年 7 月 1 日起开始实施。

（一）行政许可法的调整范围

该法所要规范的行政许可,是指行政机关根据自然人、法人或者其他组织提出的申请,经依法审查,准予其从事特定活动、认可其资格、资质或者确立其特定主体资格、特定身份的行为。有关行政机关对其他机关或者机关内部人事、财务、外事等事项的审批(属于行政机关内部行为),以及经登记确认特定民事权利义务关系、特定事实,分别依照有关法律、法规的规定办理,不适用该法。

（二）行政许可的设定权

设定行政许可,应当遵循经济和社会发展规律,有利于发挥公民、法人或者其他组织的积极性、主动性,维护公共利益和社会秩序,促进经济、社会和生态环境协调发展。《行政许可法》对行政许可设定权的规定是:

第一,法律可以设定行政许可。

第二,尚未制定法律的,行政法规可以设定行政许可。必要时,国务院可以采用发布决定的方式设定行政许可。

第三,尚未制定法律、行政法规的,地方性法规可以设定行政许可。

第四,尚未制定法律、行政法规和地方性法规的,因行政管理的需要,确需立即实施行政许可的,省、自治区、直辖市人民政府规章可以设定临时性的行政许可。

（三）设定行政许可的事项

按照《行政许可法》的规定,下列事项可以设定行政许可:

第一,直接涉及国家安全、公共安全、经济宏观调控、生态环境保护以及直接关系人身健康、生命财产安全等特定活动,需要按照法定条件予以批准的事项;

第二,有限自然资源开发利用、公共资源配置以及直接关系公共利益的特定行业的市场准入等,需要赋予特定权利的事项;

第三,提供公众服务并且直接关系公共利益的职业、行业,需要确定具备特殊信誉、特殊条件或者特殊技能等资格、资质的事项;

第四,直接关系公共安全、人身健康、生命财产安全的重要设备、设施、产品、物品,需要按照技术标准、技术规范,通过检验、检测、检疫等方式进行审定的事项;

第五,企业或者其他组织的设立等,需要确定主体资格的事项;

第六,法律、行政法规规定可以设定行政许可的其他事项。

以上所列事项,通过下列方式能够予以规范的,可以不设行政许可:公民、法人或者其他组织能够自主决定的;市场竞争机制能够有效调节的;行业组织或者中介机构能够自律管理的;行政机关采用事后监督等其他行政管理方式能够解决的。

（四）行政许可程序

行政许可程序主要有以下几个步骤:

(1)申请与受理。按照相应的程序申请许可,需要填写书面申请书。符合基本申请条件的,行政机关应当予以受理。

(2) 审查与决定。行政机关对行政许可申请进行审查后,除当场作出行政许可决定的外,应当在法定期限内按照规定程序作出行政许可决定。

(3) 期限。除可以当场作出行政许可决定的外,行政机关应当自受理行政许可申请之日起 20 日内作出行政许可决定。

(4) 听证。法律、法规、规章规定实施行政许可应当听证的事项,或者行政机关认为需要听证的其他涉及公共利益的重大行政许可事项,行政机关应当向社会公告,并举行听证。

(5) 变更与延续。被许可人要求变更行政许可事项的,应当向作出行政许可决定的行政机关提出申请;符合法定条件、标准的,行政机关应当依法办理变更手续。行政机关应当根据被许可人的申请,在该行政许可有效期届满前作出是否准予延续的决定;逾期未作决定的,视为准予延续。

五、行政处罚

行政主体为了维护公共利益和社会秩序,保护公民、法人和其他组织的合法权益,对于违反行政管理秩序的行为,可依法给予行政处罚。1996 年 3 月 17 日第八届全国人民代表大会第四次会议通过了《中华人民共和国行政处罚法》(以下简称《行政处罚法》),2021 年 1 月 22 日第十三届全国人民代表大会常务委员会第二十五次会议进行了大修,于 2021 年 7 月 15 日起施行。

(一) 行政处罚的含义

行政处罚是指行政机关依法对违反行政管理秩序的公民、法人或者其他组织,以减损权益或者增加义务的方式予以惩戒的行为。

行政处罚的基本特征是:行政处罚是国家行政机关行使国家惩罚权的活动;行政处罚是处理公民、法人或其他组织违法行为的管理活动,不同于行政机关对行政机关工作人员的行政处分;行政处罚是维护国家行政管理秩序的行政行为,不同于惩罚犯罪的刑罚。

(二) 行政处罚的种类

行政处罚的种类有:① 申诫罚:警告、通报批评;② 财产罚:罚款、没收违法所得、没收非法财物;③ 资格(质)罚:暂扣许可证件、降低资质等级、吊销许可证件;④ 行为罚:限制开展生产经营活动、责令停产停业、责令关闭、限制从业;⑤ 人身自由罚:行政拘留;⑥ 法律、行政法规规定的其他行政处罚。

行政处罚直接关系到行政相对人的人身自由、生产经营和财产权益,因此,设定行政处罚,必须严格按法律规定或基于法律的授权进行。《行政处罚法》规定:法律可以设定各种行政处罚;限制人身自由的行政处罚,只能由法律规定;行政法规可以设定除限制人身自由以外的行政处罚;地方性法规可以设定除限制人身自由、吊销营业执照以外的行政处罚;国务院部门规章可以在法律、行政法规规定的给予行政处罚的行为、种类和幅度的范围内作出具体规定,尚未制定法律、行政法规的,国务院部门规章对违反行政管理秩序的

行为,可以设定警告、通报批评或者一定数额罚款的行政处罚,罚款的限额由国务院规定;地方政府规章可以在法律、法规规定的给予行政处罚的行为、种类和幅度的范围内作出具体规定,尚未制定法律、法规的,地方政府规章对违反行政管理秩序的行为,可以设定警告、通报批评或者一定数额罚款的行政处罚。罚款的限额由省、自治区、直辖市人民代表大会常务委员会规定。此外,非法律、法规、规章不得设定行政处罚。

(三) 行政处罚的实施机关及管辖

行政处罚由具有行政处罚权的行政机关在法定职权范围内实施,行政处罚由违法行为发生地的县级以上地方人民政府具有行政处罚权的行政机关管辖,法律、行政法规另有规定的除外。

行政处罚的管辖原则有层级管辖、共同管辖和指定管辖。所谓层级管辖,《行政处罚法》规定,行政处罚由违法行为发生地的县级以上地方人民政府具有行政处罚权的行政机关管辖。省、自治区、直辖市根据当地实际情况,可以决定将基层管理迫切需要的县级人民政府部门的行政处罚权交由能够有效承接的乡镇人民政府、街道办事处行使,并定期组织评估。共同管辖是指两个或两个以上行政主体对同一违法行为均享有行政处罚权。两个或两个以上行政机关都有管辖权的,由最先立案的行政机关管辖;对管辖发生争议的,应当协商解决,协商不成的,报请共同的上一级行政机关指定管辖;也可以直接由共同的上一级行政机关指定管辖。

(四) 行政处罚的程序

行政处罚的程序由决定程序与执行程序两部分组成,其中,决定程序是整个行政处罚程序的关键环节。决定程序的形式主要包括:

1. 简易程序

简易程序,也称当场处罚程序,是指国家行政机关或法律、法规授权的组织对于符合法定条件的行政处罚事项当场作出行政处罚决定的处罚程序。一般适用于违法事实确凿、有法定依据、给予较少数额罚款(对公民处以二百元以下、对法人或者其他组织处以三千元以下)或警告的行政处罚。

2. 一般程序

一般程序,即普通程序,是除法律特别规定应当适用简易程序和听证程序以外,行政处罚通常应适用的程序。

3. 听证程序

行政法上的听证,是指行政机关为了合理、有效地制作、实施行政决定,公开举行由全部利害关系人参加的听证会。对听证程序的规定,是我国《行政处罚法》的一个进步。行政机关在作出较大数额罚款、没收较大数额违法所得、没收较大价值非法财物、降低资质等级、吊销许可证件、责令停产停业、责令关闭、限制从业、其他较重的行政处罚等行政处罚决定之前,应当告知当事人有要求举行听证的权利。当事人要求听证的,行政机关应当组织听证。

治安管理处罚

六、行政强制

行政强制权是行政机关的一项重要权力。行政强制权既涉及行政管理效率,又涉及对公民人身权、财产权的限制。行政强制制度主要包括行政强制措施和行政强制执行。2011 年 6 月 30 日,第十一届全国人民代表大会常务委员会第二十一次会议通过了《中华人民共和国行政强制法》,于 2012 年 1 月 1 日起施行。行政强制法律制度对于保障和监督行政机关严格依法行政,维护公共利益和社会秩序,保护公民、法人和其他组织的合法权益具有重要意义。

(一) 行政强制法的基本原则

1. 行政强制法定原则

这是指行政强制的设定和实施,应当依照法定的权限范围、条件和程序。行政机关实施强制的一切行为,都应当有法律根据。

2. 行政强制适当原则

行政强制的设定和实施,应当适当,体现比例原则。具体而言,这要求:① 在采取非行政强制措施能实现行政目的时,应当采取非行政强制措施;② 采取行政强制手段为实现行政目的所必需;③ 在能达到行政目的的前提下,应当采取对当事人损害最小的措施,比如,选择行政强制执行手段时要适当。要优先适用代履行、执行罚等间接强制,间接强制无法实现行政目的的,才适用直接强制执行。

3. 教育与强制相结合原则

行政强制实施过程中,应当充分发挥教育的功能,促使相对人主动履行法律义务。如违法行为轻微或者没有明显社会危害,可以不采取行政强制措施;又如,作出行政强制执行决定前,应当"催告"等,都体现了该原则。

4. 禁止谋私利原则

行政机关及其工作人员不得利用行政强制权为单位或者个人谋取利益。

5. 权利救济原则

公民、法人或者其他组织对于行政机关实施的行政强制,享有陈述权、申辩权;有权依法申请行政复议或者提起行政诉讼;因行政机关违法实施行政强制受到损害的,有权依法要求赔偿。公民、法人或者其他组织因法院在强制执行中有违法行为或者扩大强制执行范围而受到损害的,有权依法要求赔偿。

(二) 行政强制措施

1. 行政强制措施的概念

行政强制措施是指行政机关在行政管理过程中,为制止违法行为、防止证据毁损、避免危害发生、控制危险扩大等情形,依法对公民的人身自由实施暂时性限制,或者对公民、法人或者其他组织的财物实施暂时性控制的行为。其特点是:① 行政强制措施是临时性

的行政行为。如扣押财物,期限不得超过 30 日;情况复杂的,经行政机关负责人批准,可以延长 30 日,法律、行政法规对期限另有规定的除外。② 行政强制措施是保障确定义务的行政决定作出的行政行为,比如,它为了保证行政处罚决定公正作出。

2. 行政强制措施的种类

我国行政强制措施有以下几种:

(1)限制公民人身自由。如盘问、留置、约束、立即拘留、拘留审查、强制带离现场、强制戒毒、收容教育等。这种限制人身自由的行政强制与行政处罚、刑事强制措施不同,实施的机构也多种多样,如戒严实施机关、公安机关、公安交通管理部门、海关、军事设施管理单位。

(2)查封场所、设施或者财物,如封存、加封、暂时性封存、先行登记保存等。目的是为查处违法行为固定证据。

(3)扣押财物,冻结存款、汇款。

(4)其他行政强制措施。

3. 行政强制措施的设定

(1)通过法律设定行政强制措施。第一,法律可以设定各种行政强制措施。第二,限制人身自由、冻结存款和汇款以及涉及公民住宅和通信自由的行政强制措施,只能由法律设定。第三,法律对行政强制措施的对象、条件、种类作了规定的,行政法规、地方性法规不得作出扩大规定。第四,法律中未设定行政强制措施的,行政法规、地方性法规不得设定行政强制措施。

(2)通过行政法规设定行政强制措施。尚未制定法律,而且属于国务院行政管理职权事项的,行政法规可以设定查封场所、设施和财物,扣押财物,以及应当由法律规定的限制人身自由、冻结存款/汇款、涉及公民住宅和通信自由以外的其他行政强制措施。

(3)通过地方性法规设定行政强制措施。尚未制定法律、行政法规,且属于地方性事务的,地方性法规可以设定查封场所、设施或者财物,扣押财物的行政强制措施。

(4)法律、法规以外的规范性文件一律不得设定行政强制措施。

4. 行政强制措施的实施程序

行政强制措施的实施程序体现了正当程序原则的要求。其中,一般程序主要包括:

(1)决定主体与执行主体的分离。除情况紧急,需要当场实施行政强制措施,应当在事后 24 小时内向行政机关负责人批准补办手续外,实施行政强制措施必须事先向行政机关负责人书面或者口头报告并经批准。

(2)公开。强制要由两名以上的执法人员实施,并表明身份。

(3)告知。实施行政强制,要说明理由并当场告知当事人,包括实施行政强制措施的理由、依据以及当事人依法享有的权利、救济途径。

(4)听取当事人的申辩和意见。

法律中对限制人身自由、查封、扣押和冻结等还分别作了更详细的规定。

（三）行政强制执行

行政强制执行，是指行政机关或者行政机关申请法院，对于不按时依法履行行政决定的公民、法人或者其他组织，依法强制履行义务的行为。

1. 行政强制执行的种类

行政强制执行的种类大致可以分为直接强制和间接强制。

直接强制包括：

（1）划拨存款、汇款；

（2）拍卖或者依法处理查封、扣押的场所、设施或者财物；

（3）排除妨碍、恢复原状；

（4）其他强制执行方式，如强制停产、强制收购、强制服兵役等。

间接强制包括：

（1）执行罚。这主要是指加处罚款或者滞纳金。执行罚，是指义务人逾期不履行行政法义务，由行政机关迫使义务人缴纳强制金以促使其履行义务的强制执行制度。执行罚主要适用于当事人不履行不作为义务、不可由他人替代的义务，如特定物的给付义务或者与人身有关的义务等。

（2）代履行。代履行，是指义务人逾期不履行行政法义务，由他人代为履行可以达到相同目的的，行政机关可以自己代为履行或者委托第三人代为履行，向义务人征收代履行费用的强制执行制度。代履行主要适用于该行政法义务属于可以由他人代替履行的作为义务，如排除障碍、强制拆除等。

2. 行政强制执行的设定

（1）行政强制执行由法律设定。

（2）法律没有规定行政机关强制执行的，作出行政决定的行政机关应当申请法院强制执行。

（3）起草法律草案、法规草案，拟设定行政强制的，起草单位应当采取听证会、论证会等形式听取意见，并向制定机关说明设定该行政强制的必要性、可能产生的影响以及听取和采纳意见的情况。

3. 行政强制执行的程序

法律中分别规定了行政强制执行的程序。其中，一般程序是：

（1）行政机关作出强制执行决定前，应当事先催告当事人履行义务。

（2）当事人收到催告书后有权进行陈述和申辩。行政机关应当充分听取当事人的意见，对当事人提出的事实、理由和证据，应当进行记录、复核。

（3）经催告，当事人逾期仍不履行行政决定，且无正当理由的，行政机关可以作出强制执行决定。

（4）催告书、行政强制执行决定书应当直接送达当事人。

（5）遇到相应情况时，可以中止执行或者终结执行。

第四节　行政救济

引例:张美华等五人诉天水市公安局麦积分局行政赔偿案

　　基本案情:2006 年 3 月 3 日凌晨 3 时许,刘某路过麦积区桥南伯阳路时,遭到苏福堂、吴利强、佟彬 3 人拦路抢劫。刘某被刺伤后喊叫求救,附近的人先后用手机多次拨打110 报警,110 值班接警人员于 6 时 23 分 35 秒电话指令桥南派出所出警。此时刘某已因流血过多死亡。刘某的近亲属张美华等五人提起行政赔偿诉讼,请求判令麦积公安分局赔偿刘某死亡赔偿金和丧葬费。

　　麦积区人民法院 2010 年 3 月 31 日作出行政赔偿判决:由麦积公安分局按照 2008 年全国在岗职工年平均工资 29229 元 20 倍的 20%,赔偿张美华等五人共计 116916 元;驳回张美华等五人关于生活费的赔偿请求。一审宣判后,原告、被告均不服,向天水中院提出上诉。二审审理期间,双方达成调解协议,天水市公安局麦积分局给张美华等五人支付刘某死亡赔偿金 20 万元,张美华等五人放弃要求支付被抚养人生活费及刘某丧葬费的诉讼请求。

　　法律分析:这是一起因公安机关不积极履行法定职责(没有及时出警)引发的行政赔偿案件。案件的审理不仅符合相关的法律规定,也有助于督促公安机关积极主动履行法定职责,维护社会的和谐与稳定。

一、行政责任

(一) 行政责任的概念和特点

　　行政责任是行政主体及其工作人员因违反行政法律规范而依法必须承担的法律责任,它是行政违法及部分行政不当所引起的否定性法律后果。行政责任的基本特点是:

　　1. 行政责任是行政主体的责任

　　行政责任不是行政相对人或其他行政行为主体的责任。行政管理相对人的权利和义务是一般性的,不是行使国家行政权性质的。而行政主体享有的是行政职权,承担的是行政职责,故行政主体对其行政违法及部分行政不当的行为,依法必须承担法律责任。

　　2. 行政责任是行政违法或行政不当所引起的法律后果

　　行政违法和行政不当是行政责任得以形成的前提和根据。行政责任制度的直接目的便是纠正行政违法和行政不当,并补救由此而给行政管理相对人造成的损害,以及督促行政主体及其工作人员依法行政。

　　行政违法,是指行政主体实施的、违反行政法律规范、侵害受法律保护的行政关系,又未构成犯罪的有过错的行为。行政违法可以包括不履行法定职责、超越法定权限、滥用职权、事实依据错误、适用法律法规错误、程序违法和行政侵权等。

行政不当,是指行政主体及其工作人员作出决定虽然合法却不合理、行为内容显失公正的情况。行政不当并不总是引起行政责任,只有某些行政不当才会产生行政责任。

(二) 有权追究行政责任的机关

1. 国家权力机关

行政机关是权力机关的执行机关,权力机关有权监督行政机关的活动,有权通过一定程序追究行政机关的法律责任。国家权力机关追究行政机关行政责任的主要方式是:依法撤销行政机关不适当的决定、命令、法规等。

2. 国家行政机关

行政机关追究行政责任的情形主要有三种:① 行政主体的上级主管机关通过监督和检查,以撤销、改变或责令行政主体撤销、改变作出的决定、命令等形式,追究该主体的行政责任;② 行政复议机关接受复议申请,通过裁决行政争议的方式追究责任;③ 行政主体根据实施违法行政行为的工作人员的主观过错而追究其行政责任。

3. 人民法院

人民法院通过行政诉讼过程可以追究行政机关的行政责任。但人民法院追究行政责任必须以当事人起诉为前提,因而这种追究方式是被动的。人民法院只能追究行政机关的行政责任,不能直接追究行政机关工作人员的行政责任。

4. 监察机关

根据相关法律,监察委员会可以对违法的公职人员依法作出政务处分决定;对履行职责不力、失职失责的领导人员进行问责;向监察对象所在单位提出监察建议等。

(三) 承担行政责任的方式

行政主体承担行政责任的方式主要有:通报批评;赔礼道歉,承认错误;恢复名誉,消除影响;返还权益,恢复原状;停止违法行政行为;撤销违法决定,撤销违法的抽象行政行为;履行职务,纠正行政不当等。

行政主体工作人员承担行政责任的方式主要有:通报批评、赔礼道歉、承认错误、停止违法行为、赔偿损失、行政处分等。

二、行政救济

(一) 行政救济的概念

行政救济是国家为了排除行政行为对公民、法人或其他组织的合法权益造成的侵害而采取的各种事后法律补救手段和措施。这种制度对于及时排除行政不法行为、维护和补救行政相对人的合法权益、监督和保障行政主体行政职权的行使、维护社会的公正与安定、促进民主政治的发展,都有重要的作用。

行政责任

（二）行政救济的种类

行政救济主要包括行政复议、行政诉讼、行政赔偿、行政补偿等,在更广泛的意义上,可以包括请愿、声明异议、申诉、改正错误等。

行政救济的种类

三、行政复议

行政复议,是指公民、法人或其他组织认为行政机关的具体行政行为侵犯其合法权益,按照法定的程序与条件向作出该行政行为的上一级行政机关提出申请,受理该申请的行政机关对该行政行为进行复查,并作出复议决定的活动。《行政复议法》于 1999 年 4 月 29 日第九届全国人民代表大会常务委员会第九次会议通过,自 1999 年 10 月 1 日起施行。2007 年 5 月国务院制定《中华人民共和国行政复议法实施条例》对《行政复议法》的相关规定进行了细化。

（一）行政复议范围

公民、法人或其他组织对行政机关作出的大部分行政行为可以申请复议。行政复议法规定了可申请复议的 11 种行政行为。包括:① 对行政机关作出的警告、罚款、没收违法所得、没收非法财物、责令停产停业、暂扣或者吊销许可证、暂扣或者吊销执照、行政拘留等行政处罚决定不服的;② 对行政机关作出的限制人身自由或者查封、扣押、冻结财产等行政强制措施决定不服的;③ 对行政机关作出的有关许可证、执照、资质证、资格证等证书变更、中止、撤销的决定不服的;④ 对行政机关作出的关于确认土地、矿藏、水流、森林、山岭、草原、荒地、滩涂、海域等自然资源的所有权或者使用权的决定不服的;⑤ 认为行政机关侵犯合法的经营自主权的;⑥ 认为行政机关变更或者废止农业承包合同,侵犯其合法权益的;⑦ 认为行政机关违法集资、征收财物、摊派费用或者违法要求履行其他义务的;⑧ 认为符合法定条件,申请行政机关颁发许可证、执照、资质证、资格证等证书,或者申请行政机关审批、登记有关事项,行政机关没有依法办理的;⑨ 申请行政机关履行保护人身权利、财产权利、受教育权利的法定职责,行政机关没有依法履行的;⑩ 申请行政机关依法发放抚恤金、社会保险金或者最低生活保障费,行政机关没有依法发放的;⑪ 认为行政机关的其他行政行为侵犯其合法权益的。

公民、法人或其他组织认为行政机关的行政行为所依据的下列规定不合法,在对行政行为申请行政复议时,可以一并向行政复议机关提出对该规定的审查申请:① 国务院部门的规定;② 县级以上地方各级人民政府及其工作部门的规定;③ 乡、镇人民政府的规定。该法所列规定不含部委规章和地方规章。对规章的审查依照法律、行政法规办理。

（二）行政复议的管辖

行政复议的管辖主要有以下几个方面的规定:

对县级以上各级人民政府工作部门的具体行政行为不服的,由申请人选择,可以向该部门的本级人民政府申请行政复议,也可以向上一级主管部门申请行政复议。对海关、金融、国税、外汇管理等实行垂直领导的行政机关和国家安全机关的行政行为不服的,向上一级主管机关申请行政复议。

对地方各级人民政府的具体行政行为不服的,向上一级人民政府申请复议。对省、自治区人民政府依法设立的派出机关下属的县级地方人民政府的行政行为不服的,向该派出机关申请行政复议。

对县级以上地方人民政府依法设立的派出机关的行政行为不服的,向设立该派出机关的人民政府申请复议。对法律、法规授权的组织的行政行为不服的,分别向直接管理该组织的地方人民政府、地方人民政府工作部门或国务院部门申请行政复议。

(三) 行政复议程序

行政复议程序包括申请与受理程序、审理与决定程序和执行程序。

1. 申请与受理程序

行政复议的申请一般应采用书面形式。复议申请应自知道该行政行为之日起 60 日内提出,但法律规定超过 60 日的除外。复议期间不停止行政行为的执行是行政复议的原则。

公民、法人或其他组织提出复议申请后,复议机关通过审查,认为该申请符合立案条件的,应当立案受理;凡不符合条件的,应当裁定不予受理,并告知复议申请人不予受理的理由。

2. 审理与决定程序

复议机关受理复议申请后,应全面审查行政行为所依据的事实和规范性文件并最终作出复议决定。审理程序主要包括:被申请人的答辩、书面复议及撤回复议申请。

复议机关通过对案件的审理,应当就有关行政争议作出结论性决定,并按照决定内容作出复议决定书。行政复议决定主要包括:① 决定维持行政行为;② 决定被申请人履行法定职责;③ 决定撤销、变更该行政行为或确认该行政行为违法,并责令重新作出行政行为。

3. 执行程序

行政复议决定书制作完成并加盖公章以后应立即送达当事人。复议决定书一经送达,即发生法律效力,申请人应履行复议决定。

四、行政赔偿

国家赔偿分为行政赔偿和刑事赔偿。1995 年 1 月 1 日起,《中华人民共和国国家赔偿法》(以下简称《国家赔偿法》)生效、施行。2010 年,第十一届全国人大常委会第十四次会议对该法进行第一次修正。2012 年 10 月 26 日第十一届全国人大常委会第二十九次会议对该法进行第二次修正。《国家赔偿法》所要解决的问题是当国家机关及其工作人员行使职权时侵犯公民、法人或其他组织的合法权益并造成损害时,受害人如何实现取得国家赔偿的权利及赔偿义务机关怎样履行赔偿义务。现就行政赔偿作简要介绍。

行政赔偿,是指行政机关及其工作人员在行使职权过程中侵犯公民、法人或其他组织的合法权益并造成损害,国家对此所给予的赔偿。行政赔偿与行政补偿、民事赔偿以及司

法赔偿等制度有所区别。

(一) 行政赔偿的赔偿范围

行政赔偿的范围在《国家赔偿法》中采取列举式规定和排除式规定相结合的方法。该法规定,行政机关及其工作人员在行使行政职权时侵犯人身权及财产权的,受害人有取得赔偿的权利。

行政机关及其工作人员在行使行政职权时有下列侵犯人身权情形之一的,受害人有取得赔偿的权利:① 违法拘留或者违法采取限制公民人身自由的行政强制措施的;② 非法拘禁或者以其他方法非法剥夺公民人身自由的;③ 以殴打、虐待等行为或者唆使、放纵他人以殴打、虐待等行为造成公民身体伤害或者死亡的;④ 违法使用武器、警械造成公民身体伤害或者死亡的;⑤ 造成公民身体伤害或者死亡的其他违法行为。

行政机关及其工作人员在行使行政职权时有下列侵犯财产权情形之一的,受害人有取得赔偿的权利:① 违法实施罚款、吊销许可证和执照、责令停产停业、没收财物等行政处罚的;② 违法对财产采取查封、扣押、冻结等行政强制措施的;③ 违反国家规定征收财物、摊派费用的;④ 造成财产损害的其他违法行为。

此外,对于以下三种情形,国家不承担赔偿责任:① 行政机关工作人员与行使职权无关的个人行为;② 因公民、法人或其他组织自己的行为致使损害发生的;③ 法律规定的其他情形。

(二) 行政赔偿请求人和赔偿义务机关

行政赔偿请求人是指依法享有取得国家赔偿的权利,请求赔偿义务机关确认和履行国家赔偿责任的公民、法人或者其他组织。受害的公民、法人和其他组织有权请求国家赔偿。若受害公民死亡,其继承人和其他有扶养关系的亲属有权要求赔偿。若受害的法人或其他组织终止,承受其权利的法人或其他组织有权要求赔偿。

侵犯公民、法人和其他组织的合法权益并造成损害的行政机关为赔偿义务机关。两个以上行政机关共同侵权,则共负赔偿义务。法律、法规授权的组织侵权的,被授权的组织为赔偿义务机关。受行政机关委托的组织或个人行使受委托的权力时侵权的,委托的行政机关为赔偿义务机关。经复议机关复议的,最初实施侵权行为的行政机关为赔偿义务机关,但复议机关的复议决定加重损害的,复议机关对加重的部分履行赔偿义务。

(三) 行政赔偿的程序

行政赔偿请求的提出与实现有两种途径:一种是受害人单独提出行政赔偿请求,另一种是受害人在行政复议、行政诉讼中一并提出。

受害人单独提出行政赔偿请求的,应当首先向赔偿义务机关提出,赔偿义务机关拒绝受理赔偿请求或在法定期限内不作出决定的,受害人可以提起行政诉讼。与一并提出行政赔偿请求的程序相比较,单独提出行政赔偿请求程序的特点是赔偿义务机关的先行处理程序。先行处理程序是指赔偿请求人请求损害赔偿时,先向有关的赔偿义务机关提出赔偿请求,双方就有关赔偿的范围、方式、金额等事项进行自愿协商或由赔偿义务机关决定,从而解决赔偿争议的程序。

一并提出行政赔偿请求的程序,分为行政复议程序和行政赔偿诉讼程序。行政复议法和行政诉讼法分别规定了相应的操作程序。

赔偿义务机关赔偿损失后,应当责令有故意或重大过失的工作人员或者受委托的组织或个人承担部分或全部赔偿的费用。这也被称为行政追偿。对于有故意或重大过失的责任人员,有关机关应当依法给予行政处分;构成犯罪的,应当依法追究刑事责任。

(四) 赔偿方式和计算标准

《国家赔偿法》第三十二条规定:国家赔偿以支付赔偿金为主要方式。能够返还财产或者恢复原状的,予以返还财产或者恢复原状。此外,还规定了恢复名誉、赔礼道歉、消除影响等赔偿方式。

《国家赔偿法》第三十三条规定:侵犯公民人身自由的,每日的赔偿金按照国家上年度职工日平均工资计算。

《国家赔偿法》第三十四条规定:侵犯公民生命健康权的,赔偿金按照下列规定计算:① 造成身体伤害的,应当支付医疗费、护理费,以及赔偿因误工减少的收入。减少的收入每日的赔偿金按照国家上年度职工日平均工资计算,最高额为国家上年度职工年平均工资的 5 倍;② 造成部分或者全部丧失劳动能力的,应当支付医疗费、护理费、残疾生活辅助具费、康复费等因残疾而增加的必要支出和继续治疗所必需的费用,以及残疾赔偿金。残疾赔偿金根据丧失劳动能力的程度,按照国家规定的伤残等级确定,最高不超过国家上年度职工年平均工资的 20 倍。造成全部丧失劳动能力的,对于其扶养的无劳动能力的人,还应当支付生活费;③ 造成死亡的,应当支付死亡赔偿金、丧葬费,总额为国家上年度职工年平均工资的 20 倍。对于死者生前扶养的无劳动能力的人,还应当支付生活费。

赔偿费用,列入各级财政预算,具体办法由国务院规定。赔偿义务机关、复议机关和法院不得向赔偿请求人收取任何费用。

【本章思考题】

1. 与其他部门法相比,行政法有何特点?
2. 我国国家公务员的义务和权利有哪些?
3. 如何理解行政行为的法律效力?
4. 怎样理解我国行政许可的设定权之规定?
5. 我国行政处罚的程序有哪些?
6. 我国行政强制种类及设定权主要有哪些规定?如何评价?
7. 我国行政复议的受案范围有哪些?请作简要评述。
8. 我国行政赔偿的程序有哪些?

【本章讨论案例】

1. 据报道,在城市建设中,有的政府部门发出有关土地使用的许可证照后,因法律、法规、规章的修改、废止,或城市规划的修改等许可所依据的客观情况发生重大变化,为了

公共利益而撤回已生效的许可。也曾有个别地方的政府部门在颁发土地使用证照过程中确有审查不严的问题,为弥补过错而以公共利益需要为由收回已生效的许可;或为了以更高价位将土地出让给他人,而以公共利益需要为由收回已生效的许可。

请就上述情况,根据行政法有关原则,谈谈你的看法及建议。

2. 2006 年 10 月 11 日晚,王某酒后在某酒店酗酒闹事,砸碎店里玻璃数块。此时某区公安分局太平派出所民警任某、赵某执勤路过酒店,任某等人欲将王某带回派出所处理,王某不从,与任某发生推搡。在双方扭推过程中,王某被推倒,头撞在水泥地上,当时失去知觉,送往医院途中死亡,后被鉴定为颅内出血死亡。2006 年 12 月 20 日,王某之父申请国家赔偿。

请思考:公安机关是否应当对王某的死亡承担国家赔偿责任? 王某的父亲是否有权以自己的名义提出国家赔偿请求? 本案中国家赔偿义务机关是谁? 若本案中公安机关需承担赔偿责任,赔偿方式和标准是什么? 公安机关对受害人赔偿后,对民警如何处理?

第四章　刑法概论

【本章要点提示】　学习本章应当重点掌握犯罪的概念和特征、犯罪构成要件、犯罪形态、正当防卫和紧急避险；掌握刑罚种类、犯罪主观方面各种心理态度的区别、刑事责任年龄和责任能力的具体划分；了解刑罚的适用原则以及刑法分则的简单规定。

第一节　刑法概述

引例：丁某贪污受贿案

基本案情：丁某是某省副省长，2008年经人检举，检察院立案侦查，有确凿证据证明丁某贪污、受贿1200万元。从丁某被采取强制措施开始，就有很多人为丁某求情、开脱。还有领导同志说丁某的父亲是爬过雪山、参加过解放战争的老革命，丁某也对该省的经济发展做出了很大的贡献，再说，没有功劳还有苦劳呢，功过相抵，从轻处罚算了。检察院、法院的工作人员顶住了来自四面八方的压力，秉公执法，公正审理了丁某一案，判处其死刑，立即执行。

法律分析：检察院、法院的工作人员这样处理丁某一案是完全正确的。《中华人民共和国刑法》确立的三大原则之一就是刑法面前人人平等。刑法面前人人平等是法律面前人人平等这一基本法律原则在刑法中的具体化。什么是刑法面前人人平等呢？中国有句老话，叫作"王子犯法与庶民同罪"，就是说王子与老百姓犯了同样的罪就应当得到相同的处罚。刑法面前人人平等与这句老话的含义是一样的，再具体说，就是指任何人犯罪，不分其民族、种族、职业、出身、教育程度、财产状况、职位高低、功劳大小都一律平等地适用法律，都要追究其刑事责任，不允许任何人享有特权。法律面前人人平等不仅指制定法律条文时立法上的平等，更重要的是司法机关在适用法律时做到同罪同罚。本案中的丁某身为老干部子女，本应有较一般干部、群众更强的守法意识，却没能在腐蚀面前保持气节，利欲熏心，利用手中的职权贪污、受贿，已构成了严重的犯罪，应当受到法律的惩罚。司法人员秉公处理是完全正确的，符合刑法面前人人平等的基本原则。

一、刑法的概念

刑法是规定犯罪、刑事责任和刑罚的法律规范的总和。刑法是统治阶级维护其统治和利益的法律武器，刑法的内容总是由统治阶级的意志来决定的。因此，更具体些说：刑法是掌握国家政权的统治阶级，为维护本阶级的统治和利益，根据自己的意志，规定哪种

行为是犯罪、应负何种刑事责任，并给犯罪人以何种刑罚处罚的法律。

刑法有广义和狭义的区分。广义刑法是指所有规定犯罪、刑事责任和刑罚的法律规范的总和，包括刑法典、单行刑法和非刑事法律中的刑法条款(附属刑法)。狭义刑法专指刑法典。刑法典是关于一般人、一般事项的刑法，原则上无论何人、何事、何地、何时均可适用，具有普遍适用的效力，因此，也叫作普通刑法。单行刑法和附属刑法仅适用于特定的人、事、地、时，所以又被称为特别刑法。

刑法与其他部门法有以下两个重大的区别。首先，刑法调整的社会关系的范围非常广泛，凡是其他法律所调整的社会关系，刑法也都调整，涉及社会生活的各个方面。其次，刑法用最为严厉的制裁方法——刑罚来调整社会关系。刑罚可以剥夺行为人的财产、自由，甚至生命。由于这两个法律特征，刑法被认为是"后盾法"，是其他部门法的保护法。

《中华人民共和国刑法》(以下简称《刑法》)是1979年7月1日由第五届全国人民代表大会第二次会议通过，并自1980年1月1日起施行的。该法于1997年3月14日由第八届全国人民代表大会第五次会议进行了修订，自1997年10月1日起施行。这部刑法由总则、分则和附则三部分构成，共452条。其中，总则五章，共101条；分则十章，共350条；附则由一个条文和两个附件组成。截至2020年12月26日，全国人民代表大会常务委员会已经通过了第十一个《刑法修正案》。

二、刑法基本原则

刑法基本原则，是法律明文规定的、贯穿全部刑法规范，指导和制约刑事立法和刑事司法，集中体现刑事法制基本精神的准则。我国《刑法》明确规定了三项刑法基本原则，即罪刑法定原则，刑法面前人人平等原则和罪、责、刑相适应原则。

(一) 罪刑法定原则

《刑法》第三条规定："法律明文规定为犯罪行为的，依照法律定罪处刑；法律没有明文规定为犯罪行为的，不得定罪处刑。"这一原则的具体含义就是：哪些是犯罪，哪些不是犯罪，制裁犯罪的刑罚有哪些；如何确认犯罪，怎样对犯罪适用刑罚，都必须由刑法明确加以规定。刑法没有明确规定为犯罪的，不能被当作犯罪处理。

罪刑法定原则的要求是：① 犯罪与刑罚必须事先由刑事实体法律作出明文规定，不允许司法人员自由擅断。② 关于犯罪与刑罚的法律规定必须明确、具体。这是指刑法条文应当文字清晰、意思确切，不能模棱两可、含糊其词。③ 刑法不得类推解释和类推适用。④ 刑法不得溯及既往，禁止事后法。⑤ 禁止不定期刑。

(二) 刑法面前人人平等原则

《刑法》第四条规定："对任何人犯罪，在适用法律上一律平等。不允许任何人有超越法律的特权。"该原则的主要含义是：刑事法律统一适用于一切实施犯罪的人，不能因其民族、种族、性别、身份、职业、财产状况、家庭出身、社会地位、宗教信仰、才能业绩等不同而有所区别。既反对特权，也反对歧视。

在刑事司法中贯彻这个原则，要求做到：① 定罪上一律平等。对任何人定罪都适用相同的标准,既不能放纵犯罪,也不能冤枉无辜。② 量刑上一律平等。对罪名、情节、责任相同的犯罪,必须同罪同罚;不能因权势、财产、地位等不同而同罪异罚。③ 行刑上一律平等。执行刑罚时,应当使服刑者依法受到平等的刑罚处遇。

(三) 罪责刑相适应原则

《刑法》第五条规定:"刑罚的轻重,应当与犯罪分子所犯罪行和承担的刑事责任相适应。"该原则的含义是:犯多大的罪,就应承担多大的责任,判多重的刑;重罪重罚,轻罪轻罚,罪行相称,罚当其罪。

在司法适用中贯彻罪责刑相适应原则就要求:① 确立量刑与定罪居于同等重要地位的观念,防止重定罪轻量刑。② 强化量刑公正的执法观念,铲除粗暴落后的重刑主义错误思想。③ 实现刑罚裁量的公正平衡和协调统一,防止量刑畸轻畸重等不良现象。

三、刑法的适用范围

刑法的适用范围,又称刑法的效力范围。是指刑法发生效力的大小范围,说明刑法在何时、何地,对什么人有效,分为空间效力和时间效力两个方面。

(一) 刑法的空间效力

1. 刑法空间效力的概念

刑法的空间效力,是指刑法对什么人有效,在多大的空间范围内发生法律效力。实质就是国家刑事管辖权的范围问题。在这个问题的解决上存在以下不同的原则:① 属地原则。以地域作为确定刑法空间效力的唯一标准,凡在某一国领域内犯罪,不论其他因素如何,都适用该国刑法。② 属人原则。以犯罪人的国籍作唯一标准,只要犯罪人具有某一国国籍就适用该国刑法。③ 保护原则。以保护本国利益作为唯一标准,凡侵害本国国家利益或国民利益的犯罪,皆适用本国刑法。④ 普遍原则。以保护国际社会的共同利益为标准,对侵害国际社会共同利益的犯罪,只要在某一国境内被发现,则该国就必须在其所承担的国际条约义务的范围内,行使刑事管辖权。⑤ 折中原则,也称综合原则。这种原则不以某一种因素作为唯一的标准,而是以属地原则为主,兼采其他原则。现代世界大多数国家(包括我国)的刑法,都采用这种原则。

2. 我国《刑法》的属地管辖权

依据我国《刑法》的规定,凡是发生在我国领域内的犯罪都适用我国《刑法》,但是,法律有特别规定的除外。具体内容如下:① 我国领域,是指国境内的全部区域,包括领陆、领空、领水和底土。另外,依照国际条约和惯例,我国的船舶、航空器和我国驻外大使馆、领事馆,属于我国领土的延伸,也适用我国《刑法》。② 如何确定犯罪发生在我国领域内呢?《刑法》规定,犯罪的行为或者结果有一项发生在我国领域内的,就认为是在我国领域内犯罪。③ 属于法律有特别规定的犯罪,即便发生在我国领域内,也不能适用我国《刑法》。这种特殊的情况有:其一,享有外交特权和豁免权的外国人的刑事责任,通过外交途径解决。其二,由于政治和历史原因,我国《刑法》的效力无法及于香港、澳门和台湾地区。

香港、澳门特别行政区基本法对此作出了例外规定。

3. 我国《刑法》的属人管辖权

我国公民在我国领域内犯罪必须适用我国《刑法》。我国公民在我国领域外犯罪,原则上都适用我国《刑法》,但是,如果该公民所犯之罪,依照我国《刑法》的规定,其法定最高刑为3年以下有期徒刑的,可以不予追究。我国的国家工作人员和军人在域外犯罪,则一律适用我国《刑法》追究刑事责任。

我国公民在域外犯罪已受过刑罚处罚的,适用我国《刑法》追究刑事责任时,依法可以免除或减轻刑罚。

4. 我国《刑法》的保护管辖权

外国人在我国领域内犯罪,必须一律适用我国《刑法》(享有外交特权和豁免权的除外)。为保护我国国家和公民的利益,对于外国人在我国领域外对我国国家或者公民的犯罪,我国《刑法》也有权管辖。但是必须同时符合如下条件:① 外国人所犯的罪必须是侵害我国国家或公民利益的;② 对该罪的刑罚,按照我国《刑法》规定最低刑必须是3年以上有期徒刑;③ 该罪按照犯罪地法律也应受刑罚处罚。

5. 我国《刑法》的普遍管辖权

对于我国缔结或参加的国际条约所规定的犯罪,不论犯罪分子是哪国人,不论罪行发生在什么地方,只要罪犯在我国境内被发现,我国就应当在所承担条约义务范围内,行使刑事管辖权。

(二) 刑法的时间效力

1. 刑法的生效时间

刑法的生效时间有两种方式:一种是自公布之日起生效,另一种是公布之后经过一段时间再生效。

2. 刑法的失效时间

刑法的失效也有两种方式:一是由国家立法机关明确宣布失效,二是自然失效,即新法施行后,同类内容的旧法自行废止。

3. 刑法的溯及力

刑法的溯及力,是指刑法对它生效以前发生的,未经审判或者判决尚未确定的案件的效力。刑法能适用于它生效以前的案件就叫作有溯及力,反之就是无溯及力。我国现行《刑法》关于溯及力问题的规定,采取"从旧兼从轻"的原则。其具体内容是:① 当时刑法不认为是犯罪而现行刑法认为是犯罪的,只能适用当时刑法,现行刑法不具有溯及力。② 当时刑法认为是犯罪而现行刑法不认为是犯罪的,应当适用现行刑法,现行刑法具有溯及力。③ 当时刑法和现行刑法都认为是犯罪,并且依照现行刑法的规定应当追诉的,适用当时刑法。但是,如果当时刑法对该罪规定的刑罚比现行刑法的重,则应当适用现行刑法。

第二节 犯罪总论

引例:药家鑫案

基本案情:2010 年 10 月 20 日 23 时许,被告人西安音乐学院大三的学生药家鑫,驾驶红色雪佛兰小轿车从西安外国语学院长安校区返回西安,当行驶至西北大学长安校区西围墙外时,撞上前方同向骑电动车的张妙,后药家鑫下车查看,发现张妙倒地呻吟,因怕张妙看到其车牌号以后找麻烦,便产生杀人灭口之恶念,遂从随身背包中取出一把尖刀,上前对倒地的被害人张妙连捅数刀,致张妙当场死亡。

杀人后,被告人药家鑫驾车逃离现场,途中再次将两行人撞伤,后交警大队郭杜中队将肇事车辆暂扣待处理。2010 年 10 月 23 日,被告人药家鑫在其父母陪同下到公安机关投案。经法医鉴定:死者张妙系胸部锐器刺创致主动脉、上腔静脉破裂大出血而死亡。

法律分析:

(1)犯罪客体——侵犯了公民的健康权、生命权。药家鑫将张妙撞伤,并对倒地的张妙连捅数刀致其当场死亡,侵犯了张妙的生命权,剥夺了她的生命。在逃离现场后又将两行人撞伤,侵犯了公民的健康权。

(2)客观方面——药家鑫将张妙撞倒下车又连捅数刀,其残忍的行为致张妙当场死亡,非法剥夺他人生命的行为构成犯罪。

(3)犯罪主体——自然人。药家鑫已年满 14 周岁,现在年龄为 21 岁,西安音乐学院大三的学生,精神正常,具有自主判断能力,在学校里表现较好。

(4)主观方面——故意。药家鑫属于直接故意,撞上前方同向骑电动车的张妙,后药家鑫下车查看,发现张妙倒地呻吟,因怕张妙看到其车牌号,以后找麻烦,便产生杀人灭口之恶念,拿出刀连捅数刀使张妙死亡。可见其明知自己的行为一定会造成他人死亡仍去实施,追求结果的发生,以逃避自己的责任,所以药家鑫的行为属于故意杀人罪。

一、犯罪的概念和基本特征

《刑法》第十三条规定:"一切危害国家主权、领土完整和安全,分裂国家、颠覆人民民主专政的政权和推翻社会主义制度,破坏社会秩序和经济秩序,侵犯国有财产或者劳动群众集体所有的财产,侵犯公民私人所有的财产,侵犯公民的人身权利、民主权利和其他权利,以及其他危害社会的行为,依照法律应当受刑罚处罚的,都是犯罪,但是情节显著轻微危害不大的,不认为是犯罪。"这是我国《刑法》对犯罪的定义。上述法律定义可以概括为:犯罪是危害社会的且依照刑事法律规定应当受刑罚处罚的行为。犯罪具有如下基本特征:

(一) 社会危害性

犯罪是严重危害社会的行为,具有社会危害性。首先,犯罪是一种行为,而不是思想。

只具有反动、有害的思想观念,而没有将其外化为行为,是不构成犯罪的。因为,犯罪严重的社会危害性,就体现在它是一种能够给国家、社会利益或公民合法权益造成或者足以造成严重的实际损害的行为。尚未对行为产生指导作用、还没有外化为行动的思想,是不能造成实际损害的。其次,行为的社会危害性,是不以人的意志为转移的客观存在,但是,它的大小轻重有无,要受现实社会的政治、经济、文化等条件的制约。再次,行为的社会危害性的大小,还受行为的手段、后果、时间、地点,行为人的主观因素、个人生理心理情况等条件的影响。因此,要用辩证的、历史的、全面的观点考察行为的社会危害性。

(二) 刑事违法性

犯罪具有严重的社会危害性,因而是国家的刑事法律所严厉禁止的违法行为。因此,所有的犯罪行为都触犯刑事法律,具有刑事违法性。行为的社会危害性是刑事违法性的基础,刑事违法性是行为的社会危害性在法律上的体现。只有行为不但具有社会危害性,而且同时具有刑事违法性,才有可能被认定为犯罪。

(三) 应受刑罚惩罚性

违反国家刑事法律的禁止规定,具有严重的社会危害性的犯罪,必然是应当受到刑罚制裁的行为。国家通过刑罚的适用来防止犯罪行为的发生。犯罪是刑罚的前提,适用刑罚是犯罪的法律后果,因此,犯罪都具有应受刑罚惩罚性的基本特征。如果某一行为不具备这个特征,即使具有社会危害性和刑事违法性,也只是严重的刑事违法行为,还不能构成犯罪。然而,应受刑罚惩罚性并不意味每一个犯罪都受到实际的刑罚处罚。某些案件中对犯罪的定罪免刑与犯罪的应受刑罚惩罚性特征并不矛盾。

二、犯罪构成

(一) 犯罪构成的概念

犯罪构成,是指我国《刑法》规定的,决定某个具体行为的社会危害性及其程度,因而是该行为构成犯罪所必须齐备的,一切主观和客观要件组合成的有机整体。换言之,某个具体行为成为犯罪所必须符合的那些条件的总和,就是刑法理论上所说的"犯罪构成"。依据我国《刑法》,任何犯罪的成立都必须同时具备四个条件,即犯罪客体、犯罪主体、犯罪客观方面、犯罪主观方面。

(二) 犯罪客体

1. 犯罪客体的概念和种类

犯罪客体,是指我国《刑法》所保护,被犯罪行为所侵害的社会主义的社会关系。犯罪客体是任何行为构成犯罪的必备要件之一,没有犯罪客体的行为不可能构成犯罪。

按照范围大小,犯罪客体可以分为一般客体、同类客体和直接客体。① 一般客体,是指一切犯罪共同侵犯的,我国《刑法》所保护的社会主义的社会关系整体。② 同类客体,是指某一类犯罪侵犯的,我国《刑法》所保护的社会主义社会关系的某一方面或者某一部分。刑法分则以同类客体为依据,将犯罪分为 10 类,即分则的 10 章罪。③ 直接客体,是指某一具体犯罪直接侵犯的,刑法所保护的某一种具体的社会关系。根据犯罪侵害的具体社会关系数量的多少,直接客体又被分为简单客体和复杂客体。某一种犯罪直接侵害一种具体社会关系的,叫作简单客体,比如故意伤害罪只侵害公民的人身权利。犯罪行为直接侵犯两种以上的具体社会关系,就是复杂客体,比如抢劫罪同时侵害财产所有权和公民的人身权利。

2. 犯罪客体和犯罪对象的联系与区别

犯罪对象是指犯罪行为直接作用的具体物或者具体人。比如故意伤害罪中的被害人,盗窃罪中被窃取的公私财产。

犯罪对象和犯罪的直接客体有密切的联系,表现在:① 直接客体是犯罪行为侵害的具体社会关系,而犯罪对象是犯罪直接作用的具体物或具体人;具体物是具体社会关系的物质表现,具体人是具体社会关系的主体或承担者。② 犯罪行为通过作用于犯罪对象来侵害犯罪客体。

犯罪对象和犯罪客体又有显著的区别:① 犯罪客体决定犯罪性质,犯罪对象却不能决定;② 犯罪客体是任何犯罪构成的必备要件,而犯罪对象只是某些犯罪的必备要件;③ 任何犯罪都使犯罪客体受到危害,但并不是所有犯罪中犯罪对象都受损害;④ 犯罪客体是犯罪分类的基础,犯罪对象则不是。

(三) 犯罪主体

1. 犯罪主体概念

犯罪主体,是指实施了犯罪行为,并且依法应当承担刑事责任的自然人和单位。没有犯罪主体就不存在犯罪,主体条件不同所受刑罚也有差异,所以犯罪主体对定罪和量刑都有重要意义。只有达到刑事责任年龄并且具备刑事责任能力的自然人和刑法明确规定的单位,才有可能成为犯罪的主体。

2. 刑事责任能力

刑事责任能力,是指行为人构成犯罪并承担刑事责任所必须具备的刑法意义上的辨认和控制自己行为的能力。

刑事责任能力包括辨认行为能力和控制行为能力。只有具备刑事责任能力的自然人,才能成为自然人犯罪主体,才能把他的行为定为犯罪并予以处罚。犯罪主体的辨认能力就是行为人对自己行为的意义、性质和后果等的认识能力,而控制能力则是指行为人决定自己是否实施犯罪行为的能力。辨认能力是刑事责任能力的前提和基础,控制能力是刑事责任能力的关键。

具备不同生理、心理条件的自然人,其负刑事责任的能力程度有所不同。我国《刑法》将刑事责任能力分为:① 完全刑事责任能力。凡年满 18 周岁、精神和生理功能健全且智力与知识发展正常的人,都是完全刑事责任能力人。他们可以成为任何一种犯罪的犯罪主体。② 完全无刑事责任能力。完全无刑事责任能力人对自己实施的任何危害行为都不负刑事责任。完全无刑事责任能力人分两类:一类是不满 12 周岁的未成年人;一类是

因患精神病而不能辨认或者不能控制自己行为的精神病人。一个人被确认为无刑事责任能力的精神病人,必须同时符合两个标准:一是他在实施危害行为时处于精神病状态;二是精神病理机制使他不能辨认或者控制自己的行为。前一标准是医学标准,后一标准是心理学标准(又称法学标准)。③ 相对无刑事责任能力。我国《刑法》中相对无刑事责任能力人是指已满 12 周岁不满 16 周岁的未成年人。这类人只对部分犯罪负刑事责任。④ 减轻刑事责任能力。减轻刑事责任能力又称限制刑事责任能力,是完全刑事责任能力与完全无刑事责任能力的中间状态。我国《刑法》明文规定的限制刑事责任能力的人有:不满 18 周岁的未成年人;尚未完全丧失辨认或者控制自己行为能力的精神病人;又聋又哑的人和盲人。

3. 刑事责任年龄

刑事责任年龄,是指法律所规定的行为人对自己实施的刑法所禁止的危害社会的行为负刑事责任所必须达到的年龄。就自然人而言,达到一定年龄才能具备刑事责任能力,才能作为犯罪主体对自己实施的危害行为负刑事责任。

我国《刑法》将刑事责任年龄划分为三个阶段:① 完全不负刑事责任年龄阶段。不满 12 周岁是完全不负刑事责任年龄的阶段。这一阶段的人是完全无刑事责任能力的人。这一阶段的人实施任何危害行为,一概不负刑事责任。② 相对负刑事责任年龄阶段。我国《刑法》规定,已满 14 周岁不满 16 周岁的人,犯故意杀人、故意伤害致人重伤或者死亡、强奸、抢劫、贩卖毒品、放火、爆炸、投放危险物质罪的,应当负刑事责任;已满 12 周岁不满 14 周岁的人,犯故意杀人、故意伤害罪,致人死亡或者以特别残忍手段致人重伤造成严重残疾,情节恶劣,经最高人民检察院核准追诉的,应当负刑事责任。这一年龄段的人就是前面所述的相对无刑事责任能力人之一。③ 完全负刑事责任年龄阶段。已满 16 周岁是完全负刑事责任年龄阶段。处于这个年龄阶段的行为人,对自己实施的一切犯罪行为都要负刑事责任。另外,不满 18 周岁的人是减轻刑事责任能力人之一。我国《刑法》规定:"不满 18 周岁的人犯罪,应当从轻或者减轻处罚。"即不满 18 周岁是一个法定的必须从宽处罚的情节。

4. 自然人犯罪主体的特殊身份

《刑法》规定,达到刑事责任年龄并且具备刑事责任能力是自然人犯罪主体的必备要件。只要具备该条件即可成立的犯罪主体,叫一般犯罪主体。比如任何具备刑事责任能力的人都可以成为盗窃罪的犯罪主体。特殊犯罪主体则是指除要求具备刑事责任能力条件外,还要求具有特定的职务或者身份才能构成的犯罪主体。比如挪用公款罪的犯罪主体仅限于国家工作人员,枉法裁判罪的主体只限于司法工作人员。

5. 单位犯罪

单位犯罪,是指由公司、企业、事业单位、机关、团体实施的依法应当承担刑事责任的危害社会的行为。并非所有的犯罪都可由单位构成,只有法律明文规定单位可以成为犯罪主体的犯罪,单位才能成为犯罪主体并承担刑事责任。单位犯罪多数为故意犯罪,少数属于过失犯罪。

对单位犯罪,原则上实行双罚制,即同时处罚犯罪的单位和该单位中对犯罪负有直接责任的人员。

（四）犯罪客观方面

1. 犯罪客观方面概念

犯罪客观方面,是指刑法所规定的,说明在什么条件下、通过什么样的行为侵害某种客体并造成怎样的危害后果的客观事实特征,亦即犯罪活动的客观外在表现。又称犯罪构成的客观方面。犯罪客观方面包括危害行为、危害结果、犯罪的时间、地点、方法等要素。其中,危害行为是每一个犯罪成立都必不可少的犯罪构成客观方面的必备要件。

2. 危害行为

危害行为是指表现人的意志或者意识,危害社会的并被刑法所禁止的行动与静止。危害行为必须是受人的意志和意识支配的举动,因此,缺乏意志或者意识的身体活动,即使造成客观上的损害后果,也不是刑法意义上的危害行为,不能当作犯罪处理。这类缺乏意志或者意识的身体活动主要有:生理上的条件反射动作,睡梦中的动作(梦游),身体被外力强制下的动作等。

危害行为的基本形式有作为和不作为两种。作为,是指犯罪人在其犯罪意志支配下,积极实施刑法所禁止的危害社会的行为,即不当为而为,刑法禁止做而去做。大多数的犯罪行为都以作为的形式出现。比如撬门入室盗窃他人财物、持刀拦路抢劫等。不作为,是指犯罪人在其犯罪意志支配下,消极地拒不实施法律要求其实施行为的行为。亦即当为而不为,也就是应该实施并且能够实施某种积极行为却拒不实施。例如,调度员故意放弃职责,不实施调度,致使发生列车相撞事故,因而构成犯罪的行为。以不作为的形式构成犯罪,在客观方面必须具备以下条件:第一,行为人负有实施某种行为的特定义务;第二,行为人有履行特定义务的实际可能而不履行;第三,不作为的行为(不履行)具有严重的社会危害性。

3. 危害结果

危害结果又称犯罪结果,是指犯罪行为对我国《刑法》所保护的社会关系所造成的实际损害。危害结果在许多犯罪中是定罪的主要根据之一。

危害结果通常被分为两类:一是有形的、可以具体测量确定的物质性危害结果,比如犯罪对被害人身体造成的伤害、财物被损坏等;二是无形的、不能测量确定的非物质性危害结果,比如被害人的名誉、人格受到的损害等。

（五）犯罪主观方面

1. 犯罪主观方面概念

犯罪主观方面,是指犯罪主体对自己的行为及其危害结果所持的心理态度,包括罪过(故意和过失)、犯罪目的和犯罪动机。其中罪过是一切犯罪构成所必须具备的主观要件。

2. 犯罪故意

犯罪故意是指行为人明知自己的行为会发生危害社会的结果,并且希望或者放任这

种结果发生的心理态度。

犯罪故意主要分为以下两种类型:① 直接故意。直接故意,是指行为人明知自己的行为必然发生或者可能发生危害社会的结果,并且希望这种结果发生的心理态度。这种希望的心理态度会通过欲图达到、积极追求、努力使结果实现等主动性极其强烈的行为表现出来。比如朝被害人心脏部位连刺数刀,就说明犯罪人具有杀人的直接故意。② 间接故意。间接故意,是指行为人明知自己的行为可能发生危害社会的结果,并且放任这种结果发生的心理态度。所谓间接故意就是既不积极追求,也不排斥、反对,而是任随事态自由发展。间接故意通常存在于下列三种情形中:其一,为实现某个犯罪意图而放任另一危害结果的发生。其二,为实现一个非犯罪意图而放任危害结果发生。其三,突发性的犯罪,不计后果,放任严重危害结果的发生。

直接故意与间接故意的区别:其一,在认识因素上,直接故意的行为人认识到危害结果发生的必然性或可能性,间接故意的行为人只是认识到危害结果发生的可能性而不会认识到必然性。其二,在意志因素上,直接故意希望危害结果的发生,间接故意放任结果发生。

3. 犯罪过失

过失是指行为人应当预见自己的行为可能发生危害社会的结果,因为疏忽大意而没有预见,或者已经预见而轻信能够避免,以致发生这种结果的心理态度。

犯罪过失分为以下两种:① 疏忽大意的过失,是指行为人应当预见自己的行为可能发生危害社会的结果,因疏忽大意而没有预见,以致发生这种结果的心理态度。比如做手术的医生不负责任、马虎大意,将手术器械遗留于患者腹中致危害发生的情况。② 过于自信的过失,是指行为人预见到自己的行为可能发生危害社会的结果,但轻信能够避免,以致发生这种结果的心理态度。比如驾驶员自恃经验丰富、技术高超,自认为不会发生事故,遂置已发现的危险状况于不顾,违章行驶导致伤亡事故的情况。

4. 犯罪目的和犯罪动机

犯罪目的,是指犯罪人希望通过犯罪行为达到某种结果的心理状态,是危害结果在犯罪人头脑中预先的观念的存在。犯罪动机是指刺激犯罪人实施犯罪行为以达到犯罪目的的内心冲动或内心起因。比如为图谋钱财而实施杀人行为,谋财是犯罪的动机,追求他人死亡的结果是犯罪的目的。只有直接故意犯罪存在犯罪目的和动机,间接故意犯罪和过失犯罪则不存在犯罪的目的和动机。

犯罪目的源于犯罪动机,犯罪动机是犯罪目的产生的原因。二者的区别在于:其一,同一犯罪的犯罪目的相同而犯罪动机可以多样。其二,出于同一犯罪动机,可以有几个不同的犯罪目的。其三,犯罪目的是某些犯罪在主观方面必须具备的构成要件,而犯罪动机不是犯罪构成要件,不影响定罪,但影响量刑。

5. 不可抗力和意外事件

行为在客观上虽然造成了损害结果,但不是出于故意或者过失,而是由不可抗拒或者不能预见的原因引起的,不认为是犯罪。不可抗拒的原因引起的是不可抗力,不能预见的原因引起的是意外事件。

三、排除社会危害性的行为

排除社会危害性的行为,又称排除犯罪性的行为、正当行为,是指形式上与犯罪行为相似,但因实质上不具有社会危害性,不可能构成犯罪,而为法律所允许的行为。排除社会危害性的行为一般包括:正当防卫行为、紧急避险行为、履行法定义务行为、行使合法权利行为、依法执行命令的行为以及经被害人同意的行为。我国现行《刑法》只规定了正当防卫和紧急避险。

(一) 正当防卫

1. 正当防卫概念和成立条件

正当防卫,是指为了使国家、公共利益、本人或者他人的人身、财产和其他权益免受正在进行的不法侵害,对不法侵害人所实施的制止其不法侵害且没有明显超过必要限度造成重大损害的行为。

正当防卫的成立必须同时具备下列条件:① 防卫行为针对的必须是不法侵害,这是正当防卫的起因条件。不法侵害包括故意犯罪行为、尚未构成犯罪的违法侵害行为以及无刑事责任能力人实施的侵害等。但是对以下几类行为,不能实施或者无法实施正当防卫:第一类,履行法定义务行为、行使合法权利行为、依法执行命令的行为等合法行为;第二类,对正当防卫行为不能实行反防卫;第三类,对紧急避险不能实行正当防卫;第四类,对意外事件不能实行正当防卫;第五类,对防卫过当、紧急避险过当不能实行正当防卫;第六类,对过失犯罪、不作为犯罪无法实行正当防卫。② 必须是对正在进行中的不法侵害才能实施正当防卫,这是正当防卫的时间条件。首先,不法侵害必须是实际存在的。假如事实上不存在不法侵害,行为人误以为存在,而对假想中的不法侵害人进行防卫,就属于假想防卫而不是正当防卫。其次,不法侵害必须正在进行之中。如果不法侵害尚未开始或者已经结束,则不能实行正当防卫,否则就是防卫不适时(事先防卫或者事后防卫)。③ 必须是为了保卫国家、公共利益,本人或者他人的人身、财产和其他权益免受正在进行的不法侵害,才能进行正当防卫。这是正当防卫的目的条件。如果防卫目的不正当,比如挑拨防卫、互相斗殴或者为保护非法利益而防卫的,正当防卫就不能成立。④ 必须针对不法侵害者本人实施防卫行为,这是正当防卫的对象条件。对于实施不法侵害的自然人本人以外的第三人、其他无辜公民、动物、财产或者法人、单位、社会组织等,不能进行正当防卫。⑤ 正当防卫不能明显超过必要限度并造成重大的损害,这是正当防卫的限度条件。对"必要限度"应理解为:只要防卫行为在当时具体情况下能够及时、有效地制止不法侵害,没有超出制止不法侵害所必需的范围(即防卫行为的强度和力度虽然较大,但与不法侵害行为的强度、力度之间不存在过于悬殊的差异),即便造成重大损害,也还在必要限度内;或者防卫行为虽然超出制止不法侵害所必需的范围,但是没有造成重大的损害,也不属于明显超过必要限度。

2. 防卫过当

防卫过当,是指正当防卫明显超过必要限度,对不法侵害人造成重大损害的行为。防

卫过当构成犯罪的,其罪名应当依照刑法分则具体条文的规定确定。防卫过当构成犯罪的,应当减轻或者免除处罚。

我国《刑法》规定,对正在进行的行凶、杀人、抢劫、强奸、绑架以及其他严重危及人身安全的暴力犯罪,采取防卫行为,造成不法侵害人伤亡的,不属于防卫过当,不负刑事责任。

(二) 紧急避险

1. 紧急避险概念和成立条件

紧急避险,是指为使国家、公共利益,本人或他人的人身、财产和其他权益免受正在发生的危险,在迫不得已的情况下采取损害另一个较小合法权益而保全较大合法权益的行为。

紧急避险的成立必须具备以下条件:① 必须存在威胁合法权益的实际危险,这是起因条件。危险是某种可能对合法权益造成损害的紧迫事实状态。危险主要来源于:人的危害行为、自然灾害、动物侵袭以及人的生理疾患。行为人误以为存在而实际上并不存在危险时实施所谓的紧急避险的,叫作假想避险。② 必须是危险正在发生,这是时间条件。紧急避险必须在危险已经出现而又尚未结束时实行。如果危险尚未发生或者已经结束,行为人实行避险的,是避险不适时,造成重大损害的,要负刑事责任。③ 必须是为了保护合法权益免受正在发生的危险的损害,这是紧急避险的目的条件。不允许为保护非法利益而实行紧急避险。④ 紧急避险的对象,只能是无辜的第三者的合法权益。这是对象条件。紧急避险就是通过损害无辜的第三者较小的合法权益,来保全较大的合法权益。⑤ 紧急避险只能在迫不得已的情况下实施,这是限制条件。迫不得已,是指在当时除了损害无辜的第三者较小的合法权益之外,再也没有其他的方法来避免更大的合法权益免受危险的损害。⑥ 紧急避险行为不能超过必要限度,造成不应有的损害。这是紧急避险的限度条件。这就要求紧急避险行为造成的损害,必须小于所要避免的损害。换言之,损害的利益必须小于而不能等于更不能大于所保护的利益。⑦ 紧急避险的特别例外。我国《刑法》规定,职务上、业务上负有特定责任的人(如消防队员,民航机组人员等),不能为了避免本人遭受危险而实施紧急避险。这是紧急避险的主体限制条件。

2. 避险过当

紧急避险超过必要限度造成不应有损害的行为,就是避险过当。亦即由于行为人主观上的放任或者过失,使避险时损害的利益,等于甚至超过了所要保护的利益。避险过当要负刑事责任,但是,应当减轻或者免除处罚。

四、故意犯罪的停止形态

(一) 故意犯罪停止形态的概念

故意犯罪的停止形态,是指在故意犯罪过程中可能出现的,实现犯罪意图的程度有所不同的危害性行为的几种状态,包括犯罪预备、犯罪未遂、犯罪既遂和犯罪中止。由于只有直接故意犯罪才存在确定的犯罪意图,所以故意犯罪的这几种停止形态也只存在于直接故意犯罪之中,过失犯罪和间接故意犯罪中不存在故意犯罪的停止形态。

(二) 犯罪既遂

犯罪既遂,是指犯罪人故意实施的行为已经具备了刑法规定的某种犯罪的全部构成要件的犯罪形态。犯罪既遂是故意犯罪的完成形态。对犯罪既遂应直接按照刑法分则对某种具体罪规定的法定刑幅度处罚。

犯罪既遂的类型有以下几种:① 结果犯,是指以发生法律规定的危害结果为标准,行为人不仅实施了刑法规定的某种犯罪行为,而且造成法定的危害结果才构成既遂的犯罪。如故意伤害罪、盗窃罪、诈骗罪。② 危险犯,是指以具备足以造成严重危害后果的危险状态为标准,行为人实施刑法规定的某种犯罪行为,只要达到足以造成某种严重危害后果的危险状态,即使某种严重危害后果尚未发生,也构成既遂的犯罪。如放火罪、爆炸罪等。③ 行为犯,是指以实施法律规定的行为的完成为标准,行为人只要完成刑法规定的某种犯罪行为,无论危害结果是否发生都构成既遂的犯罪。如侮辱罪、伪证罪、诬告陷害罪等。④ 举动犯,是指以实行犯罪行为为标准,行为人一着手实施犯罪的实行行为立即构成既遂的犯罪。如传授犯罪方法罪、组织、领导、参加恐怖组织罪等。

(三) 犯罪预备

犯罪预备,是指行为人为了实行犯罪而实施的准备犯罪工具和创造犯罪条件的行为。行为人尚未着手犯罪的实行行为就被迫停止,是犯罪预备的最主要特征。所谓犯罪的实行行为就是直接产生犯罪人预想的犯罪结果的行为,而犯罪的预备行为并不能直接产生犯罪结果。比如,将利刃刺入被害人身体要害部位的行为就是故意杀人的犯罪实行行为,而购买或者制造利刃则是故意杀人犯罪的预备行为。一般把实施犯罪预备行为的罪犯称之为预备犯。

犯罪预备主要有两种类型:① 为实施犯罪准备工具。准备犯罪工具包括制造、寻求(如购买、讨要、搜集等)、加工犯罪工具等行为,是犯罪预备最常见的行为方式。② 其他为实行犯罪创造便利条件的行为。常见的有:调查作案的场所、时机和被害人行踪,排除犯罪障碍,练习犯罪技能,接近犯罪对象,守候被害人,制定犯罪计划,邀约共同犯罪人等等。《刑法》规定,对预备犯可以比照既遂犯从轻、减轻处罚或者免除处罚。

(四) 犯罪未遂

犯罪未遂,是指犯罪人已经着手实施具体犯罪的实行行为,因意志以外的原因而没有达到犯罪完成状态的一种犯罪停止形态。

犯罪未遂的类型有:① 实行终了的未遂和未实行终了的未遂。这是以犯罪行为是否实行终了为标准所进行的划分。例如,盗窃保险柜的罪犯正在开柜时被抓获,属未实行终了的未遂;盗窃保险柜的罪犯已将柜子打开,但柜中并无财物,因而未得逞的,属于实行终了的未遂。② 能犯未遂和不能犯未遂。罪犯的行为有达到犯罪既遂的可能的,比如盗窃保险柜的罪犯正在开柜时被抓获,并且保险柜中确有财物的,就叫能犯未遂;犯罪行为

没有达到犯罪既遂的可能的,比如罪犯盗窃的保险柜中并无财物,致使犯罪无法得逞的,就属于不能犯未遂。

犯罪未遂也是犯罪,必须受刑罚处罚。但《刑法》规定,对未遂犯,可以比照既遂犯从轻或者减轻处罚。

(五) 犯罪中止

犯罪中止,是指在犯罪过程中,罪犯自动放弃犯罪或者自动有效地防止犯罪结果发生,致使犯罪未达既遂的一种犯罪停止形态。自动性是犯罪中止的最重要特征。

犯罪中止主要有两种类型:① 自动放弃犯罪的犯罪中止和自动有效地防止犯罪结果发生的犯罪中止。自动放弃犯罪,是指罪犯出于自己的主观意志放弃了自认为当时可以进行到底的犯罪行为,比如投毒杀人的罪犯将已下过剧毒的,被害人正要端杯畅饮的水杯打碎、毁弃。如果在被害人喝下有毒饮料后,下毒的罪犯立即将其送往医院抢救脱险,就属于自动有效地防止犯罪结果发生的犯罪中止。② 预备中止和实行中止。在犯罪预备阶段自动停止犯罪的,是预备中止;在犯罪实行阶段自动停止犯罪的,是实行中止。实行中止又分为实行未终了的中止和实行终了的中止。

我国《刑法》规定,在处罚中止犯时:没有造成损害的应当免除处罚;造成损害的应当减轻处罚。

五、共同犯罪

(一) 共同犯罪的概念和构成条件

共同犯罪,是指两人以上共同故意犯罪。共同犯罪的成立,必须具备以下条件:① 共同犯罪的主体必须是二个以上达到刑事责任年龄、具有刑事责任能力的自然人或者符合法定犯罪主体条件的单位。② 二个以上的犯罪主体侵害同一犯罪客体,触犯同一个具体的犯罪罪名。③ 在客观方面有共同的犯罪行为。即各个行为人都共同参与实施某种犯罪活动,每个人的行为彼此联系、互相配合,组合成一个有机的共同犯罪活动的整体。④ 在主观方面,各个犯罪主体之间有共同的犯罪故意。所谓共同的犯罪故意,是指不仅各个行为人都是故意犯罪,而且通过犯意联络,各行为人都还明知有其他人与自己互相配合共同实施犯罪。

(二) 共同犯罪人的分类

1. 主犯

主犯是指组织、领导犯罪集团进行犯罪活动或者在共同犯罪中起主要作用的犯罪分子。对组织、领导犯罪集团的主犯,按照集团所犯全部罪行处罚;其他主犯按其参与的或组织、指挥的全部犯罪处罚。

2. 从犯

从犯,是指在共同犯罪中起次要或者辅助作用的犯罪分子。对于从犯,应当从轻、减轻或者免除处罚。

3. 胁从犯

胁从犯,是指被胁迫参加犯罪的人。对胁从犯,应按照其犯罪情节减轻或者免除处罚。

4. 教唆犯

教唆犯,是指故意唆使他人犯罪,本人不亲自实施犯罪实行行为的犯罪分子。对于教唆犯,应当按照他在共同犯罪中所起的作用处罚。教唆不满 18 周岁的人犯罪的,应当从重处罚。

六、犯罪的法定种类

我国《刑法》由总则和分则两大部分构成。总则与分则之间的关系是一般与特殊、抽象与具体、共性与个性的关系。

我国《刑法》以犯罪的同类客体为标准,将犯罪分为十类,构成刑法分则的十章。各章以及章内犯罪的顺序按照犯罪的社会危害性程度,由重到轻排列,形成刑法分则的体系。这十类(章)犯罪是:① 危害国家安全罪;② 危害公共安全罪;③ 破坏社会主义市场经济秩序罪;④ 侵犯公民人身权利、民主权利罪;⑤ 侵犯财产罪;⑥ 妨害社会管理秩序罪;⑦ 危害国防利益罪;⑧ 贪污贿赂罪;⑨ 渎职罪;⑩ 军人违反职责罪。

第三节　刑罚总论

引例:唐某抢夺案

基本案情:被告人唐某(女,26 岁)于 2014 年 1 月 2 日窜至某市东门菜场,见一老年妇女李某佩戴一对金耳环,遂生歹意。在李某买东西时,被告人趁其不备,从其身后将其所戴的一对金耳环抢夺到手后逃跑。被害人当即呼救,被告人在拦截出租车准备乘车逃走时被抓获。被告人在被抓获时将金耳环丢弃。金耳环的价值,经估定为 14000 元。被告人的亲属在案发后已经代为赔偿了受害人 14000 元人民币。检察院以被告人犯有抢夺罪提起公诉。人民法院判决如下:唐某犯抢夺罪,判处有期徒刑 2 年。被告人以初次犯罪、认罪态度好、退赔损失、犯罪情节和后果轻微、量刑过重为由提出上诉,二审法院裁定驳回上诉,维持原判。

法律分析:本案涉及酌定量刑情节。所谓酌定量刑情节是指人民法院从审判经验中总结出来的,在刑罚裁量过程中灵活掌握、酌情适用的情节。酌定量刑情节虽然不是刑法明文规定的,却是根据刑事立法精神和有关刑事政策,从刑事审判实践经验中总结出来的,因而对于刑罚裁量具有重要意义。本案被告人唐某的行为构成抢夺罪,抢夺财物数额较大,依法应在《刑法》第一百五十一条规定的 5 年以下有期徒刑、拘役或者管制的幅度内判处刑罚。虽然本案中不具有任何法定量刑情节,但是本案所具有的酌定量刑情节,如犯

罪人系初次犯罪,犯罪情节较轻,已赔偿被害人全部财产损失,有认罪、悔罪态度等,都属于酌定从轻处罚的量刑情节。人民法院依据这些情节,对犯罪人唐某从轻判处有期徒刑2年,较好地体现了酌定量刑情节在刑罚裁量中的作用,也充分体现了以犯罪事实为根据,以刑法规定为准绳的量刑原则。因此,对唐某从轻判处有期徒刑2年是正确的。

一、刑罚的概念和特征

刑罚,是刑法规定的由国家审判机关依法对犯罪人所适用的限制或剥夺其某种权益的最严厉的强制性法律制裁方法。国家制定和适用刑罚的目的是:通过惩罚与教育相结合,预防犯罪、改造罪犯。

刑罚同其他法律制裁方法相比较,具有如下基本特征:① 刑罚是最严厉的强制方法。② 刑罚只能由国家最高立法机关(全国人民代表大会及其常务委员会)制定。③ 刑罚只能由国家审判机关依照刑事诉讼法规定的程序适用。④ 刑罚只适用于触犯刑法,构成犯罪的自然人或者单位。⑤ 适用刑罚必须以刑法为根据。⑥ 刑罚的执行机关是特定的,只能由监狱、法院、公安机关执行。

二、刑罚的种类

我国刑罚分为主刑和附加刑两大类,主刑有五种,即管制、拘役、有期徒刑、无期徒刑和死刑;附加刑有四种,即罚金、剥夺政治权利、没收财产和驱逐出境。

(一) 主刑

主刑,又称基本刑,是对犯罪适用的主要刑罚方法。其特点是只能独立适用,不能附加适用,对只犯一种罪的同一犯罪人一次只能判处一个主刑,不能同时适用数个主刑。

1. 管制

管制是由人民法院判决,对犯罪分子不予关押,但限制其一定自由,交由公安机关管束和群众监督改造的刑罚方法。管制的期限,为3个月以上2年以下,数罪并罚时最高不能超过3年。被判处管制的犯罪分子,由公安机关执行,在劳动中应当同工同酬。

2. 拘役

拘役是短期剥夺犯罪分子人身自由,就近关押并强制劳动教育改造的刑罚方法。拘役的期限是1个月以上6个月以下,数罪并罚时最高不能超过1年。被判处拘役的犯罪分子每月可以回家1—2天;参加劳动的,可以酌量发给报酬。

3. 有期徒刑

有期徒刑是剥夺犯罪分子一定期限的人身自由,予以关押并强制劳动和教育改造的刑罚方法。其期限为6个月以上15年以下,数罪并罚中有期徒刑总和刑期不满35年的,最高不能超过20年,总和刑期在35年以上的,最高不能超过25年。

4. 无期徒刑

无期徒刑是剥夺犯罪分子终身自由,加以关押并予强制劳动和教育改造的刑罚方法。

5. 死刑

死刑是剥夺犯罪分子生命的最严厉的刑罚方法。我国《刑法》对死刑的适用规定了严格的限制,具体如下:首先,死刑只适用于罪行极其严重的犯罪分子。其次,对死刑的适用对象予以限制,犯罪的时候不满 18 周岁的人和审判时怀孕的妇女不适用死刑。再次,对死刑规定了严格的核准程序。死刑除依法由最高人民法院判决的以外,都必须报请最高人民法院核准;死刑缓期执行的,可以由高级人民法院判决或者核准。最后,在死刑的执行制度上进行限制。对罪该处死的罪犯,如果不是必须立即执行死刑的,可以在判处死刑的同时宣告缓期 2 年执行。死刑缓期执行期间,罪犯都应参加劳动接受教育改造。死缓期满后的处理办法有三种:其一,对于在死刑缓期执行期间没有故意犯罪的,减为无期徒刑;其二,对在死刑缓期执行期间确有重大立功表现的,减为 15 年以上 20 年以下有期徒刑;其三,对于在死刑缓期执行期间故意犯罪的,经高级人民法院报请最高人民法院核准,执行死刑。

(二) 附加刑

附加刑,又称从刑,是补充主刑适用的附加的刑罚方法。其特点是既能独立适用,又能附加适用。

1. 罚金

罚金是法院判处罪犯向国家缴纳一定数量金钱的刑罚方法,主要适用于经济犯罪、贪财图利的犯罪、与财产有关的犯罪。罚金应当强制缴纳,可以一次缴纳或者分期缴纳,可以随时追缴;遇到灾祸使缴纳罚金确有困难的,可以减少或免除。

2. 剥夺政治权利

剥夺政治权利是剥夺犯罪分子参加国家管理和政治活动权利的刑罚方法。我国《刑法》规定,对于危害国家安全的犯罪分子必须附加剥夺政治权利;对于故意杀人、强奸、放火、爆炸、投毒、抢劫等严重破坏社会秩序的犯罪分子,可以附加剥夺政治权利;对于被判处死刑、无期徒刑的犯罪分子,应当剥夺政治权利终身。剥夺政治权利,是指剥夺下列权利:选举权和被选举权,言论、出版、集会、结社、游行、示威自由的权利,担任国家机关职务的权利,担任国有公司、企业、事业单位和人民团体领导职务的权利。剥夺政治权利由公安机关执行。

3. 没收财产

没收财产是把犯罪分子个人所有财产的一部分或者全部,强制无偿地收归国有的一种刑罚方法。没收财产主要适用于危害国家安全犯罪、经济犯罪和其他贪利性犯罪。判处没收财产时,不得没收属于犯罪分子家属所有或者应有的财产,只能没收属于犯罪分子个人所有财产的一部分或者全部。没收财产由法院执行,必要时会同公安机关执行。

4. 驱逐出境

驱逐出境,是指强制犯罪的外国人离开中国国(边)境的刑罚方法。该种刑罚只适用于犯罪的外国人,不适用于犯罪的本国人。附加适用的,必须在所判处的主刑执行完毕以

后再执行。

三、量刑

(一)量刑概念和原则

量刑,是指人民法院对于犯罪分子依法裁量决定刑罚的一种刑事审判活动。量刑是人民法院在定罪的基础上,依法决定对犯罪分子是否判处刑罚,判处何种刑罚以及判处多重的刑罚。

我国《刑法》规定的量刑原则是,以犯罪事实为根据,以刑事法律为准绳。量刑必须以犯罪事实为根据,就要求量刑时做到查清犯罪事实,确定犯罪性质,考察犯罪情节,正确判断具体犯罪的社会危害性程度;量刑以刑事法律为准绳,就是要求必须依照刑法规定的刑种、刑度,从轻、从重、减轻或免除等量刑情节以及各具体刑罚制度,选择确定与罪行和刑事责任最相适应的刑罚。

(二)量刑的情节

1. 法定情节和酌定情节

量刑情节,是指审判机关对罪犯裁量刑罚时必须考虑并据以决定刑罚轻重的各种事实情况。量刑情节可分为法定情节和酌定情节。① 法定情节是刑法明文规定的,必须适用的情节,包括从轻、从重、减轻、免除四类。② 酌定情节则是刑法没有明文规定的,根据立法精神,从实践中总结出来的,可以酌情适用的情节。常见的酌定情节有犯罪动机、犯罪手段、犯罪对象和悔罪表现等。

2. 累犯

累犯是较为常见的、从重处罚的法定情节之一。累犯,是指因犯罪受过一定的刑罚处罚,在刑罚执行完毕或者赦免以后的一定时期,又犯应判处一定刑罚之罪的罪犯。累犯也有两种,一般累犯和特别累犯。① 一般累犯,是指因故意犯罪而被判处有期徒刑以上刑罚并在刑罚执行完毕或者赦免后的 5 年以内,再犯应当判处有期徒刑以上刑罚之罪的罪犯。② 特别累犯,是指因犯危害国家安全罪受过刑罚处罚,在刑罚执行完毕或者赦免后的任何时候,再犯危害国家安全罪的犯罪分子。《刑法》规定,对于累犯必须从重处罚,并且不得适用缓刑和假释。

3. 自首

自首是法院审判时必须予以考虑的,可据以对罪犯从轻处罚的法定情节之一。所谓自首,是指犯罪分子犯罪以后,自动投案、如实供述自己罪行的行为;以及被采取强制措施的犯罪嫌疑人、被告人和正在服刑的罪犯,如实供述司法机关还未掌握的本人其他罪行的行为。自首分为一般自首和特别自首。犯罪后自动投案,如实供述的是一般自首。已被司法机关羁押的行为人,如实供述司法机关还未掌握的本人其他罪行的,属于特别自首。行为人在犯罪后自首的,均可以获得从轻或者减轻处罚,犯罪较轻的,还可以免除处罚;犯罪后自首并有重大立功表现的,应当减轻或者免除处罚。

4. 立功

立功,是指犯罪分子在归案后揭发、检举他人犯罪行为,查证属实;提供重要线索,从而使其他案件得以侦破;协助司法机关抓捕其他罪犯;在押期间制止他人犯罪等有益于社会的行为。犯罪分子有立功表现的,可以从轻、减轻或者免除处罚,犯罪后自首并有重大立功表现的,应当减轻或者免除处罚。

(三) 数罪并罚

数罪并罚,是人民法院对犯罪分子一人所犯的数个罪,分别定罪量刑后,按照法定的并罚原则及刑期计算方法决定应当执行的刑罚的制度。简单地说,数罪并罚就是对一人所犯数罪的合并处理。数罪并罚有如下三种不同的情况:

1. 判决宣告以前一人犯数罪的并罚

《刑法》第六十九条规定:"判决宣告以前一人犯数罪的,除判处死刑和无期徒刑的以外,应当在总和刑期以下、数刑中最高刑期以上,酌情决定执行的刑期,但是管制最高不能超过 3 年,拘役最高不能超过 1 年,有期徒刑总和刑期不满 35 年的,最高不能超过 20 年,总和刑期在 35 年以上的,最高不能超过 25 年。"这一条规定了数罪并罚的法定原则。例如,某罪犯在判决前犯有三罪,分别被判处有期徒刑 10 年、8 年、5 年,并附加剥夺政治权利 3 年。该罪犯被判总和刑期为 23 年,数刑中的最高刑期为 10 年,人民法院依据上述规定应当在 20 年以下 10 年以上酌情决定对其执行的刑期,并剥夺政治权利 3 年。

2. 判决宣告以后发现漏罪的并罚

《刑法》第七十条规定:"判决宣告以后,刑罚执行完毕以前,发现被判刑的犯罪分子在判决宣告以前还有其他罪没有判决的,应当对新发现的罪作出判决,把前后两个判决所判处的刑罚,依照本法第六十九条的规定,决定执行的刑罚。已经执行的刑期,应当计算在新判决决定的刑期以内。"这种并罚的方法,通常称为"先并后减"。例如某罪犯有三种罪,原判决宣告以前发现了其中两种罪,判处有期徒刑 14 年,在执行 4 年以后,发现该罪犯原来还有一罪未处理,人民法院对这一漏罪判处有期徒刑 5 年,依照《刑法》第六十九条的规定,对该罪犯应当在 19 年以下 14 年以上酌情决定执行的刑期。如果决定对其执行 18 年有期徒刑,应将已经执行的 4 年计算在 18 年之内,这样,该罪犯只需再执行 14 年有期徒刑就已刑满。

3. 判决宣告以后又犯新罪的并罚

《刑法》第七十一条规定:"判决宣告以后,刑罚执行完毕以前,被判刑的犯罪分子又犯罪的,应当对新犯的罪作出判决,把前罪没有执行的刑罚和后罪所判处的刑罚,依照本法第六十九条的规定,决定执行的刑罚。"这种并罚的方法,通常称为"先减后并"。因为犯罪分子是在服刑期间重新犯罪,所以这种并罚的方法比上述两种情况处刑要重。例如,某犯罪分子被判有期徒刑 12 年,执行 10 年后又犯新罪,被判处有期徒刑 13 年,把前罪没有执行的 2 年和新罪判处的 13 年相加成总和刑期,依照《刑法》第六十九条的规定,人民法院应当在 15 年以下 13 年以上决定对其执行的刑期。如果决定执行有期徒刑 14 年,由于该罪犯已经服刑 10 年,实际上其执行的刑期是 24 年。

四、缓刑、减刑和假释

(一) 缓刑

缓刑,是指对罪犯所判处的刑罚附条件不执行的一种刑罚制度。我国《刑法》规定的缓刑制度,包括一般缓刑和战时缓刑。战时缓刑只适用于在战时犯罪的没有现实危险的军人。

一般缓刑,是指法院对于被判处拘役或 3 年以下有期徒刑的犯罪分子,根据其犯罪情节和悔罪表现,认为暂缓执行原判刑罚,确实不致再危害社会的,规定一定的考验期,犯罪分子在考验期内没有发生法定撤销缓刑的情形,原判刑罚就不再执行的制度。

被宣告缓刑的犯罪分子,在缓刑考验期内,由公安机关考察,其所在单位或者基层组织予以配合。被宣告缓刑的犯罪分子,在缓刑考验期内,应遵守下列规定:① 遵守法律、行政法规,服从监督;② 按照规定报告自己的活动情况;③ 遵守考察机关关于会客的规定;④ 离开所居住的市、县或者迁居,应当报经考察机关批准。

(二) 减刑

减刑,是指对于被判处有期徒刑、无期徒刑、管制、拘役的犯罪分子,因其在刑罚执行期间确有悔改或立功表现,适当减轻其原判刑罚的制度。减刑必须经过法定的程序,由执行机关向罪犯服刑地的中级以上人民法院提出减刑建议书,经法院的合议庭审理后作出减刑裁定。减刑是有限度的,罪犯经过一次或几次减刑后应当实际执行的刑期为:判处管制、拘役、有期徒刑的,不能少于原判刑期的 1/2;判处无期徒刑的,不能少于 13 年。

(三) 假释

假释,是指对于被判处有期徒刑、无期徒刑的罪犯,因其在执行一定刑期后确有悔改表现,不致再危害社会,所以附条件地将其提前释放的刑罚制度。但是,对于累犯以及因为故意杀人、爆炸、抢劫、强奸、绑架等暴力性犯罪被判处 10 年以上有期徒刑或者无期徒刑的犯罪分子,不允许适用假释。被假释的罪犯要在考验期内经受公安机关的监督和考察,如果没有发生应当撤销假释的法定情形,考验期满,就认为原判刑罚已经执行完毕。假释的考验期限是:原判有期徒刑的,其考验期为没有执行完毕的刑期;原判无期徒刑的,考验期为 10 年。此外,非经法定程序不得假释。

五、时效

刑法上的时效,是指经过一定的期限,对刑事犯罪不得追诉或者对所判刑罚不得执行的一项法律制度。时效有追诉时效和行刑时效两种,我国刑法只规定了追诉时效。追诉时效是指依法对犯罪分子追究刑事责任的有效期限。我国《刑法》规定,犯罪经过下列期限不再追诉:① 法定最高刑为不满 5 年有期徒刑的,经过 5 年;③ 法定最高刑为 5 年以上不满 10 年有期徒刑的,经过 10 年;③ 法定最高刑为 10 年以上有期徒刑的,经过 15 年;④ 法定最高刑为无期徒刑、死刑的,经过 20 年。如果 20 年后认为必须追诉的,报请最高人民检察院核准。

六、赦免

赦免,是国家宣告对于犯罪分子免于追诉或免除执行全部或者一部分刑罚的法律制度。赦免分为大赦和特赦两种,我国法律只规定特赦,没有规定大赦。特赦是国家对犯罪分子免除其刑罚的全部或者一部分的执行。我国《宪法》规定,特赦由全国人民代表大会常务委员会决定,由国家主席发布特赦令。

第四节　刑法分论概述

引例:罪名

基本案情:某晚,甲潜入乙家中行窃,被发现后携所窃赃物(价值9000元)逃跑,乙紧追不舍。甲见杂货旁有一辆未熄火摩托车,车主丙正站在车旁吸烟,便骑上摩托车继续逃跑,次日,丙在街上发现自己的摩托车和甲,欲将甲扭送公安局,甲一拳将丙打伤,后经法医鉴定为轻伤。

法律分析:甲潜入乙家中行窃,被发现后携所窃赃物逃跑涉嫌盗窃罪;甲见杂货旁有一辆未熄火摩托车,车主丙正站在车旁吸烟,便骑上摩托车继续逃跑涉嫌抢夺罪,甲一拳将丙打伤涉嫌故意伤害罪。

一、刑法分论与刑法总论的关系

刑法学体系由刑法总论和刑法分论两大部分构成。刑法总论研究刑法的宏观理论问题和刑法总则规范的基本原理与共性问题;刑法分论则研究刑法分则规范和具体犯罪的理论与实践问题。刑法总论和刑法分论的关系是一般与特殊、抽象与具体、共性与个性的关系。刑法分论不仅受到刑法总论的指导和制约,同时也对刑法总论具有重要的作用。

(一) 刑法分论对刑法总论的作用

刑法分论对刑法总论的作用主要表现在:

(1) 贯彻与体现刑法总论的作用。刑法总论所阐述的犯罪、刑事责任和刑罚的一般原理原则较为抽象和概括,只有通过刑法各论对具体罪刑的论述才能使这些原理原则具体化,便于人们的理解和把握。例如,刑法总论所阐述的犯罪构成理论,就是通过刑法各论对各种具体犯罪构成要件的分析与说明而得到充分贯彻和体现。

(2) 促进刑法总论实践效应的作用。刑法总论所研究的犯罪、刑事责任和刑罚的一般原理原则,虽然对定罪量刑具有重要作用,但难以解决司法实践中的具体犯罪的认定和处罚问题。刑法各论将刑法总论的原理原则结合各类各种犯罪情况加以具体化,就使得刑法总论的原理原则在司法实践中充分发挥作用,指导司法实践,满足司法实践的需要。

(3) 丰富和发展刑法总论的作用。刑法分论通过对各种具体犯罪问题的研究,使得

刑法总论的一般原理原则得以充分展开,使原来抽象、枯燥、概括的内容变得形象、生动、具体。同时,刑法各论对具体问题的探讨,也往往会发现刑法总论原理原则的不足,从而有助于刑法总论的发展和完善。

(二) 刑法总论对刑法分论的作用

刑法总论对刑法分论的作用主要表现在:

(1) 概括刑法各论的作用。刑法各论主要研究各种各样的具体犯罪问题。这些具体犯罪既有其特殊性,也有其共性。如果我们仅就刑法分论所论述的罪刑问题来认识具体犯罪,就难以从宏观和整体上把握具体犯罪的实质。刑法总论通过对刑法分论所阐述的形形色色的具体犯罪问题进行科学的抽象与概括,提炼出有关的原理原则和共性问题,从而使我们避免和克服片面性和局限性,能够全面而深刻地认识具体犯罪问题。

(2) 指导刑法分论的作用。刑法总论关于犯罪、刑事责任和刑罚的一般原理原则,既然是对刑法分论所阐述的具体犯罪问题的抽象与概括,反过来它必然具有指导刑法各论的作用。例如,刑法总论关于共同犯罪的原理,对于刑法分论中研究各种具体犯罪的共同犯罪问题都具有重要的指导作用。

(3) 制约刑法分论的作用。刑法分论受刑法总论的规范和约束。因此,刑法分论的研究必须切实地遵循刑法总论所阐明的得到公认的原理原则,而不能违背这些原理原则。例如,刑法总论关于量刑的一般原则制约着刑法分论关于各种具体犯罪的量刑问题。后者不能与前者相抵触。

二、危害国家安全罪

(一) 危害国家安全罪的概念和特征

危害国家安全罪,是指故意危害中华人民共和国国家安全的行为。

危害国家安全罪具有以下特征:

(1) 本类犯罪侵犯的客体是中华人民共和国国家安全,即中华人民共和国的主权、领土完整、国家制度、社会制度及其他安全利益。

(2) 本类犯罪在客观方面表现为危害中华人民共和国国家安全的行为。成立本类犯罪既遂并不要求有实际危害结果发生。但只有反动思想,无实际行动也不构成本类罪。

(3) 本类犯罪的主体多数为一般主体,即年满 16 周岁,具有刑事责任能力的人即可构成,包括中国人、外国人、无国籍人。少数犯罪的主体是特殊主体,如背叛国家罪的主体只能是中国公民,叛逃罪的主体必须是国家机关工作人员。

(4) 本类犯罪的主观方面必须是故意。大多数犯罪是由直接故意构成的,只有少数犯罪可以由间接故意构成,如行为人可能出于获利目的而实施为境外窃取、刺探、收买、非法提供国家秘密情报的行为,放任危害国家安全结果的发生。

(二) 危害国家安全罪的种类

根据我国《刑法》分则第一章的规定,危害国家安全罪共包括 12 种具体罪名:背叛国家罪,分裂国家罪,煽动分裂国家罪,武装叛乱、暴乱罪,颠覆国家政权罪,煽动颠覆国家政权罪,资助危害国家安全犯罪活动罪,投敌叛变罪,叛逃罪,间谍罪,为境外窃取、刺探、收买非法提供国家秘密、情报罪,资敌罪。

(三) 危害国家安全罪的刑事责任(除各罪的具体刑事责任外,有一些共性的东西)

(1)《刑法》第一百一十三条规定,煽动分裂国家罪、颠覆国家政权罪、煽动颠覆国家政权罪、资助危害国家安全犯罪活动罪、叛逃罪均不适用死刑。

(2)犯本类罪的,应当附加剥夺政治权利,并可以没收财产。

(3)危害国家安全罪,若符合缓刑条件的,可以适用缓刑。

三、危害公共安全罪

(一) 危害公共安全罪的概念和特征

危害公共安全罪,是指故意或者过失地实施危害不特定多数人的生命、健康和重大公私财产安全及公共生产、生活安全的行为。

危害公共安全罪具有以下特征:

(1)本类犯罪侵犯的客体是社会的公共安全。所谓"公共安全",是指不特定的多数人的生命、健康和重大公私财产安全及公共生产、生活安全。其本质特征表现为不特定性,即这类犯罪的危害不是限于特定个人和财产,对于其侵害的对象和可能造成的危害后果,往往在事前无法确定,也无法预料和控制。如果行为人的犯罪行为所侵害的不是不特定的多数人的生命、健康或重大公私财产,而只是特定的个人的人身权或者特定的公私财产,则不构成危害公共安全罪,根据其所侵害的客体,以侵犯人身权利罪或者侵犯财产罪论处。但这种不特定不仅仅取决于人数的多少,也不在于行为人是否具有明确特定的犯罪对象,只要其行为所造成或者可能造成的严重后果,具有难以预料和难以控制这一客观属性,就应当认定为危害公共安全。

(2)本类犯罪在客观方面表现为实施了危害公共安全的行为。危害公共安全的行为既可以表现为作为,也可以表现为不作为。具体行为方式多种多样。有的犯罪方法特别危险,如放火、爆炸、投放危险物质、决水等;有的犯罪对象直接关系着公共安全,如汽车、火车、飞机、船只等交通工具和交通、电力、通信、煤气等公共设施,一旦遭到破坏,就可能给公共安全造成巨大的损害。由于危害公共安全行为的严重的社会危害性,危害公共安全罪的行为既包括已经造成实际损害结果的行为,也包括虽未造成严重后果,却足以危害不特定的多数人的生命、健康和重大公私财产安全及公共生活安全的行为。因此,只要行为人的犯罪行为足以造成危害公共安全的危险,就构成犯罪。但是,过失实施危害公共安全的行为,必须造成严重危害后果,才能构成犯罪(此为结果犯),而第一百一十五、一百一十九、一百二十一、一百二十二、一百二十三、一百二十四条的后半部则是结果加重犯,即事实基本犯罪构成要件的行为,发生基本犯罪构成要件的结果以外的严重的后果,《刑法》对其加重法定刑的犯罪;还有举动犯,即一经着手实施犯罪的实行行为,犯罪既遂即已构成。如第一百二十条,如其再实施其他犯罪,则按照数罪并罚的规定进行处理。还有行为

犯,即只要实施了分则所规定的行为,不论危害结果是否发生,均构成犯罪既遂。如第一百二十一、一百二十二、一百二十五、一百二十六、一百二十八条等。

（3）本类犯罪的主体,既有一般主体,又有特殊主体。大多数犯罪都是由一般主体构成的,如放火罪、破坏交通设施罪、劫持航空器罪等。少数犯罪是由特殊主体构成的,如丢失枪支不报罪,重大飞行事故罪等。另外,本类犯罪中,有的犯罪可以由单位构成,如非法制造、买卖、运输、储存危险物质罪,有的犯罪只能由单位构成,如违规制造、销售枪支罪。而放火、爆炸、投放危险物质罪,年满 14 周岁的人就应当负刑事责任。

（4）本类犯罪在主观方面表现为两种罪过形式,即有的犯罪是故意的,包括直接故意和间接故意,如放火罪,破坏交通工具罪等;有的犯罪必须是出于直接故意,如违规制造、销售枪支罪;有的犯罪是过失的,如交通肇事罪、重大责任事故罪等（又可分为一般过失和业务过失）,业务过失首先主体应当是从事一定业务的人,且只发生在从事业务的过程中和所从事业务的范围内,否则就不是业务过失而是一般过失。（如工人随手扔烟头致火灾发生和忘记关火致使火灾发生）。我国《刑法》业务过失的处罚要轻于一般过失的处罚,这与大多数国家的规定不同（专业人员具备更高的预见能力和预防能力,且职责的要求更高,加重处罚也有助于警戒）,因此,我国立法应当对此进行调整。

（二）危害公共安全罪的种类

根据我国《刑法》分则第二章的规定,危害公共安全罪共 26 个条文,包括 47 个罪名,具体可分为:

（1）以危险方法危害公共安全的犯罪包括:放火罪;决水罪;爆炸罪;投放危险物质罪;以危险方法危害公共安全罪;失火罪;过失决水罪;过失爆炸罪;过失投放危险物质罪;过失以危险方法危害公共安全罪。

（2）破坏特定设施、设备的犯罪包括:破坏交通工具罪;破坏交通设施罪;破坏电力设备罪;破坏易燃易爆设备罪;破坏广播电视设施、公用电信设施罪;过失损坏交通工具罪;过失损坏交通设施罪;过失损坏电力设备罪;过失损坏易燃易爆设备罪;过失损坏广播电视设施、公用电信设施罪。

（3）实施暴力、恐怖活动的犯罪包括:组织、领导、参加恐怖活动组织罪;资助恐怖活动罪;劫持航空器罪;劫持船只、汽车罪;暴力危及飞行安全罪。

（4）以枪支、弹药、爆炸物、危险物质为对象的犯罪包括:非法制造、买卖、运输、邮寄、储存枪支、弹药、爆炸物罪;非法制造、买卖、运输、储存危险物质罪;违规制造、销售枪支罪;盗窃、抢夺枪支、弹药、爆炸物、危险物质罪;抢劫枪支、弹药、爆炸物、危险物质罪;非法持有、私藏枪支、弹药罪;非法出租、出借枪支罪;丢失枪支不报罪;非法携带枪支、弹药、管制刀具、危险物品危及公共安全罪。

（5）过失造成重大责任事故的犯罪包括:重大飞行事故罪;铁路运营安全事故罪;交通肇事罪;重大责任事故罪;重大劳动安全事故罪;危险物品肇事罪;工程重大安全事故罪;教育设施重大安全事故罪;消防责任事故罪;不报、谎报安全事故罪;大型群众性活动重大安全事故罪;强令违章冒险作业罪;危险驾驶罪。

四、破坏社会主义市场经济秩序罪

(一) 破坏社会主义市场经济秩序罪的概念和特征

破坏社会主义市场经济秩序罪,是指违反国家市场经济管理法规,破坏国家对市场经济的管理活动,致使国民经济发展遭受严重损害的行为。

破坏社会主义市场经济秩序罪的特征是:

(1) 本章犯罪侵犯的客体是社会主义市场经济秩序。社会主义市场经济秩序,是指国家通过法律对由市场进行资源配置的经济运行过程进行调节所形成的正常、协调和有序的状态。国家为了维护正常的社会主义市场经济秩序,制订了一系列法律、法规形成了市场经济管理制度,这些制度受到刑法的保护。一切违反国家市场经济管理法律、法规,破坏国家市场经济管理活动,严重危害国计民生的行为,都是对国家市场经济管理制度的侵犯。这是破坏社会主义市场经济秩序的本质特征,也是同其他经济犯罪相区别的基本标志。

(2) 本章犯罪在客观方面表现为违反国家市场经济管理法规,破坏国家对市场经济的管理活动,致使国民经济发展遭受严重损害的行为。国家经济法规,从纵向看包括工业、农业、林业、渔业、财政、外贸、海关、金融、商标、专利、税务、工商等方面;从横向看,包括市场主体法、市场运行法、市场秩序法、市场调控法和市场保障法等法规,本章分为八大类。行为人违反有关的市场经济管理法规和破坏国家市场经济管理活动的行为,并不必然构成破坏社会主义经济秩序罪,只有对其中情节严重,致使社会主义市场经济遭受严重损害的行为才能追究其刑事责任。本章犯罪在行为表现形式上一般由作为构成的少数犯罪如签订、履行合同失职被骗罪等,也可以由不作为构成。

(3) 本章犯罪的主体主要是一般主体,可以由达到法定刑事责任年龄具备刑事责任能力的自然人构成,但也有一些犯罪的主体只能是特殊主体,例如偷税、抗税等。根据《刑法》的规定,本章犯罪中许多犯罪可以由单位构成。个别犯罪的主体只能是单位,个人不能构成,如逃汇罪。

(4) 本章犯罪在主观方面绝大多数表现为故意犯罪并且具有非法占有、非法营利或者谋取其他非法利益的目的,但是,也有少数犯罪只能由过失构成,例如签订、履行合同失职被骗罪等。

(二) 破坏社会主义市场经济秩序罪的分类

《刑法》分则第三章破坏社会主义市场经济秩序罪,用 8 节 92 个条文规定了 105 个具体罪名。其种类如下:

(1) 生产、销售伪劣商品罪。具体包括:生产、销售伪劣产品罪,生产、销售假药罪等。

(2) 走私罪。具体包括:走私武器、弹药罪,走私核材料罪等。

(3) 妨害对公司、企业的管理秩序罪。具体包括:虚报注册资本罪,虚假出资、抽逃出资罪等。

(4) 破坏金融管理秩序罪。具体包括:伪造货币罪,出售、购买、运输假币罪等。

（5）金融诈骗罪。具体包括：集资诈骗罪、贷款诈骗罪等。

（6）危害税收征管罪。具体包括：偷税罪、抗税罪等。

（7）侵犯知识产权罪。具体包括：假冒注册商标罪、销售假冒注册商标的商品罪等。

（8）扰乱市场秩序罪。具体包括：损害商业信誉、商业声誉罪，虚假广告罪等。

五、侵犯公民人身权利、民主权利罪

（一）侵犯公民人身权利、民主权利罪的概念和特征

侵犯公民人身权利、民主权利罪，是指故意或者过失地侵犯公民的人身权利和与人身直接有关的权利，非法剥夺或者妨害公民自由行使其依法享有的参加社会政治活动的权利和其他民主权利的行为。它实际上包括了侵犯公民人身权利罪和侵犯公民民主权利罪两类犯罪。

本章罪具有如下特征：

（1）侵犯的客体是公民的人身权利、民主权利。公民的人身权利，是指我国法律所确认的与公民的人身不可分离的权利，不具有经济内容与人身密不可分，包括公民的生命权、健康权、人身自由权、人格名誉权以及与人身直接有关的住宅不受侵犯权等权利。公民的民主权利，是指我国法律规定的公民享有的参加国家管理和社会政治活动的权利，包括选举权、被选举权、批评权、控告权、申诉权、婚姻自由权、受扶养权、通信自由权、保持少数民族风俗习惯权及宗教信仰自由权等权利。

（2）客观方面表现为行为人实施了非法侵犯公民人身权利、民主权利的行为。行为的表现形式，绝大多数犯罪只能表现为作为，例如强奸、侮辱、诬告陷害等，只有少数犯罪既可以表现为作为，也可以表现为不作为，例如故意杀人、故意伤害、侵犯通信自由等。至于行为的方式方法则多种多样。文字、语言、工具器械、国家权力及人的身体等，都可以被用来实施犯罪行为。

（3）犯罪主体，大多数是一般主体，少数是特殊主体，如刑讯逼供罪、报复陷害罪、非法剥夺公民宗教信仰自由罪、侵犯少数民族风俗习惯罪等只能分别由司法工作人员、国家机关工作人员构成。

犯罪主体一般是已满16周岁的人。但是根据《刑法》第十七条的规定，故意杀人罪、故意重伤罪、强奸罪的犯罪主体也可以是已满14周岁不满16周岁的人。犯故意杀人、故意伤害罪，致人死亡或者以特别残忍手段致人重伤造成严重残疾，情节恶劣，经最高人民检察院核准追诉的，已满12周岁不满14周岁的人也可以是犯罪主体。

（4）主观方面，绝大多数犯罪是出于故意，仅有两种犯罪是出于过失，即过失致人死亡罪、过失致人重伤罪。

（二）侵犯公民人身权利、民主权利罪的种类

根据犯罪侵犯的直接客体，分为以下几方面的犯罪：

（1）侵犯公民生命权利、健康权利的犯罪。包括故意杀人罪和过失致人死亡罪、故意伤害罪和过失致人重伤罪。

（2）侵犯妇女儿童身心健康的犯罪。包括强奸罪,强制猥亵、侮辱妇女罪,猥亵儿童罪。

（3）侵犯人身自由权利的犯罪。包括非法拘禁罪,绑架罪,拐卖妇女、儿童罪,收买被拐卖的妇女、儿童罪,聚众阻碍解救被收买的妇女、儿童罪,强迫职工劳动罪,非法搜查罪、非法侵入住宅罪。

（4）侵犯公民人格、名誉权利的犯罪。包括诬告陷害罪、侮辱罪、诽谤罪。

（5）侵犯公民民主权利的犯罪。包括报复陷害罪,打击报复会计、统计人员罪,破坏选举罪、非法剥夺公民宗教信仰自由罪,侵犯通信自由罪,私自开拆、隐匿、毁弃邮件、电报罪、刑讯逼供罪,暴力取证罪,虐待被监管人罪、煽动民族仇恨、民族歧视罪、出版歧视、侮辱少数民族作品罪、侵犯少数民族风俗习惯罪。

（6）侵犯公民婚姻家庭权利的犯罪。包括暴力干涉婚姻自由罪,重婚罪,破坏军婚罪,虐待罪,遗弃罪,拐骗儿童罪。

六、侵犯财产罪

（一）侵犯财产罪的概念和特征

侵犯财产罪,是指故意非法占有、挪用、毁灭公私财产的行为。

侵犯财产罪具有以下特征:

（1）侵犯财产罪侵害的客体是公私财产的所有权。作为侵犯财产罪的侵犯对象的财产必须具有经济价值,其具体的形式可以是生产资料、生活资料、动产、不动产等具有经济价值的财物,也可以是代表一定经济价值的货币、有价证券或者有价票证,也可以是电、煤气等无形物。同时,作为侵犯财产罪侵犯对象的财产必须具有所有关系,即必须是依法归国家、集体或者公民个人所有的。如果是无主物或者遗弃物则不能成为本章罪的犯罪对象。但是,应当注意:

① 根据我国《宪法》及有关法律规定,矿藏、水流、森林、山岭、草原、荒地、滩涂等自然资源,我国境内地下、内水、领海中遗存的一切文物、古文化遗址、古墓葬、石窟寺以及所有人不明的埋藏物、隐藏物等,均归国家所有。因此,不得将上述财物视为无主物而任意侵占。

② 遗忘物、遗失物、漂流物不是无主物,它们只是暂时脱离所有人或者保管人的控制。如果拾得遗忘物、遗失物或者打捞漂流物后拒不归还原主,则是非法占有行为。

③ 他人非法占有的财物也不是无主物,他人非法占有的财物,如盗窃犯偷得的赃物,走私犯贩运的货物等,本来就是国家、集体或者公民私人所有的合法财产,应依法没收上缴国库,或者返归原主。因此,侵犯他人非法占有的财物,归根结底还是侵犯了国家、集体或者个人的合法财产所有权,仍以侵犯财产罪论处。

（2）侵犯财产罪在客观方面表现为非法占有、挪用、毁坏公私财物的行为。侵犯财产的行为表现多种多样,但基本可以分为两大类:一是以各种手段非法占有公私财物的行为,如抢劫、抢夺、盗窃、诈骗、敲诈勒索、哄抢和侵占等;二是故意毁坏公私财物的行为。根据刑法的规定,除了抢劫罪和破坏生产经营罪以外,侵犯财物的数额较大是构成犯罪的

必要条件。如果侵犯财物数额不大,情节显著轻微,危害不大的,一般不构成犯罪。

（3）侵犯财产罪的主体,有的是一般主体,有的是特殊主体。本章的多数犯罪是一般主体,如盗窃罪、诈骗罪、抢夺罪、故意毁坏财物罪等。少数犯罪是特殊主体,要求由具备一定身份的人员构成,如职务侵占罪和挪用资金罪的主体必须是公司、企业或者其他单位的人员。另外,根据《刑法》第十七条第二款的规定,对于抢劫罪,已满14周岁不满16周岁的人,也应当负刑事责任。本章无单位犯罪。

（4）侵犯财产罪在主观方面必须出于故意。本章的多数犯罪是以非法占有公私财物为目的的。所谓"非法占有为目的",是指明知是公共的或者他人的财物而意图把它非法转归己有或者归第三者占有。而这里的"第三者",既包括公民个人,也包括集体。这里的"占有"在不同性质的犯罪中有不同的含义,可以是完全排斥所有人或者保管人对财物的控制而永久地占有,如抢劫罪、盗窃罪、诈骗罪、侵占罪等;也可以是为暂时使用而短期非法占有,如挪用资金罪。而故意毁坏财物罪和破坏生产经营罪则是以非法毁灭、损坏公私财物为目的的。侵犯财产罪的动机多种多样,如贪财图钱、追求享乐、好逸恶劳、泄愤、嫉妒或者陷害他人等,犯罪动机一般并不影响本类犯罪的成立,但是在量刑时应予以考虑。

（二）侵犯财产罪的种类

根据《刑法》分则第五章的规定,侵犯财产罪共包括13种具体犯罪:抢劫罪、盗窃罪、诈骗罪、抢夺罪、聚众哄抢罪、侵占罪、职务侵占罪、拒不支付劳动报酬罪、挪用资金罪、挪用特定款物罪、敲诈勒索罪、故意毁坏财物罪和破坏生产经营罪。

七、妨害社会管理秩序罪

（一）妨害社会管理秩序罪的概念和特征

妨害社会管理秩序罪,是指妨害国家机关对日常社会生活的管理活动,破坏社会秩序,情节严重的行为。这里的社会管理秩序是狭义的,是指刑法其他各章中所规定的社会秩序之外的社会日常管理秩序。

本章罪具有如下特征:

（1）侵犯的客体是社会管理秩序。社会秩序包括政治秩序、经济秩序、工作秩序、生活秩序等各方面的秩序。社会管理秩序属社会秩序的一个组成部分,它是指国家机关对日常社会生活的管理活动所形成的有序状态,是国家为维持其他社会活动正常进行所提供的社会环境保障。妨害社会管理秩序的行为正是直接损害了国家对日常社会生活的正常管理活动,进而影响到整个社会秩序的稳定。

（2）客观方面表现为妨害国家机关对日常社会生活的正常管理活动,破坏社会秩序,情节严重的行为。妨害社会管理秩序的行为涉及面广泛,内容复杂,表现形式多种多样。但不论是何种具体行为,以何种形式表现,只要达到一定的严重程度,就构成犯罪。如果行为尚未达到犯罪的严重程度,则应作为一般违法行为给予行政处罚。

（3）犯罪主体绝大多数是一般主体,但也有少数犯罪是特殊主体,如脱逃罪、医疗事故罪等就只能由具有特定身份的行为人（如依法被关押的罪犯、被告人、犯罪嫌疑人,医务人员等)构成。此外,本章中的多数犯罪只能由自然人实施,但也有不少犯罪可以由单位实施,如重大环境污染事故罪、倒卖文物罪等。

(4) 主观方面大多数是出于故意,但也有少数是由于过失,如医疗事故罪、为他人提供书号出版淫秽书刊罪等。本章中的大多数故意犯罪不要求具备特定的目的,仅有少数几种犯罪要求具有特定的目的,如赌博罪中的"营利",倒卖文物罪、非法收购盗伐、滥伐的林木罪和制作、复制、出版、贩卖、传播淫秽物品牟利罪中的"牟利"等。

(二) 妨害社会管理秩序罪的种类

根据《刑法》分则第六章的规定,本章包括9个方面的犯罪,共有122种具体犯罪:

(1) 扰乱公共秩序罪。包括妨害公务罪、煽动暴力抗拒法律实施罪、招摇撞骗罪等共35种。

(2) 妨害司法罪。包括伪证罪,辩护人、诉讼代理人毁灭证据、伪造证据、妨害作证罪等共17种。

(3) 妨害国(边)境管理罪。包括组织他人偷越国(边)境罪,骗取出境证件罪,提供伪造、变造的出入境证件罪等共8种。

(4) 妨害文物管理罪。包括故意损毁文物罪、故意损毁名胜古迹罪、过失损毁文物罪等共10种。

(5) 危害公共卫生罪。包括妨害传染病防治罪,传染病菌种、毒种扩散罪,妨害国境卫生检疫罪等共11种。

(6) 破坏环境资源保护罪。包括重大环境污染事故罪、非法处置进口的固体废物罪、擅自进口固体废物罪等共14种。

(7) 走私、贩卖、运输、制造毒品罪。包括走私、贩卖、运输、制造毒品罪,非法持有毒品罪,包庇毒品犯罪分子罪等共12种。

(8) 组织、强迫、引诱、容留、介绍卖淫罪。包括组织卖淫罪、强迫卖淫罪、协助组织卖淫罪等共7种。

(9) 制作、贩卖、传播淫秽物品罪。包括制作、复制、出版、贩卖、传播淫秽物品牟利罪,为他人提供书号出版淫秽书刊罪等共5种。

八、危害国防利益罪

(一) 危害国防利益罪的概念

危害国防利益罪是指主体出于主观上的故意或者过失,危害国防利益,依法应受刑罚处罚的行为。1997年3月14日,第八届全国人民代表大会第五次全体会议审议通过的新修订的《刑法》,将危害国防利益罪作为一类罪纳入了本法。刑法对危害国防利益的各种犯罪行为及其法律责任均作了明确的规定。这对于充分发挥刑罚的威慑力,打击和遏制危害国防利益的犯罪活动,保护国防利益不受侵害,对于推动我国国防法制建设的深入发展,维护我军铁的纪律,促进我军的革命化、现代化、正规化建设,都具有十分重要的意义。

（二）危害国防利益罪的特征

（1）这类犯罪所侵犯的客体,是国家的国防利益。这是此类犯罪所具有的最本质的特征。

（2）这类犯罪的主体既可以是公民个人,也可以是法人,还有极个别的军职人员。

（3）这类犯罪在客观上表现为行为人实施了危害国防利益的行为。如妨害军事行动、破坏或者提供不合格武器装备和军事设施、妨害军事设施保护区秩序、危害战斗力、危害兵役制度和损害军队声誉等方面的危害较大的行为。

（4）这类犯罪在主观上,既可以是故意,也可以是过失。至于犯罪动机,则可以是各种各样的。

（三）危害国防利益罪的种类

根据《刑法》的规定,危害国防利益罪按其所侵害的直接客体的不同,分为五个方面的犯罪,即危害国防安全方面的犯罪、危害军队作战利益方面的犯罪、危害军队战斗力方面的犯罪、危害战争动员秩序和兵役制度方面的犯罪和损害军队声誉方面的犯罪。

九、贪污贿赂罪

（一）贪污贿赂罪的概念

贪污贿赂罪,是指国家工作人员利用职务上的便利或者违反与其职务相关的法律规定,非法侵占、挪用、私分等侵犯公私财物的行为。

（二）贪污贿赂罪的特征

贪污贿赂罪具有以下特征:

1. 本类犯罪侵犯的客体是复杂客体

贪污贿赂罪侵犯的客体即国家廉政制度和公私财产所有权。

2. 本类犯罪的客观方面

贪污贿赂罪的客观方面表现为行为人利用职务上的便利或者违反与其职务相关的法律规定,贪污、受贿、挪用公款、拥有不能说明来源的巨额财产、隐瞒境外存款、私分国有资产或罚没财物,或者行贿、介绍贿赂的行为。这类犯罪行为不仅与职务密切相关,而且从结果来看,都获取了达到一定数额标准的财物。其中,利用职务上的便利是这类罪的本质特征,也是犯罪成立的前提。

3. 本类犯罪的主体,绝大多数是特殊主体

如贪污罪、受贿罪、挪用公款罪、巨额财产来源不明罪和隐瞒境外存款罪,只能由国家工作人员构成。单位受贿罪、私分国有资产罪和私分罚没财物罪,只能由国有单位构成。只有行贿罪、介绍贿赂罪等少数犯罪,由一般主体构成。根据《刑法》第93条的规定,国家工作人员具体包括以下四类人员:

（1）国家机关中从事公务的人员。

（2）国有公司、企业、事业单位、人民团体中从事公务的人员。

（3）国家机关、国有公司、企业、事业单位委派到非国有公司、企业、事业单位、社会团体中从事公务的人员。

（4）其他依照法律从事公务的人员。这是指依照法律规定选举或者任命产生，从事某项公共事务的人员。此外，根据刑法第382条第2款的规定，受国家机关、国有公司、企业、事业单位、人民团体委托管理、经营国有财产的人员。

4. 本类犯罪的主观方面

均由故意构成，具有占有公私财物或使用公共财物的目的。过失不能构成本类犯罪。

（三）贪污贿赂罪的种类

根据刑法典分则第八章的规定，贪污贿赂罪共17个具体罪名，即贪污罪、挪用公款罪、受贿罪、单位受贿罪、利用影响力受贿罪、行贿罪、对有影响力的人行贿罪、对单位行贿罪、介绍贿赂罪、单位行贿罪、巨额财产来源不明罪、隐瞒境外存款罪、私分国有资产罪、私分罚没财物罪、非国家工作人员受贿罪、对非国家工作人员行贿罪、对外国公职人员、国际公共组织官员行贿罪。

十、渎职罪

（一）渎职罪的概念

渎职罪，是指国家机关工作人员滥用职权或者玩忽职守、徇私枉法，妨害国家机关的正常活动，致使公共财产、国家和人民利益遭受重大损失的行为。广义上而言，贪污贿赂犯罪也是渎职罪的范畴。1979年《刑法》中的受贿犯罪也规定在渎职罪中，在1997年刑法中划归至第八章中。

渎职犯罪在我国，长期以来，我们强调为人民服务，人民民主专政等，但在实际中却长期避免谈官员的守法义务问题。以政治纪律、行政纪律、道德纪律等取代刑事制裁，造成的后果就是，官员没有人监督，所谓集体领导的后果就是无人承担责任。新形势下，突出强调官员的职责义务，追究个人责任，是保证官员履行自身职务的前提。

（二）渎职罪的特征

1. 本类犯罪的客观方面

表现为行为人实施了滥用职权或者玩忽职守等致使公共财产、国家和人民利益遭受重大损失的渎职行为。本类犯罪的行为方式可以分为两种类型：一类是国家机关工作人员滥用职权，积极实施违背职责的行为，如徇私枉法、枉法裁判、私放在押人员等。另一类是国家机关工作人员玩忽职守，不履行或不认真履行职责的行为，如签订、履行合同失职、环境监管失职等。渎职行为必须情节严重才能构成犯罪。情节严重主要表现在渎职行为给公共财产、国家和人民利益造成重大损失。

2. 本类犯罪的主体是特殊主体

只有国家机关工作人员才能构成本罪(除泄露国家秘密罪外)。所谓国家机关工作人员(和国家工作人员的区别),是指国家各级权力机关、行政机关、审判机关、检察机关、军事机关中从事公务的人员。根据有关规定,参照国家公务员条例进行人事管理的中国共产党的各级机关、中国人民政治协商会议的各级机关中依法从事公务的人员,也属于国家机关工作人员。

3. 本类犯罪的主观方面

本类犯罪既有由故意构成的,也有由过失构成的。如滥用职权罪、徇私枉法罪、私放在押人员罪只能由故意构成。玩忽职守罪、传染病防治失职罪、商检失职罪只能由过失构成。

4. 本类犯罪的客体

本类犯罪侵犯的客体是国家机关的正常职责活动。

国家机关,是指国家各级权力机关、行政机关、审判机关、检察机关、军事机关等。国家机关负有管理国家政治、经济、文化、军事等方面事务的重要职能。同时,国家机关工作人员负有勤政性、正当性、公正廉明性的要求。国家机关工作人员滥用职权、玩忽职守、徇私舞弊、不忠诚履行职责,必然破坏国家机关的正常管理活动,影响国家机器的正常运转,给公共财产、国家和人民的利益造成损害。

(三) 渎职罪的种类

根据《刑法》分则第九章的规定,渎职罪包括 35 种具体犯罪:滥用职权罪;玩忽职守罪;故意泄露国家秘密罪;过失泄露国家秘密罪;徇私枉法罪;民事行政枉法裁判罪;私放在押人员罪;失职致使在押人员脱逃罪;徇私舞弊减刑、假释、暂予监外执行罪;徇私舞弊不移交刑事案件罪;滥用管理公司、证券职权罪;徇私舞弊不征、少征税款罪;徇私舞弊发售发票抵扣税款、出口退税罪;违法提供出口退税凭证罪;国家机关工作人员签订、履行合同失职被骗罪;违法发放林木采伐许可证罪;环境监管失职罪;传染病防治失职罪;非法批准征用、占用农用地罪;非法低价出让国有土地使用权罪;放纵走私罪;商检徇私舞弊罪;商检失职罪;动植物检疫徇私舞弊罪;动植物检疫失职罪;放纵制售伪劣商品犯罪行为罪;办理偷越国(边)境人员出入境证件罪;放行偷越国(边)境人员罪;不解救被拐卖、绑架妇女儿童罪;阻碍解救被拐卖妇女、儿童罪;帮助犯罪分子逃避处罚罪;招收公务员、学生徇私舞弊罪;失职造成珍贵文物损毁、流失罪。

以上犯罪,可分为一般国家工作人员渎职罪、司法工作人员渎职罪、特定部门工作人员渎职罪三大类。

十一、军人违反职责罪

(一) 军人违反职责罪的概念

根据《刑法》第四百二十条的规定,军人违反职责罪,是指军人违反职责,危害国家军事利益,依照法律应当受刑罚处罚的行为。

(二) 军人违反职责罪的特征

(1) 这类犯罪的客体是国家的军事利益。国家的军事利益,是指国家在国防建设、作战行动、军队物质保障、军事科学研究等方面的利益。具体说来,危害国家的军事利益,就是破坏我国陆、海、空军的军威、军机、军械、军供、军纪等平时和战时的正常状态与正常关系。危害国家军事利益,是军人违反职责罪区别于刑法分则所规定的其他各类犯罪的最本质的特征。军事利益直接关系着国家的安全与人民的幸福,理当受到特殊保护。

(2) 这类犯罪的客观方面表现为行为人具有违反军人职责,危害国家军事利益的行为。军人职责包括一般职责和具体职责。军人的一般职责,是指每一个军人都具有的职责,主要规定在《中国人民解放军内务条令》中。军人的具体职责,是指军队中各种不同人员有执行各种不同任务的职责,规定在中央军委、中国人民解放军各总部和各军兵种的各种条例和条令如《战斗条令》《舰艇条令》《飞行条令》《保守国家军事机密条例》等之中。军人违反职责罪的行为方式,多数犯罪表现为作为,如逃离部队罪,阻碍执行军事职务罪,盗窃、抢夺武器装备、军用物资罪等;也有少数犯罪表现为不作为,如遗弃伤病军人罪等;还有少数犯罪既可以由作为形式构成,也可以由不作为形式构成,如战时违抗命令罪等。犯罪的时间和地点,对于军人违反职责罪的定罪量刑,具有非常重要的意义。一方面,"战时""在战场上""在军事行动地区"等时间或地点,是许多军人违反职责罪如战时自伤罪、战时临阵脱逃罪、遗弃伤病军人罪、战时违抗命令罪等犯罪的构成要件,不具备这些特定的时间或者地点就不构成这些犯罪;另一方面,对于时间、地点不是犯罪构成要件的军人违反职责罪来说,特定的时间、地点往往也是影响量刑的重要情节,如《刑法》第426条对阻碍执行军事职务罪,规定了"战时从重处罚"。

(3) 这类犯罪的主体为特殊主体,即只有军职人员才能成为本类犯罪的主体。军职人员具体可以分为两类:其一,现役军人,即正在中国人民解放军和中国人民武装警察部队中服役的军官、警官、文职干部、士兵以及具有军籍的学员。"现役军人"的资格应当从公民依法参军之日即被兵役机关正式批准入伍之日起算,至其为部队批准退役、退休、离休或因受处分被除名、开除军籍之日终止。关于保留军籍正在服刑的军人以及正在被劳动教养的军人能否成为这类罪的主体,我国学界有两种观点:有人认为服刑军人与被劳动教养的军人不能成为这类犯罪的主体,其理由是:军人服刑与被劳教期间不计算军龄,他们已不履行军职。也有人认为服刑军人与被劳动教养军人可以成为这类犯罪的主体,其理由是他们还有军籍,如果他们的行为符合军人违反职责罪的其他构成条件,则仍应按这类犯罪处理。上述第二种观点是通行的观点。此外,军人在服役期间犯有这类罪行而在其退役、退休、离休之后才发现,只要没有超过追诉时效,仍应按这类犯罪处理。其二,执行军事任务的预备役人员和其他人员。预备役人员是指编入民兵组织或者经过登记服预备役的人员;其他人员是指军内在编职工等。执行军事任务是指执行作战、支前、战场救护等任务。

(4) 这类犯罪的主观方面多数是故意,少数是过失。本章还对某些故意犯罪的动机作了具体的描述和限定。

（三）军人违反职责罪的种类

《刑法》分则第十章军人违反职责罪共有 32 个条文，31 个罪名。军人违反职责罪通常有两种划分方法：一是根据各种军人违反职责罪所侵犯的客体进行分类。按照此种分类法，可将军人违反职责罪分为如下几类：① 违反部队管理秩序的犯罪；② 违反兵役法规和国（边）境管理的犯罪；③ 侵犯部属人身权利、阻碍执行职务的犯罪；④ 损害武器装备、军用物资、军事设施的犯罪；⑤ 危害作战利益的犯罪；⑥ 危害平民、战俘的犯罪。二是根据犯罪发生的时间、地点进行分类。按照此种分类法，可将军人违反职责罪分为：① 战时的犯罪；② 平时的犯罪；③ 军事行动地区才构成的犯罪；④ 战时、平时以及非军事行动地区均能构成的犯罪。以上两种分类法各有其分类标准，都能成立。但我们根据犯罪行为所危害的军事利益的不同方面，将本类犯罪具体划分为危害作战利益的犯罪、违反部队管理秩序的犯罪，危害军事秘密的犯罪，危害部队物资保障的犯罪，侵犯部属、伤病军人、平民、俘虏利益的犯罪五类。

【本章思考题】

1. 我国《刑法》确定了哪些基本原则？

2. 我国《刑法》关于刑事责任年龄是如何规定的？

3. 犯罪构成的客观方面包括哪些基本要素？

4. 什么是犯罪直接故意和犯罪间接故意？两者的主要区别有哪些？

5. 正当防卫的成立必须具备什么条件？

6. 成立紧急避险必须具备哪些条件？

7. 犯罪中止可分为哪两种类型？

8. 我国《刑法》对共同犯罪人是如何分类的？

9. 我国《刑法》规定了哪些刑罚的种类？

10. 关于量刑的情节我国《刑法》有哪些基本规定？

11. 数罪并罚可分为哪三种不同情况？

12. 关于追诉时效我国《刑法》是如何规定的？

【本章讨论案例】

2008 年 9 月 5 日凌晨 2 时许，刘某携带作案工具窜至某住宅小区，翻门（铁栏杆门）入院，将三号楼一单元门外停放的一辆豪华摩托车（价值约 28000 元）撬开后，推至一号楼东墙边一夹道内隐藏起来。随后，刘某又返至大门撬门锁时，被查夜的治安民警发现并抓获。

问题：

1. 刘某的行为是犯罪吗？

2. 如果是犯罪，构成什么犯罪？

3. 如果是犯罪，是犯罪既遂还是犯罪未遂？

第五章 民法概论

【本章要点提示】 本章的学习,要求学生了解民法的概念和基本原则,熟悉民事主体、民事法律行为、代理、诉讼时效,掌握物权、债权、知识产权、人格权、婚姻家庭与继承制度、民事责任制度等。

第一节 民法概述

引例:民法的调整对象

基本案情:某商场是 2004 年成立的集团总公司下属的子公司,隶属于该集团总公司。2018 年 11 月,集团总公司举行全体职工先进个人表彰会,从商场购买石英钟、手表、电熨斗、毛巾被等日用品作为奖品,价款共计 180000 元。集团总公司经办此事的办公室主任对商场经理说,因集团总公司最近开支较大,所以此项货款要到明年 3 月支付给商场,商场经理表示同意,但到了 2019 年 4 月,集团总公司仍未付款,且从未提起此事。5 月初,商场派会计索要几次未果。7 月,集团总公司作出决定并通知商场:奖品货款 180000 元由商场自行消化,双方不再结算。此事在商场职工中反响强烈。9 月,商场向人民法院提起诉讼,要求法院责令集团总公司付款,而集团总公司则以该纠纷系上下级单位内部纠纷,且集团总公司已对此事作出处理为由拒绝应诉。

法律分析:处理本案的关键在于认定商场与集团总公司之间发生的关于货款给付的关系是否属于平等主体间的财产关系。作为地位独立的两个法人,他们有着各自的经济利益。本案中他们是地位独立、平等的买卖双方,而不存在上级与下级。买卖双方基于买卖这一民事活动产生了各自的民事权利与义务,属于民法的调整范围。集团总公司应当支付商场产生的贷款。

1954 年,全国人大常委会就开始组织力量起草民法典。后因多种原因立法活动被终止。1962 年,民法典起草工作再次被提上议程,并于 1964 年完成了草案(试拟稿)。1979 年,全国人大常委会第三次组织民法典起草工作,至 1982 年形成民法草案第四稿。2002 年,10 万多字民法典提交草案,之后,由于物权法尚未制定,加之对民法草案认识分歧较大等原因,民法草案最终被搁置下来。2014 年,党的十八届四中全会明确提出编纂民法典。2016 年,十二届全国人大常委会第二十一次会议初次审议了民法总则草案,标志着民法典编撰工作进入立法程序。2018 年,民法典各分编草案提请第十三届全国人大常委会第五次会议审议。2019 年,十三届全国人大常委会第十五次会议表决通过了提请审议

民法典草案的议案,决定将民法典草案提请 2020 年召开的十三届全国人大三次会议审议。2020 年 5 月 28 日,十三届全国人大三次会议表决通过了《中华人民共和国民法典》(以下简称《民法典》)。这部法律自 2021 年 1 月 1 日起施行。民法典被称为"社会生活的百科全书",是新中国第一部以法典命名的法律,在法律体系中居于基础性地位,也是市场经济的基本法。

《民法典》共七编,各编依次为总则编、物权编、合同编、人格权编、婚姻家庭编、继承编、侵权责任编,以及附则编。

一、民法的概念

民法是调整平等主体的自然人、法人和非法人组织之间的人身关系和财产关系的法律规范的总称。民法的概念有三个方面的含义:

第一,在主体方面,民法调整的是自然人、法人、非法人组织之间发生的社会关系。

第二,在调整的社会关系属性方面,这种社会关系是横向的、平等的,即主体之间的法律地位平等,各自具有独立的法律人格,互不存在命令和服从的关系。

第三,在调整的社会关系类别方面,民法调整的是上述平等主体间的人身和财产关系。财产关系,是指人们在产品的生产、分配、交换和消费过程中形成的具有经济内容的社会关系。民法仅调整发生在平等主体之间的,以财产归属、支配和交换为内容的财产关系。人身关系,是指没有直接的财产内容但有人身属性的社会关系。

二、民法的基本原则

民法的基本原则,效力贯穿民法的始终,体现了民法的基本价值,集中反映了民事立法的目的和方针,对各项民事法律制度和民法规范起着统帅和指导作用,是民事立法、执法、守法的总的指导思想。我国民法的基本原则有以下几项:

(一)平等原则

平等原则,也称为法律地位平等原则,它集中了反映民事法律关系的本质特征,是民事法律关系区别于其他法律关系的标志,它是指民事主体享有独立、平等的法律人格,其中平等是独立的前提,独立以平等为归宿。《民法典》第四条规定民事主体在民事活动中的法律地位一律平等。平等原则是市场经济的本质特征和内在要求在民法上的具体体现,平等原则是民法最基础、最根本的一项原则。

(二)意思自治原则

意思自治原则,是指法律确认民事主体自由地基于其意志进行民事活动的基本准则。基于意思自治原则,法律制度赋予并且保障每个民事主体都具有在一定的范围内,通过民事行为,特别是合同行为来调整相互之间关系的可能性。《民法典》第五条规定民事主体从事民事活动,应当遵循自愿原则,按照自己的意思设立、变更、终止民事法律关系。该条规定即是对于意思自治原则的确认。

（三）公平原则

《民法典》第六条规定民事主体从事民事活动,应当遵循公平原则,合理确定各方的权利和义务。公平原则是进步和正义的道德观在法律上的体现。公平原则包含两层含义:一是立法者和裁判者在民事立法和司法过程中应维持民事主体之间的利益均衡;二是指民事主体应依据社会公认的公平观念从事民事活动,以维持当事人之间的利益均衡。

（四）诚实信用原则

诚实信用原则,是指民事主体进行民事活动时必须意图诚实、善意,行使权利不侵害他人与社会的利益,履行义务信守承诺,在不损害他人利益和社会利益的前提下追求自身的利益。《民法典》第七条规定民事主体从事民事活动,应当遵循诚信原则,秉持诚实,恪守承诺。诚实信用原则是最低限度的道德要求在法律上的体现,具有解释法律、填补法律漏洞的重要功能。

（五）公序良俗原则

公序良俗是现代民法一项重要的法律原则,是指一切民事活动应当遵守公共秩序和善良风俗。《民法典》第十条规定民事主体从事民事活动,不得违反法律,不得违背公序良俗。该原则具有维护国家一般利益及一般道德观念的重要功能。

（六）绿色原则

绿色原则即有利于节约资源、保护生态环境的原则。《民法典》第九条规定民事主体从事民事活动,应当有利于节约资源、保护生态环境。人类在提高科技水平和生产力的同时,破坏自然的能力也在增强,资源环境和人类的安全随时都面临着突如其来的破坏,现代社会已经进入风险社会。从 20 世纪中叶开始,全球范围内兴起了政治生态化、法律生态化、社会生态化思潮。保护生态环境逐渐成为全球共识,并不可避免地对法律的发展产生重大影响,"在生态文明下,法律必须接受生态规律的约束,法律的制定、执行和遵守都应当着意于人与自然和谐共处的客观要求"。

第二节　民事主体

引例:民事行为能力案

基本案情:原告沈为(17 岁,明光服装厂合同工)进明光服装厂工作已有一年,每月工资和奖金所得,除生活开支外已积有3000 余元人民币。因上下班乘车不便,沈托邻居李乙(16 岁,华夏职工学校学生)代买一辆电动自行车。被告李乙便想把父亲李复给他买的一辆新车卖给沈为。两人商定售价为 2100 元。李乙为了对其父隐瞒卖车的事实,要求沈

为先付给他 1000 元,电动车不要一下子拿去,每星期由沈为使用四天,李乙使用三天,三个月后李乙将车子移交给沈为,沈再将余款 1100 元一次付清。二人即按此约定办理。三个月期满,沈为要求李乙把自行车交给他,李乙表示同意,但要沈为先将 1100 元交付后再交车。沈将 1100 元交给李乙后,李说第二天给车,但届时又不给车,这样拖了有半个月。沈为无奈,只得告诉李乙的父亲李复,要求交车。李复听后表示电动车不卖,至于沈为付的 2100 元钱,他愿意由他归还一半,沈为不同意。为此,沈为向当地人民法院提起诉讼。

法律分析:判断自然人的民事行为能力是判断民事行为是否产生法律效力的前提。根据《民法典》,16 岁的李乙系在校学生,为限制民事行为能力人,其出售电动自行车行为超出其智力、精神健康状况范围,未得到其法定代理人追认,该卖售行为无效。

一、民事主体的概念

民事主体是指在民事法律关系中享有权利或承担义务的当事人。享有权利的一方称为权利主体,承担义务的一方称为义务主体。在我国,民事主体有以下几类:

(一)自然人

自然人即生物学意义上的人,是基于出生而取得民事主体资格的人。自然人既包括我国公民,也包括外国人和无国籍的人。

(二)法人

法人是与自然人相对应的一类民事主体。法人是具有民事权利能力和民事行为能力,依法独立享有民事权利和承担民事义务的组织。社会组织取得法人资格必须具备以下条件:① 依法成立;② 有必要的财产或者经费;③ 有自己的名称、组织机构和场所;④ 能够以自己的名义独立承担民事责任。根据法人设立的宗旨及履行的社会职能的不同,我国民法将法人分为企业法人、机关法人、事业单位法人和社会团体法人。

(三)非法人组织

非法人组织是指不具有法人资格,但是能够依法以自己的名义从事民事活动的组织。

非法人组织包括个人独资企业、合伙企业、不具有法人资格的专业服务机构等。非法人组织也可以作为民事法律关系的当事人,以自己的名义享有权利和承担义务。

在特定的情况下,国家也可以自己的名义,作为民事主体参与民事活动,如国家发行国债等。

二、民事权利能力

民事权利能力,是指法律赋予民事主体得享有民事权利、承担民事义务的资格。

(一)自然人的民事权利能力

自然人的民事权利能力,是指法律赋予自然人得享有民事权利、承担民事义务的资格。自然人的民事权利能力始于出生,终于死亡。凡是自然人均享有法律赋予的平等的民事权利能力,非依法不得加以限制和剥夺。自然人的民事权利能力是自然人取得具体民事权利的前提和基础。

(二) 法人和非法人组织的民事权利能力

法人和非法人组织的民事权利能力,是指法律赋予法人和非法人组织得享有民事权利、承担民事义务的资格。

法人和非法人组织的民事权利能力与自然人的民事权利能力有所不同。首先,基于自身性质,法人和非法人组织民事权利能力从依法成立时开始,至该组织消灭时终止;其次,法人不能享有以生命为前提的生命权、健康权等;再次,因其设立宗旨和经营范围的限制,不同法人和非法人组织民事权利能力范围亦不同。

三、民事行为能力

(一) 自然人的民事行为能力

自然人的民事行为能力,是指自然人能够以自己的行为独立参与民事活动,取得民事权利和设定民事义务的资格。

1. 自然人的民事行为能力的种类

我国民法根据自然人智力发育状况和精神健康状况,将自然人的民事行为能力划分为三种:① 完全民事行为能力。完全民事行为能力,是指自然人能够通过自己独立的行为参加民事法律关系,取得民事权利、承担民事义务的资格。年满18周岁的自然人为成年人,具有完全民事行为能力。但16周岁以上不满18周岁的自然人,以自己的劳动收入为主要生活来源的,视为完全民事行为能力人。② 限制行为能力。限制行为能力,是指自然人以自己的行为享有民事权利和承担民事义务的资格受到一定的限制。限制民事行为能力人可以进行与其年龄、精神健康状况相适应的民事活动,其他民事活动由其法定代理人代理或者征得其法定代理人同意后进行。《民法典》规定8周岁以上的未成年人和不能完全辨认自己行为的精神病人属于限制行为能力人。③ 无行为能力。无行为能力,是指自然人不具有以自己的行为参与民事活动、承担民事义务的资格。无行为能力人由其法定代理人代理参与民事活动。不满8周岁的未成年人和不能辨认自己行为的精神病人为无行为能力人。

2. 监护

监护是为了监督和保护无民事行为能力人和限制民事行为能力人的人身、财产及其他合法权益而设置的一项民事法律制度。履行监督和保护职责的人,称为监护人;被监督和保护的人,称为被监护人。

未成年人的父母是未成年人的监护人。未成年人的父母已经死亡或没有监护能力的,应由下列有监护能力的人担任监护人,顺序为:① 未成年人的祖父母、外祖父母;② 兄、姐;③ 其他愿意担任监护人的个人或者组织,但是须经未成年人住所地的居民委

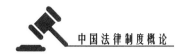

员会、村民委员会或者民政部门同意。没有依法具有监护资格的人的,监护人由民政部门担任,也可以由具备履行监护职责条件的被监护人住所地的居民委员会、村民委员会担任。

无民事行为能力或者限制民事行为能力的成年人,由下列有监护能力的人按顺序担任监护人:① 配偶;② 父母、子女;③ 其他近亲属;④ 其他愿意担任监护人的个人或者组织,但是须经被监护人住所地的居民委员会、村民委员会或者民政部门同意。

被监护人的父母担任监护人的,可以通过遗嘱指定监护人。

依法具有监护资格的人之间可以协议确定监护人。协议确定监护人应当尊重被监护人的真实意愿。

监护人的职责是代理被监护人实施民事法律行为,保护被监护人的人身权利、财产权利以及其他合法权益等。

监护人依法履行监护职责产生的权利,受法律保护。

监护人应当按照最有利于被监护人的原则履行监护职责。监护人除为维护被监护人利益外,不得处分被监护人的财产。

未成年人的监护人履行监护职责,在作出与被监护人利益有关的决定时,应当根据被监护人的年龄和智力状况,尊重被监护人的真实意愿。

成年人的监护人履行监护职责,应当最大限度地尊重被监护人的真实意愿,保障并协助被监护人实施与其智力、精神健康状况相适应的民事法律行为。对被监护人有能力独立处理的事务,监护人不得干涉。

(二) 法人和非法人组织的民事行为能力

法人和非法人组织的民事行为能力是指法人和非法人组织通过自己的独立行为取得民事权利、承担民事义务的能力,是国家赋予社会组织独立进行民事活动的能力或资格。

法人和非法人组织的民事行为能力与自然人的民事行为能力的不同点在于:第一,法人和非法人组织的民事行为能力和民事权利能力同时产生、同时终止;第二,不同法人和非法人组织的民事行为能力的范围因其设立宗旨和经营范围的不同而有所不同;第三,因为法人和非法人组织是社会组织体,其民事行为能力通过法人机关或该组织的负责人、代理人实现。

四、自然人宣告失踪和宣告死亡

(一) 宣告失踪

宣告失踪,是指经利害关系人的申请,由人民法院依照法定条件和程序,宣告下落不明满一定期限的自然人为失踪人的民事法律制度。

依照我国《民法典》的规定,宣告自然人失踪须具备以下条件:① 自然人下落不明满 2 年;战争期间下落不明的,从战争结束之日或者有关机关确定的下落不明之日起计算。② 须由利害关系人向人民法院提出申请;这里所说的利害关系人包括失踪人的配偶、父母、成年子女、兄弟姐妹、祖父母、外祖父母、成年孙子女、外孙子女以及其他与失踪人有民事权利义务关系的人。③ 须由人民法院依照法定程序宣告。法院受理申请后,应先发出公告,公告期为 3 个月。期满后仍不能确定被申请人下落的,人民法院作出宣告失踪的判决。

宣告失踪的法律后果,主要是为失踪人设立财产代管人。失踪人的财产由其配偶、父母、成年子女或关系密切的其他亲属朋友代管。代管人的职责是替失踪人保管财产,用失踪人的财产清偿失踪人应付的税款和其他费用以及对他人的负债;代失踪人追索失踪人的债权及其他应收财产和费用。财产代管人因故意或者重大过失造成失踪人财产损失的,应当承担赔偿责任。被宣告失踪人重新出现或确知其下落时,经本人或利害关系人申请,人民法院撤销对他的失踪宣告。财产代管人的代管权随之终止。失踪人有权要求财产代管人及时移交有关财产并报告财产代管情况。

(二) 宣告死亡

宣告死亡,是指经利害关系人申请,由人民法院依照法定的条件和程序,判决宣告下落不明满一定期限的自然人死亡的民事法律制度。

依照我国《民法典》的规定,宣告自然人死亡须具备以下条件:① 自然人下落不明满 4 年;因意外事故下落不明满 2 年。因意外事故下落不明,经有关机关证明该自然人不可能生存的,申请宣告死亡不受 2 年时间的限制。② 经利害关系人申请。对同一自然人,有的利害关系人申请宣告死亡,有的利害关系人申请宣告失踪,符合本法规定的宣告死亡条件的,人民法院应当宣告死亡。需要注意的是,宣告失踪不是宣告死亡的必经程序。③ 由人民法院依法定程序进行宣告。法院受理申请后发出寻找失踪人公告,公告期为 1 年,因意外事故下落不明的,公告期为 3 个月。公告期满仍不能确定失踪人下落的,人民法院依法作出宣告被申请人死亡的判决。判决宣告之日,即为失踪人的死亡时间。

宣告死亡的法律后果,主要包括婚姻关系的消灭、财产继承开始。由于宣告死亡只是依法对失踪人死亡的一种推定,也许该自然人实际并没有死亡。有民事行为能力的自然人在被宣告死亡期间,其实施的合法的民事行为仍然是有效的。被宣告死亡人重新出现或有人确知其没有死亡时,经本人或利害关系人申请,人民法院应当撤销对他的死亡宣告。被撤销死亡宣告的人的配偶没有再婚的,其婚姻关系自然恢复,如其配偶再婚或向婚姻登记机关书面声明不愿意恢复的,婚姻关系不能自行恢复。依照继承法取得其财产的人应当返还原物,原物不存在的,给予适当补偿。被宣告死亡的人在被宣告死亡期间,其子女被他人依法收养的,在死亡宣告被撤销后,不得以未经本人同意为由主张收养关系无效。利害关系人隐瞒真实情况,致使他人被宣告死亡取得其财产的,除应当返还财产外,还应当对由此造成的损失承担赔偿责任。

第三节　民事法律行为及代理

引例：可撤销民事法律行为案

基本案情：2016 年 10 月 6 日，原告马泰（45 岁，农民）在集市上购得被告赵宝山（34 岁，农民）的奶牛一头。当时，被告赵宝山谎称，该牛是 2016 年 7 月 25 日配的种，已有近三个月没有发情，现已怀孕揣犊。原告马泰听信此言，当即以 13000 元的较高价格与被告赵宝山成交。但待其将牛牵回数日，发现该牛又发情，并没有怀孕揣犊，遂找到被告赵宝山，要求退牛还款，并赔偿自己饲养奶牛的草料费。被告赵宝山则说，牛是你自己相中当面成交的，不能反悔。拒绝退还价款。为此，原告赵宝山向当地县人民法院提起诉讼。

法律分析：原告马泰以 13000 元的较高价格购买该牛，是在被告赵宝山谎称其奶牛怀孕揣犊的情况下同被告进行的民事行为，系被告赵宝山以欺诈手段，使原告马泰在违背真实意思情况下实施的，为可撤销的民事法律行为。

一、民事法律行为

（一）民事法律行为的概念及特征

民事法律行为是民事主体通过意思表示设立、变更、终止民事法律关系的行为。民事法律行为具有以下特征：

第一，民事法律行为以发生一定的民事法律效果为目的。民事法律行为是民事主体以追求发生一定的民事法律效果为目的的有意识的行为。

第二，民事法律行为以意思表示为核心要素。民事法律行为首先是民事行为，它以意思表示为要素。意思表示是行为人将其期望发生某种民事法律后果的内心意思以一定的方式表现于外部的行为。民事法律行为的效果内容是由行为人的意思表示决定的。

（二）民事法律行为的生效要件

1. 行为人具有相应的行为能力

这个要件对行为人有三方面的要求：一是自然人要具有相应的意思能力；二是要具有实施该行为的资格（如代理人应当具有代理权）；三是行为内容涉及对权利的处分时，行为人要有对该权利的处分能力。

2. 行为人意思表示真实

意思表示真实，包括两个方面的含义：一是指行为人的内心意思与外部的表示行为相一致的状态。二是指当事人是在意志自由的前提下，进行意思表示的状态。将意思表示真实作为民事法律行为的成立要件，是为了贯彻意思自治原则。

3. 不违反法律、行政法规的强制性规定，不违背公序良俗

民事法律行为必须以符合法律、行政法规的规定为前提。这个要件要求行为人的行为不得违反法律和行政法规中的强制性规定，并且不得违背公序良俗。

（三）无效的民事法律行为

无效的民事法律行为，是指已经成立，但严重欠缺民事行为的有效要件，不能发生行为人预期的法律后果的民事行为。无效的民事行为从行为开始就没有法律效力。

依照我国《民法典》的规定，无效的民事法律行为有以下几种：

（1）无民事行为能力人实施的民事法律行为无效。

（2）行为人与相对人以虚假的意思表示实施的民事法律行为无效。

（3）违反法律、行政法规的强制性规定的民事法律行为无效，但是该强制性规定不导致该民事法律行为无效的除外。

（4）违背公序良俗的民事法律行为无效。

（5）行为人与相对人恶意串通，损害他人合法权益的民事法律行为无效。

（四）可撤销的民事法律行为

可撤销的民事法律行为，是指民事行为虽已成立，但因欠缺民事法律行为的生效要件，行为人可以请求法院或仲裁机构予以撤销或变更的民事行为。可撤销的民事法律行为有以下几种：

（1）基于重大误解所实施的民事行为。这是指民事行为的当事人在作出意思表示时，对涉及行为法律效果的重要事项存在认识上的显著缺陷。从主观方面看，行为人的认识应与客观事实存在根本性的背离；从客观方面看，因为发生这种背离，应给行为人造成较大损失。

（2）一方利用对方处于危困状态、缺乏判断能力等情形，致使民事法律行为成立时显失公平的，受损害方有权请求人民法院或者仲裁机构予以撤销。这是一方当事人进行民事行为时利用优势或者利用对方没有经验，致使双方的权利义务明显违反公平、等价有偿原则的民事法律行为。

（3）一方以欺诈手段，使对方在违背真实意思的情况下实施的民事法律行为。这是指一方当事人以欺诈的手段使对方当事人作出不真实的意思表示，严重损害对方当事人利益的民事行为。这种行为明显地违背了诚实信用和公平原则。

（4）第三人实施欺诈行为，使一方在违背真实意思的情况下实施的民事法律行为。

（5）一方或者第三人以胁迫手段，使对方在违背真实意思的情况下实施的民事法律行为。

撤销权应当在一定的时间内行使。当事人自知道或者应当知道撤销事由之日起一年内、重大误解的当事人自知道或者应当知道撤销事由之日起九十日内没有行使撤销权；当事人受胁迫，自胁迫行为终止之日起一年内没有行使撤销权；当事人知道撤销事由后明确表示或者以自己的行为表明放弃撤销权。当事人自民事法律行为发生之日起五年内没有行使撤销权的，撤销权消灭。

（五）效力待定的民事法律行为

效力待定的民事法律行为,是指民事行为虽已成立,但是否发生法律效力尚不确定,有待于其他行为或实施使之确定的民事法律行为。效力待定的民事法律行为有以下几种:

（1）限制民事行为能力人依法不能单独实施的民事法律行为。

（2）无权代理人因无权代理而从事的法律行为。

（3）无处分权人因无处分权而从事的法律行为。

（六）民事法律行为被宣告无效或被撤销的法律后果

《民法典》规定,无效的民事法律行为没有法律约束力。民事法律行为部分无效,不影响其他部分效力的,其他部分仍然有效。民事法律行为无效后,行为人因该行为取得的财产,应当予以返还;不能返还或者没有必要返还的,应当折价补偿。有过错的一方应当赔偿对方由此所受到的损失;各方都有过错的,应当各自承担相应的责任。法律另有规定的,依照其规定。

二、代理

代理,是指代理人在代理权限范围内,以被代理人的名义或自己的名义独立与第三人实施民事法律行为,由此产生的法律效果归属于被代理人的法律制度。在代理制度中,以他人名义或自己的名义代他人实施民事行为的人,称为代理人。由他人代为实施民事行为的人,称为被代理人。与代理人实施民事行为的人,称为第三人。生活中最为常见的代理主要有委托代理和法定代理。代理制度具有以下特征:

第一,代理人在代理权限范围内独立为意思表示。代理代他人实施民事法律行为,由于意思表示是民事法律行为的基本要素,因此,代理人以自己的技能为被代理人的利益在代理权限范围内独立为意思表示,是代理人的职能。在这一点上,代理人与传达人和介绍人不同。正因为如此,凡具有严格的人身性质,必须由当事人亲自为意思表示的行为,不得适用代理。例如订立遗嘱、婚姻登记、收养子女等行为。

第二,代理人得以被代理人的名义或自己的名义进行活动。代理人以被代理人的名义进行代理行为的为直接代理;代理人以自己的名义代被代理人进行民事行为的为间接代理。我国现行法律既规定直接代理,也承认间接代理。

第三,代理人在从事代理行为时,独立进行意思表示。

第四,代理行为的法律效果直接归属于被代理人。

第四节 物 权

引例:不动产登记案

基本案情:张某与王某是好朋友,王某买了一套商品房,在办理房产证期间因紧急公务出国,于是委托张某全权代为办理房权证。张某利欲熏心将王某的房屋登记在自己的名下,并以较高的价格将房屋转让给李某。李某因信赖张某所提出的房屋权属证明,而与张某订立了房屋买卖合同。张某与李某的该项房屋交易有效吗? 如果有效,王某的利益该怎样维护?

法律分析:物权是绝对权。绝对权也称对世权,是指以不特定的任何人为义务主体的民事权利。物权的设立与变动(变更、移让、消灭)将发生排他性效力,会涉及第三人的利益,因而法律规定应将物权创设和变动的事实以一种公开的方式表现出来并具备公信力,使人知晓该标的物上设定有物权,以保障交易秩序。这就是公示、公信原则。

所谓公示,是指物权在变动时,必须将物权变动的事实通过一定的公示方法向社会公开,从而使第三人知道物权变动的情况,以避免第三人遭受损害并保护交易安全。公示制度是物权变动所特有的制度,因为物权具有排他性、优先的效力。公示制度的建立可以维护交易的安全和秩序。所谓公信,是指一旦当事人变更物权时,依据法律的规定进行了公示,即使按照公示的方法表现出来的物权不存在或存在瑕疵,但对于依赖该物权的存在并已从事了物权交易的人,法律仍然承认其具有与真实的物权存在相同的法律效果,以保护交易安全。公信原则实际上是赋予公示的内容公信力,公示与公信是密切联系在一起的。

《民法典》规定,不动产、特殊动产的公示方式为登记,动产的公示方式为交付。

本案中的房屋交易属于不动产交易,不动产的公示方式为登记。张某将王某的房屋登记在自己的名下,并将该房屋转让给李某,李某因信赖张某所提出的房屋权属证明,而与张某订立了房屋买卖合同,并办理了房屋过户登记手续,尽管张某不是真正的权利人,但法律上仍然承认该项交易所导致的所有权转移的效果,张某与李某的该项房屋交易是有效的。这就是利用公示、公信原则来保护无过错的第三人的利益并维护交易安全。如果此情况下确认该交易无效,则表明登记不具有公信力,这种结果会导致任何人与他人进行交易时,都难以相信通过登记所表现出来的权利,交易的安全也难以保证,不利于正常的交易秩序。王某若要维护自己的利益,可以收集自己是房屋真正的权利人的证据,如购房合同、向房屋开发商付款的证明等,并可以起诉张某返还卖房所得及赔偿损失等。如果能够证明登记机构有错误,还可以向登记机关请求承担赔偿责任。

一、物权的概念和特征

物权,是指权利人依法对特定的物享有直接支配和排他的权利,包括所有权、用益物权和担保物权。物权具有以下法律特征:

第一,物权的权利主体是特定的,而义务主体是不特定的。在物权法律关系中,权利

主体是特定的,而其他任何人都负有不得非法干涉和侵害权利人所享有的物权的义务。所以物权是一种绝对权、对世权。

第二,物权的内容是直接支配一定的物,并排斥他人干涉。所谓直接支配,是指权利人无须借助于他人的积极行为,就能够行使自己的权利。一方面,物权的权利人可以依据自己的意志直接依法占有、使用其物,或采取其他的支配方式。另一方面,物权人对物可以以自己的意志独立进行支配,无须得到他人的同意;也无须借助于任何人的积极行为便可以实现其权利,物权的义务主体的义务是不作为,只要不妨碍权利人行使权利就是履行了义务。所谓排斥他人干涉,是指物权具有排他性。这种排他性一方面是指物权具有不容他人侵犯的性质;另一方面是指同一物之上不得同时成立两个内容不相容的物权。

第三,物权的种类和内容由法律规定,当事人不得自由创设新的物权种类,也不得约定改变物权的内容。

第四,物权变动必须依法公示。物权变动是指物权的设立、变更、转让和消灭。物权的变动必须依照法定的公示方式进行公示,以便为他人知晓,以保障交易安全。依照我国《民法典》的规定,不动产物权的设立、变更、转让和消灭,经依法登记,发生效力;未经登记,不发生效力,但是法律另有规定的除外。动产物权的设立和转让,自交付时发生效力,但是法律另有规定的除外。不动产物权变动的登记和动产物权变动的交付,即物权变动的公示方法,也是物权变动的生效要件。

第五,物权具有追及效力和优先效力。物权的追及效力,是指物权的标的物不管辗转流入什么人的手中,物权人都可以依法追至物之所在,主张和实现自己的权利。物权的优先效力包括两方面:一方面,当物权与债权并存时,物权优先于债权。另一方面,在某些情况下,当事人可以在同一物之上设立多个内容不相冲突的物权。同一物之上有数个物权并存时,先设立的物权优先于后设立的物权,这就是物权相互间的优先效力。

二、所有权

(一) 所有权的概念和种类

所有权又称为财产所有权,是指所有权人对自己的不动产或者动产,依法享有占有、使用、收益和处分的权利。所有权是物权是最完整、最充分的权利,是其他物权的基础,其他物权都是从所有权中派生出来的。我国所有权的种类主要分为国家所有权、集体所有权和私人所有权。

国家所有权,是指国家对全民所有的财产享有的占有、使用、收益和处分的权利。国家所有权本质上是社会主义全民所有制在法律上的表现,它具有三个特征:第一,国家所有权的主体具有统一性和唯一性。国家财产属于全民所有,国家是全民财产的唯一所有人;第二,国家所有权的客体具有广泛性和专有性。国家所有权的客体没有范围上的限制,任何财产都可以成为国家所有权的客体,而根据《宪法》和《民法典》的规定,有些财产如矿藏、水流、海域、城市的土地、国防资产等只能作为国家所有权的客体,即国家专有;第三,国家所有权的取得方式具有特殊性。没收、征收、税收、罚款、罚金、取得无主的遗失物、漂流物、埋藏物、隐藏物等只能是国家所有权的取得方法。国家所有的财产受法律保护,禁止任何单位和个人侵占、哄抢、私分、截留、破坏。

集体所有权,是指劳动群众集体依法对集体所有的财产享有的占有、使用、收益和处分的权利。它是劳动群众集体所有制在法律上的表现。

私人所有权,是指私人依法对其所有的财产享有的占有、使用、收益和处分的权利。私人,是指自然人、个体工商户、农村承包经营户、个人独资企业、外资企业等。我国《民法典》规定,私人对其合法的收入、房屋、生活用品、生产工具、原材料等不动产和动产享有所有权。私人合法的储蓄、投资及其收益受法律保护。国家依照法律规定保护私人的继承权及其他合法权益。私人的合法财产受法律保护,禁止任何组织和个人侵占、哄抢、破坏。

我国《民法典》规定,为了公共利益的需要,依照法律规定的权限和程序可以征收集体所有的土地和组织、个人的房屋以及其他不动产。征收集体所有的土地,应当依法及时足额支付土地补偿费、安置补助费以及农村村民住宅、其他地上附着物和青苗等的补偿费用,并安排被征地农民的社会保障费用,保障被征地农民的生活,维护被征地农民的合法权益。征收组织、个人的房屋以及其他不动产,应当依法给予征收补偿,维护被征收人的合法权益;征收个人住宅的,还应当保障被征收人的居住条件。任何组织或者个人不得贪污、挪用、私分、截留、拖欠征收补偿费等费用。因抢险救灾、疫情防控等紧急需要,依照法律规定的权限和程序可以征用组织、个人的不动产或者动产。被征用的不动产或者动产使用后,应当返还被征用人。组织、个人的不动产或者动产被征用或者征用后毁损、灭失的,应当给予补偿。

(二) 所有权的取得

所有权的取得是指民事主体依法获得财产所有权。财产所有权的取得,不得违反法律规定。显然,财产所有权的取得必须是合法取得,否则,不受法律承认与保护。财产所有权的合法取得方式可分为原始取得与继受取得两种。

原始取得,是指根据法律规定,最初取得财产的所有权或不依赖于原所有人的意志而取得财产的所有权。原始取得的根据主要包括:劳动生产、收益、没收、添附、无主财产收归国家或集体组织。善意取得,也是所有权原始取得的根据。善意取得,是指无权处分他人财产的占有人,在不法将财产转让给第三人以后,如果受让人在取得该财产时出于善意,就可依法取得对该财产的所有权,受让人在取得财产的所有权以后,原所有人不得要求受让人返还财产,而只能请求转让人赔偿损失。但遗失物、漂流物、埋藏物、隐藏物和盗赃物均不适用善意取得制度。

继受取得,又称传来取得,是指基于法律规定或通过某种法律行为从原所有人那里取得对某项财产的所有权。这种方式是以原所有人对该项财产的所有权作为取得的前提条件的。继受取得的根据主要包括:买卖、赠与、互易、继承遗产、接受遗赠等。

(三) 财产共有

共有,是指某项财产由两个或两个以上的权利主体对一物共同享有所有权。共有的主体称为共有人,标的物称为共有财产或共有物。各共有人之间因财产共有形成的权利义务关系,称为共有关系。我国《民法典》规定的财产共有关系包括按份共有和共同共有

两种。

按份共有,是指两个或两个以上的共有人按照各自的份额分别对共有财产享有权利和承担义务的一种共有关系。在按份共有中,各共有人对共有物享有不同的份额,其具体数额一般是由共有人约定的,没有约定或者约定不明确的,按照出资额确定;不能确定出资额的,视为等额享有。按份共有人可以转让其享有的共有财产的份额。其他共有人在同等条件下享有优先购买的权利。按份共有人可以请求分割共有财产。

共同共有,是指两个或两个以上的民事主体,根据某种共同关系而对某项财产不分份额地共同享有权利并承担义务。共同共有根据共同关系而产生,以共同关系的存在为前提。例如因夫妻关系、家庭共同劳动而形成的夫妻财产共有关系和家庭财产共有关系。一般说来,共同共有只有在共同关系消灭时,才能进行共有财产的分割。

(四) 业主的建筑物区分所有权

业主的建筑物区分所有权,是指根据使用功能,将一栋建筑物于结构上区分为由各个业主独自使用的专用部分和由多个业主共同使用的共用部分时,业主对建筑物内的住宅、经营性用房等专有部分享有所有权,对专有部分以外的共有部分享有共有和共同管理的权利。

业主的建筑物区分所有权具有复合性、整体性、不可分性和专有部分所有权的主导性的特征。

《民法典》规定,业主对建筑物内的住宅、经营性用房等专有部分享有所有权,对专有部分以外的共有部分享有共有和共同管理的权利。建筑区划内的道路,属于业主共有,但是属于城镇公共道路的除外。建筑区划内的绿地,属于业主共有,但是属于城镇公共绿地或者明示属于个人的除外。建筑区划内的其他公共场所、公用设施和物业服务用房,属于业主共有。建设单位、物业服务企业或者其他管理人等利用业主的共有部分产生的收入,在扣除合理成本之后,属于业主共有。

(五) 相邻关系

相邻关系,是指两个或者两个以上相互毗邻的不动产所有人或使用人,在行使不动产的所有权或者使用权时,因相邻各方应给予便利和接受限制而发生的权利义务关系。相邻关系具有以下特点:第一,相邻关系的主体必须是两个或两个以上的人。第二,相邻关系是因为主体所有或使用的不动产相邻而发生的。第三,在内容上,相邻关系因种类不同而具有不同的内容。但基本上是相邻一方有权要求他方提供必要的便利,他方应给予必要的方便。所谓必要的便利,是指非从相邻方得到便利,就不能正常行使其所有权或使用权。当事人在行使相邻权时,应尽量避免和减少给对方造成损失,不得滥用其权利。第四,相邻关系的客体主要是行使不动产权利所体现的利益。

相邻关系产生的原因很多,种类复杂。主要的相邻关系有以下几方面:因土地、山岭、森林、草原等自然资源的使用或所有而产生的相邻关系;因宅基地的使用而产生的相邻关系;因用水、排水产生的相邻关系;因修建施工、防险发生的相邻关系;因排污产生的相邻关系;因通风、采光而产生的相邻关系等。

依照我国《民法典》的规定,不动产的相邻权利人应当按照有利生产、方便生活、团结互助、公平合理的原则,正确处理相邻关系。

三、用益物权

用益物权是指以物的使用、收益为目的的物权,我国《民法典》规定的用益物权包括土地承包经营权、建设用地使用权、宅基地使用权、居住权、地役权和特许物权。

土地承包经营权,是指土地承包经营权人为农业生产的目的,依法对其承包经营的耕地、林地、草地等享有占有、使用和收益的权利。

建设用地使用权,是指自然人、法人等依法对国家所有的土地享有占有、使用和收益的权利。建设用地使用权人有权利用该土地建造建筑物、构筑物及其附属设施。建设用地使用权可以在土地的地表、地上或者地下分别设立。设立建设用地使用权,可以采取出让或者划拨等方式。

宅基地使用权,是指农村村民依法对集体所有的土地享有占有和使用的权利,有权依法利用该土地建造住宅及其附属设施。

居住权,是指为了满足居住权人生活居住的需要,按照合同约定,对他人的住宅享有占有、使用的用益物权。

地役权,是指按照合同约定,利用他人的不动产,以提高自己的不动产效益的权利。如与相邻水井的主人约定,常年在他人的水井中汲水等。地役权的取得通常是有偿的。

特许物权,是指经过行政特别许可而开发、利用自然资源,获得收益的用益物权,包括依法取得的海域使用权、探矿权、采矿权、取水权和使用水域、滩涂从事养殖、捕捞的权利。

第五节　债　权

引例:买卖合同案

基本案情:新疆兴都公司将500包长绒棉通过铁路运至郑州准备出售,委托郑州的伏牛公司将棉花存放于当地仓库,并约定在棉花出售后按售价比例给伏牛公司提成。伏牛公司将棉花存放于郑州北营仓库,并将仓单的复印件、发票等凭证寄回给兴都公司。半月后,兴都公司找到买家某纺织厂,双方签订了500包长绒棉的买卖合同。合同约定先由纺织厂交付总价额50%的价款,兴都公司收到该款后将委托伏牛公司把全部货物的仓单背书给纺织厂,纺织厂在提货并验收以后一个月内付清余款。过了首付款的约定期限多日,兴都公司仍未收到纺织厂的首付款,却打听到一个消息,该纺织厂因严重亏损将被其他企业收购。兴都公司立即致电伏牛公司,没有兴都公司的书面确认通知书,不得将棉花的仓单交给任何人。数日后纺织厂派人到伏牛公司取棉花仓单,并出示了与兴都公司的买卖合同和由某银行签发的付款保证书。伏牛公司见到合同及付款保证书,就将仓单背书给纺织厂,在纺织厂取完货给了回执后,就立即向兴都公司要提成。兴都公司立即回了个电传:没发给你们书面确认书怎么就随便放货,他们首付的钱还没给呢,如果这笔钱要不回

来就要你们赔偿!

法律分析:《民法典》规定,标的物的所有权自标的物交付时起转移,但法律另有规定或者当事人另有约定的除外。本案中兴都公司与某纺织厂签订了长绒棉的买卖合同,但合同约定先由纺织厂交付总价额50%的价款,兴都公司收到该款后将委托伏牛公司把全部货物的仓单背书给纺织厂,纺织厂在提货并验收以后一个月内付清余款。因此兴都公司与纺织厂买卖合同约定的是拟制交付。棉花所有权自伏牛公司在仓单上背书并经保管人签字或盖章并转移给纺织厂时转移。

根据我国《民法典》的规定,先行履行抗辩权是指当事人互负债务,且有先后履行顺序,先履行一方未履行之前,或者履行债务不符合约定的,后履行一方拒绝其履行的抗辩权。先行履行抗辩权的成立要件包括:① 双方因同一合同互相负有债务;② 债务有先后履行顺序;③ 他方未为先给付义务。本案中兴都公司与某纺织厂签订了长绒棉买卖合同,并约定纺织厂先交付总价额50%的价款,兴都公司收到该款后再委托伏牛公司把全部货物的仓单背书给纺织厂,纺织厂在提货并验收以后一个月内付清余款。因此在纺织厂提交付款保证书并请求交付时,兴都公司可以行使先行履行抗辩权拒绝向纺织厂交付货物。

根据《民法典》的规定,委托合同是委托人和受托人约定,由受托人处理委托事务的合同。本案中兴都公司委托伏牛公司将棉花存放于当地仓库,并约定在棉花出售后按售价比例给伏牛公司提成,故在双方之间成立委托合同。根据合同法第三百九十九条、第四百零六条的规定,受托人应当按照委托人的指示处理委托事务。有偿的委托合同,因受托人的过错给委托人造成损失的,委托人可以要求赔偿损失。本案中兴都公司在得知纺织厂因严重亏损将被其他企业收购后,立即致电伏牛公司,没有兴都公司的书面确认通知书,不得将棉花的仓单交给任何人。但数日后纺织厂派人到伏牛公司取棉花仓单,并出示与兴都公司的买卖合同和由某银行签发的付款保证书后,伏牛公司将仓单背书给了纺织厂。因此,伏牛公司作为受托人没有按照委托人兴都公司的指示去做,违反了双方之间的委托合同,应当承担违约责任。

《民法典》规定,标的物的所有权自标的物交付时起转移,但法律另有规定或者当事人另有约定的除外。本案中兴都公司与纺织厂之间的买卖合同约定先由纺织厂交付总价额50%的价金,兴都公司收到该款后再委托伏牛公司把全部货物的仓单背书给纺织厂。因此,纺织厂在取得仓单但未付款以前对棉花有所有权。因为仓单是物权凭证,经背书转让后货物的所有权发生转移。

一、债权的概念及特征

民法上的债是按照合同的约定或者依照法律的规定,在当事人之间产生的特定的权利和义务关系。在债的关系中,享有权利的人是债权人,负有义务的人是债务人。债权是债权人享有的请求债务人为特定行为的权利。债务是债务人负有的为满足债权人的请求为某种特定行为的义务。物权制度和债权制度是调整市场经济的两大财产权法律制度,与物权相比,债权有如下特征:

第一,债权反映财产流转关系。债权关系反映的是财产利益从一个主体转移给另一主体的财产流转关系,其目的是保护财产的动态的安全。

第二,债权的主体、客体都是特定的。债权具有相对性,债的权利主体和义务主体都是特定的。债权以债务人应为的特定行为为客体,亦即债务人应为的特定行为。

第三,债权须通过债务人的特定行为才能实现。债是当事人实现其特定利益的法律手段,债的目的是一方从另一方取得某种财产利益,而这一目的的实现,只能通过债务人的给付才能达到,没有债务人为其应为的特定行为也就不能实现债权人的权利。

第四,债权的发生具有任意性、多样性。债可因合法行为发生,也可因不法行为而发生(如侵权行为)。合法行为设定的债权,法律并不特别规定其种类,当事人可依法自行任意设定债。

第五,债权具有平等性和相容性。在同一标的物上不仅可成立内容相同的数个债权,并且债的关系相互间是平等的,不存在优先性和排他性。

二、债权的发生根据

债权的发生根据是指能够引起债的关系发生的法律事实。债权的发生根据有几下几种:

(一) 合同

合同是平等主体的自然人、法人、其他组织之间设立、变更、终止民事权利义务关系的协议。因合同发生的债称为合同之债、约定之债,合同是最普遍的债的发生根据。

(二) 不当得利

不当得利是指没有合法根据获得利益而使他人利益受到损害的事实。依照法律规定,在发生不当得利事实后,在当事人之间产生债的关系,取得不当利益的一方当事人为债务人,应将其所取得的利益返还给受损失的一方,受损失一方当事人为债权人,有权请求取得利益的一方返还其不当得到的利益。基于不当得利而产生的债称为不当得利之债。

(三) 无因管理

无因管理,是指没有法定的或约定的义务,为避免他人利益受损失而对他人的事务进行管理或者服务的行为。依照法律规定,无因管理一经成立,管理人与本人间也就发生债的关系,管理人有权请求本人偿还管理所支出的必要费用,本人有义务偿还。管理人也要履行法律上规定的一些义务。因无因管理所产生的债称为无因管理之债。

(四) 侵权行为

侵权行为是指不法地侵害他人的合法权益应负民事责任的行为。依照法律规定,因侵权行为的实施在受害人与侵害人间形成债权债务关系,受侵害的当事人一方为债权人,有权请求侵害人赔偿损失,侵害人为债务人,负有赔偿损失的义务。因此侵权行为也是债的发生原因。因侵权行为而发生的债称为侵权行为之债或损害赔偿之债。

（五）其他原因

除以上四种情形外,其他的法律事实也会引起债的发生。例如,拾得遗失物会在拾得人与遗失物的所有人之间产生债权债务关系;因防止、制止他人合法权益受侵害而实施救助行为,会在因实施行为受损害的受损人与受益人间产生债权债务关系;因遗赠会在受赠人与遗嘱执行人间产生债权债务关系;因缔约过失会在缔结合同的双方之间产生债权债务关系等。

三、债的履行

债的履行,亦即债的清偿,是指债务人按照法律的规定或者合同的约定向债权人履行义务。债的履行过程中,债务人应该按照债所规定的主体、标的、数量、质量、价款、时间、地点和方法等,全部履行自己的义务,使债权人的权利得到完全的实现。债务人向债权人为特定行为,从债务人方面说,为给付;从债权人方面说,为履行;从债的消灭上说,为清偿。债务人清偿了债务,债权人的权利实现,债的目的达到,债当然也就消灭。因此,清偿为债的消灭的最正常、最常见的原因。例如在买卖合同中实现"银货两讫"。

四、债的消灭

债的消灭,指基于一定的法律事实使债权债务归于消灭,债在客观上不再存在。债的消灭方式主要有:

（一）清偿

清偿,亦即履行,是指债务人按照法律的规定或者合同约定向债权人履行义务。债务人清偿了债务,债权人的权利实现,债的目的达到,债当然消灭。

（二）抵销

抵销,是指二人互负债务时,各以其债权以充当债务之清偿,而使其债务与对方的债务在对等额内相互消灭。抵销依其产生根据的不同,可分为法定抵销和合意抵销。

（三）提存

提存,是指债务人于债务已届履行期时,将无法给付的标的物交提存机关,以消灭债务的行为。

（四）免除

免除,是指债权人放弃债权,从而解除债务人所承担的义务的单方行为。

（五）混同

混同,是指债权与债务同归于一人,而使债的关系消灭的事实。

第六节 知识产权

基本案情:贾英华帮助李淑贤(溥仪遗孀)整理口述及溥仪的日记等遗稿,后署名"李淑贤""贾英华整理"摘要在杂志上发表。李淑贤后又将溥仪日记等遗稿,以及贾英华整理的资料全部交给王庆祥,王庆祥利用这些资料完成《溥仪的后半生》一书。贾英华另外自费采访三百余人,查阅大量档案资料,完成《末代皇帝的后半生》一书。李淑贤与王庆祥向法院起诉,认为贾英华的《末代皇帝的后半生》剽窃《溥仪的后半生》达70％以上,构成侵犯著作权,请求贾英华公开赔礼道歉、销毁存书、不得再版、赔偿经济损失。法院认定被告是《末代皇帝的后半生》的作者,拥有该书著作权,不构成对二原告的侵权,判决驳回诉讼请求。

法律分析:判断贾英华是不是《末代皇帝的后半生》的作者,关键在于:① 利用反映客观事实的历史资料,是否影响作品的独创性。② 引用的性质与合理性。贾英华创作《末代皇帝的后半生》时,利用了有关溥仪的历史资料。历史资料是对人类生活中已经发生的自然现象和人文现象的如实记载,可供公众自由使用。适度利用历史资料不影响作品的独创性。如果作者通过自己的创作对历史资料进行重新整合,其创作成果不再是纯粹的历史资料,而是作者对其享有著作权的作品。利用历史资料不构成剽窃,故不构成侵犯著作权。

一、知识产权法概述

(一) 知识产权的概念与范围

"知识产权"术语可以通过抽象内涵和列举外延两种方式界定。按抽象内涵方式定义,知识产权是指权利人就其智力成果依法享有的权利。此处"智力成果"应作广义理解,指科学、技术、文学、艺术、商业等领域的各种智力创造,其中包括凝聚了智力创造成果的商业识别标记、商誉。

我国《民法典》第一百二十三条第二款采用列举外延方式,规定知识产权是权利人依法就下列客体享有的专有的权利:作品;发明、实用新型、外观设计;商标;地理标志;商业秘密;集成电路布图设计;植物新品种;法律规定的其他客体。经类型化归纳,知识产权包括著作权及邻接权、专利权、商标权、其他知识产权。其中,著作权及邻接权之外的知识产权如专利权、商标权等,因其主要功能是产业化利用,又称"工业产权"。

(二) 知识产权的属性与特征

1. 知识产权是私权

私权即民事权利,我国《民法典》第一百二十三条第一款明确"民事主体依法享有知识

产权"。鉴于知识产权法律内容面广量大、修正频繁,且较多涉及行政许可、监管、执法等公法规范,从立法技术考虑,《民法典》仅对知识产权作出概括性规定,以此统领各项单行的知识产权法律。①

知识产权的私权性质,意味着对智力成果的占有、使用、收益和处分均按权利人意志依法而行,除法定事由外,权利人依法享有的知识产权不受剥夺、限制。知识产权的取得和保护虽然涉及行政权和司法权,但是此种公权力的介入不改变知识产权的私权属性。

2. 专有性

专有性指知识产权的权利人对其智力成果的占有、使用具有排他性、独占性,未经权利人同意亦无法定事由,他人不得擅自实施,否则构成侵权。和物权的专有性相比,知识产权的专有性并无实质性不同,差别在于知识产权的客体是无形的智力成果,给专有性保护带来特殊问题。知识产权的专有性也受到一定限制,除法律强制性规定以及公序良俗的一般性限制外,还有著作权合理使用、法定许可,专利强制许可等限制。

3. 法定性

法定性指知识产权的主体、客体、内容、法律救济等都由知识产权法律明确规定,不能由当事人约定。在法定性上,知识产权与物权类似,而与合同债权形成区别。但是不宜机械理解知识产权的法定性,司法机关能动适用民法基本原则以及知识产权法,特别是其中起兜底条款作用的反不正当竞争法,对技术、文学、艺术、商业创新相关的社会关系新情况、新问题作出适应性解释,也是必需和允许的。

4. 客体的无形性

知识产权的客体是智力成果,故归类于无形财产权,区别于客体为有形物的物权。无形的智力成果可以被固化在有形载体上,不影响知识产权与有形载体物权的相对独立性。例如,一部小说印成纸质书籍在书店出售,购书人取得对有形纸质书的所有权,著作权人则保留对无形作品的著作权。又如,美术等作品原件所有权的转移,不应视为作品著作权的转移,但美术作品原件的展览权由原件所有人享有。客体的无形性衍生出易复制性、易传播性,尤其在数字与网络时代,此种特性使得知识产权侵权具有低成本、隐瞒性、跨国界等特点,给知识产权保护带来新的挑战。

5. 地域性

此处的地域主要指国家,也可以指属于不同法域的更大或更小的地区,例如欧盟、我国香港特别行政区。就国家而言,地域性意味着除非国际公约或者双边协定另有规定,按一国法律取得的知识产权只在该国境内有效,例如某人在中国获得专利授权或商标注册,其专利或商标只在中国受到保护;反之如果某人仅在其他国家而没有在中国获得专利授权或者商标注册,其在中国就不受专利权或商标专用权保护。地域性还表现在依各国法律产生的知识产权彼此独立,其权利取得、内容和救济都仅依据各国法律。值得注意的

① 参见王晨副委员长在第十三届全国人大第三次会议上关于《中华人民共和国民法典(草案)》的说明。

是,得益于国际合作,基于《保护工业产权巴黎公约》《保护文学艺术作品伯尔尼公约》(以下简称《伯尔尼公约》)等公约,各国知识产权保护标准已在很大程度上得到统一。

6. 时间性

指知识产权一般只在法定保护期内有效,保护期满则智力成果进入公有领域,成为可供人们自由使用的社会共同财富,以利于人类文明的持续发展。在时间性上,知识产权与所有权等物权形成对比,有形物只要不灭失且未被征收、剥夺或转让,所有权人或其继承人就可以永续拥有。各国通常的保护期是发明专利从申请日起20年,著作权保护期限为作者有生之年加去世后50年(欧美为70年)。时间性也有例外,商标保护期一般为10年,但是期满可以续展,且续展次数没有限制。商业秘密没有法定保护期,只要权利人保密措施得当,技术信息、经营信息长期维持保密状态,其商业秘密就一直受到保护。此外,著作权、邻接权中的人身性权利也没有保护期限制。

二、著作权法概述

(一) 概念

狭义的著作权也称版权,指作者等权利人对文学、艺术和科学作品依法享有的专有权利。作品的传播者就其传播依法享有的专有性权利称为"邻接权",亦可归入广义的著作权。一般称著作权即指其狭义,我国著作权法除著作权外,也保护邻接权。

在我国,狭义的著作权法指《中华人民共和国著作权法》(2020年第三次修正,简称《著作权法》)。为实施该法,国务院及其相关部门制定有该法的实施条例、计算机软件保护条例、信息网络传播权保护条例、著作权集体管理条例等行政法规、部门规章;我国还参加了《伯尔尼公约》等著作权公约,都是广义的著作权法。

(二) 著作权的客体

1. 作品

著作权的客体是作品。依据《伯尔尼公约》,其保护客体包括文学、艺术、科学作品。根据我国《著作权法》第三条,该法所称作品,是指文学、艺术和科学领域内具有独创性并能以一定形式表现的智力成果,包括:① 文字作品;② 口述作品;③ 音乐、戏剧、曲艺、舞蹈、杂技艺术作品;④ 美术、建筑作品;⑤ 摄影作品;⑥ 视听作品;⑦ 工程设计图、产品设计图、地图、示意图等图形作品和模型作品;⑧ 计算机软件;⑨ 符合作品特征的其他智力成果。

作为著作权客体的作品须具备两个构成要件:① 独创性,要求作品具备最低限度的创造性,且由作者独立创作完成,不允许剽窃或抄袭自他人作品,也不是简单空洞的概念、资料、元素堆砌。② 以一定形式表现,超越作者的内心构思,以某种形式外化表现并能被他人感知。

2. 不适用著作权保护的主题

《著作权法》不适用于:① 法律、法规,国家机关的决议、决定、命令和其他具有立法、行政、司法性质的文件,及其官方正式译文;② 单纯事实消息;③ 历法、通用数表、通用表格和公式。第①项统称法律文件,是由公权力机关起草发布的公共产品,不应被专有,而应加以尽快尽广的社会传播。第②项指通过媒体报道传播的单纯事实消息或称新闻要素,只反映客观事实存在,是需要保证公众知情权的准公共产品。但是对新闻5W要素(Who,When,What,Where,Why)的排除保护,不应影响对具有独创性的新闻表达的保护。第③项基本属于工具性要素,并且历法、公式是自然或科学规律的唯一必要表达形式,不宜给予专有权保护。

(三) 著作权人

1. 作者

著作权人包括作者,以及其他依据《著作权法》享有著作权的自然人、法人或者非法人组织。一般而言,作者是著作权的原始主体。其他自然人、法人或者非法人组织可以成为著作权的继受主体。例如,著作权属于自然人,该自然人死亡后,其依据《著作权法》第(五)项至第(十七)项享有的权利(著作财产权)在规定保护期内,依据继承法转移。又如,作为著作权主体的法人或者非法人组织变更、终止后,其著作财产权在规定保护期内,由承受其权利的法人或者非法人组织享有,没有权利承受人的,由国家享有。

作者又分自然人作者和法人或非法人组织"视为作者"。后一情形是指由法人或者非法人组织主持,代表法人或者非法人组织意志创作,并由法人或者非法人组织承担责任的作品,法人或者非法人组织视为作者。视为作者是一种法律拟制,其法理基础是作品创作归根结底只可能由自然人完成,同时在高度组织化的社会中,一定条件下又必须由组织体享有创作的利益、承担创作的后果。

在作品上署名的自然人、法人或者非法人组织为作者,且该作品上存在相应权利,但有相反证明的除外。

2. 特定情形下著作权的归属及行使

(1) 演绎作品、汇编作品。

演绎作品,指改编、翻译、注释、整理已有作品而产生的作品。演绎作品的著作权由改编、翻译、注释、整理人享有,但行使著作权时不得侵犯原作品的著作权。

汇编作品,指汇编若干作品、作品的片段或者不构成作品的数据或者其他材料,对其内容的选择或者编排体现独创性的作品。汇编作品的著作权由汇编人享有,但行使著作权时,不得侵犯原作品的著作权。

使用演绎作品以及汇编已有作品而产生的作品进行出版、演出和制作录音录像制品,应当取得该作品的著作权人和原作品的著作权人许可,并支付报酬。

(2) 合作作品。

合作作品,指两人以上合作创作的作品,其著作权由合作作者共同享有。没有参加创作的人,不能成为合作作者。合作作品的著作权由合作作者通过协商一致行使;不能协商一致,又无正当理由的,任何一方不得阻止他方行使除转让、许可他人专有使用、出质以外的其他权利,但是所得收益应当合理分配给所有合作作者。

合作作品可以分割使用的,作者对各自创作的部分可以单独享有著作权,但行使著作权时不得侵犯合作作品整体的著作权。

合作作品不可以分割使用的,其著作权由各合作作者共同享有,通过协商一致行使;不能协商一致,又无正当理由的,任何一方不得阻止他方行使除转让以外的其他权利,但是所得收益应当合理分配给所有合作作者。

（3）视听作品。

视听作品中的电影作品、电视剧作品的著作权由制作者享有,但编剧、导演、摄影、作词、作曲等作者享有署名权,并有权按照与制作者签订的合同获得报酬。其他视听作品的著作权归属由当事人约定;没有约定或者约定不明确的,由制作者享有,但作者享有署名权和获得报酬的权利。视听作品中的剧本、音乐等可以单独使用的作品的作者有权单独行使其著作权。

（4）职务作品。

职务作品,指自然人作者为完成法人或者非法人组织工作任务所创作的作品。"职务作品"与法人或者非法人组织"视为作者"是两个容易混淆的概念,需注意区分。

一般情形下,职务作品的著作权由作者享有,但法人或者非法人组织有权在其业务范围内优先使用;作品完成两年内,未经单位同意,作者不得许可第三人以与单位相同的方式使用该作品。

有下列情形之一的职务作品,作者享有署名权,著作权的其他权利由法人或者非法人组织享有,法人或者非法人组织可以给予作者奖励:① 主要利用法人或者非法人组织的技术条件创作,并由法人或者非法人组织承担责任的工程设计图、产品设计图、示意图、计算机软件等职务作品;② 报社、期刊社、通讯社、广播电台、电视台的工作人员创作的职务作品;③ 法律、行政法规规定或者合同约定著作权由法人或者非法人组织享有的职务作品。

（5）委托作品。

委托作品,指作者受委托创作的作品,其著作权的归属由委托人和受托人通过合同约定。合同未作明确约定或者没有订立合同的,著作权属于受托人。但是,当事人合意以特定人物经历为题材完成的自传体作品,当事人对著作权归属有约定的,依其约定,没有约定的,著作权归该特定人物享有,执笔者或整理人对作品完成付出劳动的,著作权人可以向其支付适当的报酬。① 此处的合意,既包括对合作创作的合意,也包括对委托创作的合意。

（6）作者身份不明的作品。

作者身份不明的作品,由作品原件的所有人行使除署名权以外的著作权。作者身份确定后,由作者或者其继承人行使著作权。

---

① 参见《最高人民法院关于审理著作权民事纠纷案件适用法律的解释》(法释〔2002〕31 号)第十四条。

（四）著作权的内容及期限

1. 著作权的内容

根据《著作权法》第十条第一款，著作权包括著作人身权和著作财产权。

（1）著作人身权。

发表权，即决定作品是否以一定方式公之于众的权利。署名权，即表明作者身份，在作品上署名的权利。修改权，即修改或者授权他人修改作品的权利。保护作品完整权，即保护作品不受歪曲、篡改的权利。

（2）著作财产权。

包括复制权、发行权、出租权、展览权、表演权、放映权、广播权、信息网络传播权、摄制权、改编权、翻译权、汇编权、应当由著作权人享有的其他权利。著作权可以自己享有并行使这些权利；可以许可他人行使这些权利，也可以全部或者部分转让这些权利，并依照约定或者著作权法有关规定获得报酬。

2. 著作权取得与保护期限

（1）著作权的取得。

中国公民、法人或者非法人组织的作品，不论是否发表，依照著作权法均享有著作权。换言之，中国国籍主体的著作权自作品完成时自动取得。

外国人、无国籍人的作品根据其作者所属国或者经常居住地国同中国签订的协议或者共同参加的国际条约享有的著作权，受我国著作权法保护。外国人、无国籍人的作品首先在中国境内出版的，依照我国著作权法享有著作权。

未与中国签订协议或者共同参加国际条约的国家的作者以及无国籍人的作品，首次在中国参加的著作权国际条约的成员国出版的，或者在成员国和非成员国同时出版的，受我国著作权法保护。

（2）著作权的保护期限。

作者的署名权、修改权、保护作品完整权的保护期不受限制。

自然人的作品，其发表权、著作财产权的保护期为作者终生及其死亡后五十年，截止于作者死亡后第五十年的 12 月 31 日；如果是合作作品，截止于最后死亡的作者死亡后的第五十年的 12 月 31 日。

法人或者非法人组织的作品、著作权（署名权除外）由法人或者非法人组织享有的职务作品，其发表权的保护期为五十年，截止于作品创作完成后第五十年的 12 月 31 日；著作财产权的保护期为五十年，截止于作品首次发表后第五十年的 12 月 31 日，但作品自创作完成后五十年内未发表的，著作权法不再保护。

视听作品，其发表权的保护期为五十年，截止于作品创作完成后第五十年的 12 月 31 日；著作财产权的保护期为五十年，截止于作品首次发表后五十年的 12 月 31 日，但作品自创作完成后五十年内未发表的，本法不再保护。

（五）邻接权

邻接权在我国著作权中称为"与著作权有关的权利"，顾名思义是指与著作权有关联、相邻接的权利。该类权利的产生不是基于作品创作，而是基于对作品的传播，即权利人因传播作品而对相关传播形式享有的权利。我国《著作权法》规定了四种邻接权：表演者权、录音录像制作者权、广播组织权、出版者版式设计权。

以表演者权为例，表演者对其表演享有下列权利：表明表演者身份；保护表演形象不受歪曲；许可他人从现场直播和公开传送其现场表演，并获得报酬；许可他人录音录像，并获得报酬；许可他人复制、发行、出租录有其表演的录音录像制品，并获得报酬；许可他人通过信息网络向公众传播其表演，并获得报酬。演员为完成本演出单位的演出任务进行的表演为职务表演，演员享有表明身份和保护表演形象不受歪曲的权利，其他权利归属由当事人约定；当事人没有约定或者约定不明确的，职务表演的权利由演出单位享有；职务表演的权利由演员享有的，演出单位可以在其业务范围内免费使用。

需要区别著作权人享有的表演权与作为邻接权的表演者权。表演者既享有权利，又对所表演的他人作品的著作权人承担获得许可、支付报酬的义务。

（六）著作权的限制

1. 合理使用

在《著作权法》第二十四条第一款所列十三种情形下使用作品，可以不经著作权人许可，不向其支付报酬，但应当指明作者姓名或者名称、作品名称，并且不得影响该作品的正常使用，也不得不合理地损害著作权人的合法权益。合理使用的规定也适用于对邻接权的限制。合理使用的情形例如：为个人学习、研究或者欣赏，使用他人已经发表的作品；为介绍、评论某一作品或者说明某一问题，在作品中适当引用他人已经发表的作品；为学校课堂教学或者科学研究，翻译、改编、汇编、播放或者少量复制已经发表的作品，供教学或者科研人员使用，但不得出版发行；以阅读障碍者能够感知的无障碍方式向其提供已经发表的作品。

2. 法定许可

根据《著作权法》第二十五条，为实施义务教育和国家教育规划而编写出版教科书，可以不经著作权人许可，在教科书中汇编已经发表的作品片段或者短小的文字作品、音乐作品或者单幅的美术作品、摄影作品、图形作品，但应当按照规定向著作权人支付报酬，指明作者姓名或者名称、作品名称，并且不得侵犯著作权人依照本法享有的其他权利。法定许可规定也适用于对邻接权的限制。

（七）侵犯著作权和邻接权的法律责任

1. 民事责任

根据《著作权法》第五十二条，有十一种著作权或者邻接权侵权行为的，应当根据情况，承担停止侵害、消除影响、赔礼道歉、赔偿损失等民事责任。

根据《著作权法》第五十四条，侵犯著作权或者邻接权的，侵权人应当按照权利人因此受到的实际损失或者侵权人的违法所得给予赔偿；权利人的实际损失或者侵权人的违法所得难以计算的，可以参照该权利使用费给予赔偿。对故意侵犯著作权或者邻接权情节严重的，可以在按照上述方法确定数额的一倍以上五倍以下给予赔偿。权利人的实际损

失、侵权人的违法所得、权利使用费难以计算的,由人民法院根据侵权行为的情节,判决给予五百元以上五百万元以下的赔偿。赔偿数额还应当包括权利人为制止侵权行为所支付的合理开支。

2. 行政责任及刑事责任

根据《著作权法》第五十三条,有八种著作权侵权行为的,应当根据情况承担本法第五十二条规定的民事责任;侵权行为同时损害公共利益的,主管著作权的部门责令停止侵权行为,予以警告,没收违法所得,没收、无害化销毁处理侵权复制品以及主要用于制作侵权复制品的材料、工具、设备等,可以按该法标准并处罚款;构成犯罪的,依法追究刑事责任。

《中华人民共和国刑法》分则第三章第七节,规定了侵犯知识产权罪。

三、专利法概述

(一)专利权的含义

专利权,简称专利,指国家根据专利法授予申请人对发明创造在一定期限内依法享有的独占实施、收益、处分并排除他人干涉的权利。

专利权具有知识产权的一般属性,也有其特点:一是属于财产权,并无人身权内容;二是客体是符合法定条件的发明创造成果,属于技术方案或设计,功能在于产业化实施;三是权利取得须以公开发明创造为条件,除非涉及国家安全或者重大利益需要保密按国家有关规定办理;四是须经申请并通过审查,方可取得专利行政部门(在我国现为国家知识产权局)的专利授权。

(二)专利申请权的归属与行使

1. 发明人、专利申请人、专利权人

专利法所称发明人或设计人,亦可统称发明人(下同),指对发明创造的实质性特点作出创造性贡献的人。发明人可以是自然人,也可以是单位(类似著作权法中的法人或非法人组织"视为作者")。在完成发明创造过程中,只负责组织工作的人、为物质技术条件的利用提供方便的人或者从事其他辅助工作的人,不是发明人。发明人有权在专利文件上写明自己是发明人。

申请专利的权利,简称专利申请权,专利申请权人有权申请专利,也有权暂不申请或者放弃申请专利。

就一项发明创造向专利行政部门提出专利申请的人,是专利申请人。申请被批准后,专利申请人即为专利权人。同样的发明创造只能授予一项专利权,两个以上的申请人分别就同样的发明创造申请专利的,专利权授予最先申请的人。

专利申请权和专利权除了可以原始取得外,还可以通过自然人继承或受遗赠、法人继受、合同转让等方式,由其他人继受取得。

2. 专利申请权的归属

（1）非职务发明创造。

非职务发明创造，专利申请权属于发明人；申请被批准后，该发明人为专利权人。但是，利用本单位的物质技术条件所完成的发明创造，单位与发明人订有合同，对专利申请权和专利权的归属作出约定的，从其约定。

对发明人的非职务发明专利申请，任何单位或个人不得压制。

（2）职务发明创造。

职务发明创造，指执行本单位的任务或者主要是利用本单位的物质技术条件所完成的发明创造。职务发明创造的专利申请权属于该单位；申请被批准后，该单位为专利权人。

被授予专利权的单位应当对职务发明创造的发明人给予奖励；专利实施后，根据其推广应用的范围和取得的经济效益，对发明人给予适当的报酬。

（3）合作发明创造、委托发明创造。

两个以上单位或者个人合作完成的发明创造、一个单位或者个人接受其他单位或者个人委托所完成的发明创造，除另有协议的以外，专利申请权属于完成或者共同完成的单位或者个人；申请被批准后，申请的单位或者个人为专利权人。

3. 专利申请权的行使

（1）外国主体在中国申请专利。

在中国没有经常居所或者营业所的外国人、外国企业或者外国其他组织在中国申请专利的，依照其所属国同中国签订的协议或者共同参加的国际条约，或者依照互惠原则，根据《中华人民共和国专利法》（2020 年 10 月 17 日第四次修正，以下简称《专利法》）办理，并应委托依法设立的专利代理机构办理。

（2）向国外申请专利。

任何单位或个人将在中国完成的发明或者实用新型向外国申请专利的，应当事先报国务院专利行政部门进行保密审查。中国单位或个人可以根据我国参加的有关国际条约提出专利国际申请，并应遵守保密审查规定。

（三）专利权的客体

1. 可专利主题

根据我国《专利法》第二条，本法所称的发明创造，是指发明、实用新型和外观设计，对这些主题所授予的专利分别为发明专利、实用新型专利和外观设计专利。

发明，指对产品、方法或者其改进所提出的新的技术方案。

实用新型，指对产品的形状、构造或者其结合所提出的适于实用的新的技术方案。

外观设计，指对产品的整体或者局部的形状、图案或者其结合以及色彩与形状、图案的结合所作出的富有美感并适于工业应用的新设计。

2. 不授予专利权的主题

根据《专利法》第五条，有下列情形的不授予专利权：① 违反法律、社会公德或者妨害

公共利益的发明创造。② 违反法律、行政法规的规定获取或者利用遗传资源,并依赖该遗传资源完成的发明创造。

根据《专利法》第二十五条,对下列各项也不授予专利权:① 科学发现;② 智力活动的规则和方法;③ 疾病的诊断和治疗方法;④ 动物和植物品种(但对其产品的生产方法,可以依《专利法》授予专利);⑤ 原子核变换方法以及用原子核变换方法获得的物质;⑥ 对平面印刷品的图案、色彩或者二者的结合作出的主要起标识作用的设计。

(四) 授予专利权的条件

1. 发明专利、实用新型专利的条件

除其他条件外,授予专利权的发明和实用新型,应当具备"三性"即新颖性、创造性和实用性的实质条件。

新颖性,指该发明或实用新型不属于现有技术;也没有任何单位或个人就同样的发明或实用新型在申请日以前向国务院专利行政部门提出过申请,并记载在申请日以后公布的专利申请文件或者公告的专利文件中。但是,申请专利的发明创造在申请日以前六个月内,有下列情形之一的,不丧失新颖性:① 在国家出现紧急状态或者非常情况时,为公共利益目的首次公开的;② 在中国政府主办或者承认的国际展览会上首次展出的;③ 在规定的学术会议或者技术会议上首次发表的;④ 他人未经申请人同意而泄露其内容的。

创造性,指与现有技术相比,该发明具有突出的实质性特点和显著的进步,该实用新型具有实质性特点和进步。

实用性,指该发明或实用新型能够制造或者使用,并且能够产生积极效果。

就创造性而言,发明专利比实用新型专利的认定标准更高。此外,对实用新型、外观设计专利申请只进行初步审查,而对发明专利申请还须就"三性"即新颖性、创造性、实用性进行实质审查。因此,相对于实用新型专利、外观设计专利(俗称"小专利"),发明专利的授权门槛更高。

2. 外观设计专利的条件

除其他条件外,授予专利权的外观设计,应当具备三项条件:① 不属于现有设计;也没有任何单位或个人就同样的外观设计在申请日以前向国务院专利行政部门提出过申请,并记载在申请日以后公告的专利文件中。② 与现有设计特征的组合相比,应当具有明显区别。③ 不得与他人在申请日以前已经取得的合法权利相冲突。

以上现有技术或设计,指申请日以前在国内外为公众所知的技术或设计。

(五) 专利权的内容和保护期限

1. 专利权的内容

发明和实用新型专利权被授予后,除《专利法》另有规定的以外,任何单位或者个人未经专利权人许可,都不得实施其专利,即不得为生产经营目的制造、使用、许诺销售、销售、进口其专利产品,或者使用其专利方法以及使用、许诺销售、销售、进口依照该专利方法直接获得的产品。前述"除《专利法》另有规定",主要包括《专利法》第六章中关于专利实施

的特别许可,以及《专利法》第七章第七十五条"不视为侵犯专利权"的情形等规定。

外观设计专利被授予后,任何单位或者个人未经专利权人许可,都不得实施其专利,即不得为生产经营目的制造、许诺销售、销售、进口其外观设计专利产品。

发明专利申请公布后被授权前,申请人即可要求实施其发明的单位或者个人支付适当的费用。

2. 专利权的保护期限

根据我国《专利法》,发明专利权的期限为 20 年,实用新型专利权和外观设计专利权的期限为 10 年,均自申请日起计算。

专利权人应当自被授予专利权的当年开始缴纳年费。没有按照规定缴纳年费,或者专利权人以书面声明放弃其专利权的,专利权在期限届满前终止。

(六) 专利侵权的赔偿责任

侵犯专利权的赔偿数额按照权利人因被侵权所受到的实际损失或者侵权人因侵权所获得的利益确定;权利人的损失或者侵权人获得的利益难以确定的,参照该专利许可使用费的倍数合理确定。对故意侵犯专利权,情节严重的,可以在按照上述方法确定数额的一倍以上五倍以下确定赔偿数额。权利人的损失、侵权人获得的利益和专利许可使用费均难以确定的,人民法院可以根据专利权的类型、侵权行为的性质和情节等因素,确定给予三万元以上五百万元以下的赔偿。赔偿数额还应当包括权利人为制止侵权行为所支付的合理开支。

四、商标法概述

(一) 商标概述

1. 商标的定义

商标,指经营者在其商品或服务上使用,用于识别商品或服务的经营者来源的标志。

2. 商标的要素与功能

根据《中华人民共和国商标法》(2019 年第四次修正,以下简称《商标法》)第八条,任何能够将自然人、法人或者其他组织的商品与他人的商品区别开来的标志,包括文字、图形、字母、数字、三维标志、颜色组合和声音等,以及上述要素的组合,均可以作为商标申请注册。该法第九条进一步规定,申请注册的商标,应当有显著特征,便于识别,并不得与他人在先取得的合法权利相冲突。

对以上法条的解读:① 关于商品商标的规定,同样适用于服务商标(据《商标法》第四条第二款)。② 注册商标的要素以及显著性、非冲突性要求,同样适用于未注册商标。③《商标法》2013 年第三次修正时,即已增加"声音"要素,即承认具有识别性的声音可以用作商标并注册。

商标的核心功能是识别(标识并且区别)商品或服务的经营者来源,由此还可派生出保证、指引、警示、商誉、广告等功能。基于商标的核心功能,以及权利保护所依据的法律

不同,商标与商号、商品名称、商业外观、商业标语、地理标志以及科学、教育、文化领域的特殊标志等相邻标记形成区别。

3. 不得作为商标使用或商标注册的标志

(1) 不得作为商标使用的标志。

《商标法》第十条第一款列举了不得作为商标使用的八种情形,涉及违反包括国际法在内的法律的禁止性规定、违反公序良俗、违背诚实信用等原因。例如:同中国的国家名称、国旗、国徽、国歌、军旗等相近或近似的,以及同中央国家机关的名称、标志、所在地特定地点的名称或者标志性建筑物的名称、图形相同的;同"红十字""红新月"的名称、标志相同或近似的;带有欺骗性,容易使公众对商品的质量等特点或者产地产生误解的;有害于社会主义道德风尚或者有其他不良影响的。

商标区别的是商品、服务的经营者来源而不是地理来源,使用地名作为商标非但不能起到商标的核心功能,反而误导公众,对同业形成不正当竞争。因此《商标法》第十条第二款规定,县级以上行政区划的地名或者公众知晓的外国地名,不得作为商标。但是,地名具有其他含义或者作为集体商标、证明商标组成部分的除外;(《商标法》施行前)已经注册的使用地名的商标继续有效。

(2) 不得作为商标注册的标志。

基于当然解释,前述不得作为商标使用的标志,也不得作为商标注册。

根据《商标法》第十一条第一款,下列标志也不得作为商标注册:① 仅有本商品的通用名称、图形、型号的;② 仅直接标识商品的质量、主要原料、功能、用途、重量、数量及其他特点的;③ 其他缺乏显著特征的。但是该条第二款又规定,如果这些标志已经作为商标使用,并且经过使用取得了显著特征("获得显著性"),可以作为商标注册。

(3) 不得注册商标的三维标志。

根据《商标法》第十二条,以三维标志申请商标的,仅由商品自身的性质产生的形状,为获得技术效果而需有的商品形状或者使商品具有实质性价值的形状,不得注册。

(4) 含地理标志的商标。

商标中含有商品的地理标志,而该商品并非来源于该标志所标示的地区,误导公众的,不予注册并禁止使用;但是已经善意取得注册的继续有效。地理标志,是指标示某商品来源于某地区,该商品的特定质量、信誉或者其他特征,主要由该地区的自然因素或者人文因素所决定的标志。

(二)商标专用权

1. 注册商标

经商标局核准注册的商标为注册商标,包括商品商标、服务商标和集体商标、证明商标。集体商标,指以团体、协会或者其他组织名义注册,供该组织成员在商事活动中使用,以表明使用者在该组织中的成员资格的标志。证明商标,指对某种商品或者服务具有监督能力的组织所控制,而由该组织以外的单位或者个人使用于其商品或者服务,用以证明该商品或者服务的原产地、原料、制造方法、质量或者其他特定品质的标志。

原则上,我国对商标注册实行"按需自愿"注册制,即自然人、法人或者其他组织在生产经营活动中,对其商品或者服务需要取得商标专用权的,应当向商标局申请商标注册;不以使用为目的的恶意商标注册申请,应予驳回。但是法律、行政法规规定必须使用注册商标的商品(如烟草制品),必须申请商标注册,未经核准注册的,不得在市场销售。

申请注册和使用商标,应当遵循诚实信用原则。例如,2020 年哈尔滨南岗区某知识产权代理机构违反诚实信用原则,违法恶意代理"雷神山""火神山"(均为武汉疫情期间紧急建设运行的收治新冠肺炎患者的医院名称)商标注册,被市场监管部门决定行政处罚。

两个以上的商标注册申请人,在同一种商品或者类似商品上,以相同或者近似的商标申请注册的,初步审定并公告申请在先的商标(先申请原则);同一天申请的,初步审定并公告使用在先的商标,驳回其他人的申请,不予公告(先使用例外)。

2. 商标专用权及其保护

商标注册人享有商标专用权,受法律保护。两个以上主体可以共同申请注册同一商标,共同享有和行使该商标专用权。

注册商标人有权标注"注册商标"或者注册标记。注册商标的专用权,以核准注册的商标和核定使用的商品为限。

下列行为均属侵犯注册商标专用权:① 未经商标注册人的许可,在同一种商标上使用与其注册商标相同的商标的;② 未经商标注册人的许可,在同一种商品上使用与其注册商标近似的商标,或者在类似商品上使用与其注册商标相同或者近似的商标,容易导致混淆的;③ 销售侵犯注册商标专用权的商品的;④ 伪造、擅自制造他人注册商标标识或者销售伪造、擅自制造的注册商标标识的;⑤ 未经商标注册人同意,更换其注册商标并将更换商标的商品又投入市场的("反向假冒");⑥ 故意为侵犯他人商标专用权行为提供便利条件,帮助他人实施侵犯商标专用权行为的;⑦ 给他人的注册商标专用权造成其他损害的。有以上侵权行为之一引起纠纷的,由当事人协商解决;不愿协商或者协商不成的,商标注册人或者利害关系人可以向人民法院起诉,也可以请求市场监管部门处理;对以上侵权行为,市场监管部门有权依法查处;涉嫌犯罪的,应当及时移送司法机关依法处理。

将他人注册商标、未注册的驰名商标作为企业名称中的字号使用,误导公众,构成不正当竞争行为的,依照反不正当竞争法处理。

(三) 未注册商标与驰名商标保护

1. 未注册商标

根据《商标法》第三十二条、第四十五条,申请商标注册不得损害他人现有的在先权利,也不得以不正当手段抢先注册他人已经使用并有一定影响的商标。违反该条规定的,自商标注册之日起五年内,在先权利人或者利害关系人可以请求商标评审委员会宣告该注册商标无效;对恶意抢注的,驰名商标所有人不受五年的时间限制。

就同一种商品或者类似商品申请注册的商标与他人在先使用的未注册商标相同或者近似,申请人与他人有合同、业务往来关系或者其他关系而明知他人商标存在,该他人提出异议的,不予注册。

以上法条表明,除商标注册人享有商标专用权外,未注册商标,特别是经使用产生一定影响的未注册商标,同样受到一定程度的法律保护,有权对抗恶意抢注。未注册商标如果是驰名商标,还受到特别保护。

2. 驰名商标保护

根据《商标法》第十三条,为相关公众所熟知的商标,持有人认为其权利受到侵害时,可以依照本法规定请求驰名商标保护:① 就相同或者类似商品申请注册的商标是复制、模仿或者翻译他人未在中国注册的驰名商标,容易导致混淆的,不予注册并禁止使用。② 就不同或者不相类似商品申请注册的商标是复制、模仿或者翻译他人已经在中国注册的驰名商标,误导公众,致使该驰名商标注册人的利益可能受到损害的,不予注册并禁止使用。

在实体上,驰名商标应根据当事人的请求,作为处理涉及商标案件需要认定的事实进行认定,认定时应考虑下列因素:① 相关公众对该商标的知晓程度;② 该商标使用的持续时间;③ 该商标任何宣传工作的持续时间、程度和地理范围;④ 该商标作为驰名商标受保护的记录;⑤ 该商标驰名的其他因素。

在程序上,仅可在商标注册审查、查处商标违法案件、商标争议处理、商标民事或行政案件审理过程中,在当事人依照《商标法》第十三条主张权利时,为审查、处理或审理案件的需要,由商标局、市场监管部门、商标评审委员会或最高人民法院指定的人民法院,对商标驰名情况作出个案认定。因此,驰名商标不是荣誉称号,仅可个案按需认定,不得"批量认定";生产、经营者不得将"驰名商标"字样用于商品、商品包装或者容器上,或者用于广告宣传、展览以及其他商业活动中。

(四)商标侵权的民事责任

侵犯商标专用权的赔偿数额,按照权利人因被侵权所受到的实际损失确定;实际损失难以确定的,可以按照侵权人因侵权所获得的利益确定;权利人的损失或者侵权人获得的利益难以确定的,参照该商标许可费的倍数合理确定。对恶意侵犯商标权,情节严重的,可以在按照上述方法确定数额的一倍以上五倍以下确定赔偿数额。赔偿数额应当包括权利人为制止侵权行为所支付的合理开支。

权利人因被侵权所受到的实际损失、侵权人因侵权所获得的利益、注册商标许可使用费难以确定的,由人民法院根据侵权行为的情节判决给予五百万元以下的赔偿。

人民法院审理商标纠纷案件,应权利人请求,对属于假冒注册商标的商品,除特殊情况外,责令销毁;对主要用于制造假冒注册商标的商品的材料、工具,责令销毁,且不予以补偿;或者在特殊情况下,责令禁止前述材料、工具进入商业渠道,且不予以补偿。假冒注册商标的商品不得在仅去除假冒注册商标后进入商业渠道。

第七节　人格权

引例：侵犯他人名誉权案

基本案情：2016年春节，现役军人唐忠国在回家探亲期间，经人介绍，与某机关的工作人员江明秀认识。不久，江明秀即当着介绍人的面，向唐忠国明确表示不愿与之建立恋爱关系。唐忠国休假期满归队后，与江保持追求恋爱关系的同时与另一女青年恋爱。江明秀先后两次收到唐忠国从部队邮寄给她的包裹，内装有凉鞋、衣物等。2016年9月，唐忠国从部队回家，以恋爱对象身份找江明秀。江明秀否认与唐有恋爱关系。为此，双方发生争执。经江明秀所在单位调解，唐始离去。此后，唐忠国向某省报社及纪委部门反映江明秀借婚姻骗取其现金8000元以及衣物等大量财物。2016年11月，单位纪检部门根据上级转办的来信，经过调查，查明江明秀除收到过唐忠国主动寄给她的两次包裹外，其余均不是事实。单位即向某省报作了答复。2017年初，唐忠国转业到地方工作，认识了某机关干部汤渊。汤经常向某法制报社写新闻稿件，唐忠国知道这一情况后，即向汤虚构了所谓江明秀借婚姻骗取钱财的情节，要汤向法制报反映。汤渊未加核实，便以"金钱换来的痛苦"为题写稿，向某法制报社投稿。稿件内容完全与前述唐向某省报的反映相同，只是对江明秀未具体点名而称为"江某"。某法制报社对该稿的事实也未经核实，只将文字略加修改后，即以"爱情不是金钱买得来的"为题，刊登于2017年8月5日该报第324期第2版，江明秀见报后，曾几次找法制报社及汤渊交涉，未有结果。江秀明因此向法院起诉，控告唐忠国、汤渊、某法制报社侵犯其名誉权，要求赔偿损失。

在案件的审理过程中存在分歧：第一种意见认为，我国法律规定禁止用侮辱、诽谤等方式损害公民、法人的名誉，这就决定了损害他人名誉，行为人主观上只能是故意。所以，是否构成侵害名誉权，行为人主观过错可以从是故意还是过失来区分：前者属于侵犯名誉权；后者尽管批评内容有较大出入，仍属于正当舆论批评。汤某及某法制报社均无污辱、诽谤江明秀的故意，仅是未认真核实，属于工作上的过失行为，不构成侵犯名誉权，不应承担民事责任。第二种意见认为，民法理论对侵权行为，无论行为人是故意还是过失，均应承担民事责任。我国是社会主义国家，在保护新闻自由的同时，也保护公民的合法权益。对于涉及公民人格评价的稿件，无论撰稿人和报社，都应当对事实认真负责核对确认。区分正当舆论批评和侵犯名誉权的界限之一，是该稿件内容是否基本属实。如果基本属实则属于正当舆论批评；主要内容失实则属于侵犯名誉权，而不在于行为人主观上是故意还是过失。

法律分析：根据人民法院的审判实践经验，分清舆论批评与损害他人名誉权的界限，应注意以下几点：① 名誉权的被侵害者是特定的人。如果舆论批评的对象不是指向特定的人，而是指向一般社会现象，如批评社会上的不正之风，社会上的腐败现象，揭露商品生产中的假冒伪劣商品现象，这就属于正当的舆论监督而不是侵犯名誉权的行为。但所谓特定的人，不一定指名道姓。只要指向的对象是特定环境、特定条件下的具体的人，虽没有指名道姓,也可以构成对他人名誉权的侵害。② 侵权行为人主观上有过错,包括故意和过失。撰写批评稿件的人或报纸杂志社,如果故意捏造事实,对特定的人进行了侮辱、诽谤,这不仅是损害他人名誉的问题,情节严重的还可能构成诽谤罪、侮辱罪。撰稿人或报纸杂志社如果不是出于故意,而是对批评的稿件中的事实,审查不严,因而严重失实,这种过失形成的对他人名誉权的侵害,也要承担民事责任。③ 必须有客观上损害他人名誉的事实。这是指舆论批评给被害人带来了人格、名誉的损害。发表的稿件,只要是明显违法,损害他人的人格、名誉,不论其内容是否真实,都构成侵犯他人名誉权。如果批评的内容虽属虚假,但无损于他人的人格、名誉,不违反法律,不构成名誉侵权。如果为毁损他人名誉而揭人隐私,虽涉及的事实真实,也可构成侵害他人的名誉权。

就本案而论,唐忠国为对江明秀进行报复,捏造事实,诽谤江明秀借婚姻骗取大量财物,明显损害江明秀的人格、名誉。而汤渊对唐忠国提供的"事实"未加调查核实,即据以写批评文章投稿。而某法制报社收到稿件,也未严加审查事实即予发表。因此,他们的行为,都构成对江明秀名誉权的侵害,都应作为本案的共同被告承担民事责任。

一、人格权的概念和特征

人格权,是民事主体享有的生命权、身体权、健康权、姓名权、名称权、肖像权、名誉权、荣誉权、隐私权等权利。人格权与民事主体不可分离,亦不可转让,且没有直接财产内容。与其他民事权利相比较,人格权具有以下特征:

第一,非财产性。人格权以民事主体的人格利益为客体,而人格利益本身并不具有直接的财产内容,它所体现的是人们的道德情感、社会评价等。正是从此种意义上说,人格权属于非财产性权利。

第二,不可转让性。人格权与民事主体不可分离决定了人格权的不可转让性,除法律另有规定外,人格权不得以任何形式买卖、赠与和继承。但是,人格权的不可转让性也存在例外,某些人格权脱离民事主体本身仍具有法律意义或者经济价值。例如,企业法人名称权的转让。人格权的不可分离性决定其不可剥夺性,民事主体违反民事义务,仅能依法追究民事责任,而不能剥夺其人格权利。

第三,法定性。人格权的取得基于法律的直接规定,而无须民事主体之间的特别约定。民事主体不能通过约定或者单方行为创设法律规定以外的人格权。

第四,绝对性和支配性。人格权是绝对权,其义务人是特定的一切人。人格权的权利人可以向任何人主张人格权,并排斥任何人的非法干涉。人格权人基于人格权直接支配其人格利益即可实现权利,而无须他人积极行为的协助,由此决定了人格权属于支配权。

二、人格权的种类

人格权主要有以下几种:

1. 身体权

身体权,是指自然人保持其身体组织完整并支配其肢体、器官和其他身体组织的权利。在内容上表现为保持身体组织的完整性,禁止他人的不法侵害;支配自己的身体组织,包括肢体、器官、血液等;损害赔偿请求权。

2. 生命权

生命权,是指自然人维持生命和维护生命安全利益的权利。生命权是自然人得以成其为"人"的最基本的人格权。

3. 健康权

健康权,是指自然人保持身体机能正常和维护健康利益的权利。健康权的内容主要表现为健康保持权,即自然人享有保持生理机能正常及其健康状态不受侵犯的权利。

4. 名誉权

名誉,是指对民事主体人格价值的一种客观的社会评价。它体现了民事主体的精神利益和人格利益。名誉权,是指民事主体就自己获得的社会评价受有利益并排除他人侵害的权利。民事主体的人格尊严受法律保护,禁止用侮辱、诽谤等方式损害他人的名誉。

5. 肖像权

肖像权,是指自然人对自己的肖像享有再现、使用并排斥他人侵害的权利。肖像权人可以自己使用其肖像,也可以许可他人使用并获得报酬,任何人不得非法干涉。

6. 隐私权

隐私权,是指自然人享有的私人生活安宁与私人生活信息依法受到保护,不受他人侵扰、知悉、使用、披露和公开的权利。侵害隐私权的方式通常包括侵扰自然人的生活安宁,探听自然人的私生活秘密,或在知悉他人隐私后,向他人披露、公开,或者未经许可进行使用。

7. 姓名权和名称权

姓名权,是指自然人享有的决定、使用和依照规定改变自己的姓名,禁止他人干涉、盗用、假冒的权利。

名称权,是指自然人以外的特定团体享有的决定、变更、使用和转让其名称的权利。企业法人、个体工商户、个人合伙等商事主体有权依法转让自己的名称。

8. 荣誉权

荣誉权,是指民事主体对自己的荣誉受有利益并排除他人非法侵害的权利。法律禁止非法剥夺民事主体的荣誉称号。侵害荣誉权行为的主体通常是授予荣誉称号的机构,或者与荣誉权人存在行政隶属关系、管理关系的机构。个人宣布剥夺他人的荣誉称号、毁坏奖章奖状等,侵害的是荣誉权人的名誉权、物权,而非侵害荣誉权。

9. 其他人格权

其他人格权如个人信息和信用权。

三、死者人格权的保护

当一个自然人死亡后,尽管其意志不复存在,物质载体也随之消失,但客观上其名誉、姓名、肖像等人格利益会延续,绝不会随着人的死亡而完全消亡。由于人格权的特殊属性

和法律的特别规定,人格权与人的身份不可分离,是不能转让和继承的。但是,有些人格权是可以相对脱离其权利主体而在一定时间内依法存在的,如死者的名誉以及著作人格权等。

所以,我国《民法典》规定,死者的姓名、肖像、名誉、荣誉、隐私、遗体等受到侵害的,其配偶、子女、父母有权依法请求行为人承担民事责任;死者没有配偶、子女且父母已经死亡的,其他近亲属有权依法请求行为人承担民事责任。

第八节　婚姻家庭法

引例:婚姻纠纷案

基本案情:李某(女)与石某(男)是同村村民,1992 年 2 月两人建立恋爱关系,第二年 10 月举行婚礼并宴请亲朋好友,但未履行结婚登记。之后李某与石某便以夫妻名义公开同居生活,村民们也公认他们是夫妻。当时李某、石某均是 24 岁,李某于 2001 年 9 月生育一女孩。同居期间,石某和李某盖了 5 间房子,并置备了手扶拖拉机一辆及一些家用电器。石某和李某同居初期感情很好,石某靠跑运输赚到一些钱,家中生活条件比多数村民要好。1999 年,石某在县城找到一份运输货物的工作,经与李某商量同意,石某在城里租了一套房子准备长期干下去。2002 年,石某在城里认识了个体业主邵某,两人逐渐产生感情,自 2002 年底起,邵某以妻子的身份与石某共同生活,公开交往,周围的人都以为他们是夫妻。李某知道后非常气愤,遂于 2003 年 8 月向人民法院起诉,要求追究石某与邵某的重婚罪并与石某离婚以及分割共同财产。李某还表示女儿由自己抚养,石某应每月给付女儿 1200 元抚育费。

法律分析:① 根据相关司法解释的规定,1994 年 2 月 1 日民政部《婚姻登记管理条例》公布实施以前,男女双方已经符合结婚实质要件的,按事实婚姻处理。所以李某和石某构成事实婚姻。② 有配偶者与他人结婚,包括两种形式:一是有配偶者又与他人登记结婚,这为法律上的重婚;二是虽未经结婚登记,但又与他人以夫妻关系同居生活,这为事实上的重婚。根据上述情况,邵某以妻子的身份与石某共同生活,对外交往,周围的人都以为他们是夫妻,所以石某构成重婚罪,而邵某,如果明知他有配偶才构成重婚,如果不明知,则不构成。

一、婚姻家庭法的概念和特点

(一) 婚姻家庭法的概念

婚姻家庭法是调整因婚姻家庭产生的民事关系的法律规范的总称。婚姻是指男女双方确立配偶关系的合法结合。家庭是由配偶、父母、子女和其他共同生活的近亲属组成的亲属团体。婚姻家庭法既调整婚姻家庭关系的发生、变更和终止,又调整配偶、父母、子女和其他特定范围的亲属之间的权利和义务关系,既包括因婚姻家庭产生的人身关系,又包括因婚姻家庭产生的财产关系。

我国在婚姻家庭关系方面,历来受封建的家长制度和夫权观念的影响。因此新中国成立后,1950 年颁布了第一部婚姻法,全部内容为一个基本原则所贯彻,就是废除包办强迫、男尊女卑、漠视子女利益的封建婚姻家庭制度,实行婚姻自主、一夫一妻、男女平等、保护妇女和儿童权益的婚姻家庭制度。1980 年 9 月 10 日,第五届全国人民代表大会第三次会议通过了《中华人民共和国婚姻法》,并于 1981 年 1 月 1 日起正式施行。1980 年婚姻法在一定程度上丰富和发展了我国婚姻家庭立法,它对建立和维护平等、和睦、文明的婚姻家庭关系,维护社会安定,促进社会主义精神文明建设和社会进步,发挥了积极作用。

随着社会的发展,为进一步完善我国的婚姻家庭制度,第九届全国人民代表大会常务委员会第 21 次会议通过了《中华人民共和国婚姻法修正案》,对 1980 年的婚姻法作了若干重要修正。修正后的婚姻法增设了无效婚姻和可撤销婚姻制度,细化了夫妻财产制,完善了离婚标准,明确规定了在婚姻家庭中受损害一方的各种救济措施及对各种违反婚姻法者的民事、行政乃至刑事责任。

2020 年 5 月 28 日,经第十三届全国人民代表大会第三次会议审议通过,《民法典》正式颁布,其中的婚姻家庭编以现行婚姻法和收养法为基础,在坚持婚姻自由、一夫一妻、男女平等等基本原则的前提下,针对婚姻家庭领域出现的新情况、新问题,对现有法律规定进行了修改和补充。婚姻家庭编修改了禁止结婚的条件,完善了无效婚姻和可撤销婚姻制度,明确了夫妻共同债务的认定标准,增设了离婚冷静期制度。这些修改和补充使我国婚姻家庭法更加完整和科学。

(二) 我国婚姻家庭法的特点

婚姻家庭关系区别于其他社会关系的特殊性,决定了婚姻家庭法具有以下特点:

第一,婚姻家庭法在适用范围上具有极大的广泛性、普遍性。每个社会成员,不论其性别、年龄、民族、文化程度、居所,都不可避免地会同婚姻家庭产生联系,都是婚姻家庭关系的主体。换句话说,任何人都不可能不参与婚姻家庭法领域的法律关系。

第二,婚姻家庭法在内容上具有强烈的伦理性。婚姻家庭法属于身份法,其调整的婚姻家庭关系既是一种身份关系,又是一种现实的伦理关系。在一定意义上,我们可以讲婚姻家庭就是一种社会伦理实体。因此,婚姻家庭关系不但受法律的约束,而且受道德的约束。《民法典》第一千零四十三条规定:"家庭应当树立优良家风,弘扬家庭美德,重视家庭文明建设。夫妻应当互相忠实,互相尊重,互相关爱;家庭成员应当敬老爱幼,互相帮助,维护平等、和睦、文明的婚姻家庭关系。"这一规定是中华民族传统家庭美德和社会主义核心价值观融入婚姻家庭法的集中体现。

第三,婚姻家庭法中的规定,大部分是强制性规范。为了有效保护公民在婚姻家庭方面的合法权益和维护社会利益,婚姻家庭法中规定的权利义务关系是肯定的,当事人不得自行改变或通过约定加以改变。当然,婚姻家庭法中也有一部分任意性规范,如夫妻财产的约定,但处理此类问题必须以婚姻家庭法的有关原则和规定为依据。

二、婚姻家庭法的基本原则

《民法典》第一千零四十一条规定:"婚姻家庭受国家保护。实行婚姻自由、一夫一妻、男女平等的婚姻制度。保护妇女、未成年人、老年人、残疾人的合法权益。"这些内容,概括了我国婚姻家庭法的四项基本原则。

(一)婚姻自由原则

婚姻自由是指婚姻当事人有权在法律规定的范围内,自主自愿地决定本人的婚姻问题,不受任何人的强制和干涉。

婚姻自由包括结婚自由和离婚自由。结婚是个普遍现象,保障结婚自由,使自由结成的婚姻关系双方互爱、互敬、互相帮助,从而建立和睦团结的家庭。保障离婚自由,则是为了使感情确已破裂而无法恢复的婚姻关系能够通过合法途径得到解除,使双方有可能各自重新建立幸福的家庭。结婚自由是建立婚姻关系的自由,离婚自由是解除婚姻关系的自由,前者是实现婚姻自由的先决条件,后者是实现婚姻自由的必要补充,没有离婚自由,就根本不会有真正的婚姻自由。

(二)一夫一妻制原则

一夫一妻制是指一男一女结为夫妻的婚姻制度。其内容有:① 一个人在婚姻关系存续期间只能有一个配偶,不能同时有两个或更多的配偶。② 未婚男女不得同时和两个或者两个以上的人结婚,已婚者在配偶死亡或离婚之前不得再行结婚。③ 一切公开的或隐蔽的一夫多妻或者一妻多夫的两性关系都是非法的。

为了保证一夫一妻制原则的贯彻执行,我国采取了多方面的措施,《民法典》第一千零四十二条明确规定:"禁止重婚。"重婚是有配偶者又与他人结婚的违法行为。有时,有配偶者与他人虽未再登记结婚,但确以夫妻的名义同居的,实际上也构成重婚。重婚是无效的婚姻。如果当事人主观上存在故意,则是犯罪行为。

《民法典》第一千零四十三条规定:"夫妻应当互相忠实。"可见,婚姻关系以外的两性关系,如通奸、姘居等,虽然不构成法律上的重婚,但也是违反一夫一妻制原则的不法行为。它们违反社会主义道德,破坏社会主义婚姻家庭制度,同样为我国法律所禁止。

(三)男女平等原则

这是我国《宪法》关于妇女在政治的、经济的、文化的、社会的和家庭的生活等方面享有同男子平等的权利的规定在婚姻家庭法上的具体化,也是社会主义婚姻家庭制度区别于一切剥削阶级社会婚姻家庭制度的一个根本标志。我国婚姻家庭法规定的男女平等,体现在婚姻家庭生活的各个方面。

在结婚、离婚问题上,男女的权利是平等的。无论是男子还是妇女,都必须遵守法律规定的结婚条件和程序,在离婚问题上,男子和妇女的权利也是完全平等的。

在夫妻关系上,男女地位完全平等。这既包括人身方面,又包括财产方面的平等。如登记结婚后,女方可以成为男方家庭的成员,男方同样可以成为女方家庭的成员;夫妻双方都有各用自己姓名的权利;都有参加生产、工作、学习和社会活动的自由;对共同财产有平等的处理权;有相互扶养的义务;有相互继承遗产的权利等。

不同性别的家庭成员之间及父系和母系亲属间的关系也是平等的。如在继承父母遗产问题上,兄弟姐妹是平等的;在祖孙间的扶养、赡养问题上,祖父母和外祖父母,孙子女和外孙子女的权利和义务也是平等的,等等。

(四)保护妇女、未成年人、老年人和残疾人的合法权益原则

我国《宪法》规定,母亲和儿童受国家的保护;公民在年老、生病或者丧失劳动能力的时候,有获得物质帮助的权利,国家和社会帮助安排盲、聋、哑和其他有残疾的公民的劳动、生活和教育。《民法典》婚姻家庭编对此作了进一步的规定:禁止家庭暴力,禁止家庭成员间的虐待和遗弃。家庭成员间应当敬老爱幼,互相帮助,维护平等、和睦、文明的婚姻家庭关系。

法律不仅要规定男女平等,还要根据生活的实际情况,对妇女的权益给予特殊的保护。《民法典》中规定的保护妇女的内容十分广泛,如第一千零八十二条规定:女方在怀孕期间、分娩后1年内或终止妊娠后6个月内,男方不得提出离婚。特别保护妇女权益,对于促进妇女的彻底解放,发挥她们在建设祖国中的"半边天"作用,有着重要意义。

未成年人的素质,关系着民族兴旺、国家存亡和社会主义事业的前途,对他们的培养是一项有战略意义的任务。为了未成年人的健康成长,《民法典》规定,父母有扶养子女的义务,这种义务不因离婚而免除,保障婚生子女、非婚生子女、养子女、继子女的权益,禁止溺婴、弃婴和其他残害婴儿的行为,这些都是对未成年人的法律保护。抚育子女,是父母不可推诿的天职。父母要关心子女的身心健康,履行抚养职责,使子女在德智体美劳诸方面全面发展。

赡养老年人是中华民族的传统美德。为了使老年人能幸福地安度晚年,国家除实行"退休""五保"等一些社会保障措施以外,《民法典》还明确规定子女对父母的赡养义务以及孙子女、外孙子女对祖父母、外祖父母的赡养义务。虐待、遗弃、残害老年人,不仅要受社会舆论的谴责,而且应依法给予制裁。

残疾人因身体或心理等方面存在一定的缺陷,其生存和发展受到种种限制,需要社会给予特殊的关照与保护,以使其平等地参与社会生活。家庭是残疾人生活的主要场所,家庭成员常常是他们赖以生存的重要依靠,因此,必须充分保障残疾人的婚姻家庭权益。《民法典》第一百二十八条规定,法律对残疾人的民事权利保护有特别规定的,依照其规定。具体到婚姻家庭领域,主要包括禁止对残疾人实施家庭暴力,禁止虐待和遗弃残疾人;对残疾人的扶养义务和监护职责等。

三、结婚

(一)结婚条件

结婚,亦称婚姻的成立或者婚姻的缔结,是指男女双方按照法律规定的条件和程序,确立夫妻关系的法律行为。为了保障婚姻当事人及国家、民族的利益,防止无效婚姻的产

生,《民法典》在婚姻家庭编中规定了结婚应具备的条件和程序。符合法律条件和程序的结合,成为合法的婚姻,才能得到法律的承认和保护。婚姻法规定的结婚条件分为结婚的必备条件和禁止条件。

1. 必备条件

(1) 男女双方完全自愿。

这是结婚的意志条件,也是最重要的条件。它体现了婚姻自由和男女平等原则。《民法典》第一千零四十六条规定:"结婚应当男女双方完全自愿,禁止任何一方对另一方加以强迫,禁止任何组织或者个人加以干涉。"这里包括三层含义:① 必须男女双方自愿,而不是一厢情愿。婚姻既然应该以爱情为基础,就应当是双方自愿,不允许一方对他方加以强迫,而且强迫对方结合也不可能成就幸福的婚姻。② 必须是男女本人自愿,而不是父母或其他第三人的意愿。结婚是终身大事,关系到当事人的幸福,关系到社会的稳定。而父母的意志和利益与子女的意志和利益未必同一。因此,应以男女本人的同意为准。③ 必须是完全自愿,而不是勉强同意。当事人如果附加条件地予以同意,只会埋下不和的种子,给当事人的个人利益和社会公共利益带来隐患。总而言之,《民法典》这样规定是把结婚的决定权完全赋予当事人本人。

(2) 达到法定婚龄。

法定婚龄是指法律规定的男女双方结婚的最低年龄。《民法典》第一千零四十七条规定:"结婚年龄,男不得早于二十二周岁,女不得早于二十周岁。"可见,法定婚龄具有强制性,男女双方或一方未达到法定婚龄结婚是违法行为。

婚姻家庭关系具有的自然属性和社会属性,决定了法定婚龄的确定必然受到自然因素和社会因素的制约。自然因素,即人的生理、心理发育情况。只有达到一定的年龄,婚姻当事人才能具备结婚的生理和心理条件,才能履行夫妻义务,承担对家庭、子女、国家和社会的责任。社会因素,即一定社会的生产方式和政治、文化、人口状况、民族习俗、宗教等社会条件。各国的社会条件各不相同,法定婚龄的规定也有所不同。

(3) 符合一夫一妻制。

要求结婚的男女双方都必须是没有配偶者。婚姻当事人只有在各自未婚、离婚或丧偶的情况下才能结婚。如果现存婚姻关系尚未解除又与他人结婚,就构成重婚,要受到法律的制裁。

2. 禁止条件

(1) 直系血亲禁止结婚。

血亲是指有血缘关系的亲属,它分为直系血亲和旁系血亲。直系血亲指有直接血缘关系的血亲,包括自然直系血亲和法律拟制的直系血亲。自然直系血亲,即从自身往上数亲生父母、祖父母(外祖父母),往下数亲生子女、孙子女(外孙子女)等生育自己和自己所生育的上下各代亲属。禁止直系血亲结婚,是世界各国立法的通行做法,也是维护家庭人伦秩序的必然要求。

(2) 三代以内旁系血亲禁止结婚。

旁系血亲是指有间接血缘关系的亲属,即直系血亲以外的、与自己同出一源的亲属,如兄弟姐妹、伯、叔、姨、侄、外甥等。三代以内的旁系血亲,指同出于祖父母、外祖父母的各代亲属,包括同源于父母的二代旁系血亲,如同一父母所生的兄弟姐妹和同源于祖父母和外祖父母的三代旁系血亲,如堂兄弟姐妹;再就是其他三代以内的旁系血亲,主要指同源于祖父母、外祖父母的上下辈的旁系血亲,如叔、伯、姑和侄儿、侄女,舅、姨和外甥、外甥女之间,都是不许结婚的。

禁止一定范围的血亲结婚,反映了婚姻关系自然属性的要求,具有优生学、遗传学上的科学根据。实践已证明,血缘太近的亲属结婚,容易把双方生理上的缺陷遗传给后代,影响家庭幸福,也不利于整个民族,乃至整个人类的发展。

(二) 结婚登记

在符合结婚条件的基础上,只有经过结婚登记,取得结婚证,才是合法的婚姻关系,才能受到法律的承认和保护。结婚登记是婚姻关系成立的必经程序。《民法典》第一千零四十九条规定:"要求结婚的男女双方应当亲自到婚姻登记机关申请结婚登记。符合本法规定的,予以登记,发给结婚证。完成结婚登记,即确立婚姻关系。未办理结婚登记的,应当补办登记。"

1. 婚姻登记机关

根据国务院《婚姻登记条例》的规定,内地居民办理婚姻登记的机关是县级人民政府民政部门或者乡(镇)人民政府,省、自治区、直辖市人民政府可以按照便民原则确定农村居民办理婚姻登记的具体机关。

中国公民同外国人,内地居民同香港特别行政区居民(以下简称香港居民)、澳门特别行政区居民(以下简称澳门居民)、台湾地区居民(以下简称台湾居民)、华侨办理婚姻登记的机关是省、自治区、直辖市人民政府民政部门或者省、自治区、直辖市人民政府民政部门确定的机关。

内地居民结婚,男女双方应当共同到一方当事人常住户口所在地的婚姻登记机关办理结婚登记。

中国公民同外国人在中国内地结婚的,内地居民同香港居民、澳门居民、台湾居民、华侨在中国内地结婚的,男女双方应当共同到内地居民常住户口所在地的婚姻登记机关办理结婚登记。

2. 办理婚姻登记的证件和证明材料

办理结婚登记的内地居民应当出具下列证件和证明材料:① 本人的户口簿、身份证;② 本人无配偶以及与对方当事人没有直系血亲和三代以内旁系血亲关系的签字声明。

办理结婚登记的香港居民、澳门居民、台湾居民应当出具下列证件和证明材料:① 本人的有效通行证、身份证;② 经居住地公证机构公证的本人无配偶以及与对方当事人没有直系血亲和三代以内旁系血亲关系的声明。

办理结婚登记的华侨应当出具下列证件和证明材料:① 本人的有效护照;② 居住国公证机构或者有权机关出具的并经中华人民共和国驻该国使(领)馆认证的本人无配偶以及与对方当事人没有直系血亲和三代以内旁系血亲关系的证明,或者中华人民共和国驻

该国使(领)馆出具的本人无配偶以及与对方当事人没有直系血亲和三代以内旁系血亲关系的证明。

办理结婚登记的外国人应当出具下列证件和证明材料:① 本人的有效护照或者其他有效的国际旅行证件;② 所在国公证机构或者有权机关出具的并经中华人民共和国驻该国使(领)馆认证或者该国驻华使(领)馆认证的本人无配偶的证明,或者所在国驻华使(领)馆出具的本人无配偶的证明。

婚姻登记机关应当对结婚登记当事人出具的证件、证明材料进行审查并询问相关情况。对当事人符合结婚条件的,应当当场予以登记,发给结婚证;对当事人不符合结婚条件不予登记的,应当向当事人说明理由。

对于符合婚姻法规定的结婚条件,举行了结婚仪式或已经以夫妻名义共同生活,但未办理结婚登记的男女,应补办登记,以使自己的婚姻行为合法化。

(三) 无效婚姻和可撤销婚姻

1. 无效婚姻

无效婚姻是指欠缺婚姻成立的法定条件而不发生法律效力的男女两性的结合,也可以说是违反婚姻成立要件而产生的违法婚姻。

作为一种社会形式,婚姻只有在符合婚姻成立的实质要件和形式要件时,才能得到社会的承认,才是合法婚姻。如果男女两性的结合违反了法律规定的结婚要件,则是违法婚姻,为法律所禁止。《民法典》第一千零五十一条规定:"有下列情形之一的,婚姻无效:(一)重婚;(二)有禁止结婚的亲属关系;(三)未到法定婚龄。"此规定明确了无效婚姻的情形,对于建立健全结婚制度,加强我国婚姻法制建设具有十分重大的意义。

2. 可撤销婚姻

可撤销婚姻是指已成立的婚姻关系,因不具备某些法定条件,享有请求权的婚姻当事人可向人民法院申请予以撤销的婚姻。《民法典》第一千零五十二条第一款规定:"因胁迫结婚的,受胁迫的一方可以向人民法院请求撤销婚姻。"《民法典》第一千零五十三条第一款规定:"一方患有重大疾病的,应当在结婚登记前如实告知另一方;不如实告知的,另一方可以向人民法院请求撤销婚姻。"根据以上规定,可撤销婚姻发生于受胁迫而结婚和对方隐瞒重大疾病而结婚两种情形。

法律在赋予当事人撤销权的同时,为促使权利人尽快地行使权利,也为了避免婚姻关系长期处于不稳定的状态,规定了当事人行使撤销权的有效期间。受胁迫的一方撤销婚姻的请求,应当自胁迫行为终止之日起1年内提出。被非法限制人身自由的当事人请求撤销婚姻的,应当自恢复人身自由之日起1年内提出。一方隐瞒重大疾病,另一方撤销婚姻的请求,应当自知道或者应当知道撤销事由之日起一年内提出。

无效的或被撤销的婚姻,自始没有法律约束力。当事人不具有夫妻的权利和义务。同居期间所得的财产,由当事人协议处理;协议不成时,由人民法院根据照顾无过错方的原则判决。对重婚导致的无效婚姻的财产处理,不得侵害合法婚姻当事人的财产权益。当事人所生的子女,适用《民法典》有关父母子女的规定。婚姻无效或者被撤销的,无过错方有权请求损害赔偿。

四、家庭关系

(一) 夫妻关系

夫妻关系是指由合法婚姻而产生的男女之间的人身和财产方面的权利和义务关系，它是家庭的基础和核心。《民法典》第一千零五十五条规定："夫妻在婚姻家庭中地位平等。"夫妻关系的内容按其性质可分为人身关系和财产关系。

1. 夫妻间的人身关系

这是指夫妻在人身方面的权利义务关系，具体包括：① 夫妻各有独立的姓名权。《民法典》第一千零五十六条规定："夫妻双方都有各自使用自己姓名的权利。"夫妻享有平等的姓名权还体现在子女姓氏的确定上。该法第一千零一十五条第一款规定，除法律规定的特殊情形外，自然人应当随父姓或者母姓。姓名虽然是只是一个人的称谓，但它同时是一个人有无独立人格的标志。婚姻法有关这方面的规定鲜明地体现了男女平等的精神。② 夫妻双方都有参加生产、工作、学习和社会生活的自由，一方不得对他方加以限制和干涉。这一规定，把社会、家庭利益和夫妻双方的个人利益有机地结合在一起，对于保障已婚妇女享有参加生产、工作和学习的自由权利有着重要意义。③ 夫妻双方有日常家事代理权。《民法典》第一千零六十条第一款规定："夫妻一方因家庭日常生活需要而实施的民事法律行为，对夫妻双方发生效力，但是夫妻一方与相对人另有约定的除外。"该规定表明因家庭日常事务与第三人进行民事交往时，夫妻有相互代理权。

2. 夫妻间的财产关系

根据《民法典》第一千零六十二条的规定，夫妻在婚姻关系存续期间所得的下列财产，为夫妻的共同财产，归夫妻共同所有：工资、奖金、劳务报酬；生产、经营、投资的收益；知识产权的收益；继承或受赠的财产（遗嘱或赠与合同中确定只归夫或妻一方所有的财产除外）；其他应当归共同所有的财产。夫妻对共同财产，有平等的处理权。作为对夫妻共同财产制的限制和补充，《民法典》第一千零六十三条对夫妻特有财产也作出了规定："下列财产为夫妻一方的个人财产：（一）一方的婚前财产；（二）一方因受到人身损害获得的赔偿或者补偿；（三）遗嘱或者赠与合同中确定只归一方的财产；（四）一方专用的生活用品；（五）其他应当归一方的财产。"

法律允许男女双方对财产问题作出约定，双方可以约定婚姻关系存续期间所得的财产以及婚前财产归各自所有、共同所有或部分各自所有、部分共同所有，但这种约定必须具备《民法典》第一百四十三条规定的民事法律行为的有效条件，且应当采用书面形式。夫妻对婚姻关系存续期间所得的财产以及婚前财产的约定，对双方具有法律约束力。没有约定或者约定不明确的，适用《民法典》关于夫妻共同财产和特有财产的规定。

《民法典》第一千零五十九条规定："夫妻有互相扶养的义务。需要扶养的一方，在另一方不履行扶养义务时，有要求其给付扶养费的权利。"作为共同生活的伴侣，夫妻之间自然形成物质生活上的密切联系，发生相互扶养的经济责任。有扶养能力的一方，应主动地

承担扶养对方的责任。一方不履行扶养义务时,需要扶养的一方,有权要求对方付给扶养费。如果一方虐待或遗弃另一方,构成犯罪的,应依法追究刑事责任。同时,夫妻双方还有互相继承遗产的权利。继承人必须是死者的合法配偶,继承权才能产生。如果在继承开始前双方已离婚,或者其婚姻关系已被宣告无效,他方就无权继承死者的遗产。

(二) 父母子女关系

父母子女关系又称亲子关系。父母子女关系包括自然血亲父母子女关系和拟制血亲父母子女关系。自然血亲父母子女关系是指基于子女出生的事实而发生的关系,包括婚生父母子女关系和非婚生父母子女关系。拟制血亲父母子女关系是指本来没有血缘关系,但法律上确认其与自然血亲父母子女关系有同等的权利和义务。如养父母与养子女的关系,继父母与继子女的关系。

1. 父母对子女有抚养、教育和保护的权利和义务

《民法典》第一千零五十八条规定:"夫妻双方平等享有对未成年子女抚养、教育和保护的权利,共同承担对未成年子女抚养、教育和保护的义务。"父母对子女的生活和学习应提供一定的物质条件,承担必要的经济责任。父母对未成年子女的抚养责任是无条件的,父母对成年子女的抚养责任是有条件的,即成年子女没有生活能力或由于某种原因不能维持生活,父母也要根据需要和可能,负担其生活费用或给予一定的帮助。父母不履行抚养义务时,未成年的或不能独立生活的成年子女,有要求父母给付抚养费的权利。父母是未成年子女的法定监护人,在未成年子女造成他人损害时,父母应当依法承担民事责任。同时,父母对未成年子女还负有教育的权利和义务。父母有责任在政治上、思想上关心子女的健康成长,使其成长为社会所需要的合格的建设者。

2. 子女对父母有赡养扶助的义务

宪法规定成年子女有赡养扶助父母的义务。父母子女之间的权利和义务是密切联系、互相承担的。子女对父母的赡养扶助是无条件的,也是应尽的责任。子女对父母的义务是多方面的,在经济上承担奉养父母的责任;在生活上给予扶助照料;在精神上关心慰藉父母,使其感情上得到安慰,愉快度过晚年。成年子女不履行赡养义务的,缺乏劳动能力或者生活困难的父母,有要求成年子女给付赡养费的权利。对于虐待和遗弃父母的,应予以法律的制裁。

3. 父母与子女间有相互继承遗产的权利

《民法典》第一千零七十条规定:"父母和子女有相互继承遗产的权利。"这就是说,无论是婚生子女,还是非婚生子女、养子女以及有抚养关系的继子女,他们都有平等的继承权。

4. 非婚生子女、继父母继子女的权利义务

非婚生子女,是指父母没有婚姻关系所生的子女。《民法典》第一千零七十一条规定:"非婚生子女享有与婚生子女同等的权利,任何组织或者个人不得加以危害和歧视。不直接抚养非婚生子女的生父或者生母,应当负担未成年子女或者不能独立生活的成年子女的抚养费。"

继父母与继子女的关系,是生父或生母再婚从而使其子女与后婚配偶所发生的关系。《民法典》规定,继父或继母和受其抚养教育的继子女间的权利义务,适用父母子女关系的有关规定。

5. 养父母与养子女的权利和义务

收养是指将他人的子女作为自己的子女,使收养人和被收养人之间确立法律拟制的父母子女关系。《民法典》第一千一百一十一条规定:"自收养关系成立之日起,养父母与养子女间的权利义务关系,适用本法关于父母子女关系的规定;养子女与养父母的近亲属间的权利义务关系,适用本法关于子女与父母的近亲属关系的规定。养子女与生父母及其他近亲属间的权利义务关系,因收养关系的成立而消除。"

收养关系除因收养人或被收养人死亡而自然终止外,还可因依法解除而终止。《民法典》第 1117 条规定:"收养关系解除后,养子女与养父母及其他近亲属间的权利义务关系即行消除,与生父母及其他近亲属间的权利义务关系自行恢复。但是,成年养子女与生父母以及其他近亲属间的权利义务关系是否恢复,可以协商确定。"

(三) 其他家庭成员之间的关系

1. 祖父母、外祖父母与孙子女、外孙子女间的抚养赡养义务

祖父母、外祖父母与孙子女、外孙子女间的抚养赡养是有条件的。《民法典》第一千零七十四条规定:"有负担能力的祖父母、外祖父母,对于父母已经死亡或者父母无力抚养的未成年的孙子女、外孙子女,有抚养的义务。有负担能力的孙子女、外孙子女,对于子女已经死亡或者子女无力赡养的祖父母、外祖父母,有赡养的义务。"

2. 兄弟姐妹间的扶养义务

兄弟姐妹是最亲近的旁系血亲,共同生活在一个家庭,有深厚的感情和密切的经济联系。《民法典》第一千零七十五条规定:"有负担能力的兄、姐,对于父母已经死亡或者父母无力抚养的未成年弟、妹,有扶养的义务。由兄、姐扶养长大的有负担能力的弟、妹,对于缺乏劳动能力又缺乏生活来源的兄、姐,有扶养的义务。"

五、离婚

(一) 处理离婚问题的原则

离婚是夫妻双方在婚姻关系存续期间依照法定的条件和程序解除婚姻关系的法律行为。离婚直接关系到家庭每个成员的切身利益。因此,我国一贯实行"保障离婚自由,又防止轻率离婚"的原则,要求任何人对离婚采取严肃、认真、慎重的态度。

夫妻双方的感情是婚姻关系赖以存在和巩固的基础,婚姻关系的成立、存续和解除,都取决于有无感情。离婚的目的,在于解除感情已经破裂、死亡的婚姻所带给双方的痛苦,使得双方都有机会重新建立幸福、美满的家庭。婚姻家庭法中规定的离婚自由,就是指夫妻双方有解除婚姻关系的自由,国家法律承认和保护当事人行使这项权利。

对于"已经死亡"的婚姻,应当通过正当的法律途径解除。准予或不准予离婚,只能以

感情状况为基本依据。因此,以感情是否破裂作为判决准予或不准予离婚的原则界限。如何认定夫妻感情确已破裂,有无和好可能,是一个复杂的问题。既不能仅凭当事人的陈述,也不能靠审判人员的主观判断,而且要根据离婚纠纷的客观事实的本质来确定。一般可以从婚姻基础、婚后感情、离婚的原因和责任,以及有无和好的可能等方面进行考察。

婚姻基础,即双方在结婚时的感情状况,双方是以爱情为基础的婚姻,还是以金钱、地位、容貌为基础的结合;是自主自愿的自由婚姻,还是包办婚姻、买卖婚姻;是经过慎重了解的,还是草率结婚的。婚姻基础是否牢固,必然会对婚后生活、夫妻感情和离婚原因产生直接或间接的影响。

婚后感情,即双方在婚后共同生活期间的感情状况,它是评价婚姻关系好与坏的基本尺度。当事人的道德品质、性格习惯、工作状况、子女抚育、家务分担等,都会不同程度地影响着夫妻感情。夫妻感情处于动态的变化之中,需要对其作历史的全面的分析,既要看到过去,又要立足现实。

离婚原因,即导致离婚的直接诱因,包括使夫妻感情发生变化的因素或事件,如一方有赌博、吸毒等恶习或实施家庭暴力等。正确考虑离婚原因与夫妻感情破裂的内在联系,对于判断夫妻感情是否破裂,是否具有和好可能有重要意义。

夫妻关系的现状和有无和好的可能,即双方发生离婚纠纷前后夫妻共同生活的实际状况,以及从当事人主观态度和客观状况看,是否有重归于好的可能性。因而需要对夫妻关系的现状有所分析,对其发展前景有所预见。

只有通过对上述几个相互联系的方面进行综合分析,才能做出实事求是的正确判断,为调解提供契机,为判决提供依据。

(二) 离婚的程序

离婚有两种情况,一是夫妻双方自愿离婚;第二种是配偶中一方要求离婚,另一方不愿离婚。因此,离婚的程序也各不相同。

1. 行政离婚程序

《民法典》第一千零七十六条规定:"夫妻双方自愿离婚的,应当签订书面离婚协议,并亲自到婚姻登记机关申请离婚登记。离婚协议应当载明双方自愿离婚的意思表示和对子女抚养、财产以及债务处理等事项协商一致的意见。"这是依行政程序办理的协议离婚。这种程序必须具备以下三个条件:① 双方当事人必须具有完全民事行为能力。② 必须是双方自愿。这种自愿必须是完全真实的,而不是出于其他目的所作的虚伪表示,不是由对方或第三者胁迫而造成的。③ 当事人必须对子女和财产问题作了妥善处理。如子女归属问题,抚养费归谁负担,夫妻共同财产的分割及其共同债务清偿等。

为防止轻率离婚,《民法典》增设了协议离婚的冷静期制度,第一千零七十七条规定:"自婚姻登记机关收到离婚登记申请之日起三十日内,任何一方不愿意离婚的,可以向婚姻登记机关撤回离婚登记申请。前款规定期间届满后三十日内,双方应当亲自到婚姻登记机关申请发给离婚证;未申请的,视为撤回离婚登记申请。"

2. 诉讼离婚程序

夫妻一方要求离婚的,可由有关组织进行调解或直接向人民法院提出离婚诉讼。人民法院审理离婚案件,应当进行调解;如感情确已破裂,调解无效,应当准予离婚。《民法典》第一千零七十九条规定:"有下列情形之一,调解无效的,应当准予离婚:① 重婚或者与他人同居;② 实施家庭暴力或者虐待、遗弃家庭成员;③ 有赌博、吸毒等恶习屡教不改;④ 因感情不和分居满 2 年;⑤ 其他导致夫妻感情破裂的情形。一方被宣告失踪,另一方提起离婚诉讼的,应当准予离婚。经人民法院判决不准离婚后,双方又分居满 1 年,一方再次提起离婚诉讼的,应当准予离婚。"

(三) 对离婚的限制规定

现役军人的配偶要求离婚,应当征得军人同意,但军人一方有重大过失的除外。军人担负着保卫祖国、保卫社会主义现代化建设的重任,对他们的保护关系到部队的安定和国土的安全,是符合国家和人民的利益的。所以必须慎重对待现役军人的离婚问题。

女方在怀孕期间、分娩后 1 年内或终止妊娠后 6 个月内,男方不得提出离婚。女方提出离婚的,或人民法院认为确有必要受理男方离婚请求的除外。这是根据保护妇女、儿童利益原则,在一定条件下对男方离婚请求权所作的必要限制。其目的是保护母亲的身心健康和胎儿、婴儿的发育成长。

(四) 离婚的法律后果

1. 夫妻间的权利和义务关系消失

《民法典》第一千零八十条规定:"完成离婚登记,或者离婚判决书、调解书生效,即解除婚姻关系。"婚姻关系解除,致使夫妻间的人身关系归于消失。夫妻间身份关系的解除,是离婚的直接法律后果,基于夫妻身份所发生的一切权利和义务,都随着婚姻关系的解除而当然消失。这主要包括:① 夫妻间扶养义务的解除。在夫妻关系存续期间,夫妻有相互扶养的义务。离婚使夫妻解除了婚姻关系,从而也就不能继续以夫妻身份尽互相扶养的义务。② 夫妻互为继承人的资格丧失。在我国,夫妻互为第一顺序的法定继承人,离婚后,双方就失去了法定继承人的身份,每一方都无权继承对方的遗产。③ 结婚自由的权利恢复。我国实行一夫一妻制,严格禁止重婚,只有在配偶死亡或离婚后才可以再与他人结婚,所以再婚也是离婚的一个法律后果。

2. 离婚后子女的抚养

离婚后,夫妻关系解除,夫妻间的权利义务关系也随之消失,然而父母子女间的关系却不因父母离婚而消除。子女无论是由父方或母方抚养,仍是父母双方的子女。也就是说,父母子女间的血亲关系是不能通过法律程序加以解除的。离婚后,父母对于子女仍有抚养、教育、保护的权利和义务。

离婚后,不满两周岁的子女,以由母亲直接抚养为原则。已满两周岁的子女,父母双方对抚养问题协议不成的,由人民法院根据双方的具体情况,综合考虑父母双方的思想品德、抚养能力、生活环境、与子女的感情联系等多方面因素,按照最有利于未成年子女的原则判决。子女已满八周岁的,应当尊重其真实意愿。

离婚后,子女由一方直接抚养的,另一方应当负担部分或者全部抚养费,负担费用的

多少和期限的长短,由双方协议;协议不成的,由人民法院判决。关于扶养费负担的协议或者判决,不妨碍子女在必要时向父母任何一方提出超过协议或者判决原定数额的合理要求。

离婚后,不直接抚养子女的父或母,有探望子女的权利,另一方有协助的义务。行使探望权利的方式、时间由当事人协议;协议不成时,由人民法院判决。父或母探望子女,不利于子女身心健康的,由人民法院依法中止探望;中止的事由消失后,应当恢复探望。

3. 离婚时的财产清算

《民法典》第一千零八十七条规定:"离婚时,夫妻的共同财产由双方协议处理;协议不成的,由人民法院根据财产的具体情况,按照照顾子女、女方和无过错方权益的原则判决。对夫或者妻在家庭土地承包经营中享有的权益等,应当依法予以保护。"该条为离婚时分割夫妻共同财产的原则性规定。

夫妻一方因抚育子女、照料老年人、协助另一方工作等负担较多义务的,离婚时有权向另一方请求补偿,另一方应当给予补偿。具体办法由双方协议;协议不成的,由人民法院判决。

离婚时,夫妻共同债务应当共同偿还。共同财产不足清偿或者财产归各自所有的,由双方协议清偿;协议不成的,由人民法院判决。关于夫妻共同债务的范围,《民法典》第一千零六十四条规定:"夫妻双方共同签名或者夫妻一方事后追认等共同意思表示所负的债务,以及夫妻一方在婚姻关系存续期间以个人名义为家庭日常生活需要所负的债务,属于夫妻共同债务。夫妻一方在婚姻关系存续期间以个人名义超出家庭日常生活需要所负的债务,不属于夫妻共同债务;但是,债权人能够证明该债务用于夫妻共同生活、共同生产经营或者基于夫妻双方共同意思表示的除外。"

离婚时,如果一方生活困难,有负担能力的另一方应当给予适当帮助。具体办法由双方协议;协议不成的,由人民法院判决。

(五) 离婚损害赔偿

离婚损害赔偿,是指配偶一方的重大过错致使婚姻家庭关系破裂的,离婚时无过错的一方有权请求有过错的另一方赔偿其所遭受的损失。离婚损害赔偿是一种权利救济制度,它通过责令配偶中具有重大过错的一方在离婚时向无过错方承担民事赔偿责任,对无过错方的财产损失和精神痛苦给予及时救济,最大限度地维护其婚姻权利并体现法律的公平正义。

《民法典》第一千零九十一条规定,有下列情形之一,导致离婚的,无过错方有权请求损害赔偿:① 重婚;② 与他人同居;③ 实施家庭暴力;④ 虐待、遗弃家庭成员;⑤ 有其他重大过错。根据这一规定,离婚损害赔偿的构成要件是:

(1) 配偶一方有重大过错行为。《民法典》第一千零九十一条除列举了四种特定过错情形之外,还规定了兜底条款,将"其他重大过错行为"纳入离婚损害赔偿的适用范围。

(2) 配偶一方的上述重大过错行为导致离婚,两者之间存在必然的因果关系,从而给无过错方造成了现实的、客观的损害。

(3) 作为赔偿请求权人的配偶另一方自身须无过错。

第九节 继承法

基本案情:刘先生于2013年4月4日去世,留下个人遗产为一套位于北京市西直门的60平方米房屋。房子虽然不大,但是因为地处繁华地段,且将要拆迁,价值不菲。刘先生有两个子女,早年离异,在离异后和现在的老伴儿走到一起。在办理完刘先生的后事后,两个子女协商如何继承老人的房产。而就在此时,刘先生的老伴儿站出来,声称自己有刘先生的遗嘱,遗嘱写明房子只留给她一个人。

原来在2012年1月开始,刘先生就已经瘫痪在床,不能行走。2012年11月,也许知道自己时日不多,刘先生把邻居陈某、白某和王某请到家里来,由陈某执笔代为写下遗嘱,内容为:"本人刘某因年事已高,现写遗嘱如下,本人过世后将本人的所有财产及房屋留给妻子一人全权处理,与其他人无关。"随后刘先生在遗嘱上按下了手印,同时陈某、白某和王某各自签字。对这份遗嘱的内容,刘先生的两个子女均不满意,于是将刘先生的老伴儿告上了法庭。

法律分析:① 我国《民法典》第一千一百三十三条第二款规定:"自然人可以立遗嘱将个人财产指定由法定继承人中的一人或者数人继承。"《民法典》第一千零六十一条规定:"夫妻有相互继承遗产的权利。"本案中,刘先生的再婚妻子是其合法配偶,为第一顺序法定继承人,也是刘先生在遗嘱中指定的唯一遗嘱继承人。只要该遗嘱合法有效,刘先生的再婚妻子可以依据遗嘱继承刘先生的遗产。② 根据《民法典》的相关规定,遗嘱必须符合一定的条件才具有法律效力,即遗嘱的内容必须是具有完全民事行为能力的遗嘱人作出的真实意思表示,且必须符合法律和社会公共利益的要求,同时遗嘱还应该具备法律规定的形式。本案中,刘先生所立遗嘱为代书遗嘱,依照《民法典》第一千一百三十五条的规定,代书遗嘱应当有两个以上见证人在场见证,由其中一人代书,并由遗嘱人、代书人和其他见证人签名,注明年、月、日。而刘先生只是按了手印,并没有签字,因此,该份遗嘱不符合代书遗嘱的法定形式要件,故遗嘱应为无效。两子女的诉讼请求成立,法院依法予以支持,刘先生的遗产按照法定继承方式,在其第一顺序继承人配偶和子女之间予以分配。③ 关于遗产分割的具体份额,《民法典》第一千一百三十条规定,同一顺序继承人继承遗产的份额,一般应当均等。对被继承人尽了主要扶养义务或者与被继承人共同生活的继承人,分配遗产时,可以多分。

一、继承法的概念

继承法是调整因继承产生的民事关系的法律规范的总称。继承,从一般意义上讲泛指对先人遗留的物质财富和精神财富的承袭和延续,从法律意义上讲是指生者对死者遗留的财产权利和法定义务的承受。在继承法律关系中,遗留财产的死者称为被继承人;依法取得死者财产的人称为继承人;死者遗留的个人财产称为遗产;继承人依法享有的继承

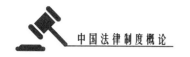

被继承人遗产的权利称为继承权。

继承法是民法的重要组成部分,是涉及面非常广的民事法律,是国家保护公民私有财产继承权的重要法律。我国早在 1985 年就制定了《中华人民共和国继承法》(以下简称《继承法》),并自 1985 年 10 月 1 日起实施。随着社会经济的发展、家庭成员结构的变化,为进一步完善我国的继承法律制度,更好地满足人民群众的现实需求,《民法典》继承编在现有《继承法》和相关司法解释的基础上进行了补充和修改,主要内容包括一般规定、法定继承、遗嘱继承和遗赠、遗产的处理四章,共计 45 个条文。

二、继承法的基本原则

继承法的基本原则,是制定、解释、执行和研究我国继承法的出发点和依据,是我国继承法社会主义本质的集中体现。根据《民法典》的规定,我国继承法自始至终贯穿如下基本原则:

(一)保护公民私有财产继承权原则

《宪法》第十三条第二款规定:"国家依照法律规定保护公民的私有财产权和继承权。"这就为我国的继承立法提供了根本依据。《民法典》第一千一百二十条规定:"国家保护自然人的继承权。"这一规定表明,保护公民私有财产继承权既是继承法的立法目的,又是继承法最首要的基本原则。

保护公民私有财产继承权是指国家法律确认公民享有并可依法行使私有财产继承权,保护这种权利不受非法侵害,具体包括:第一,凡是公民死亡时遗留的个人合法财产,继承人都可以依法继承,一般不收归国家或者集体所有。第二,继承法对继承人的范围和继承顺序加以规定。不论是遗嘱继承人还是法定继承人,只要没有发生法定事由,其继承权均不得被非法剥夺。第三,继承人享有继承权不受有无民事行为能力的限制,无民事行为能力人的继承权由其代理人行使。第四,公民的继承权受到他人不法侵害时,有权在法定期间内通过诉讼程序请求人民法院依法给予保护。

(二)继承权男女平等原则

继承权男女平等是指公民作为继承权的主体,不因性别的差异而影响其继承权利的享有与行使。《民法典》第一千一百二十六条规定:"继承权男女平等。"《中华人民共和国妇女权益保障法》第三十四条规定:"妇女享有的与男子平等的财产继承权受法律保护。"确认并保护女性和男性一样享有平等的继承权,坚持继承权男女平等原则,对于巩固和提高妇女在社会、家庭中的经济地位,有着十分重要的意义。按照这一原则的要求,第一,不论是男性公民还是女性公民,都享有平等的继承权。第二,夫妻双方在继承上有平等的权利。第三,不论男性公民还是女性公民,都有权以遗嘱形式对本人死后遗留的财产加以处分。

(三)养老育幼、照顾病残原则

尊老爱幼是中华民族的优良传统,也是我国社会主义的道德风尚,把养老育幼、照顾病残作为我国继承法的一项基本原则,既是宪法和法律的要求,也是对社会主义道德的弘扬。同时,它也有利于减轻社会负担,发挥家庭的作用。作为这一原则的具体体现,《民法典》规定,子女、父母与配偶同为第一顺序继承人;被继承人的子女先于被继承人死亡的,由被继承人的子女的晚辈直系血亲代位继承;在同一顺序继承人分配遗产时,对生活有特殊困难的缺乏劳动能力的继承人应当予以照顾;对与被继承人共同生活的继承人,特别是老年人和未成年人,分配遗产时可以多分;遗嘱应当对缺乏劳动能力又没有生活来源的继承人保留必要的遗产份额;遗产分割时,应当保留胎儿的继承份额,等等。上述这些规定,对于切实保护老人和儿童的合法权益,体现人道主义精神,无疑是十分必要的。

(四) 互谅互让、团结和睦原则

《民法典》第一千一百三十二条明确规定:"继承人应当本着互谅互让、和睦团结的精神,协商处理继承问题。"互谅互让、团结和睦原则主要体现在以下方面:在分割遗产时,同一顺序继承人之间继承的份额一般应当均等,继承人协商同意的,也可以不均等;如果各继承人在经济状况、对家庭的贡献、对被继承人所尽义务等方面有所不同,则提倡互谅互让、和睦团结的精神,通过民主协商的办法,区别情况确定各继承人的遗产继承份额;对继承人以外的依靠被继承人扶养的人,或者继承人以外的对被继承人扶养较多的人,可以分给适当的遗产。此外,在我国的现实生活中,很多家庭在只是父母一方死亡时,往往不先急于分割遗产,而是待父母双亡后,才本着互谅互让、协商处理的原则对遗产进行分割。这些规定和做法,既有利于发扬社会主义道德风尚,建设社会主义精神文明,也有利于加强公民之间的和睦团结,构建稳定和谐的家庭关系和社会关系。

(五) 权利义务相一致原则

我国《宪法》规定,公民的权利和义务是一致的。继承法也充分体现了这一原则,主要表现在:第一,继承人的范围、继承顺序的确定,除依据血缘关系和亲属关系外,还有权利义务关系。一般情况下,第一顺序继承人与被继承人之间的生活依赖程度以及所尽扶养义务要大于第二顺序继承人,所以优先继承;继父母与继子女之间的继承权根据双方是否形成抚养关系来确定;丧偶儿媳对公婆、丧偶女婿对岳父母尽了主要赡养义务的,列为第一顺序继承人;第二,在同一顺序中,对被继承人尽了主要扶养义务或者与被继承人共同生活的继承人,分配遗产时,可以多分。有扶养能力和有扶养条件的继承人,不尽扶养义务的,分配遗产时,应当不分或者少分。第三,继承人故意杀害被继承人或者遗弃、虐待被继承人,情节严重的,依法丧失继承权。

三、继承的开始

继承的开始,是指继承人开始继承遗产的时间。明确规定继承开始的时间,对于财产继承具有十分重要的意义。因为,只有继承开始,继承人才能要求继承遗产,继承人的继承权才由可能的权利转化为现实的权利。也只有继承开始,被继承人遗产的范围和价值、继承人的范围和顺序以及被继承人的遗嘱是否合法有效等问题,才能得以确定。

《民法典》第一千一百二十一条第一款规定:"继承从被继承人死亡时开始。"这表明,确定继承开始的时间,应以被继承人死亡的时间为准。公民死亡有两种情况,生理死亡和宣告死亡。生理死亡也叫自然死亡,是人的生命的绝对消失。确定生理死亡的时间,应以医学上公认方法所确定的死亡时间为准,通常是把公民呼吸完全停止,心脏完全停止跳动的时间,作为公民生理死亡的时间。宣告死亡,也叫推定死亡,是由人民法院根据利害关系人的申请,按照法定程序,用判决的形式宣告失踪公民死亡的法律制度。属于被宣告死亡的,应以法院判决中确定的失踪人的死亡日期为准。因此,继承开始的时间就是被继承人生理死亡的时间或者被继承人被宣告死亡的时间。

在现实生活中,有时可能会发生两个以上相互有继承关系的人在同一事件中死亡的情况,这时如何确定死者各自的死亡时间,也是一个十分重要的问题。在这种情况下,如果有某种客观事实能够证明死者死亡的先后,就可以根据这种客观事实来认定死亡的先后时间。如果没有能够证明死者死亡时间先后的客观事实,则应当按照保护尚生存的继承人利益的原则来推定谁先死亡。对此,《民法典》第一千一百二十一条第二款明确指出:"相互有继承关系的数人在同一事件中死亡,难以确定死亡时间的,推定没有其他继承人的人先死亡。都有其他继承人,辈分不同的,推定长辈先死亡;辈分相同的,推定同时死亡,相互不发生继承。"这一规定对于正确确定两个以上相互有继承关系的人在同一事件中死亡时间的先后以及继承开始的时间,妥善处理相关的继承事宜,有着重要的作用。

四、继承的接受、放弃和继承权的丧失

(一) 继承的接受

继承的接受,是指继承开始后继承人同意接受被继承人遗产的意思表示。继承开始后,依照法律规定或者有效遗嘱指定有资格参加继承的人,都有权继承遗产。但是,每个继承人并不是当然地必须参加继承,只有表示愿意接受继承的,才有权实际参加继承,取得遗产。一般来说,继承人可以通过书面或者口头形式作出愿意接受继承的表示。如果继承开始后继承人没有公开表示接受继承,也没有表示放弃继承的,应视为接受继承。

接受继承是一种单方的法律行为,只要有继承人愿意接受继承的意思表示,就发生法律效力。凡是具有完全民事行为能力的继承人,应当由其本人亲自作出接受继承的意思表示;无民事行为能力或者限制民事行为能力的继承人,可由法定代理人代其作出接受继承的意思表示。接受继承的意思表示应当是无条件的,否则,视为拒绝接受继承。

(二) 继承的放弃

继承的放弃,是指继承开始后继承人不接受被继承人遗产的意思表示。继承权是公民本人享有的一项基本民事权利,对其是否行使可由公民自己选择。继承人对被继承人的遗产可以表示接受,也可以表示放弃。《民法典》第一千一百二十四条规定,继承开始后,继承人放弃继承的,应当在遗产处理前,以书面形式作出放弃继承的表示。在诉讼中,继承人向人民法院以口头方式表示放弃继承的,要制作笔录,由放弃继承的继承人签名。继承人放弃继承的意思表示,应当在继承开始后、遗产分割前作出。遗产分割后放弃的不再是继承权,而是财产所有权。

　　放弃继承是一种单方的法律行为,只要继承人本人作出放弃继承的意思表示,就能够产生法律效力。由于放弃继承涉及继承人的切身利益,因此,放弃继承的意思表示应当由具有行为能力的继承人本人作出,法定代理人一般不能代替继承人表示放弃继承。放弃继承必须是继承人的真实意思表示,采取欺骗、胁迫等强制手段迫使继承人放弃继承权的,不具有法律效力。继承人因放弃继承权,致使其不能履行法定义务的,放弃继承权的行为无效。

　　继承人一经表示放弃继承,就自动丧失了对被继承人遗产的继承权。遗产处理前或在诉讼进行中,继承人对放弃继承反悔的,由人民法院根据其提出的具体理由,决定是否承认。遗产处理后,继承人对放弃继承反悔的,不予承认。

(三) 继承权的丧失

　　继承权的丧失,是指继承人对被继承人或者其他继承人有重大违法或犯罪行为时,由人民法院依法剥夺其继承被继承人遗产的权利。继承人对被继承人或者其他继承人实施重大违法或犯罪行为,直接侵害了被继承人和其他继承人的人身权利和财产权利,因而必须依法予以制裁,并理所当然地剥夺其继承权。

　　根据《民法典》第一千一百二十五条的规定,继承人有下列行为之一的,丧失继承权:① 故意杀害被继承人。继承人故意杀害被继承人的,不论既遂还是未遂,都丧失继承权。因过失导致被继承人死亡的,不丧失继承权。② 为争夺遗产而杀害其他继承人。这里所说的"其他继承人",包括第一顺序继承人、第二顺序继承人、代位继承人和遗嘱继承人。继承人只要出于争夺遗产的动机而杀害这些继承人,就丧失继承权。如果是出于其他动机而杀害其他继承人的,不丧失继承权。③ 遗弃被继承人,或者虐待被继承人情节严重。凡是继承人对被继承人生前有遗弃行为的,不论情节是否严重以及是否追究刑事责任,均应确认其丧失继承权。虐待被继承人情节严重的,不论是否追究刑事责任,均可确认其丧失继承权。继承人虐待被继承人情节是否严重,可以从实施虐待行为的时间、手段、后果和社会影响等方面认定。继承人遗弃被继承人或者虐待被继承人情节严重的,如果以后确有悔改表现,而且被遗弃人、被虐待人生前又表示宽恕的,可不确认其丧失继承权。④ 伪造、篡改、隐匿或者销毁遗嘱,情节严重。继承人伪造、篡改、隐匿或者销毁遗嘱,实际上是对立遗嘱人财产所有权的非法干涉和直接侵犯,同时,也是对遗嘱指定继承人的继承权的侵犯。对情节严重的,确认其丧失继承权。继承人的上述行为,若侵害了缺乏劳动能力又无生活来源的继承人的利益,并造成其生活困难的,应认定为情节严重。⑤ 以欺诈、胁迫手段迫使或者妨碍被继承人设立、变更或者撤回遗嘱,情节严重。该行为违背了被继承人立遗嘱的真实意思,对于情节严重的,剥夺继承人的继承权,对于加大违法行为的成本,最大限度地确保被继承人的遗嘱自由具有重要的意义。

　　《民法典》将继承权的丧失分为绝对丧失和相对丧失两种情形。绝对丧失是指在继承人故意杀害被继承人或为争夺遗产而杀害其他继承人时,该继承人的继承权丧失是终局的,绝对不可恢复。相对丧失是指在发生《民法典》第一千一百二十五条规定的其余三种继承权丧失事由时,如该继承人确有悔改表现,被继承人表示宽恕或者事后在遗嘱中将其列为继承人的,该继承人不丧失继承权。

丧失继承权的确认关系到继承人的切身利益,是一个十分严肃的问题,应当由专门的国家机关依照法定程序进行。在我国,确认丧失继承权的国家机关只能是人民法院,由人民法院通过诉讼程序进行。应当指出,丧失继承权,仅仅是指继承人丧失对某一个特定被继承人遗产的继承权,而不是指丧失对其他被继承人遗产的继承权。

五、法定继承

(一) 法定继承的概念

法定继承,是指按照法律规定的继承人的范围、继承顺序、遗产分配份额继承被继承人遗产的一种继承方式。

法定继承有两个明显特征:其一,法定继承是以一定的人身关系为前提的,即法定继承的确立要以继承人与被继承人之间的婚姻关系、血缘关系或者相互扶养关系为依据。其二,法定继承人的范围、继承顺序和遗产分配份额,都是法律预先规定的强制性规范,除了死者生前可以依法以遗嘱方式加以改变外,其他任何人都无权变更。

在实践中,法定继承主要适用于以下情况:① 被继承人生前未立遗嘱,也未立遗赠扶养协议的。② 遗嘱继承人放弃继承或者受遗赠人放弃受遗赠的。③ 遗嘱继承人丧失继承权的。④ 遗嘱继承人或者受遗赠人先于遗嘱人死亡的。⑤ 遗嘱无效部分涉及的遗产。⑥ 遗嘱未处分的遗产。

(二) 法定继承人的范围

法定继承人是指按照法律规定有资格继承死者遗产的人。根据《民法典》的规定,法定继承人的范围包括:配偶、子女、父母、兄弟姐妹、祖父母、外祖父母。

1. 配偶

配偶是夫妻之间的相互称谓。夫妻在家庭中共同生活,相互扶养,共同担负着养老育幼的义务,是家庭成员的核心。《民法典》第一千零六十一条规定:"夫妻有相互继承遗产的权利。"配偶的继承权是基于合法婚姻关系产生的,因此,与死者生前非婚同居者,或者在死者生前已与其离婚的人,均不得以配偶身份继承死者的遗产。

2. 子女

子女是父母最近的晚辈直系血亲。子女与父母之间存在着密切的人身关系和财产关系,因此,父母死亡后,子女有继承其遗产的权利。《民法典》继承编中的子女,包括婚生子女、非婚生子女、养子女和有扶养关系的继子女,他们享有平等的继承权。根据有关法律规定,被收养人不能同时继承养父母和生父母双份遗产,而只能继承养父母一份遗产。如果被收养人既对养父母尽了赡养义务,同时又对生父母扶养较多的,其对生父母虽不享有继承权,但可分得适当的遗产。继子女继承继父母的遗产是有条件的,即只有当继子女与继父母之间形成扶养关系时,才享有对继父母遗产的继承权。继子女继承了继父母的遗产,不影响其继承生父母的遗产。也就是说,与继父母形成扶养关系的继子女,既可以继承继父母的遗产,也可以继承生父母的遗产。

根据《民法典》第十六条的规定,涉及遗产继承、接受赠与等胎儿利益保护的,胎儿视为具有民事权利能力。此外,为了保护胎儿的继承权,《民法典》第一千一百五十五条规定:"遗产分割时,应当保留胎儿的继承份额。胎儿娩出时是死体的,保留的份额按照法定继承办理。"

3. 父母

父母是子女最近的长辈直系血亲,不但与子女的人身关系非常紧密,而且承担着抚养教育未成年子女的义务,当然应该是子女的法定继承人。如子女一样,《民法典》继承编中所称的父母,包括生父母、养父母和有抚养关系的继父母。生父母有权继承子女的遗产,养父母有权继承养子女的遗产,有抚养关系的继父母有权继承继子女的遗产。根据我国法律的规定,子女被他人收养后,与生父母间的权利义务即行终止。因此,生父母对其被他人收养的生子女不再享有继承权;养子女同养父母的收养关系解除,养父母也不再享有继承养子女遗产的权利。继父母对有抚养关系的继子女享有继承权力的同时,对其亲生子女同时享有继承权。

4. 兄弟姐妹

兄弟姐妹是旁系血亲中亲属关系最近的人。《民法典》继承编中的兄弟姐妹包括同父母的兄弟姐妹、同父异母或者同母异父的兄弟姐妹、养兄弟姐妹、有抚养关系的继兄弟姐妹,他们相互之间都享有继承权。依照《民法典》的规定,被收养人与其亲兄弟姐妹之间的权利义务关系,因收养关系的成立而解除,因此,不能互为继承人。继兄弟姐妹之间的继承权,因继兄弟姐妹之间的扶养关系而发生。没有扶养关系的,不能互为继承人。继兄弟姐妹之间相互继承了遗产的,不影响其继承亲兄弟姐妹的遗产。

5. 祖父母、外祖父母

祖父母、外祖父母是孙子女、外孙子女除父母以外的最近的直系血亲。在我国传统的家庭结构中,一般都是祖孙三代共同生活,祖父母与孙子女、外祖父母与外孙子女存在着事实上的抚养、赡养关系。因此,将祖父母、外祖父母确定为法定继承人,是十分必要的。

(三) 法定继承的顺序

法定继承的顺序,是指法定继承人继承遗产的先后次序。被继承人死亡后,并不是所有的法定继承人都可以同时继承遗产,而是要按照法定顺序,依次先后进行继承。根据继承人与被继承人血缘关系的远近、共同生活的密切程度、经济上相互依赖的程度等因素,《民法典》第一千一百二十七条将法定继承人分成两个顺序:

第一顺序:配偶、子女、父母。

第二顺序:兄弟姐妹、祖父母、外祖父母。

继承开始后,由第一顺序继承人继承遗产,第二顺序继承人不继承。没有第一顺序继承人继承的,由第二顺序继承人继承。同一顺序继承人有平等的继承权,继承不再分先后次序。

为了鼓励人们赡养、照顾老人和保护丧偶人的利益,《民法典》第一千一百二十九条规定:"丧偶儿媳对公婆,丧偶女婿对岳父母,尽了主要赡养义务的,作为第一顺序继承人。"

（四）代位继承

1. 代位继承的概念

代位继承，是指被继承人的子女或兄弟姐妹先于被继承人死亡，由被继承人的子女的晚辈直系血亲或被继承人的兄弟姐妹的子女代替被继承人继承其应继份额的一种继承制度。在代位继承中，先于被继承人死亡的继承人，称为被代位继承人；代替被代位继承人继承遗产的人，称为代位继承人；代位继承人享有的代替被代位继承人继承遗产的权利，称为代位继承权。代位继承是法定继承的一种形式，是对法定继承的重要补充。遗嘱继承人、受遗赠人先于被继承人死亡的，不适用代位继承。代位继承体现了国家保护自然人的继承权的基本原则，有利于充分发挥遗产的互助功能。

2. 代位继承的适用条件

根据《民法典》第一千一百二十八条的规定，适用代位继承，应当具备如下条件：① 被继承人的子女或兄弟姐妹先于被继承人死亡。这是代位继承的前提条件。② 代位继承人只能是被继承人子女的晚辈直系血亲或被继承人的兄弟姐妹的子女。代位继承人不受辈数的限制，被继承人的孙子女、外孙子女、曾孙子女、外曾孙子女都可以代位继承。此外，被继承人的侄子、侄女、外甥、外甥女等兄弟姐妹的子女也可以代位继承。③ 被代位继承人生前未放弃或者丧失继承权。继承人放弃或者丧失继承权的，其晚辈直系血亲或兄弟姐妹的子女不得代位继承。但是，如果该代位继承人缺乏劳动能力又没有生活来源，或对被继承人尽赡养义务较多的，可适当分给遗产。

按照《民法典》的规定，养子女和有扶养关系的继子女与婚生子女享有同等的继承权。所以，被继承人的养子女、已形成扶养关系的继子女的子女可以代位继承；被继承人亲生子女的养子女可以代位继承；被继承人养子女的养子女可以代位继承；与被继承人已形成扶养关系的继子女的养子女也可以代位继承。此外，丧偶儿媳对公、婆，丧偶女婿对岳父、岳母，无论其是否再婚，依法作为第一顺序继承人时，不影响其子女代位继承。

在代位继承中，由于代位继承人是代替已死亡的被代位继承人的地位而取得继承权的，因此，代位继承人只能继承被代位继承人应得的遗产份额。不论代位继承人有几个，他们也只能共同继承被代位继承人有权继承的遗产份额，而无权要求与被代位继承人处于同一顺序的其他法定继承人平分遗产。但是，如果代位继承人缺乏劳动能力又没有生活来源，或者对被继承人尽过主要赡养义务的，分配遗产时，可以多分。

（五）转继承

1. 转继承的概念

转继承是指继承人在继承开始后，遗产分割前死亡，其所应继承的遗产份额转由其继承人承受的继承制度。该死亡继承人称为被转继承人，其继承人称为转继承人。《民法典》第一千一百五十二条规定："继承开始后，继承人于遗产分割前死亡，并没有放弃继承的，该继承人应当继承的遗产转给其继承人，但是遗嘱另有安排的除外。"

2. 转继承的要件

适用转继承应满足以下要件：① 继承人须在继承开始后、遗产分割前死亡；② 被转继承人未放弃或丧失继承权；③ 须由转继承人继承被转继承人应继承的遗产份额。

转继承发生的效力是：被转继承人有遗嘱的，按遗嘱继承；无合法有效的遗嘱的，适用法定继承。

六、遗嘱继承

（一）遗嘱和遗嘱继承的概念

1. 遗嘱

遗嘱，是指公民生前按照法律规定的方式对自己的财产或者其他事务进行处分，并在死后发生法律效力的一种民事法律行为。遗嘱是遗嘱人单方的法律行为，遗嘱人订立遗嘱不需要征得他人的同意，只要有遗嘱人的合法的意思表示，遗嘱就具有法律效力。

遗嘱的内容必须是遗嘱人的真实意思表示，只能由遗嘱人本人亲自作出。遗嘱必须具备法律规定的形式才能发生法律效力，由他人代书遗嘱时，遗嘱人本人必须在遗嘱上签字，并要求有两个或两个以上无利害关系的见证人在场见证。

遗嘱是遗嘱人生前对自己死亡后的财产归属等问题所作的处分，遗嘱人死亡前对其还有权加以变更或者撤销，所以遗嘱只有在遗嘱人死亡时方能生效。在遗嘱人死亡前，任何人不得要求执行遗嘱。

2. 遗嘱继承

遗嘱继承，是指被继承人死亡后，按照被继承人生前所立遗嘱内容，将其遗产转移给指定的法定继承人的一种继承方式。《民法典》第一千一百三十三条第二款规定："自然人可以立遗嘱将个人财产指定由法定继承人中的一人或者数人继承。"在遗嘱继承中，立遗嘱的被继承人，称为遗嘱人；接受遗嘱的继承遗产的人，称为遗嘱继承人。

遗嘱继承和法定继承都是继承法规定的继承方式，但在适用上，遗嘱继承优于法定继承。遗嘱只要符合法律的规定，就应当优先适用遗嘱继承，没有被指定为遗嘱继承人的其他法定继承人，无权继承被继承人的遗产。继承开始后，如果被继承人生前立有合法有效的遗嘱，应当首先按遗嘱的内容进行继承。没有遗嘱或遗嘱被人民法院判决无效时，才能按照法定继承办理。

根据继承法的规定，遗嘱人不但可以指定法定继承人范围内的一人或者数人继承其遗产，而且有权在遗嘱中指定各遗嘱继承人继承遗产的种类和数额，如果遗嘱人在遗嘱中仅仅指定了数个遗嘱继承人，但是没有指明每个继承人应分得遗产的种类和份额，遗产就应当在各个遗嘱继承人之间均等分配。遗嘱继承人继承遗产时，不再受原法定顺序的限制。凡是被遗嘱人指定为遗嘱继承人的，不论原来的法定继承顺序的先后，都享有同时继承遗产的权利。

（二）遗嘱的有效条件

公民有权通过遗嘱方式将自己的财产指定法定继承人中的一人或者数人继承，或者

赠给国家、集体或者法定继承人以外的人。但是,该遗嘱必须符合一定的条件才具有法律效力。根据继承法的规定,有效的遗嘱必须具备下列条件:

(1)遗嘱人在立遗嘱时必须具有遗嘱能力。在我国,一般将公民的民事行为能力作为遗嘱能力。《民法典》第一千一百四十三条第一款规定:"无民事行为能力人或者限制民事行为能力人所立的遗嘱无效。"可见,立遗嘱时,遗嘱人必须是完全民事行为能力人。遗嘱人立遗嘱时有民事行为能力,后来丧失了民事行为能力,不影响遗嘱的效力。无民事行为能力人所立的遗嘱,即使其本人后来有了行为能力,仍属无效遗嘱。

(2)遗嘱必须表示遗嘱人的真实意思。所谓真实意思,是指遗嘱人所立遗嘱的意思表示,是自愿的、真实的,完全反映了遗嘱人本人的意愿。立遗嘱是遗嘱人完全按照自己的意愿处分自己死后财产的民事法律行为,《民法典》第一千一百四十三条第二、三、四款规定:遗嘱必须表示遗嘱人的真实意思,受欺诈、胁迫所立的遗嘱无效;伪造的遗嘱无效;遗嘱被篡改的,篡改的内容无效。

(3)遗嘱的内容必须符合法律和社会公共利益的要求。遗嘱的内容是广泛的,它可以充分自由地反映遗嘱人对自己财产的处分权利。但是,遗嘱人在处分其财产时不得违反法律,损害社会公共利益。例如,遗嘱处分的财产必须是遗嘱人个人的财产,如果遗嘱人以遗嘱方式处分了属于国家、集体或他人所有的财产,该遗嘱涉及的这部分内容无效;遗嘱还不得取消缺乏劳动能力又没有生活来源的继承人的必要遗产份额,否则,该遗嘱涉及处分应保留必要遗产份额的内容无效。

(4)遗嘱必须具备法律规定的形式。由于遗嘱关系有关当事人的切身利益,因此,《民法典》对遗嘱的形式作了较为严格的规定。遗嘱是否符合法定形式的要求,是确认其效力的一个重要方面。

(三)遗嘱的形式

遗嘱的形式,是指遗嘱人处分自己财产时所作意思表示的方式。根据《民法典》的规定,公民立遗嘱可以采用自书遗嘱、代书遗嘱、打印遗嘱、录音录像遗嘱、口头遗嘱和公证遗嘱六种形式。

1. 自书遗嘱

自书遗嘱是遗嘱人生前亲笔书写的遗嘱。遗嘱人在具有文字书写能力的情况下,通常都是亲自书写遗嘱。自书遗嘱不需要见证人在场见证,简便易行,真实可靠,发生继承纠纷时,有据可查,而且节省费用,保守秘密,能够充分表明遗嘱人的真实意思,因此是法定的遗嘱形式之一。《民法典》第一千一百三十四条规定:"自书遗嘱由遗嘱人亲笔书写,签名,注明年、月、日。"如果对先前所立遗嘱进行修改,也要由本人加以说明并另行签名,注明年、月、日。

需要注意的是,遗书和自书遗嘱是有差别的。如果公民生前只在自己的日记或者书信中表示了关于处分自己财产的意愿,而未形成正式的遗嘱文书,对此不能视为自书遗嘱。公民在遗书中涉及死后个人财产处分的内容,确为死者真实意思的表示,有本人签名并注明了年、月、日,又无相反证据的,可按自书遗嘱对待。

2. 代书遗嘱

代书遗嘱是遗嘱人委托他人代为书写的遗嘱。遗嘱人因没有文字书写能力或者其他原因不能亲自书写遗嘱的,可以请求他人代书遗嘱。代书遗嘱不但符合遗嘱人的实际需要,也是法定的实现遗嘱人订立遗嘱意愿的重要途径。为了保证代书遗嘱能够确实体现遗嘱人的真实意思,《民法典》第一千一百三十五条规定:"代书遗嘱应当有两个以上见证人在场见证,由其中一人代书,并由遗嘱人、代书人和其他见证人签名,注明年、月、日。"

3. 打印遗嘱

打印遗嘱是指将遗嘱内容通过电子计算机打印出来,遗嘱人在该打印件上签名并记载日期的一种遗嘱。打印遗嘱是随着计算机技术的广泛应用而出现的新的遗嘱形式,《民法典》首次将其作为遗嘱的法定形式。打印遗嘱生效必须符合严格的适用条件,《民法典》第一千一百三十六条规定:"打印遗嘱应当有两个以上见证人在场见证。遗嘱人和见证人应当在遗嘱每一页签名,注明年、月、日。"

4. 录音录像遗嘱

录音录像遗嘱是遗嘱人以录音录像形式制作的遗嘱。录音录像遗嘱具有简便易行、表达准确的特点,但是录音录像制品也容易被他人伪造、篡改,并且不易保存,因此录音录像遗嘱具有严格的适用条件。根据《民法典》第一千一百三十七条的规定,以录音录像形式立的遗嘱,应当有两个以上见证人在场见证。遗嘱人和见证人应当在录音录像中记录其姓名或者肖像,以及年、月、日。

5. 口头遗嘱

口头遗嘱是遗嘱人用口述的方式表示其对遗产进行处分的遗嘱。口头遗嘱是遗嘱人在生命垂危或其他紧急情况下,来不及订立其他形式的遗嘱时采用的一种特殊形式的遗嘱。口头遗嘱最为简便,适用于危急情况,但容易失实,难以认定,也容易被他人篡改、伪造,因此,《民法典》第一千一百三十八条规定,遗嘱人在危急情况下,可以立口头遗嘱。口头遗嘱应当有两个以上见证人在场见证。危急情况消除后,遗嘱人能够以书面或者录音录像形式立遗嘱的,所立的口头遗嘱无效。

6. 公证遗嘱

公证遗嘱是经过国家公证机构办理了公证手续的遗嘱。《民法典》第一千一百三十九条规定:"公证遗嘱由遗嘱人经公证机构办理。"办理公证遗嘱应符合《中华人民共和国公证法》和《遗嘱公证细则》等的相关规定。

根据《民法典》第一千一百四十二条的规定,遗嘱人订立遗嘱后,可以撤回、变更自己所立的遗嘱。如果立遗嘱后,遗嘱人实施与遗嘱内容相反的民事法律行为的,视为对遗嘱相关内容的撤回。遗嘱人生前立有数份遗嘱,内容相抵触的,以最后的遗嘱为准。

七、遗赠和遗赠扶养协议

1. 遗赠

遗赠,是指自然人以遗嘱方式将个人合法财产的一部或者全部赠送给国家、集体或者

法定继承人以外的组织、个人,并于遗嘱人死后生效的法律行为。在遗赠中,立遗嘱人称为遗赠人;接受遗产的人称为受遗赠人。《民法典》规定,受遗赠人应当在知道受遗赠后六十日内,做出接受或者放弃受遗赠的表示。到期没有表示的,视为放弃受遗赠。

遗赠与遗嘱继承虽然都表现为自然人通过生前立遗嘱方式处分个人财产,但两者有着很大的不同。其主要区别在于,受遗赠人的范围要比遗嘱继承人的范围广泛得多,既可以是国家、集体组织,也可以是法定继承人以外的组织、个人;而遗嘱继承人只限定在法定继承人范围之内。

2. 遗赠扶养协议

遗赠扶养协议,是指扶养人与被扶养人签订的,扶养人承担被扶养人的生养死葬的义务,被扶养人将自己的财产于其死后转归扶养人所有的协议。《民法典》第一千一百五十八条规定:"自然人可以与继承人以外的组织或者个人签订遗赠扶养协议。按照协议,该组织或者个人承担该自然人生养死葬的义务,享有受遗赠的权利。"可见,遗赠扶养协议具有如下特点:

第一,遗赠扶养协议是双方有偿的合同行为。遗赠扶养协议一经订立,即具有法律效力,任何一方不得变更或者撤销协议。

第二,遗赠扶养协议的协议主体具有一定的特殊性。被扶养人必须是自然人,扶养人是法定继承人以外的组织或个人。

第三,遗赠扶养协议中的扶养人的权利只能在被扶养人死亡时才能实现。

第四,遗赠扶养协议在适用上具有优先性。《民法典》第一千一百二十三条规定:"继承开始后,按照法定继承办理;有遗嘱的,按照遗嘱继承或者遗赠办理;有遗赠扶养协议的,按照协议办理。"这表明,在我国继承法规定的各种继承方式中,遗赠扶养协议应当优先于其他方式适用。

八、遗产的处理

(一) 遗产的概念

《民法典》第一千一百二十二条规定:"遗产是自然人死亡时遗留的个人合法财产。依照法律规定或者根据其性质不得继承的遗产,不得继承。"根据这一规定,公民死亡时遗留的财产,只有合法的个人财产才能算作遗产;公民生存时所拥有的财产不是遗产,只有在其死亡后,民事主体资格丧失,遗留的财产才能成为遗产;遗产中应排除"根据其性质不得继承"的财产。

(二) 遗产的分割

1. 遗产分割的原则

遗产分割,是指在继承人之间按照其各自应继承的份额分配遗产的行为。遗产分割时应遵循以下原则:

第一,继承开始后,当遗产与夫妻共同财产或者家庭共有财产发生联系时,应当划清两者之间的界限。《民法典》第一千一百五十三条规定："夫妻共同所有的财产,除有约定的外,遗产分割时,应当先将共同所有的财产的一半分出为配偶所有,其余的为被继承人的遗产。遗产在家庭共有财产之中的,遗产分割时,应当先分出他人的财产。"这对于确定遗产的范围和数量,保护继承人和其他利害关系人的合法权益,是十分重要的。

第二,继承人在分割遗产时,应当保留胎儿的继承份额。如果继承人明知被继承人留有胎儿,但在分割遗产时却未为胎儿保留继承份额,则要从继承人所继承的遗产中扣回。一般来说,为胎儿保留的份额应由其母亲代为保管或者行使有关权利。如胎儿娩出时是死体的,保留的份额按照法定继承办理。

第三,遗产分割应当有利于生产和生活需要。在分割生产和生活资料遗产时应充分考虑生产活动的需要和继承人的实际需要,兼顾各继承人的利益进行分配。如生产工具可分给有劳动能力的继承人;图书资料、仪器、钢琴等可分给有特殊需要的继承人;房屋、珍贵文物、家具、家用电器等,可以将其变卖后由各继承人分得现金,或者将该财物分给某一继承人,再由其给予其他继承人相应数额的补偿,或者由全体继承人对该财物实行按份共有。

第四,遗产分割不得损害遗产的效用。为了使遗产在分割时不受损害,保持遗产固有的价值,发挥其应有的效用,根据《民法典》第一千一百五十六条的规定,不宜分割的遗产,可以采取折价、适当补偿或者共有等方法处理。

2. 无人继承又无人受遗赠的遗产的处理

公民死亡后,没有法定继承人,生前又没有订立遗嘱处分自己的遗产,或者全部继承人、受遗赠人都放弃继承或放弃受遗赠,或者全部继承人都丧失了继承权,在这些情况下,死者的遗产便成为无人继承或者无人受遗赠的遗产。此外,在没有法定继承人的情况下,遗嘱人只用遗嘱处分了部分财产,未处分部分也属于无人继承或无人受遗赠的遗产。《民法典》第一千一百六十条规定："无人继承又无人受遗赠的遗产,归国家所有,用于公益事业;死者生前是集体所有制组织成员的,归所在集体所有制组织所有。"

(三) 被继承人债务的清偿

被继承人的债务,是指被继承人生前以自己的名义欠下的、完全用于被继承人个人需要的债务。它与家庭共同生活需要或者与增加家庭共有财产、偿还家庭共同债务无关。根据《民法典》第一千一百六十一条的规定,继承人以所得遗产实际价值为限清偿被继承人依法应当缴纳的税款和债务。超过遗产实际价值部分,继承人自愿偿还的不在此限。继承人放弃继承的,对被继承人依法应当缴纳的税款和债务可以不负清偿责任。

《民法典》第一千一百六十二条规定："执行遗赠不得妨碍清偿遗赠人依法应当缴纳的税款和债务。"因此,在执行遗赠时,清偿遗赠人依法应当缴纳的税款和债务优先于遗赠。遗赠只能在遗赠人的遗产清偿了所有债务后尚有剩余的情况下,才能开始执行。如果遗产不足清偿债务,则遗赠就不再执行。

关于被继承人债务清偿的顺序,《民法典》规定,既有法定继承又有遗嘱继承、遗赠的,由法定继承人清偿被继承人依法应当缴纳的税款和债务;超过法定继承遗产实际价值部分,由遗嘱继承人和受遗赠人按比例以所得遗产清偿。

第十节　民事责任

引例：环境污染侵权案

基本案情：陆某承包鱼塘进行养殖，但近来发现塘内饲养的鱼、虾大量死亡，一查原来是某公司将污水排放到自己的鱼塘，致使鱼塘的水体污染。陆某于是将某公司告上法庭，要求其赔偿因此造成的经济损失。但某公司辩称流入鱼塘的污水并不是自己一家的，还有其他生活污水，而自己排放的污水是沿着污水沟排放的，当日流入是大雨所致，是不可抗力，原告陆某也负有责任。陆某的损失究竟该由谁负责呢？

法律分析：《民法典》规定的环境污染责任是适用无过错责任原则的特殊侵权责任。根据《民法典》第一千二百三十条的规定："因污染环境、破坏生态发生纠纷，行为人应当就法律规定的不承担责任或者减轻责任的情形及其行为与损害之间不存在因果关系承担举证责任。"也就是说，在环境污染纠纷中，实行举证责任倒置。本案中，被告某公司提出流入原告鱼塘的污水并不是被告一家的，另外还有生活污水，其否认被告鱼塘内鱼、虾的死亡系其排放污水造成，这些都应由被告举证证明，但被告某公司并没有证据证明其排污行为与原告鱼塘内鱼、虾死亡不存在因果关系，因此，原告鱼塘内鱼、虾死亡的损害后果应认定系被告某公司排污行为造成，被告某公司应当承担赔偿责任。

一、民事责任的概念和特征

民事责任，是指民事主体因违反合同或者不履行其他民事义务所应承担的民事法律后果。民事责任不同于民事义务，民事义务是民事责任的前提，无义务就无责任。民事责任则是不履行民事义务的法律后果。虽然民事责任和民事义务在内容上经常一致，但存在本质的区别：民事义务的履行为社会所倡导和鼓励；民事责任的承担则体现了社会对不履行民事义务的谴责和制裁。民事责任主要分为违约责任和侵权责任，因违约责任将在合同法中阐述，本节仅阐述侵权责任。

民事责任具有如下法律特征：

第一，强制性。法律责任的强制性是其区别于道德责任和其他社会责任的根本标志。民事责任作为法律责任之一，也以国家强制力为保障，具有强制性。

第二，财产性。民事责任以财产责任为主，非财产责任为辅。一方不履行民事义务的行为，给他方造成财产和精神上的损失，通常通过财产性赔偿的方式予以恢复。但是，对人格权和身份权的侵害，仅通过财产性的赔偿，难以完全消除侵害所造成的后果。恢复受到损害的权利。以侵害名誉权为例，仅有财产赔偿，对受害人的社会评价难以回复到受侵害之前的状态。因此《民法典》规定了一些辅助性的非财产责任，如赔礼道歉、消除影响、恢复名誉等。

第三，补偿性。所谓补偿性，是指民事责任以补足民事主体所受损失为限。就侵权责任而言，侵权民事责任，旨在使当事人的利益恢复到受损害以前的状态。补偿性与惩罚性相对立,民事责任实行惩罚性赔偿属于特例。

第四,民事责任是加害人对受害人承担的责任。这是民事责任与刑事责任、行政责任的重要区别。民事责任是加害人对受害人承担的责任,目的在于恢复和补偿受害人因加害人的民事违法行为所损害的民事权益。

二、一般侵权行为

一般侵权行为是指行为人故意或过失地侵犯他人财产权或人身权致人损害的违法行为。一般侵权民事责任的构成要件包括:① 损害事实。损害,是指侵权行为给受害人造成的不利后果。损害作为侵权民事责任的构成要件,是由侵权行为法的本质和社会功能决定的。损害包括财产损害、人身伤害和精神损害。② 有民事违法行为。民事违法行为,是指侵权行为具有民事违法性。违法行为包括违法的作为和不作为。违法包括违反法律规定和违背社会公序良俗。③ 民事违法行为与损害后果之间有因果关系。因果关系,是指侵权人实施的违法行为和损害后果之间存在前因后果上的联系。此种因果关系是行为人对损害事实承担民事责任的必备条件之一。因果关系具有时间性和客观性。④ 行为人主观上有过错。过错,是指行为人通过其实施的侵权行为所表现出来的在法律和道德上应受非难的主观上的故意和过失状态。故意,是指行为人已经预见到自己行为的损害后果,仍然积极地追求或者听任该后果的发生。过失,是指行为人因未尽合理的注意义务而未能预见损害后果,并致损害后果发生。未尽一般人对他人人身、财产的注意义务,为重大过失;未尽处于行为人地位的合理人(法律上拟制的)对他人人身、财产的注意义务,为轻过失。正确划分和认定过错程度对于确定责任的归属和承担具有重要意义。

三、特殊侵权行为

特殊侵权行为,是指当事人基于与自己有关的行为、物件、事件或者其他特别原因致人损害,依照民法上的特别责任条款或者民事特别法的规定所应当承担的民事责任侵权行为。

我国《民法典》规定的特殊侵权责任有:① 监护人责任;② 用人单位责任;③ 网络侵权责任;④ 违反安全保障义务的侵权责任;⑤ 幼儿园、学校等教育机构的侵权责任;⑥ 医疗损害责任;⑦ 建筑物和物件损害责任;⑧ 产品责任;⑨ 机动车交通事故责任;⑩ 环境污染和生态破坏责任;⑪ 饲养动物损害责任;⑫ 高度危险责任。

特殊侵权行为民事责任的构成要件与一般侵权民事责任的构成要件有所不同,有些实行的是无过错责任,有些实行的是过错推定责任,还有的实行的是替代责任或补充责任等。法律对特殊侵权行为的免责事由作出严格规定。一般免责事由通常包括不可抗力和受害人故意。此外,受害人的过错、第三人的过错、加害人没有过错或者履行了法定义务也可能基于法律的特别规定成为免责事由。

四、侵权行为的免责事由

侵权行为的免责事由主要包括如下几种:① 不可抗力。不可抗力,是指不能预见、不能避免并不能克服的客观情况。因不可抗力造成他人损害的,一般不承担民事责任。②

受害人的过错。受害人的过错,是指受害人对侵权行为的发生或者侵权损害后果扩大存在过错。根据受害人过错情况,可以部分免除或全部免除侵害人的民事责任。③ 正当防卫。正当防卫,是指为了使公共利益、本人或者他人的财产、人身或者其他合法权益免受正在进行的不法侵害,而对不法侵害人所实施的不超过必要限度的行为。所以正当防卫超过必要的限度,造成不应有的损害的,正当防卫人应当承担适当的民事责任。④ 紧急避险。紧急避险,是指为了使公共利益,本人或者他人的财产、人身或者其他合法权益免受正在发生的危险,而不得已采取的致他人较小损害的行为。因紧急避险造成损害的,由引起险情发生的人承担民事责任。危险由自然原因引起的,紧急避险人不承担民事责任,可以给予适当补偿。紧急避险采取措施不当或者超过必要的限度,造成不应有的损害的,紧急避险人应当承担适当的民事责任。⑤ 受害人的同意。受害人的同意,是指受害人在侵权行为或者损害后果发生之前自愿作出的自己承担某种损害后果的明确的意思表示。但受害人的同意不得违反法律、法规的规定,不得违背社会公序良俗。⑥ 其他情形。《民法典》中增加了一些特殊情况下的免责情形。因保护他人民事权益使自己受到损害的,由侵权人承担民事责任,受益人可以给予适当补偿。没有侵权人、侵权人逃逸或者无力承担民事责任,受害人请求补偿的,受益人应当给予适当补偿。因自愿实施紧急救助行为造成受助人损害的,救助人不承担民事责任。

五、承担民事责任的方式

承担民事责任的方式,是指为使受害人的合法权益恢复到未受损害或者合同得到履行的状态,加害人所应当为或者不为的一定的行为。

根据《民法典》第一百七十九条的规定,承担民事责任的方式主要包括如下十一种:① 停止侵害;② 排除妨碍;③ 消除危险;④ 返还财产;⑤ 恢复原状;⑥ 修理、重作、更换;⑦ 继续履行;⑧ 赔偿损失;⑨ 支付违约金;⑩ 消除影响、恢复名誉;⑪ 赔礼道歉。法律规定有惩罚性赔偿的,应依照其规定。

上述承担民事责任的方式,可以单独适用,也可以合并适用。除上述承担民事责任的方式外,人民法院审理民事案件时对违法者还可以予以训诫、责令具结悔过、收缴进行非法活动的财物和非法所得,并可以依照法律规定处以罚款、拘留。

第十一节　诉讼时效

引例:诉讼时效计算案

基本案情:2015 年 12 月 5 日张某从王某那里借了 2 万元,双方约定于 2018 年 6 月 1 日还清。但是张某并没有如期还款,王某也没好意思索要。2021 年春节,王某因与妻子争吵而得了精神病。后经多方诊治,终于好转。2021 年 4 月王某想起张某欠钱一事,就上门索要,可是张某却以时效已过为由而拒绝。王某一纸诉状将张某告上法庭。

法律分析:王某的债权请求权有没超过诉讼时效呢? 根据《民法典》第一百八十八条

"向人民法院请求保护民事权利的诉讼时效期间为三年"之规定,王某的债权请求权的诉讼时效应于 2021 年 6 月 1 日止,因而其于 2021 年 4 月起诉,诉讼时效并未过。

一、诉讼时效的概念和种类

(一) 诉讼时效的概念

诉讼时效,是指民事权利受到侵害的权利人在法定的时效期间内不行使权利,即丧失了请求人民法院依诉讼程序强制义务人履行义务之权利的制度。

(二) 诉讼时效的种类

1. 普通诉讼时效

普通诉讼时效指由民事基本法统一规定的,普遍适用于法律没有作出特殊诉讼时效规定的各种民事法律关系的时效。除特别法另有规定外,所有的民事法律关系皆适用普通时效,我国民法规定的普通诉讼时效期间为 3 年。

2. 特别诉讼时效

特别诉讼时效指民事基本法或特别法就某些民事法律关系规定的短于或长于普通诉讼时效期间的时效。

如《民法典》第五百九十四条规定,因国际货物买卖合同和技术进出口合同争议提起诉讼或者申请仲裁的时效期间为 4 年。

3. 对民事权利 20 年的最长保护期

《民法典》第一百八十八条规定:诉讼时效期间自权利人知道或者应当知道权利受到损害以及义务人之日起计算。法律另有规定的,依照其规定。但是,自权利受到损害之日起超过 20 年的,人民法院不予保护,有特殊情况的,人民法院可以根据权利人的申请决定延长。即当民事权益受到侵害后,权利人即使不知道或不应知道权利已被侵害,自权利被侵害之日起经过 20 年的,其权利也失去法律的强制性保护。

二、诉讼时效期间的起算、中止、中断和延长

(一) 诉讼时效期间的起算

根据《民法典》第一百八十八条的规定,诉讼时效期间自权利人知道或者应当知道权利受到损害以及义务人之日起计算。知道权利遭受侵害,指权利人现实地于主观上已明了自己的权利被侵害事实的发生;应当知道权利遭受了侵害,指权利人尽管于主观上不明了其权利已被侵害的事实,但他对权利被侵害的不知情,是出于对自己的权利未尽必要注意的情况,法律上推定其应当知道。由此时开始计算诉讼时效期间。

(二) 诉讼时效期间的中止

诉讼时效期间的中止,指在诉讼时效期间进行中,发生一定的法定事由使权利人不能

行使请求权,暂时停止计算诉讼时效期间,待阻碍诉讼时效期间进行的法定事由消除后,继续进行诉讼时效期间的计算。《民法典》第一百九十四条规定:在诉讼时效期间的最后6个月内,因下列障碍,不能行使请求权的,诉讼时效中止:① 不可抗力;② 无民事行为能力人或者限制民事行为能力人没有法定代理人,或者法定代理人死亡、丧失民事行为能力、丧失代理权;③ 继承开始后未确定继承人或者遗产管理人;④ 权利人被义务人或者其他人控制;⑤ 其他导致权利人不能行使请求权的障碍。自中止时效的原因消除之日起满6个月,诉讼时效期间届满。

诉讼时效制度的目的,在于使怠于行使权利者承担不利后果。但权利人不行使权利,并非出于怠惰,而是因为不得已的事由时,使权利人承担与怠于行使权利者同样的不利后果,未免失之不公。因此在诉讼时效立法中设立有诉讼时效期间中止制度,以求衡平。

(三)诉讼时效期间的中断

诉讼时效期间中断,指在诉讼时效进行期间,因发生一定的法定事由,使已经经过的时效期间统归无效,待时效期间中断的事由消除后,诉讼时效期间重新计算。依照《民法典》第一百九十五条的规定,有下列情形之一的,诉讼时效中断,从中断、有关程序终结时起,诉讼时效期间重新计算:① 权利人向义务人提出履行请求;② 义务人同意履行义务;③ 权利人提起诉讼或者申请仲裁;④ 与提起诉讼或者申请仲裁具有同等效力的其他情形。

(四)诉讼时效期间的延长

诉讼时效期间的延长,是指人民法院根据特殊情况对已经届满的诉讼时效期间予以适当延长的制度。通常情况下,权利人在诉讼时效期间内不行使权利,于时效期间届满后,向法院要求保护权利的,法院不予支持。但有的权利人在诉讼时效期间内未能行使权利确有正当原因,其原因不包括在使时效期间中止、中断的法定事由内,严格适用诉讼时效将造成不公。针对这种情况,依据《民法典》第一百八十八条的规定,有特殊情况的,法院可以延长时效期间,以便保护特殊情况下权利人由于特殊原因未能及时行使的权利,避免造成不公平的结果。诉讼时效期间的延长,既适用于普通诉讼时效和特别诉讼时效,也适用于民事权利的20年最长保护期。

(五)不适用诉讼时效的情形

依照《民法典》第一百九十六条的规定,下列请求权不适用诉讼时效的规定:① 请求停止侵害、排除妨碍、消除危险;② 不动产物权和登记的动产物权的权利人请求返还财产;③ 请求支付抚养费、赡养费或者扶养费;④ 依法不适用诉讼时效的其他请求权。还有一种特殊的情形就是:未成年人遭受性侵害的损害赔偿请求权的诉讼时效期间,从受害人年满十八周岁之日才开始计算诉讼时效。

三、诉讼时效期间届满后的法律效果

(一) 权利人的胜诉权消灭

在我国现行民事立法上,依据《民法典》的规定,诉讼时效期间届满,发生权利人胜诉权消灭的法律效果。即权利人失去了请求法院依照诉讼程序强制义务人履行义务的权利。但权利人并不丧失程序意义上的诉权即起诉权,当事人超过诉讼时效期间起诉的,人民法院应予受理。受理后,查明无中止、中断、延长事由的,判决驳回其诉讼请求。但应注意的是,人民法院不得主动适用诉讼时效的规定。

(二) 义务人的自愿履行,不受诉讼时效限制

丧失胜诉权的权利为自然权利,没有法律的强制力为后盾,但权利本身仍存在。依据《民法典》第一百九十二条的规定,诉讼时效期间届满的,义务人可以提出不履行义务的抗辩。诉讼时效期间届满后,义务人同意履行的,不得以诉讼时效期间届满为由抗辩;义务人已经自愿履行的,不得请求返还。因此,于诉讼时效期间完成后,义务人自愿履行其义务的,权利人可受领其履行而不构成不当得利。义务人于履行后反悔的,不得诉请权利人返还其所得。

【本章思考题】

1. 我国民法有哪些基本原则?

2. 法人设立应当具备哪些条件?

3. 民事法律行为的有效要件有哪些?

4. 无效民事行为有哪些种类?

5. 物权具有哪些法律特征?

6. 我国民法上规定了哪些用益物权?

7. 人身权有哪些?

8. 我国婚姻家庭法体现了哪些基本原则?

9. 《民法典》对法定继承人的范围和顺序是怎样规定的?

10. 一般侵权民事责任的构成要件有哪些?

11. 侵权行为的免责事由主要有哪些?

【本章讨论案例一】

原告邱炳,男,61 岁,退休工人。

被告王学,男,45 岁,职员。

被告李品,男,48 岁,工人。

邱炳因妻子生病急需用钱,委托李品代其出售他在原籍的三间房屋。李品接受委托,将上述房屋出卖给王学。王学与李品商谈的房价低于市场房价,王学明知价廉,李品也有意让王学占便宜。王学向李品表示:事成后愿赠他 50000 元。李品写信将出售房屋之事

告诉了邱炳。由于邱炳不知当地售房的价格,又过于相信李品,即复信同意出售,并委托李品代理签订房屋买卖合同。合同签订后,李品将王学所付售房价款汇给邱炳。王学买得该房后,即申请将房屋拆除,准备翻建新房。房屋拆除后,邱炳从旁得知了王学与李品相互串通,故意压低房价,双方牟取非法利益的全部事实,非常气愤,便向人民法院提起诉讼,要求法院主持正义,制裁王学与李品的违法行为。邱炳坚决要王学与李品赔偿他的损失。因王学将现金筹建了房屋,拿不出现款,李品较富裕,要求法院判令李品负责赔偿他的全部损失。

问题:

1. 李品代理邱炳出售房屋的行为是否有效? 为什么?

2. 邱炳的损失应由谁赔偿? 邱炳因王学拿不出现款,能否要求李品全部赔偿? 为什么?

【本章讨论案例二】

刘某(男,28 岁)与肖某(女,27 岁)原是同一企业职工。双方于 2008 年自由恋爱,2010 年 5 月登记结婚。婚后感情较好。2015 年 1 月,刘因犯盗窃罪被判有期徒刑 3 年。在刘服刑期间,肖曾去看过他,并写信鼓励他好好改造。刘某也听取妻子的意见,表现良好,并减刑半年。2015 年 3 月,肖的父母亲看望肖,劝说肖与刘离婚,并给肖介绍男朋友。恰在此时,肖发现自己已怀上刘的孩子,便去医院做了人工流产。刘得知此事后责怪肖未与自己商量,为此两人发生争吵。肖思前想后,认为还是应听从父母的劝告,与刘离婚。2016 年 1 月,肖以婚后经常吵架以及刘犯罪被判刑为由,向当地人民法院提出了离婚诉讼。刘坚决不同意离婚。

问题:

对肖某的离婚请求应如何处理? 提出处理意见并简述理由。

第六章 经济法概论

【本章要点提示】 本章的学习,应当重点掌握经济法的概念和调整范围,经济法律关系的要素,公司法的主要规定,合同法的主要规定;掌握经济法的特征,税法中规定的主要税种,国家对银行的法律监管,垄断行为的主要类型,不正当竞争的主要类型,消费者的权利和经营者的义务的内容;了解国有企业法、外商投资企业法的主要规定,预算法、国债法的主要规定,中央银行法和商业银行法的主要规定,产品质量法的主要规定。

经济法相对于民法、刑法等部门法,没有深厚的历史渊源,因此属于新兴的法律部门。经济法的出现,是在社会经济发展到一定阶段的必然结果。从"市场失灵"到"政府失灵",经济法的产生就是在这样的经济根源和政治根源之中逐步发展起来,并随着其理论的丰富和制度的完善,发展成一个独立的法律部门。

所谓经济法,是指国家为了维护市场经济秩序和对经济进行宏观调控而对一定经济关系进行调整的法律规范的总称。根据这一概念,经济法有自己的调整对象,也就是说经济法的调整对象是国家对经济实行的宏观调控以及对市场活动的规制。具体来说可以概括为以下几点:① 企业组织管理法律关系。这种法律关系是为了防止垄断组织的出现,从组织上保证市场经济顺利发展。这方面的法律有公司法、外商投资企业法、合伙企业法、个人投资法等。② 宏观经济调控法律关系。这种法律关系的特点是国家对市场经济运行实行宏观调控,使经济各部门运行协调,使整个国家经济运行平稳。这方面的法律有财政法、税法、计划法、产业政策法、价格法、会计法和审计法等。③ 市场规制法律关系。这种法律关系中,国家对市场经济运行进行干预是经济法的重要调整方式,这方面的法律有反垄断法、反不正当竞争法、消费者权益保护法和产品质量法、证券法、票据法、破产法、金融法、保险法、房地产法等。

经济法
一般理论

第一节 企业法律制度

引例:龙华公司诉杰美讯公司拖欠货款案

基本案情:广东省东莞市杰美讯有限公司于 2010 年 6 月成立,汪某为该公司唯一股东,由其丈夫徐某负责该公司的经营管理活动。2011 年 3 月至 7 月间,杰美讯公司多次向四川省绵阳市龙华公司购买货物,但未支付货款。2012 年 2 月,汪某将所持杰美讯公司的股权转让给他人,并办理了股权变更登记。2012年3月,徐某与汪某离婚。同年10月,龙华公司提起诉讼,要求杰美讯公司、徐某及汪某承担连带清偿责任。汪某以其股权转让为由拒绝清偿,徐某则以其行为属于职务行为为由,主张应由杰美讯公司承担。之后两审法院审理认为,杰美讯公司注册登记为一人公司,汪某在涉案期间是杰美讯公司的股东,其未能证明在涉案交易期间杰美讯公司的财产完全独立于汪某的个人财产。根据《中华人民共和国公司法》的规定,汪某应对杰美讯公司的债务承担连带清偿责任。因涉案债务发生于徐某与汪某婚姻关系的存续期间,所以应按夫妻共同债务处理。据此,法院判决:杰美讯公司支付龙华公司所欠货款,徐某与汪某对杰美讯公司的债务承担连带清偿责任。

法律分析:一人公司是有限责任公司的特殊类型。根据《中华人民共和国公司法》的规定,除非一人公司的股东举证证明公司财产完全独立于股东个人财产,否则就应当对公司债务承担连带责任。可见,我国对一人公司实行"法人人格滥用推定"原则,由股东自负举证责任。该制度是《中华人民共和国公司法》的一大创举,有利于规范一人公司股东的行为,保护公司债权人的利益。

企业是经济法律关系主体中最重要、最基本的主体之一,企业将人的要素与物的要素结合起来,以营利为目的从事生产经营或服务型的活动,是经济生活中最为活跃和积极的因素。随着经济的发展和社会化程度的提高,如今的企业已经覆盖到了国民经济的各个行业和各个领域,企业成为从事生产经营活动或服务性活动的基本经济单位的普遍称谓。

一、国有企业法

(一) 国有企业的概念和特征

国有企业,即全民所有制企业,是指财产属于国家所有,依法自主经营、自负盈亏、独立核算的社会主义商品生产和经营组织。在国际惯例中一般指一个国家的中央政府或联邦政府投资或参与控制的企业,我国国有企业还包括由地方政府投资参与控制的企业。国有企业作为一种生产经营组织形式同时具有营利法人和公益法人的特点。其营利性体现为追求国有资产的保值和增值。其公益性体现为国有企业的设立通常是为了实现国家调节经济的目标,起着调和国民经济各个方面发展的作用。

国有企业属于企业,因此具有企业的基本特征,但是国有企业是一种特殊的企业,具有以下几个基本特征:

(1) 国有企业的出资人只有或主要为国家一个出资人,其财产属于国家。这使得国有企业不同于合伙和公司等企业。国家作为企业出资人,一般并不由最高国家机关直接进行具体的投资管理和经营活动,而是按照"统一领导、分级管理"原则,分别由各级有关国家机关或其授权部门,代表国家所有权人负责具体的投资、管理和经营活动。

(2) 国有企业从事生产经营活动兼具营利性和非营利性。国有企业要执行国家计划经济政策,担负着国家经济管理和调节社会经济的职能。对于有些重要的和关系国计民生的行业和产品,即使一定时期内不能营利,仍需要国有企业来经营。

(3) 国有企业的设立所依据和适用的法律与其他企业有所区别。国有企业依据和适用的是国家制定的国有企业特别法。国有企业法同其他企业法比较，在企业设立程序、企业的权利义务、国家对企业的管理关系等方面，规定有所不同。国有企业设立的法律程序较其他企业更为严格、复杂。同时，国有企业往往享有许多国家给予的政策性优惠和某些特权，如某些行业经营的垄断性、财政扶助、信贷优惠以及在资源利用、原材料供应、国家订货和产品促销、外汇外贸等方面的优惠、亏损弥补和破产时的特殊对待等等。但同时它也受到国家和有关主管部门的政策性限制，承担许多特别的义务，如必须执行国家计划、价格权限制、生产经营自主权的限制，要优先保障国家和社会需要，满足国家调节经济的要求，有时利微或无利也得经营等。

（二）全民所有制工业企业法

全民所有制工业企业的主要法律渊源是《中华人民共和国全民所有制工业企业法》（以下简称《全民所有制工业企业法》），该法于1988年8月1日起正式生效，并根据2009年8月27日《全国人民代表大会常务委员会关于修改部分法律的决定》进行了部分修改。此外，国务院于1992年7月23日发布了《全民所有制工业企业转换经营机制条例》，该条例2011年1月8日进行了修正。该条例的颁布使得全民所有制工业企业能够更好地适应社会主义市场经济的需要，为提高国有企业的经营效益和社会效益发挥了重要的作用。

1. 全民所有制工业企业的含义

全民所有制工业企业是依法自主经营、自负盈亏、独立核算的社会主义商品生产的经营单位。全民所有制工业企业的财产属于全民所有，国家依照所有权和经营权分离的原则授权企业经营管理。企业对国家授予其经营管理的财产享有占有、使用和依法处分的权利。全民所有制工业企业需要依法取得法人资格，以国家授予其经营管理的财产承担民事责任。

2. 全民所有制工业企业的设立、变更和终止

设立全民所有制工业企业，必须依照法律和国务院规定，报请政府或者政府主管部门审核批准。经工商行政管理部门核准登记、发给营业执照，企业取得法人资格。而且全民所有制工业企业应当在核准登记的经营范围内从事生产经营活动。

设立全民所有制工业企业必须具备以下条件：

（1）产品为社会所需要；

（2）有能源、原材料、交通运输的必要条件；

（3）有自己的名称和生产经营场所；

（4）有符合国家规定的资金；

（5）有自己的组织机构；

（6）有明确的经营范围；

（7）法律、法规规定的其他条件。

全民所有制工业企业也可以进行变更，包括企业转产、停业整顿、合并、分立或者其他登记事项的变更。《全民所有制工业企业转换经营机制条例》第三十一条规定企业可以通过转产、停产整顿、合并、分立、解散、破产等方式，进行产品结构和组织结构调整，实现资

源合理配置和企业的优胜劣汰。

（1）转产。全民所有制工业企业主导产品不符合国家产业政策，或者没有市场销路、造成严重积压的，应当实行转产。企业为获取更大的经济效益，根据市场预测和自身条件，可以主动实行转产。

（2）停产整顿。全民所有制工业企业经营性亏损严重的，可以自行申请停产整顿；政府主管部门也可以责令其停产整顿。停产整顿的期限一般不超过一年。

（3）合并。政府可以决定或者批准全民所有制工业企业的合并。政府决定或者批准的合并，在全民所有制企业的范围内，可以采取资产无偿划转方式进行。合并方案由政府主管部门或者企业提出。在政府主管部门主持下，合并各方经充分协商后，订立合并协议。原企业的债权债务，由合并后的企业承担。此外，全民所有制工业企业可以自主决定兼并其他企业，这是一种有偿的合并形式。

（4）分立。经政府批准，全民所有制工业企业可以分立。企业分立时，应当由分立各方签订分立协议，明确划分分立各方的财产和债权债务等。

全民所有制工业企业存在状态归于消灭时，全民所有制企业的法律资格就灭失了，也就是企业的终止。根据《全民所有制工业企业法》的规定，全民所有制工业企业终止的原因有以下四种：

（1）违反法律、法规被责令撤销；

（2）政府主管部门依照法律、法规的规定决定解散；

（3）依法被宣告破产；

（4）其他原因。

3. 全民所有制工业企业的权利和义务

（1）全民所有制工业企业的权利。

全民所有制工业企业的权利是指全民所有制工业企业依照法律规定，具有作出或者不作出一定行为和要求他人作出或者不作出一定行为的资格。我国全民所有制工业企业的权利包括：生产经营自主决定权（在国家计划指导下，企业有权自行安排生产社会需要的产品或者为社会提供服务）；产品销售权（企业有权自行销售本企业的产品，国务院另有规定的除外。承担指令性计划的企业，有权自行销售计划外超产的产品和计划内分成的产品）；物资采购权（企业有权自行选择供货单位，购进生产需要的物资）；产品劳务定价权（除国务院规定由物价部门和有关主管部门控制价格的以外，企业有权自行确定产品价格、劳务价格）；进出口权（企业有权依照国务院规定与外商谈判并签订合同，企业有权依照国务院规定提取和使用分成的外汇收入）；留用资金支配权（企业有权依照国务院规定支配使用留用资金）；资产处置权（企业有权依照国务院规定出租或者有偿转让国家授予其经营管理的固定资产，所得的收益必须用于设备更新和技术改造）；工资奖金分配权（企业有权确定适合本企业情况的工资形式和奖金分配办法）；人事管理权（企业有权依照法律和国务院规定录用、辞退职工，企业有权决定机构设置及其人员编制）；拒绝摊派权（企业有权拒绝任何机关和单位向企业摊派人力、物力、财力）；联营兼并权（企业有权依照法律和国务院规定与其他企业、事业单位联营，向其他企业、事业单位投资，持有其他企业的股份）；发行债券权等。

（2）全民所有制工业企业的义务。

全民所有制工业企业的义务是指全民所有制工业企业具有必须作出或者不作出一定行为的责任。全民所有制工业企业的义务包括以下几个方面：

首先是对国家的义务。如企业必须遵守国家关于财务、劳动工资和物价管理等方面的规定，接受财政、审计、劳动工资和物价等机关的监督；企业必须保障固定资产的正常维修、改进和更新设备；企业必须提高劳动效率，节约能源和原材料，努力降低成本；企业必须加强保卫工作，维护生产秩序，保护国家财产等。

其次是对社会的义务。如企业必须履行依法订立的合同；企业必须保证产品质量和服务质量，对用户和消费者负责等。

再次是对职工的义务。如企业必须贯彻安全生产制度，改善劳动条件，做好劳动保护、环境保护工作，做到安全生产和文明生产；企业应当加强思想政治教育、法制教育、国防教育、科学文化教育和技术业务培训，提高职工队伍的素质；企业应当支持和奖励职工进行科学研究、发明创造，开展技术革新、合理化建议和社会主义劳动竞赛活动等。

中华人民共和国
企业国有资产法

二、公司法

（一）公司和公司法

1. 公司的概念和特征

公司是依法设立的以营利为目的的企业法人组织。根据《中华人民共和国公司法》（以下简称《公司法》）的规定，本法所称公司是指依照本法在中国境内设立的有限责任公司和股份有限公司。也就是说我国的公司有有限责任公司和股份有限公司两类。公司具有以下几个特征：① 公司必须依法设立。公司法对公司的设立做出了相应的规定和要求，因此公司的设立必须符合法律的规定。② 公司具有法人资格。公司有自己的财产，该财产独立于股东而归公司所有；公司能够以自己的名义对外从事活动，并承担相应的法律责任。③ 公司以营利为目的。公司作为市场活动中非常活跃的组织，设立的目的以及经营的活动就是围绕着获得利润而展开的，参与市场竞争，创造社会财富的同时，实现自身的经济效益。

2. 公司法的概念和立法发展

公司法有广义和狭义两种定义。广义的公司法是规定各种公司的设置、组织、经营等活动，以及调整对内、对外关系的法律规范的总称。狭义的公司法主要是指由全国人大常委会通过的《公司法》。公司法的调整对象，是因公司活动所产生的特定社会关系。

我国规范意义上的公司立法活动始于 20 世纪 80 年代，但当时显然不具备制定统一公司法的实践基础和外部环境，一些重大立法理论问题也未得到解决。随着 20 世纪 90 年代国有企业改制和市场化改革的推进发展，1993 年 12 月 29 日全国人大常委会表决通过了我国第一部《公司法》，并于 1994 年 7 月 1 日起施行。但是由于我国公司实践起步较晚、市场发展迅速等多方面原因，《公司法》虽然有 230 条之多，但条文存在着原则性强、可

操作性差、法律漏洞多等诸多不足,在实际应用中问题颇多,2005 年 10 月 27 日十届全国人大常委会第十八次会议通过了修订后的《公司法》,修订后的《公司法》自 2006 年 1 月 1 日起施行。

(二) 有限责任公司

1. 有限责任公司的概念

有限责任公司是指股东以其认缴的出资额为限对公司承担责任,公司以其全部资本对公司债务承担责任的企业法人。有限责任公司是世界上适用最广泛的一种商事组织形式。

2. 有限责任公司的设立

根据《公司法》的规定设立有限责任公司,应当具备下列条件:

(1) 股东符合法定人数,有限责任公司由五十个以下股东出资设立。

(2) 有符合公司章程规定的全体股东认缴的出资额。有限责任公司的注册资本为在公司登记机关登记的全体股东认缴的出资额。股东可以用货币出资,也可以用实物、知识产权、土地使用权等可以用货币估价并可以依法转让的非货币财产作价出资;但是,法律、行政法规规定不得作为出资的财产除外。

(3) 股东共同制定公司章程。有限责任公司章程应当载明下列事项:公司名称和住所;公司经营范围;公司注册资本;股东的姓名或者名称;股东的出资方式、出资额和出资时间;公司的机构及其产生办法、职权、议事规则;公司法定代表人;股东会会议认为需要规定的其他事项。股东应当在公司章程上签名、盖章。

(4) 有公司名称,建立符合有限责任公司要求的组织机构。有限责任公司的公司名称应当符合法律的规定。

(5) 有公司住所。公司住所是公司注册登记的必要事项之一。公司住所具有以下几个方面的意义:一是作为法律文书的送达处所;二是作为诉讼管辖的根据;三是在一定意义上是公司享有权利和履行义务的法定场所。如税务机关送达税务方面的文书,必须有一个可以送达的处所;公司将财务会计报告等资料供股东查阅,应当置备于公司住所等。

3. 有限责任公司的组织机构

我国的有限责任公司的组织机构主要有股东会、董事会和监事会三个层次。

(1) 股东会。

有限责任公司股东会由全体股东组成。股东会是公司的权力机构,依照《公司法》行使职权。股东会行使下列职权:决定公司的经营方针和投资计划;选举和更换非由职工代表担任的董事、监事,决定有关董事、监事的报酬事项;审议批准董事会的报告;审议批准监事会或者监事的报告;审议批准公司的年度财务预算方案、决算方案;审议批准公司的利润分配方案和弥补亏损方案;对公司增加或者减少注册资本作出决议;对发行公司债券作出决议;对公司合并、分立、解散、清算或者变更公司形式作出决议;修改公司章程;公司章程规定的其他职权。

（2）董事会。

有限责任公司设董事会,其成员为三人至十三人。董事会设董事长一人,可以设副董事长。董事长、副董事长的产生办法由公司章程规定。

两个以上的国有企业或者两个以上的其他国有投资主体投资设立的有限责任公司,其董事会成员中应当有公司职工代表;其他有限责任公司董事会成员中可以有公司职工代表。董事会中的职工代表由公司职工通过职工代表大会、职工大会或者其他形式民主选举产生。董事任期由公司章程规定,但每届任期不得超过三年。董事任期届满,连选可以连任。

董事会对股东会负责,行使下列职权:召集股东会会议,并向股东会报告工作;执行股东会的决议;决定公司的经营计划和投资方案;制订公司的年度财务预算方案、决算方案;制订公司的利润分配方案和弥补亏损方案;制订公司增加或者减少注册资本以及发行公司债券的方案;制订公司合并、分立、解散或者变更公司形式的方案;决定公司内部管理机构的设置;决定聘任或者解聘公司经理及其报酬事项,并根据经理的提名决定聘任或者解聘公司副经理、财务负责人及其报酬事项;制定公司的基本管理制度;公司章程规定的其他职权。董事会的议事方式和表决程序,除本法有规定的外,由公司章程规定。董事会应当将所议事项的决定作成会议记录,出席会议的董事应当在会议记录上签名。董事会决议的表决,实行一人一票。股东人数较少或者规模较小的有限责任公司,可以设一名执行董事,不设董事会。执行董事可以兼任公司经理,执行董事的职权由公司章程规定。

（3）监事会。

有限责任公司设监事会,其成员不得少于三人。股东人数较少或者规模较小的有限责任公司,可以设一至二名监事,不设监事会。监事会应当包括股东代表和适当比例的公司职工代表,其中职工代表的比例不得低于三分之一,具体比例由公司章程规定。监事会中的职工代表由公司职工通过职工代表大会、职工大会或者其他形式民主选举产生。监事会设主席一人,由全体监事过半数选举产生。监事会主席召集和主持监事会会议;监事会主席不能履行职务或者不履行职务的,由半数以上监事共同推举一名监事召集和主持监事会会议。董事、高级管理人员不得兼任监事。监事的任期每届为三年。监事任期届满,连选可以连任。

监事会以及不设监事会的公司的监事行使下列职权:检查公司财务;对董事、高级管理人员执行公司职务的行为进行监督,对违反法律、行政法规、公司章程或者股东会决议的董事、高级管理人员提出罢免的建议;当董事、高级管理人员的行为损害公司的利益时,要求董事、高级管理人员予以纠正;提议召开临时股东会会议,在董事会不履行本法规定的召集和主持股东会会议职责时召集和主持股东会会议;向股东会会议提出提案;依照本法第一百五十二条的规定,对董事、高级管理人员提起诉讼;公司章程规定的其他职权。

4. 一人有限责任公司

一人有限责任公司,是指只有一个自然人股东或者一个法人股东的有限责任公司。由于一人公司缺少股东之间的互相监督,也就更容易将公司财产与股东个人财产相混同,因此一人公司的债权人所承担的风险比普通有限公司更大,所以《公司法》对一人公司作出了更为严格的要求:

（1）一人有限责任公司股东投资的限制。

根据《公司法》的规定，如果是自然人，一个自然人只能投资设立一个一人有限责任公司，且该一人有限责任公司不能投资设立新的一人有限责任公司。

（2）一人有限责任公司组织机构的特殊性。

由于股东只有一人，所以一人有限责任公司不设股东会。

（3）一人有限责任公司财产上的特殊规定。

一人有限责任公司应当在每一会计年度终了时编制财务会计报告，并经会计师事务所审计。通过审计制度来强化一人公司公司财产与个人财产相互独立。

（4）一人有限责任公司责任承担的特殊性。

如果一人有限责任公司的股东不能证明公司财产独立于股东自己的财产，则应当"揭开公司面纱"，对公司债务承担连带责任。

5. 国有独资公司

国有独资公司，是指国家单独出资、由国务院或者地方人民政府授权本级人民政府国有资产监督管理机构履行出资人职责的有限责任公司。国有独资公司章程由国有资产监督管理机构制定，或者由董事会制订报国有资产监督管理机构批准。由于国有独资公司投资者身份的特殊性，因此《公司法》对国有独资公司也作出了特殊的规定：

（1）不设股东会。

国有独资公司不设股东会，由国有资产监督管理机构行使股东会职权。国有资产监督管理机构可以授权公司董事会行使股东会的部分职权，决定公司的重大事项，但公司的合并、分立、解散、增加或者减少注册资本和发行公司债券，必须由国有资产监督管理机构决定。其中，重要的国有独资公司合并、分立、解散、申请破产的，应当由国有资产监督管理机构审核后，报本级人民政府批准。

（2）董事会的特殊规定。

国有独资公司设董事会，董事每届任期不得超过三年。董事会成员中应当有公司职工代表。董事会成员由国有资产监督管理机构委派；但是，董事会成员中的职工代表由公司职工代表大会选举产生。董事会设董事长一人，可以设副董事长。董事长、副董事长由国有资产监督管理机构从董事会成员中指定。

（3）监事会的特殊规定。

国有独资公司监事会成员不得少于五人，其中职工代表的比例不得低于三分之一，具体比例由公司章程规定。监事会成员由国有资产监督管理机构委派；但是，监事会成员中的职工代表由公司职工代表大会选举产生。监事会主席由国有资产监督管理机构从监事会成员中指定。

（三）股份有限公司

1. 股份有限公司的概念

股份有限公司是指将公司全部资本分为等额的股份，股东以其持有的股份对公司债务承担责任，公司以其全部资本对公司债务承担责任的企业法人。

2. 股份有限公司的特征

（1）发起人人数法定。股份有限公司的发起人人数与公司的规模有一定的关联,人数太少公司规模受到影响,人数太多又不利于相互了解和合作,所以法律对股份有限公司的发起人限定为 2 人以上 200 人以下,且其中须有半数以上的发起人在中国境内有住所。

（2）具有资合性。股份有限责任公司的股东之间的信用基础不是信任和熟悉,而是资本。与有限责任公司不同,股份有限公司的股东并非都愿意直接参与公司的经营管理,而是希望通过公司的经营行为以所持股份来分红,所以股东之间不需要紧密的合作。

（3）资本划分为等额股份。股份有限公司的资本划分为每股金额相等的股份,公司的资本即为每股金额与股份总数的乘积。投资者通过认购股份的方式来实现对公司的投资,并以其所持股份代表的资本对外承担公司的债务。

（4）股份有限公司具有开放性。股份有限公司的资合性的特点,使得只需要拥有对公司的资本就可以成为公司的股东,所以股份有限公司可以公开筹集资本,且股份可以自由流转。

3. 股份有限公司的设立

股份有限公司的设立是创办股份有限公司的一系列法律行为的总称。

（1）股份有限公司的设立方式。

股份有限公司的设立,可以采取发起设立或者募集设立的方式。其中,发起设立,是指由发起人认购公司应发行的全部股份而设立公司。募集设立,是指由发起人认购公司应发行股份的一部分,其余股份向社会公开募集或者向特定对象募集而设立公司。

（2）股份有限公司的设立条件。

我国《公司法》对股份有限公司的设立条件规定为:

① 发起人符合法定人数。设立股份有限公司,应当有二人以上二百人以下为发起人,其中须有半数以上的发起人在中国境内有住所。

② 有符合公司章程规定的全体发起人认购的股本总额或者募集的实收股本总额。股份有限公司采取发起设立方式设立的,注册资本为在公司登记机关登记的全体发起人认购的股本总额。在发起人认购的股份缴足前,不得向他人募集股份。股份有限公司采取募集方式设立的,注册资本为在公司登记机关登记的实收股本总额。法律、行政法规以及国务院决定对股份有限公司注册资本实缴、注册资本最低限额另有规定的,从其规定。

③ 股份发行、筹办事项符合法律规定。

④ 发起人制订公司章程,采用募集方式设立的经创立大会通过。

⑤ 有公司名称,建立符合股份有限公司要求的组织机构。

⑥ 有公司住所。公司的办事机构所在地即为公司住所。

4. 股份有限公司的组织机构

（1）股东大会——权力机构。

股份有限公司股东大会由全体股东组成。股东大会是公司的权力机构。股东大会分为常会和临时会议。常会每年召开一次;但是有下列情形之一的,应当在 2 个月内召开临时股东大会:董事人数不足本法规定人数或者公司章程所定人数的 2/3 时;公司未弥补的

亏损达实收股本总额1/3时;单独或者合计持有公司10％以上股份的股东请求时;董事会认为必要时;监事会提议召开时;公司章程规定的其他情形。

股东出席股东大会会议,所持每一股份有一表决权。但是,公司持有的本公司股份没有表决权。股东大会作出决议,必须经出席会议的股东所持表决权过半数通过。但是,股东大会作出修改公司章程、增加或者减少注册资本的决议,以及公司合并、分立、解散或者变更公司形式的决议,必须经出席会议的股东所持表决权的2/3以上通过。

如果股东大会的决议事项是关于选举董事、监事的,则依照公司章程的规定或者股东大会的决议,实行累积投票制。所谓累积投票制,是指股东大会选举董事或者监事时,每一股份拥有与应选董事或者监事人数相同的表决权,股东拥有的表决权可以集中使用。

（2）董事会——执行机构。

董事会是股份有限公司的必设机构,执行股东大会的决议,并且参与股份有限公司的经营管理。股份有限公司的董事会成员为5人至19人。董事会成员中可以有公司职工代表。董事会中的职工代表由公司职工通过职工代表大会、职工大会或者其他形式民主选举产生。

董事会每年度至少召开两次会议,每次会议应当于会议召开10日前通知全体董事和监事。代表10％以上表决权的股东、1/3以上董事或者监事会,可以提议召开董事会临时会议。董事长应当自接到提议后10日内,召集和主持董事会会议。

董事会决议的表决,实行一人一票。董事会会议应有过半数的董事出席方可举行。董事会作出决议,必须经全体董事的过半数通过。董事会应当将会议所议事项的决定作成会议记录,并且出席会议的董事应当在会议记录上签名。董事应当对董事会的决议承担责任,董事会的决议违反法律、行政法规或者公司章程、股东大会决议,致使公司遭受严重损失的,参与决议的董事对公司负赔偿责任。但经证明在表决时曾表明异议并记载于会议记录的,该董事可以免除责任。

（3）监事会——监督机构。

为了加强对董事会、高级管理人员和财务的监督,股份有限公司设立监事会作为监督机构。股份有限公司的监事会成员不得少于3人。在人员组成上,监事会应当包括股东代表和适当比例的公司职工代表,其中职工代表的比例不得低于1/3,具体比例由公司章程规定。监事会中的职工代表由公司职工通过职工代表大会、职工大会或者其他形式民主选举产生。且董事、高级管理人员不得兼任监事。

监事会每六个月至少召开一次会议。监事可以提议召开临时监事会会议。监事会决议应当经半数以上监事通过。监事会应当将所议事项的决定作成会议记录,出席会议的监事应当在会议记录上签名。

三、外商投资企业法

（一）外商投资企业法概述

1. 外商投资企业与外商投资企业法

外商投资企业是一个总的概念,包括所有含有外资成分的企业。外商投资企业,是指依照中华人民共和国法律的规定,在中国境内设立的,由中国投资者和外国投资者共同投资或者仅由外国投资者投资的企业。其所称的中国投资者包括中国的公司、企业或者其他经济组织,外国投资者包括外国的公司、企业和其他经济组织或者个人。依照外商在企业注册资本和资产中所占股份和份额的比例不同以及其他法律特征的不同,可将外商投资企业分为三种类型:中外合资经营企业、中外合作经营企业、外商独资企业,因此有时也简称为三资企业。

外商投资企业法,是指调整外商投资企业在设立、经营、终止和解散过程中所发生的各种法律关系的法律规范的总称。

2. 我国外商投资法的立法原则

(1) 维护国家主权原则。

主权原则是国际交往中的重要原则,因此我国的外商投资企业法在立法上坚持维护国家主权,这主要体现为国家对自然资源拥有永久主权和对外商投资企业的司法管辖权。对自然资源拥有永久主权是指每个国家对本国的全部财富、自然资源和全部的经济活动自由行使完整的、排他的、永久的主权。每个国家有权按照国内法对在其境内的外国投资进行监督和管理,有权自主对外国投资给予国际法许可的待遇,有权将外国投资国有化并给予适当的补偿。对外商投资企业的司法管辖权是指国家对外商投资企业行使属人管辖权,即充分保证国家对外商投资企业的司法监督权,在有关的诉讼、仲裁等事项方面执行我国统一的司法制度。

(2) 平等互利原则。

平等互利原则也是国际交往中的重要原则,平等互利是指中外双方在法律地位上和权利义务方面平等,并且兼顾双方的利益。平等互利原则是调整吸引外资法律关系的基础,任何违反平等互利原则的合同、协议、章程均不具有法律效力。

(3) 利用外资的同时发展民族工业的原则。

在吸引外资的问题上,应根据中国国情,在符合产业政策的基础上制定经济发展的战略目标,有计划、有步骤地吸引外资,保护民族工业的发展。

(4) 参照国际惯例的原则。

国际惯例是各国在长期的国际交往和国际经济活动中逐渐形成的、普遍遵守的国际准则。我国外商投资企业法中明确规定了参照国际惯例,因此我国的外商投资企业法立法既要适应中国国情的需要,又要顺应国际惯例,以进一步完善我国的外商投资企业法,营造良好的投资环境。

(二) 外商投资法

2020 年之前我国的外商投资企业法律体系主要是通过《中华人民共和国中外合资经营企业法》《中华人民共和国外资企业法》《中华人民共和国中外合作经营企业法》三部法律规范不同的外商投资企业类型。为了进一步扩大对外开放,积极促进外商投资,保护外商投资合法权益,规范外商投资管理,推动形成全面开放新格局,促进社会主义市场经济健康发展,根据《宪法》,2019 年 3 月 15 日,十三届全国人大二次会议表决通过了《中华人民共和国外商投资法》(以下简称《外商投资法》),并自 2020 年 1 月 1 日起施行。

《外商投资法》共分6章,包括总则、投资促进、投资保护、投资管理、法律责任、附则,共42条。

1. 外商投资与外商投资企业

外商投资,是指外国的自然人、企业或者其他组织(以下称外国投资者)直接或者间接在中国境内进行的投资活动,包括下列情形:

(1)外国投资者单独或者与其他投资者共同在中国境内设立外商投资企业;

(2)外国投资者取得中国境内企业的股份、股权、财产份额或者其他类似权益;

(3)外国投资者单独或者与其他投资者共同在中国境内投资新建项目;

(4)法律、行政法规或者国务院规定的其他方式的投资。

外商投资企业,是指全部或者部分由外国投资者投资,依照中国法律在中国境内经登记注册设立的企业。

原来的外资三法只适用于外国投资者的直接投资,外国投资者在我国投资的外资企业、中外合资企业、中外合作企业都是直接投资,《外商投资法》首次规定了外商投资包括直接投资和间接投资。外商投资法的通过扩大了外国投资法的适用范围,现在外国投资者以购买公司债券、金融债券或公司股票等有价证券等对我国的间接投资都可以被外商投资所规范。《外商投资法》第二条第四款规定了兜底条款,其调整范围可以通过"法律、行政法规或者国务院规定的其他方式"进一步扩大。该款规定使我国得以根据国际投资法的理论发展和国际最新实践、我国的国家利益以及我国所面临的国际形势进一步调整外商投资法的适用范围。

2. 准入前国民待遇加负面清单管理制度

《外商投资法》中首次规定了准入前国民待遇和负面清单,与自贸区制度相接轨。相较于原来关于外资的三部法律确立的是"一事一批""层层审批"的投资规定和外商投资准入产业指导目录"正面清单"。现《外商投资法》确立的准入前国民待遇加负面清单的管理制度,与之前自贸区所实行的规定相接轨,这是我国外商投资管理体制的根本性变革。我国对外商投资者实行准入前国民待遇加负面清单的管理制度,取消了逐案审批制管理模式。对于禁止和限制外国投资者投资的领域,将以清单方式明确列出,清单之外充分开放,中外投资将享有同等待遇。

准入前国民待遇,是指在投资准入阶段给予外国投资者及其投资不低于本国投资者及其投资的待遇。所称负面清单,是指国家规定在特定领域对外商投资实施的准入特别管理措施。国家对负面清单之外的外商投资,给予国民待遇。

《外商投资法》进一步规定了负面清单由国务院发布或者批准发布。中华人民共和国缔结或者参加的国际条约、协定对外国投资者准入待遇有更优惠规定的,可以按照相关规定执行。

3. 投资促进

《外商投资法》中规定了一系列促进外商投资的制度,具体包括:① 外商投资企业依法平等适用国家支持企业发展的各项政策。② 制定与外商投资有关的法律、法规、规章,应当采取适当方式征求外商投资企业的意见和建议。与外商投资有关的规范性文件、裁判文书等,应当依法及时公布。③ 国家建立健全外商投资服务体系,为外国投资者和外商投资企业提供法律法规、政策措施、投资项目信息等方面的咨询和服务。④ 国家与其他国家和地区、国际组织建立多边、双边投资促进合作机制,加强投资领域的国际交流与合作。⑤ 国家根据需要,设立特殊经济区域,或者在部分地区实行外商投资试验性政策措施,促进外商投资,扩大对外开放。⑥ 国家根据国民经济和社会发展需要,鼓励和引导外国投资者在特定行业、领域、地区投资。外国投资者、外商投资企业可以依照法律、行政法规或者国务院的规定享受优惠待遇。⑦ 国家保障外商投资企业依法平等参与标准制定工作,强化标准制定的信息公开和社会监督。国家制定的强制性标准平等适用于外商投资企业。⑧ 国家保障外商投资企业依法通过公平竞争参与政府采购活动。政府采购依法对外商投资企业在中国境内生产的产品、提供的服务平等对待。⑨ 外商投资企业可以依法通过公开发行股票、公司债券等证券和其他方式进行融资。⑩ 县级以上地方人民政府可以根据法律、行政法规、地方性法规的规定,在法定权限内制定外商投资促进和便利化政策措施。各级人民政府及其有关部门应当按照便利、高效、透明的原则,简化办事程序,提高办事效率,优化政务服务,进一步提高外商投资服务水平。有关主管部门应当编制和公布外商投资指引,为外国投资者和外商投资企业提供服务和便利。

4. 投资保护

为加强对外商投资合法权益的保护,《外商投资法》从四个方面作了规定:

一是加强对外商投资企业的产权保护。该法规定国家对外国投资者的投资不实行征收;在特殊情况下,国家为了公共利益的需要,可以依照法律规定对外国投资者的投资实行征收或者征用。征收、征用应当依照法定程序进行,并及时给予公平、合理的补偿。外国投资者在中国境内的出资、利润、资本收益、资产处置所得、知识产权许可使用费、依法获得的补偿或者赔偿、清算所得等,可以依法以人民币或者外汇自由汇入、汇出。国家保护外国投资者和外商投资企业的知识产权,保护知识产权权利人和相关权利人的合法权益;对知识产权侵权行为,严格依法追究法律责任。国家鼓励在外商投资过程中基于自愿原则和商业规则开展技术合作。技术合作的条件由投资各方遵循公平原则平等协商确定。行政机关及其工作人员不得利用行政手段强制转让技术。

二是强化对涉及外商投资规范性文件制定的约束。行政机关及其工作人员对于履行职责过程中知悉的外国投资者、外商投资企业的商业秘密,应当依法予以保密,不得泄露或者非法向他人提供。各级人民政府及其有关部门制定涉及外商投资的规范性文件,应当符合法律法规的规定;没有法律、行政法规依据的,不得减损外商投资企业的合法权益或者增加其义务,不得设置市场准入和退出条件,不得干预外商投资企业的正常生产经营活动。

三是促使地方政府守约践诺。地方各级人民政府及其有关部门应当履行向外国投资者、外商投资企业依法作出的政策承诺以及依法订立的各类合同。因国家利益、社会公共利益需要改变政策承诺、合同约定的,应当依照法定权限和程序进行,并依法对外国投资者、外商投资企业因此受到的损失予以补偿。

四是完善外商投资企业投诉维权机制。国家建立外商投资企业投诉工作机制,及时处理外商投资企业或者其投资者反映的问题,协调完善相关政策措施。外商投资企业或者其投资者认为行政机关及其工作人员的行政行为侵犯其合法权益的,可以通过外商投资企业投诉工作机制申请协调解决。外商投资企业或者其投资者认为行政机关及其工作人员的行政行为侵犯其合法权益的,除依照前款规定通过外商投资企业投诉工作机制申请协调解决外,还可以依法申请行政复议、提起行政诉讼。外商投资企业可以依法成立和自愿参加商会、协会。商会、协会依照法律法规和章程的规定开展相关活动,维护会员的合法权益。

5. 投资管理

在投资管理方面,《外商投资法》设立了一系列制度:

(1)负面清单方面:进一步明确了外商投资准入负面清单规定禁止投资的领域,外国投资者不得投资。外商投资准入负面清单规定限制投资的领域,外国投资者进行投资应当符合负面清单规定的条件。外商投资准入负面清单以外的领域,按照内外资一致的原则实施管理。

(2)投资许可方面:外商投资需要办理投资项目核准、备案的,按照国家有关规定执行。外国投资者在依法需要取得许可的行业、领域进行投资的,应当依法办理相关许可手续。有关主管部门应当按照与内资一致的条件和程序,审核外国投资者的许可申请,法律、行政法规另有规定的除外。

(3)组织形式、组织机构及其活动准则方面:外商投资企业的组织形式、组织机构及其活动准则,适用《公司法》《中华人民共和国合伙企业法》等法律的规定。外商投资企业开展生产经营活动,应当遵守法律、行政法规有关劳动保护、社会保险的规定,依照法律、行政法规和国家有关规定办理税收、会计、外汇等事宜,并接受相关主管部门依法实施的监督检查。外国投资者并购中国境内企业或者以其他方式参与经营者集中的,应当依照《中华人民共和国反垄断法》的规定接受经营者集中审查。

(4)外商投资信息报告制度:外国投资者或者外商投资企业应当通过企业登记系统以及企业信用信息公示系统向商务主管部门报送投资信息。外商投资信息报告的内容和范围按照确有必要的原则确定;通过部门信息共享能够获得的投资信息,不得再行要求报送。

(5)外商投资安全审查制度,对影响或者可能影响国家安全的外商投资进行安全审查。依法作出的安全审查决定为最终决定。

《外商投资法》建立了外商投资安全审查制度,保障国内市场安全、国家安全等。因为原来的"外资三法"制定的时代我国对于外资的态度是单方面的鼓励,尽可能地希望用国家优惠政策来引进先进技术和资金促进国家经济发展,对于国家安全的考虑在多半在准入阶段。而根据现今中国的国际地位,在保障经济发展的同时,也要保护我国国内市场,外商投资法对于外资的准入和待遇大大放宽准入标准的同时,也建立了相应的安全审查制度来防止外资企业的进入影响我国的国家安全。

6. 法律责任

《外商投资法》除了规定外国投资者投资外商投资准入负面清单规定禁止投资的领域的、未按照外商投资信息报告制度的要求报送投资信息的、行政机关工作人员在外商投资促进、保护和管理工作等违法情形的法律责任之外,首次在《外商投资法》上引入反制措施,有效维护我国国际投资领域的合法权益,对于那些对我国采取歧视性禁止和限制等措施的国家给予适当的回应,捍卫我国自身利益。

第二节 宏观调控法律制度

引例:启东市国税局查处某汽修厂偷税行为案

基本案情:江苏省启东市国税局稽查局在选案的过程中发现,某汽车修理厂存在异常数据和指标:前年增值税税负为4.03%,去年仅为2.9%,远低于同行业平均税负。再从其申报的资料发现:前年该企业申报增值税应税销售收入9543168.43元,申报并缴纳增值税384589.68元,期末留抵税额6836.49元;去年该企业申报增值税应税销售收入9122110.78元,申报并缴纳增值税264541.21元,期末留抵税额8643.11元。综合上述可疑之处,启东市国税局稽查局将这家汽修厂列为检查对象。

根据企业经营特点,检查人员带着3个问题进户检查:汽修劳务是否全额申报增值税? 该单位汽修劳务及汽修配件适用税率是否正确? 库存配件有无异常? 经查,该企业按日向银行存入收入款,销售金额符合常规,未发现有瞒报收入情况;汽修劳务及汽修配件全额申报增值税,未发现错用税率问题;抽查部分商品库存,未发现异常。账面上没有发现问题,检查人员便"随意"地在汽修厂车间及配件仓库里逛了逛。检查人员发现仓库工作人员正在盘货,便问道:"请问,汽配件能发现短缺吗?""能。有的货发生短少,有的货会多出来。你看,这种商品就多出来2个。"说者无意听者有心。2名检查人员茅塞顿开:企业在做账时,只有一张简要的商品盘点表,没有附详细的盘亏、盘盈情况,企业很有可能是用盘亏减盘盈后的余额,倒算出增值税进项税额转出。检查人员向企业总账会计询问详细的盘亏、盘盈情况,企业总账会计吞吞吐吐地说:"没有。"检查人员将在配件仓库看到的情形向他说明了一下。此时,他不得不承认,由于各汽车系列及型号日益增多,工作人员领用失误或应客户要求,造成汽配件有盈亏,为了少缴增值税,用商品盘亏减盘盈后的余额计算增值税进项税额转出。会计说,这是法定代表人叫他这样做的。他打开保险柜,拿出了历次商品盘点明细表。检查人员发现该企业去年先后6次用盘盈商品冲抵盘亏商品,以余额计算冲减增值税进项税额,少转出进项税额共计63211.68元。

启东市国税局将这家汽修厂的行为认定为偷税,除依法追缴增值税63211.68元、加收滞纳金外,还处以所偷税款50%的罚款,同时依法将案件移送至司法机关处理。

法律分析:偷税漏税的意思是指纳税人以不缴纳或者少缴税款为目的,擅自伪造、变造、隐匿、销毁账簿、记账凭证,在账簿中多列费用或者不列、少列收入,或者隐瞒真实情况,不缴纳或者少缴税款,并以各种不披露或虚假纳税申报的手段欺骗税务机关。根据《中华人民共和国税收征收管理法》的规定,纳税人逃避纳税的,由税务机关追缴未缴或者少缴的税款和滞纳金,并处未缴或者少缴税款50%以上5倍以下的罚款。构成犯罪的,依法追究刑事责任。启东市国税局对汽修厂的偷税行为予以处罚,符合法律规定。

宏观调控法是调整国家在宏观调控过程中与其他社会组织所发生的各种社会经济关

系的法律规范的总称。宏观调控法是调整宏观调控关系之法,是国家管理宏观经济的主要法律手段之一。宏观调控法由众多的法律规范组成,而且内容涉及各项经济政策、经济目标和经济手段,体系庞杂且没有一部统一的成文法典。从内容上看,包括计划法、金融法、财税法、价格法等。

一、财政法

(一) 财政与财政法

1. 财政

我们这里所说的财政是政府的"理财之政",是指国家和其他公共团体为了满足公共要求而取得、适用和管理资材活动的总称。从主体上说,财政包括中央财政和地方财政;从内容上说,财政包括财政收入和财政支出两个部分,收入主要来源于税收和国债,支出主要有社会消费性支出、财政投资性支出和转移支出。

2. 财政法

财政法是调整国家财政收支关系的法律规范的总称。它是规范市场经济主体、维护市场经济秩序的重要工具,是经济法的重要部门法。由于财政作为国家参与国民收入分配和再分配的重要工具和国家宏观调控的重要手段,处于各种利益分配的焦点上,涉及面广,政策性强,没有强有力的财政法作保障,财政的宏观调控作用就得不到充分发挥,因此财政法在宏观调控和保障社会公平方面发挥了重要作用。财政法的作用具体表现在:

(1) 财政法是规范市场经济主体、维护市场经济秩序的重要工具。税收、预算管理等方面的财政法是规范市场主体活动的重要准则。财政法为市场经济主体创造公正、公平的竞争环境,通过规范财经秩序,维护社会主义市场经济秩序。

(2) 财政法是调节社会分配、规范财政收支的法律依据。在国家财政分配过程中,财政法以其确定性、稳定性、规范性为调节社会分配提供法律依据。国家依法组织财政收支,以确保实现国家职能;其他分配单位和个人,也要求财政分配法治化,以使他们与国家之间的利益分配格局处于稳定和规范化的状态。同时,财政法依据公平与效率相结合的原则,通过公平税负、财政转移支付等手段,调节社会分配。

3. 财政法是发展对外经济合作关系的重要条件

吸引外资、发展对外经济合作关系,必须有一个良好的法治环境。财政法中有关外商投资企业和外国企业的立法,将我国实际情况与国际惯例相结合,成为促进对外经济交往的可靠法律保证。

(二) 预算法

1. 预算和预算法

预算在此是指国家预算,是经法定程序审核批准的国家年度集中性财政收支计划。预算法是国家调整预算关系的法律规范的总称,包括国家对预算基金的筹集、分配、适用和管理。《中华人民共和国预算法》(以下简称《预算法》)于 1994 年 3 月 22 日第八届全国人民代表大会第二次会议通过,并于 1995 年 1 月 1 日起施行。此后,第十二届全国人民代表大会常务委员会第十次会议在 2014 年 8 月 31 日表决通过了《全国人大常委会关于修改〈预算法〉的决定》,并于 2015 年 1 月 1 日起施行。根据 2018 年 12 月 29 日第十三届全国人民代表大会常务委员会第七次会议《关于修改〈中华人民共和国产品质量法〉等五部法律的决定》对《预算法》进行了第二次修正。

2. 预算管理体系

预算管理体系,是依据国家的政权结构形成的国家预算的协调统一的整体。预算管理体系是划分各级预算管理权限和收支范围的前提条件,同时也为预算管理提供了组织方面的保证。

根据财政法原理上的"一级政权、一级财政"的原则,我国《预算法》规定,我国设立五级预算:① 中央;② 省、自治区、直辖市;③ 设区的市,自治州;④ 县、自治县、不设区的市、市辖区;⑤ 乡、民族乡、镇。其中,全国预算由中央预算和地方预算组成。地方预算由各省、自治区、直辖市总预算组成。地方各级总预算由本级预算和汇总的下一级总预算组成;下一级只有本级预算的,下一级总预算即指下一级的本级预算。没有下一级预算的,总预算即指本级预算。

2018 年修正的《预算法》规定:"政府的全部收入和支出都应当纳入预算。"这完善了全口径的预决算体系。

3. 预算分类

从内容上看,我国的预算分为:一般公共预算、政府性基金预算、国有资本经营预算、社会保险基金预算四类。其中,一般公共预算是对以税收为主体的财政收入,安排用于保障和改善民生、推动经济社会发展、维护国家安全、维持国家机构正常运转等方面的收支预算。政府性基金预算是对依照法律、行政法规的规定在一定期限内向特定对象征收、收取或者以其他方式筹集的资金,专项用于特定公共事业发展的收支预算。国有资本经营预算是对国有资本收益作出支出安排的收支预算。社会保险基金预算是对社会保险缴款、一般公共预算安排和其他方式筹集的资金,专项用于社会保险的收支预算。

4. 预算管理职权

国家的预算活动必须依法进行管理,才能实现预算法设立的宗旨,因此需要由相应的主体在法定的职权范围内进行预算活动。我国的《预算法》对预算管理职权的划分主要有以下规定:

(1) 各级权力机关的预算管理职权。各级人大的预算管理职权包括:审查权、批准权、变更撤销权等。各级人大常委会的预算管理职权包括:监督权、审批权、撤销权等。

(2) 各级政府的预算管理职权。各级政府的预算管理职权包括:编制权、报告权、执行权、决定权、监督权等。

(3) 各级财政部门的预算管理职权。各级财政部门的预算管理职权包括:编制权、执行权、提案权、报告权等。

值得关注的是 2018 年修正的《预算法》中改进了预算控制方式、建立了跨年度预算平衡机制;在立法中首次写入了预算公开,引入了透明预算机制,从源头防止腐败;进一步规

范了地方政府债务管理,严控债务风险;首次规定了财政转移支付的相关制度,进一步推进基本公共服务均等化;首次以法律的形式明确了预算绩效管理制度等。

(三)国债法

1. 国债

国债,又称为国家公债,是国家以其信用为基础,按照债的一般原则,通过向社会筹集资金所形成的债权债务关系。国债是国家筹集财政收入、弥补财政赤字和进行宏观调控的重要手段。

国债是由国家发行的债券,是中央政府为筹集财政资金而发行的一种政府债券,是中央政府向投资者出具的、承诺在一定时期支付利息和到期偿还本金的债权债务凭证,由于国债的发行主体是国家,所以它具有最高的信用度,被公认为相对安全的投资工具。

2. 国债法

国债法,是指调整国债在发行、使用、偿还和管理过程中发生的经济关系的法律规范的总称。国债法是财政法的重要部门法,其许多基本原理与财政法是一致的。其调整对象是以国家为一方主体的债权、债务关系。

根据国债法的定义可以看出国债法的主要内容包括:

(1)国债的发行。国债的发行即国债的销售,内容上包括了发行什么、发行给谁、发行的数量和价格、利率等。从方式上说,国债的发行方式主要为承销、代销、公开招标、公开拍卖等。

(2)国债的使用。国债一经发行成功,就意味着政府要将筹集来的资金使用到预算的项目中。持有国债的债权人可以将国债依法进行持有、转让、抵押等活动。

(3)国债的偿还。国债和债券一样,需要到期还本付息,因此,国债一旦到期,就需要国家对持有国债的债权人按照约定支付本金和利息。

(4)国债的管理。对于国家而言,国债的发行、使用和偿还等需要在机构、规模、职能等方面进行严格的管理,体现国家对经济的宏观调控。

(四)政府采购法

政府在履行自己职能的过程中,和其他主体一样,会需要购买一些用品,如办公用品、电脑、汽车甚至是房屋,因此政府采购是指国家各级政府为从事日常的政务活动或为了满足公共服务的目的,利用国家财政性资金和政府借款购买货物、工程和服务的行为。政府采购法是调整政府采购关系、规范政府采购行为的法律规范的总称。政府采购法不仅规范具体的采购过程,而且规范采购政策、采购程序、采购过程及采购管理,是一种管理公共采购的制度。《中华人民共和国政府采购法》于 2002 年 6 月 29 日通过,并自 2003 年 1 月 1 日起施行。此外国务院颁布了与之配套的《中华人民共和国政府采购法实施条例》,该条例自 2015 年 3 月 1 日起施行。

政府采购实行集中采购和分散采购相结合。在采购方式上包括:① 公开招标;② 邀请招标;③ 竞争性谈判;④ 单一来源采购;⑤ 询价;⑥ 国务院政府采购监督管理部门认定的其他采购方式。其中,公开招标是政府采购的主要采购方式。

二、税法

税收是国家财政收入最主要的来源,是国家进行宏观调控的重要工具,同时也是国家参与社会产品分配和再分配的重要手段。因此,税收如何征收,如何分类,整个税法体系如何构建也关系到一国的社会稳定,关系到老百姓的切身利益。税收的种类较多,限于篇幅无法一一详述,因此重点阐述商品税、所得税和财产税等。

(一) 税收和税法

1. 税收的含义和特征

税收是指国家为实现其职能,按照法律规定,向单位和个人无偿征收实物或者货币的行为。在国家取得财政收入的诸多方法中,如发行货币、发行国债、收费、罚没等,税收有着强制性、无偿性和固定性的特点:

(1) 强制性。税收的强制性是指税收的征税一方,即国家以社会管理者的身份,凭借政权力量,依据政治权力,通过颁布法律或政令来进行强制征收。而负有纳税义务的一方,都必须遵守国家强制性的税收法令,在国家税法规定的限度内,纳税人必须依法纳税,否则就要受到法律的制裁。

(2) 无偿性。税收的无偿性是指通过征税,将纳税主体的一部分收入转归国家所有,而国家不向纳税人支付任何报酬或代价。税收的这种无偿性与国家凭借政治权力进行收入分配的本质是紧密联系的。

(3) 固定性。税收的固定性是指税收是按照国家法令规定的标准征收的,即纳税人、课税对象、税目、税率、计价办法和期限等,都是税收法律明文规定的,是一种固定的连续性的收入。

税收的这三个基本特征是统一的整体。其中,强制性是实现税收无偿征收的强有力保证,无偿性是税收本质的体现,固定性是强制性和无偿性的必然要求。

2. 税收的分类

税收的分类也是税收原理中一个重要的内容。因为税收如何分类,直接影响到一国的税收体系和税收建设。税收分类是按一定标准对各种税收进行的分类。每个税种都具有自身的特点和功能,但用某一个特定的标准去衡量,有些税种具有共同的性质、特点和相近的功能,从而区别于其他各种税收而形成一类税收。对税收分类可以采用各种不同的标准,从而形成不同的分类方法,这里选择了一些主要的分类。

(1) 直接税和间接税。以税收能否转嫁为标准,凡是纳税义务人同时是税收的实际负担人,纳税人不能或不便于把税收负担转嫁给别人的税种属于直接税,如各种所得税、房产税、遗产税、社会保险税等;凡是纳税义务人不是税收的实际负担人,纳税义务人能够用提高价格或提高收费标准等方法把税收负担转嫁给别人的税种称为间接税,如关税、消费税、销售税、货物税、营业税、增值税等。

(2) 计量税和计价税。以税收计征为标准,凡是以征税对象的数量、重量、容量等为

标准从量计征的税收为计量税,如资源税等;凡是以征税对象的价格为标准从价计征的税收为计价税,如增值税等。

（3）流转税、所得税和财产税。这是以征税对象的不同进行的分类,也被认为是最重要、最基本的分类。征税对象本身就是税制的核心要素,也是区别不同税收的重要标准,直接影响了税种的特征、作用和征收方式等。具体的税收制度将在后文中介绍。

（4）中央税和地方税。我国 1994 年进行分税制改革。按照税权归属的不同,将税收分为中央税和地方税。其中,凡是税权归属中央的属于中央税,如消费税、车辆购置税、关税、进口增值税等;税收属于地方政府的为地方税,也称为地税,如营业税、企业和个人的所得城镇土地使用税等。

（二）税法

1. 税法的概念

税法是指调整在税收活动中发生的社会关系的法律规范的总称,是税收制度的法律表现形式,是经济法中重要的部门法,在经济法的宏观调控法中具有重要的地位。

税法的内容包含了税收征收的实体法、税收征收的程序法和税收体制法,因此是一系列与之相关的法律规范的总称,主要包括《中华人民共和国税收征收管理法》《中华人民共和国个人所得税法》《中华人民共和国企业所得税法》《中华人民共和国环境保护税法》《中华人民共和国增值税暂行条例》《中华人民共和国消费税暂行条例》等。

2. 税法的构成要素

税法的构成要素主要是指税收征纳实体法的必要因素,也就是构成税收征纳实体法必不可少的内容。主要包括以下几个要素:

（1）纳税主体,又称纳税人或纳税义务人,是指税法规定的直接负有纳税义务的自然人、法人或其他组织。

（2）征税对象,又称征税客体。这是指税法规定对什么征税。征税对象是各个税种之间相互区别的根本标志。

（3）税率。税率是应纳税额与课税对象之间的数量关系或比例,是计算税额的尺度。税率的高低直接关系到纳税人的负担和国家税收收入的多少,是国家在一定时期内的税收政策的主要表现形式,是税收制度的核心要素。税率主要有比例税率、累进税率和定额税率三种基本形式。

（4）纳税环节。纳税环节是指商品在整个流转过程中按照税法规定应当缴纳税款的阶段。

（5）纳税期限。纳税期限是税法规定的纳税主体向税务机关缴纳税款的具体时间。纳税期限是衡量征纳双方是否按时行使征税权力和履行纳税义务的尺度。纳税期限一般分为按次征收和按期征收两种。

（6）纳税地点。纳税地点是指缴纳税款的场所。纳税地点一般为纳税人的住所地,也有规定在营业地、财产所在地或特定行为发生地的。

（7）税收优惠。税收优惠是指税法对某些特定的纳税人或征税对象给予的一种免除规定,它包括减免税、税收抵免等多种形式。

(8) 税务争议。税务争议是指税务机关与税务管理相对人之间因确认或实施税收法律关系而产生的纠纷。解决税务争议主要通过税务行政复议和税务行政诉讼两种方式,并且一般要以税务管理相对人缴纳税款为前提。

(9) 税收法律责任。税收法律责任是税收法律关系的主体因违反税法所应当承担的法律后果。税法规定的法律责任形式主要有三种:一是经济责任,包括补缴税款、加收滞纳金等;二是行政责任,包括吊销税务登记证、罚款、税收保全及强制执行等;三是刑事责任,对违反税法情节严重构成犯罪的行为,要依法承担刑事责任。

(三) 流转税法

流转税又称流转课税、流通税,指以纳税人商品生产、流通环节的流转额或者数量以及非商品交易的营业额为征税对象的一类税收,主要包括增值税、消费税、营业税、关税等。

1. 增值税

增值税是以商品(含应税劳务)在流转过程中产生的增值额作为计税依据而征收的一种流转税。从计税原理上说,增值税是对商品生产、流通、劳务服务中多个环节的新增价值或商品的附加值征收的一种流转税。我国目前规范增值税的主要规范性文件是《中华人民共和国增值税暂行条例》(2009 年 1 月 1 日起施行)及其实施细则(2011 年 11 月 1 日起施行)。

(1) 纳税主体。

在中华人民共和国境内销售货物或者提供加工、修理修配劳务以及进口货物的单位和个人,为增值税的纳税人。所称单位,是指企业、行政单位、事业单位、军事单位、社会团体及其他单位;所称个人,是指个体工商户和其他个人。

(2) 征税范围。

增值税的征税范围主要是三个方面:销售货物、提供应税劳务和出口货物。

(3) 税率。

2019 年财政部、税务总局、海关总署发布的《关于深化增值税改革有关政策的公告》对税率做出了调整:

增值税一般纳税人(以下称纳税人)发生增值税应税销售行为或者进口货物,原适用 16% 税率的,税率调整为 13%;原适用 10% 税率的,税率调整为 9%。

纳税人购进农产品,原适用 10% 扣除率的,扣除率调整为 9%。纳税人购进用于生产或者委托加工 13% 税率货物的农产品,按照 10% 的扣除率计算进项税额。

原适用 16% 税率且出口退税率为 16% 的出口货物劳务,出口退税率调整为 13%;原适用 10% 税率且出口退税率为 10% 的出口货物、跨境应税行为,出口退税率调整为 9%。

2. 消费税

消费税是以消费品的流转额作为征税对象的各种税收的统称。消费税是以特定消费品为课税对象所征收的一种税,属于流转税的范畴。在对货物普遍征收增值税的基础上,

选择少数消费品再征收一道消费税,该税种设置的目的是调节产品结构,引导消费方向,保证国家财政收入。我国目前规范消费税的主要规范性文件是《中华人民共和国消费税暂行条例》(2009年1月1日起施行)及其实施细则(2009年1月1日起施行)。

(1)纳税主体。

在中华人民共和国境内生产、委托加工和进口本条例规定的消费品的单位和个人,以及国务院确定的销售本条例规定的消费品的其他单位和个人,为消费税的纳税人。

(2)征税范围。

消费税的税目主要包括以下几类:第一类是一些对人类健康、社会秩序、生态环境等方面会造成危害的特殊消费品,如烟、酒等;第二类是奢侈品,如贵重首饰及珠宝玉石、化妆品、高档手表等;第三类是高耗能、高档消费品,如小汽车、摩托车、汽车轮胎等;第四类是不可再生的油类消费品,如各种成品油等。每个税目有单独的税率及其他税收特殊规定。

3. 关税

关税是指进出口商品在经过一国关境时,由政府设置的海关向进出口商所征收的税收。关税的征收由海关部门负责而不是税务部门,关税在一国的财政中具有重要的作用,也是财政收入的主要来源。

关税的征税基础是关税完税价格。进口货物以海关审定的成交价值为基础的到岸价格为关税完税价格;出口货物以该货物销售与境外的离岸价格减去出口税后,经过海关审查确定的价格为完税价格。

(四)所得税法

所得税,是针对所得额课征的一种税收,根据纳税主体的不同,分为企业所得税和个人所得税。在西方国家,所得税是第一大税,在我国,所得税也已成为重要的税种。在立法方面,我国制定了《中华人民共和国企业所得税法》(2007年3月16日通过)、《中华人民共和国个人所得税法》以下简称(《个人所得税法》,1980年9月10日通过,2018年8月31日第七次修正)。

1. 企业所得税

通过深度税制改革,我国的企业所得税经历了从内外资两套法律规范到合并统一适用企业所得税法的过程。

(1)纳税主体。

在中华人民共和国境内,企业和其他取得收入的组织为企业所得税的纳税人,并将企业分为居民企业和非居民企业。个人独资企业、合伙企业不适用本法。

(2)征税范围。

居民企业应当就其来源于中国境内、境外的所得缴纳企业所得税。非居民企业在中国境内设立机构、场所的,应当就其所设机构、场所取得的来源于中国境内的所得,以及发生在中国境外但与其所设机构、场所有实际联系的所得,缴纳企业所得税。非居民企业在中国境内未设立机构、场所的,或者虽设立机构、场所但取得的所得与其所设机构、场所没有实际联系的,应当就其来源于中国境内的所得缴纳企业所得税。

(3) 税率。

企业所得税的税率一般为 25%,即利润总额中的 25% 要作为税收上交国家财政。非居民企业在中国境内未设立机构、场所的,或者虽设立机构、场所但取得的所得与其所设机构、场所没有实际联系的,税率为 20%。符合条件的小型微利企业适用税率为 20%;国家需要重点扶持的高新技术企业适用税率为 15%。

2. 个人所得税

个人所得税,是以个人(自然人)取得的各项应税所得为征税对象的一种直接税收。有些国家规定以家庭为单位综合计征个人所得税,我国 2018 年最新修正的《个人所得税法》仍维持以个人所得作为计税依据,但在专项附加扣除中适当考虑了家庭开支因素。

(1) 纳税主体。

在中国境内有住所,或者无住所而一个纳税年度(公历一月一日起至十二月三十一日止)内在中国境内居住累积满一百八十三天的个人,为居民个人,其从中国境内和境外取得的所得,依照《个人所得税法》纳税。

在中国境内无住所又不居住,或者无住所而一个纳税年度内在中国境内居住累积不满一百八十三天的个人,为非居民个人,其从中国境内取得的所得,依照《个人所得税法》纳税。

个人所得税以所得人为纳税人,以支付所得的单位或个人为扣缴义务人。

(2) 征税范围及征税方式。

我国《个人所得税》第 2 条规定了个人所得税的征税所得范围,包括:工资、薪金所得;劳务报酬所得;稿酬所得;特许权使用费所得(前四项称"综合所得");经营所得;利息、股息、红利所得;财产租赁所得;财产转让所得;偶然所得。

《个人所得税法》规定的免税所得以及国务院规定的其他免税所得,免征个人所得税。

居民个人取得综合所得,按纳税年度合并计算个人所得税;非居民个人取得综合所得,按月或者按次分项计算个人所得税。纳税人取得综合所得以外的其他所得,依照《个人所得税法》规定分别计算个人所得税。

居民个人取得综合所得,按年计算个人所得税;有扣缴义务人的,由扣缴义务人按月或者按次预扣预缴税款;需要办理汇算清缴的,应当在取得所得的次年三月一日至六月三十日办理汇算清缴。

(3) 税率及应纳税所得额。

综合所得,适用百分之三至百分之四十五的超额累进税率。

经营所得,适用百分之五至百分之三十五的超额累进税率。

利息、股息、红利所得,财产租赁所得,财产转让所得和偶然所得,适用百分之二十的比例税率。

以上超额累进税率,均见税法规定的税率表。例如,对综合所得适用的税率:全年应纳税所得额不超过 36000 元的,税率为 3%;超过 36000 元至 144000 元的部分,税率为 10%;超过 144000 元至 300000 元的部分,税率为 20%;超过 300000 元至 420000 元的部分,税率为 25%;超过 420000 元至 660000 元的部分,税率为 30%;超过 660000 元至

960000元的部分,税率为35%;超过960000元的部分,税率为45%。

前述对综合所得适用的"全年应纳税所得额",就居民个人而言,是指以每一纳税年度收入额减除费用六万元以及专项扣除、专项附加扣除和依法确定的其他扣除后的余额。专项扣除,包括居民个人按照国家规定的范围和标准缴纳的基本养老保险、基本医疗保险、失业保险等社会保险费和住房公积金等;专项附加扣除,包括子女教育、继续教育、大病医疗、住房贷款利息或者住房租金、赡养老人、婴幼儿照护等支出,具体范围、标准和实施步骤由国务院确定,报全国人大常委会备案。此外,为了鼓励慈善捐赠,税法还规定,个人将其所得对教育、扶贫、济困等公益慈善事业进行捐赠,捐赠额未超过纳税人申报的应纳税所得额百分之三十的部分,可以从其应纳税所得额中扣除。

(五)财产税法

财产税是以纳税人所占有、适用或收益某些财产为征税对象的一类税。

财产税的历史悠久,但是目前不具有主体税种的地位,通常作为地方税收收入的来源之一。我国的财产税税种较为丰富,包括资源税、房产税、土地使用税、土地增值税、契税等。财产税尚有很多讨论之处,如遗产税是否开征,如何完善印花税等。限于篇幅,在此不展开介绍。

三、金融法

金融的本质是一种价值流通,作为一种国家重要的宏观调控手段,金融对于经济的稳定和发展起着重要的作用,历史上多次出现由金融危机引发的经济危机就说明了金融在经济关系中的重要性和影响力。因此金融法律就是通过培育和完善金融市场体系,从而规范金融行为,促进经济持续稳定发展。

(一)金融和金融法

1. 金融

金融的"金"代表黄金的货币或相应的价值物;"融"指融通、融汇等活动。因此,金融指在商品货币经济条件下,各种金融机构的货币支出、资金融通活动的总称,包括货币的发行、流通和回笼,贷款的发放和收回,存款的存入和提取,汇兑的往来等经济活动。

2. 金融法

金融法是调整各种金融法律关系的总称。从调整对象上看,金融关系包括金融监管关系与金融交易关系。所谓"金融监管关系",主要是指政府金融主管机关对金融机构、金融市场、金融产品及金融交易的监督管理的关系。所谓"金融交易关系",主要是指在货币市场、证券市场、保险市场和外汇市场等各种金融市场,金融机构之间,金融机构与大众之间,大众之间进行的各种金融交易的关系。其中,金融监管关系相对金融交易关系而言更具有公法的特征。

(二)中央银行法

中央银行法是确立中央银行的地位与职责,调整中央银行在组织管理和业务经营活动中形成的内外关系的法律规范的总称。中央银行不仅是银行,还是发行的银行、政府的银行、银行的银行。中央银行法规范了部分金融法律制度,为金融法律制度完善提供了可能,使中央银行能独立行使职能,保障了国家货币政策的制定和执行,促使金融体系稳健运行。

我国的中央银行是中国人民银行。我国最早的中央银行法是1995年3月18日八届全国人大三次会议审议通过的《中华人民共和国中国人民银行法》(以下简称《中国人民银行法》),该法于2003年12月27日进行修改。此外,我国中央银行法的有关法律规定还散见于《宪法》《刑法》《中华人民共和国外汇管理条例》《金融机构撤销条例》以及《中国人民银行行政复议办法》等多部法律法规当中,这构成了我国中央银行法律体系。

1. 发行的银行

中华人民共和国的法定货币是人民币。中国人民银行垄断了人民币的发行权,其他银行都没有货币发行权。从货币发行量来说,货币发行的多少必须依据国民经济正常发展的货币需求量来确定,调节通货膨胀和通货紧缩。

2. 政府的银行

中国人民银行是国家的金融监管机构,中国人民银行依法监测金融市场的运行情况,对金融市场实施宏观调控,促进其协调发展。中国人民银行有权对金融机构以及其他单位和个人的下列行为进行检查监督:① 执行有关存款准备金管理规定的行为;② 与中国人民银行特种贷款有关的行为;③ 执行有关人民币管理规定的行为;④ 执行有关银行间同业拆借市场、银行间债券市场管理规定的行为;⑤ 执行有关外汇管理规定的行为;⑥ 执行有关黄金管理规定的行为;⑦ 代理中国人民银行经理国库的行为;⑧ 执行有关清算管理规定的行为;⑨ 执行有关反洗钱规定的行为。

3. 银行的银行

中国人民银行要监管其他所有金融机构的金融活动,包括金融机构在银行间同业拆借市场、债券市场、外汇市场的行为。根据《中国人民银行法》第4条的规定,中国人民银行履行下列职责:① 发布与履行其职责有关的命令和规章;② 依法制定和执行货币政策;③ 发行人民币,管理人民币流通;④ 监督管理银行间同业拆借市场和银行间债券市场;⑤ 实施外汇管理,监督管理银行间外汇市场;⑥ 监督管理黄金市场;⑦ 持有、管理、经营国家外汇储备、黄金储备;⑧ 经理国库;⑨ 维护支付、清算系统的正常运行;⑩ 指导、部署金融业反洗钱工作,负责反洗钱的资金监测;⑪ 负责金融业的统计、调查、分析和预测;⑫ 作为国家的中央银行,从事有关的国际金融活动;⑬ 国务院规定的其他职责。

(三) 商业银行法

商业银行的概念区别于中央银行和投资银行,商业银行是指依法设立的吸收公众存款、发放贷款、办理结算等业务的企业法人。商业银行是一个以营利为目的,以多种金融负债筹集资金,多种金融资产为经营对象,具有信用创造功能的金融机构。商业银行没有货币的发行权,传统的商业银行的业务主要集中在经营存款和贷款(放款)业务,即以较低的利率借入存款,以较高的利率放出贷款,存贷款之间的利差就是商业银行的主要利润。

商业银行法,是为了保护商业银行、存款人和其他客户的合法权益,规范商业银行的行为,提高信贷资产质量,加强监督管理,保障商业银行的稳健运行,维护金融秩序,促进社会主义市场经济的发展而制定的法律。《中华人民共和国商业银行法》(以下简称《商业银行法》)由第八届全国人民代表大会常务委员会第十三次会议于 1995 年 5 月 10 日通过,自 1995 年 7 月 1 日起施行。该法于 2015 年 8 月 29 日第十二届全国人民代表大会常务委员会第十六次会议修改,自 2015 年 10 月 1 日起施行。

1. 商业银行的业务范围

根据《商业银行法》第三条的规定,我国的商业银行可以经营下列部分或者全部业务:① 吸收公众存款;② 发放短期、中期和长期贷款;③ 办理国内外结算;④ 办理票据承兑与贴现;⑤ 发行金融债券;⑥ 代理发行、代理兑付、承销政府债券;⑦ 买卖政府债券、金融债券;⑧ 从事同业拆借;⑨ 买卖、代理买卖外汇;⑩ 从事银行卡业务;⑪ 提供信用证服务及担保;⑫ 代理收付款项及代理保险业务;⑬ 提供保管箱服务;⑭ 经国务院银行业监督管理机构批准的其他业务。

具体的商业银行的经营范围由商业银行章程规定,报国务院银行业监督管理机构批准。商业银行经中国人民银行批准,还可以经营结汇、售汇业务。

2. 商业银行的设立

设立商业银行,应当具备下列条件:① 有符合本法和《公司法》规定的章程;② 有符合本法规定的注册资本最低限额,其中设立全国性商业银行的注册资本最低限额为十亿元人民币,设立城市商业银行的注册资本最低限额为一亿元人民币,设立农村商业银行的注册资本最低限额为五千万元人民币,而且注册资本应当是实缴资本;③ 有具备任职专业知识和业务工作经验的董事、高级管理人员;④ 有健全的组织机构和管理制度;⑤ 有符合要求的营业场所、安全防范措施和与业务有关的其他设施。此外,设立商业银行,还应当符合其他审慎性条件。

(四) 金融监管法

金融监管是国家通过指定的机构对整个金融业进行监管。金融监管本质上是一种具有特定内涵和特征的政府规制行为。金融体系的安全和稳定,关系国家经济和社会的稳定,因此需要政府对金融市场进行全面的监督和管理,维持金融业健康运行的秩序,最大限度地减少银行业的风险,保障存款人和投资者的利益,促进银行业和经济的健康发展。

金融监管法是指金融监管机构对金融市场、金融机构及其行为实施监督和管理的法律规范的总称。金融监管法通过对金融机构的准入、经营行为、退出机制以及金融监管机构的职能、权限的规定来对整个金融市场进行调节。其原则包括:依法监管原则、适度监管原则、高效监督原则、尊重金融机构经营自主权原则和国际合作原则等。

《中华人民共和国银行业监督管理法》(以下简称《银行业监督管理法》)2006 年 10 月 31 日通过,自 2007 年 1 月 1 日起施行。从目的上讲,该法的主要目的是通过金融监管的专业化分工,进一步加强银行业的监管、降低银行风险,维护国家金融稳定和保护广大人民群众的财产安全。从其他国家和地区制定银行监管法律的一般经验来看,主要目的也是加强监管,保护存款人的利益。从对象上讲,银行业金融机构,包括在中华人民共和国境内设立的商业银行、城市信用合作社、农村信用合作社等吸收公众存款的金融机构以及政策性银行。

我国为了保证金融市场的稳定和安全,采用分业经营、分业管理的模式,我国除了《银行业监督管理法》之外,还有证券业监管法、保险业监管法等,并且设立了中国人民银行保险监督管理委员会、中国证券监督管理委员会等金融监管机构,他们与外汇管理部门、中国人民银行一起对我国的金融机构体制进行监管。

第三节　市场规制法律制度

引例:美国高通公司垄断案

基本案情:2015 年 2 月 10 日,国家发改委公布了对全球最大的手机芯片厂商美国高通公司反垄断调查和处罚的结果,责令高通公司停止相关违法行为,处 2013 年度我国市场销售额 8% 的罚款,计 60.88 亿元人民币。对上述结果,高通表示接受,既不申请行政复议,也不提起行政诉讼。这创下中国反垄断调查罚款金额之最。

2009 年,两家美国公司向发改委举报高通公司垄断;2014 年 8 月,一家美国公司举报高通公司,除此之外,亚洲其他国家的企业也向发改委进行了举报。在整个调查过程中,发改委和高通公司进行了 28 次沟通。其间,中国通信工业协会向发改委举报高通公司,并罗列高通在中国的"七宗罪":以整机作为计算许可费的基础、将标准必要专利与非标准必要专利捆绑许可、要求被许可人进行免费反许可、对过期专利继续收费、将专利许可与销售芯片进行捆绑、拒绝对芯片生产企业进行专利许可,以及在专利许可和芯片销售中附加不合理的交易条件等。

发改委经调查取证和分析论证,高通公司在 CDMA、WCDMA、LTE 无线通信标准必要专利许可市场和基带芯片市场具有市场支配地位,实施了滥用市场支配地位的行为,主要表现在三个方面。首先是收取不公平的高价专利许可费。高通公司对我国企业进行专利许可时拒绝提供专利清单,过期专利一直包含在专利组合中并收取许可费。同时,高通公司要求我国被许可人将持有的相关专利向其进行免费反向许可,拒绝在许可费中抵扣反向许可的专利价值或提供其他对价。此外,对于曾被迫接受非标准必要专利一揽子许可的我国被许可人,高通公司在坚持较高许可费率的同时,按整机批发净售价收取专利许可费。这些因素结合导致许可费过高。其次,没有正当理由搭售非无线通信标准必要专利许可。在专利许可中,高通公司不将性质不同的无线通信标准必要专利与非无线通信标准必要专利进行区分并分别对外许可,而是利用在无线通信标准必要专利许可市场的支配地位,没有正当理由将非无线通信标准必要专利许可进行搭售,我国部分被许可人被迫从高通公司获得非无线通信标准必要专利许可。再次,在基带芯片销售中附加不合理条件。高通公司将签订不挑战专利许可协议作为我国被许可人获得其基带芯片供应的条件。如果潜在被许可人未签订包含了以上不合理条款的专利许可协议,或者被许可人就

专利许可协议产生争议并提起诉讼,高通公司均拒绝供应基带芯片。由于高通公司在基带芯片市场具有市场支配地位,我国被许可人对其基带芯片高度依赖,高通公司在基带芯片销售时附加不合理条件,使我国被许可人被迫接受不公平、不合理的专利许可条件。

法律分析:反垄断的意义在于创造公平竞争的环境。我国加强反垄断执法,就是要维护市场竞争秩序,为包括外资在内的所有市场主体创造公平竞争环境,也为经济发展注入更多活力。高通公司的行为排除、限制了市场竞争,阻碍和抑制了技术创新和发展,损害了消费者利益,违反了《中华人民共和国反垄断法》关于禁止具有市场支配地位的经营者以不公平的高价销售商品、没有正当理由搭售商品和在交易时附加不合理交易条件的规定。

市场规制法是国家通过制定行为规范引导、监督、管理市场主体的经济行为,也同时规范、约束政府监管机关的市场监管行为,从而保护消费主体利益,保障市场秩序。我国的市场规制法律制度相对已经比较成熟了,包含的内容非常广泛,包括了《中华人民共和国民法典》合同编(以下简称《民法典》合同编)、《中华人民共和国反垄断法》(以下简称《反垄断法》)、《中华人民共和国反不正当竞争法》(以下简称《反不正当竞争法》)、《中华人民共和国消费者权益保护法》(以下简称《消费者权益保护法》)、《中华人民共和国产品质量法》(以下简称《产品质量法》)等。这些法律规范也是经济法的重要内容。

一、合同法

合同,又称为契约、协议,生活中经常接触到,也被广泛用于经济活动,通过合同进行商事往来,是市场活动的主要方式之一。我国《合同法》由中华人民共和国第九届全国人民代表大会第二次会议于 1999 年 3 月 15 日通过,自 1999 年 10 月 1 日起施行。2020 年 5 月 28 日第十三届全国人民代表大会第三次会议通过了《民法典》,其中第三编为合同编,并有通则、典型合同、准合同分编。《民法典》于 2021 年 1 月 1 日起施行,《合同法》同时废止。

(一) 合同的概念和特征

合同是实践中最常见、最主要的引起债的依据。《民法典》第四百六十四条的规定简化了合同的定义:"合同是民事主体之间设立、变更、终止民事法律关系的协议。婚姻、收养、监护等有关身份关系的协议,适用有关该身份关系的法律规定;没有规定的,可以根据其性质参照适用本编规定。"

(二) 合同的分类

与民事法律行为的分类相似,合同也根据不同的标准形成不同的分类。这里列举一些主要的分类。

1. 有名合同与无名合同

这是以《民法典》合同篇或者其他法律是否对合同规定有确定的名称与调整规则为标准,将合同分为有名合同与无名合同。有名合同是指立法上规定有确定名称与规则的合同,又称典型合同。如《民法典》合同篇中规定的买卖合同、赠与合同、借款合同、租赁合同等各类合同。无名合同是指立法上尚未规定有确定名称与规则的合同,又称非典型合同。区分两者的法律意义在于法律适用的不同。有名合同可直接适用《民法典》合同篇中关于该种合同的具体规定。对无名合同则只能在适用关于合同相关规定的一般规则的同时,参照《民法典》或者其他法律中最相类似的规定执行。

2. 单务合同与双务合同

根据合同当事人是否相互负有义务为标准,将合同分为单务合同与双务合同。单务合同是指仅有一方当事人承担义务,另一方只享有权利不需要承担义务的合同,如赠与合同。双务合同是指双方当事人互负对价,都需要承担义务的合同,如买卖合同、承揽合同、租赁合同等。

3. 有偿合同与无偿合同

根据合同当事人是否因给付取得对价为标准,将合同分为有偿合同与无偿合同。有偿合同是指合同当事人为从合同中得到权利需要支付相应对价的合同。如买卖、租赁、雇佣、承揽、行纪等都是有偿合同。无偿合同是指只有一方当事人需要给付对价,而另一方不需要支付对价的合同。如赠与合同是典型的无偿合同,另外,委托、保管合同如果没有约定利息和报酬的,也属于无偿合同。

4. 诺成合同与实践合同

根据合同成立除当事人的意思表示以外,是否还要实际给付为标准,将合同分为诺成合同与实践合同。诺成合同是指当事人意思表示一致即可认定合同成立的合同。实践合同是指当事人意思表示一致以外,尚须有实际交付标的物或者有其他现实给付行为才能成立的合同。

5. 要式合同与不要式合同

根据合同的成立是否必须符合一定的形式为标准,将合同分为要式合同与不要式合同。要式合同是按照法律规定或者当事人约定必须采用特定形式订立方能成立的合同。不要式合同是对合同成立的形式没有特别要求的合同。

6. 主合同与从合同

以两个或者多个合同相互间的主从关系为标准,将合同分为主合同与从合同。主合同是无须以其他合同存在为前提即可独立存在的合同。这种合同具有独立性。从合同,又称附属合同,是以其他合同的存在为其存在前提的合同。保证合同、定金合同、质押合同等相对于提供担保的借款合同即为从合同。从合同的存在是以主合同的存在为前提的,故主合同的成立与效力直接影响到从合同的成立与效力。

(三) 合同的要约和承诺

当事人订立合同,可以采取要约、承诺方式或者其他方式。

1. 要约

要约是希望和他人订立合同的意思表示。一个有效的要约意思表示应当符合以下的

规定：① 内容具体确定；② 要约要向特定人作出；③ 表明经受要约人承诺，要约人即受该意思表示约束。

与要约容易混淆的概念是要约邀请。要约邀请是希望他人向自己发出要约的表示。拍卖公告、招标公告、招股说明书、债券募集办法、基金招募说明书、商业广告和宣传、寄送的价目表等为要约邀请。商业广告和宣传的内容符合要约条件的，则构成要约。

根据《民法典》的规定，要约生效时间的规则为：以对话方式作出的意思表示，相对人知道其内容时生效。以非对话方式作出的意思表示，到达相对人时生效。以非对话方式作出的采用数据电文形式的意思表示，相对人指定特定系统接收数据电文的，该数据电文进入该特定系统时生效；未指定特定系统的，相对人知道或者应当知道该数据电文进入其系统时生效。当事人对采用数据电文形式的意思表示的生效时间另有约定的，按照其约定。

2. 承诺

承诺是受要约人同意要约的意思表示。承诺应当以通知的方式作出，但是根据交易习惯或者要约表明可以通过行为作出承诺的除外。一个有效的承诺应当符合以下规定：

（1）承诺必须由受要约人向要约人作出。

（2）承诺的内容必须与要约内容一致。受要约人对要约的内容作出实质性变更的，视为新要约。根据《民法典》第四百八十八条的规定，有关合同标的、数量、质量、价款或者报酬、履行期限、履行地点和方式、违约责任和解决争议方法等的变更，是对要约内容的实质性变更。如果承诺对要约的内容作出非实质性变更的，除要约人及时表示反对或者要约表明承诺不得对要约的内容作出任何变更的以外，则该承诺有效。

（3）承诺必须在要约的有效期限内作出。受要约人超过承诺期限发出承诺，或者在承诺期限内发出承诺，按照通常情形不能及时到达要约人的，为新要约；但是，要约人及时通知受要约人该承诺有效的除外。

（四）合同的内容和形式

合同的内容由当事人约定，一般来说，应当包括以下条款：① 当事人的名称或者姓名和住所；② 标的；③ 数量；④ 质量；⑤ 价款或者报酬；⑥ 履行期限、地点和方式；⑦ 违约责任；⑧ 解决争议的方法。此外，当事人可以参照各类合同的示范文本订立合同。

从形式上说，当事人订立合同，可以采用书面形式、口头形式或者其他形式。书面形式是合同书、信件、电报、电传、传真等可以有形地表现所载内容的形式。以电子数据交换、电子邮件等方式能够有形地表现所载内容，并可以随时调取查用的数据电文，视为书面形式。

（五）违约责任

1. 违约责任的含义

违约责任是违反合同的民事责任的简称，是指合同当事人一方不履行合同义务或履行合同义务不符合合同约定所应承担的民事责任。这一定义表明：首先，违约行为的主体是合同当事人。合同的相对性是合同的一个重要特征,因此违反合同的行为只能发生在合同当事人的身上。其次,违约行为是一种客观的违反合同的行为。违约行为的认定以当事人的行为是否在客观上与约定的行为或者合同义务相符合为标准。再者,违约行为侵害的客体是合同对方的债权。违约行为的发生,使债权人的债权无法实现。

2. 违约责任的责任形式

(1) 继续履行合同。

继续履行也称强制实际履行,是指违约方根据对方当事人的请求继续履行合同规定的义务的违约责任形式。继续履行适用于债务能够得以继续履行的情形,如果是金钱债务只存在迟延履行,不存在履行不能,因此都可以适用继续履行的责任形式,即当事人一方未支付价款、报酬、租金、利息,或者不履行其他金钱债务的,对方可以请求其支付。如果是非金钱债务,原则上可以请求继续履行,但下列情形除外:法律上或者事实上不能履行;债务的标的不适用强制履行或者强制履行费用过高;债权人在合理期限内未请求履行。此外,继续履行不依附于其他责任形式,即如果违约方已经承担了支付违约金等违约责任形式,守约方也可以要求违约方继续履行合同。《民法典》在原《合同法》的基础上作出了补充规定:当事人一方不履行债务或者履行债务不符合约定,根据债务的性质不得强制履行的,对方可以请求其负担由第三人替代履行的费用。

(2) 采取补救措施。

采取补救措施作为一种独立的违约责任形式,是指如果合同出现了不适当履行(质量不合格)的情形、采取措施使缺陷得以消除的具体措施。采取补救措施的具体方式根据《民法典》第五百八十二条的规定,主要为修理、更换、重作、退货、减少价款或者报酬等。

(3) 赔偿损失。

赔偿损失,是指违约方以支付金钱的方式弥补守约方因违约行为所减少的财产或者所丧失的利益的责任形式。根据《民法典》的规定,如果当事人一方不履行合同义务或者履行合同义务不符合约定的,在履行义务或者采取补救措施后,对方还有其他损失的,应当赔偿损失。从赔偿金额上说,如果当事人一方不履行合同义务或者履行合同义务不符合约定,给对方造成损失的,则损失赔偿额应当相当于违约所造成的损失,包括合同履行后可以获得的利益,但不得超过违反合同一方订立合同时预见到或者应当预见到的因违反合同可能造成的损失。

此外,当事人一方违约后,受害方应当采取适当措施防止损失的扩大;如果没有采取适当措施致使损失扩大的,则不得就扩大的损失要求赔偿。但当事人因防止损失扩大而支出的合理费用,应当由违约方承担。

(4) 支付违约金。

违约金是指当事人一方违反合同时应当向对方支付的一定数量的金钱或财物。当事人可以约定一方违约时应当根据违约情况向对方支付一定数额的违约金,也可以约定因违约产生的损失赔偿额的计算方法。

在违约金的数额上,如果约定的违约金低于造成的损失的,当事人可以请求人民法院或者仲裁机构予以增加;约定的违约金过分高于造成的损失的,当事人可以请求人民法院或者仲裁机构予以适当减少。

此外,当事人就迟延履行约定违约金的,如果违约方支付违约金后,还应当履行债务。

(5)定金罚则。

定金,是指合同当事人为了确保合同的履行,根据双方约定,由一方按合同标的额的一定比例预先给付对方的金钱或其他替代物。《民法典》第五百八十六条规定:定金合同自实际交付定金时成立。定金的数额由当事人约定;但是,不得超过主合同标的额的百分之二十,超过部分不产生定金的效力。实际交付的定金数额多于或者少于约定数额的,视为变更约定的定金数额。第五百八十七条规定:"债务人履行债务的,定金应当抵作价款或者收回。给付定金的一方不履行债务或者履行债务不符合约定,致使不能实现合同目的的,无权请求返还定金;收受定金的一方不履行债务或者履行债务不符合约定,致使不能实现合同目的的,应当双倍返还定金。"

如果合同中,当事人既约定违约金,又约定定金的,一方违约时,对方可以选择适用违约金或者定金条款,也就是说违约金条款和定金罚则择一适用。但是当定金不足以弥补一方违约造成的损失时,对方可以请求赔偿超过定金数额的损失。

几种常见的
合同类型

二、反垄断法

垄断与竞争是一对天生对立的概念,由于垄断之下,缺少竞争压力和发展动力,加之缺乏有力的外部制约监督机制,因此会违背公平的市场法则,侵犯消费者的公平交易权和选择权。

(一)垄断和反垄断法

1. 垄断

垄断本身是一个中性词语,主要在经济学中运用。垄断是指市场交易主体凭借各种经济势力,对产品的生产、销售实行排他性控制,使得市场没有竞争的一种状态。垄断者在市场上,可以根据自己的利益需求,调节价格与产量。形成垄断的主要原因有三个:自然垄断,即生产成本使一个生产者比大量生产者更有效率,这是最常见的垄断形式。资源垄断:关键资源由一家企业拥有。行政性垄断,政府给予一家企业排他性地生产某种产品或劳务的权利。我们比较熟悉的垄断组织包括卡特尔、辛迪加、托拉斯、康采恩等。在法律意义上,垄断是指垄断行为人排除或者限制市场竞争的行为。垄断的存在破坏了公平的市场竞争机制,限制了整个行业的发展,侵害了消费者的公平交易权和选择权。因此对市场秩序有着负面效应。

2. 反垄断法

反垄断法就是禁止行为人实施排除或者限制市场竞争行为的法律规范的总称。反垄断法起源的标志是美国1890年颁布的《谢尔曼法》,该法是美国国会制定的第一部反托拉斯法,也是美国历史上第一个授权联邦政府控制、干预经济的法案。该法规定:凡以托拉斯形式订立契约、实行合并或阴谋限制贸易的行为,旨在垄断州际商业和贸易的任何一部分的垄断或试图垄断、联合或共谋犯罪的行为,均属违法。违反该法的个人或组织,将受到民事甚至刑事制裁。

反垄断法在其他国家被称为市场经济的宪法,可见反垄断法的重要性。为了预防和制止垄断行为,保护市场公平竞争,提高经济运行效率,维护消费者利益和社会公共利益,促进社会主义市场经济健康发展,我国制定了《反垄断法》,该法自2008年8月1日起施行。将在中华人民共和国境内经济活动中的垄断行为和虽然是中华人民共和国境外的垄断行为,但是对境内市场竞争产生排除、限制影响的垄断行为纳入本法调整的范围。

(二) 垄断行为

垄断行为,实际上是一种违反竞争法规定的行为,其目的在于扩张自己的经济规模或形成对自己有利的经济地位。根据我国《反垄断法》第三条的规定,垄断行为一般指三种经济垄断,具体包括:

1. 经营者达成垄断协议

垄断协议,是指排除、限制竞争的协议、决定或者其他协同行为,包括横向的垄断协议和纵向的垄断协议,在表现形式上主要有价格协议、数量协议、分割销售市场协议等。《反垄断法》第十三条、第十四条列举了垄断协议的内容。

2. 经营者滥用市场支配地位

市场支配地位,是指经营者在相关市场内具有能够控制商品价格、数量或者其他交易条件,或者能够阻碍、影响其他经营者进入相关市场能力的市场地位。该定义将构成市场支配地位的两个条件作为选择性条件:一是企业在市场中的地位,即能够控制商品价格、数量或者其他交易条件;二是对竞争的影响,即能够阻碍、影响其他经营者进入相关市场。《反垄断法》第十七条规定了具有市场支配地位的经营者从事滥用市场支配地位的行为类型,第十八条和第十九条规定了判断市场支配地位的依据。

3. 具有或者可能具有排除、限制竞争效果的经营者集中

经营者集中主要包括以下情形:① 经营者合并;② 经营者通过取得股权或者资产的方式取得对其他经营者的控制权;③ 经营者通过合同等方式取得对其他经营者的控制权或者能够对其他经营者施加决定性影响。经营者集中达到国务院规定的申报标准的,经营者应当事先向国务院反垄断执法机构申报,未申报的不得实施集中。

4. 行政垄断

《反垄断法》第八条规定行政机关和法律、法规授权的具有管理公共事务职能的组织不得滥用行政权力,排除、限制竞争。行政机关和法律、法规授权的具有管理公共事务职能的组织不得滥用行政权力,作出以下行为:① 限定或者变相限定单位或者个人经营、购买、使用其指定的经营者提供的商品;② 妨碍商品在地区之间的自由流通;③ 以设定歧视性资质要求、评审标准或者不依法发布信息等方式,排斥或者限制外地经营者参加本地的招标投标活动;④ 采取与本地经营者不平等待遇等方式,排斥或者限制外地经营者在本地投资或者设立分支机构;⑤ 强制经营者从事本法规定的垄断行为;⑥ 行政机关不得滥用行政权力,制定含有排除、限制竞争内容的规定。

（三）《反垄断法》的豁免情形

有些情形下的垄断行为，是为了技术进步、经济发展和公共利益的维护，因此国家对这些特定行业、特定行为和特定时期的垄断行为，给予豁免，主要包括以下几种情形：

（1）为改进技术、研究开发新产品的；

（2）为提高产品质量、降低成本、增进效率，统一产品规格、标准或者实行专业化分工的；

（3）为提高中小经营者经营效率，增强中小经营者竞争力的；

（4）为实现节约能源、保护环境、救灾救助等社会公共利益的；

（5）因经济不景气，为缓解销售量严重下降或者生产明显过剩的；

（6）为保障对外贸易和对外经济合作中的正当利益的；

（7）法律和国务院规定的其他情形。

反垄断行为
的执法机构

三、反不正当竞争法

不正当竞争是对正当竞争行为的违反和侵害，不正当竞争行为和垄断行为都是对市场秩序的破坏，损害了其他经营者的合法权益，因此为了维护正常的市场秩序，各国都出台反不正当竞争的法律规范。

（一）不正当竞争和反不正当竞争法

1. 不正当竞争

不正当竞争是与正当竞争相对的概念。正当竞争又称公平竞争，是经营者在生产经营活动中，在遵守自愿、平等、公平、诚实信用原则，遵守法律和商业道德的前提下开展商业竞争的行为。而不正当竞争，则是指经营者在生产经营活动中，违反不正当竞争法的规定，扰乱市场竞争秩序，损害其他经营者或者消费者的合法权益的行为。对不正当竞争行为，需要通过法律加以规制。

2. 反不正当竞争法

反不正当竞争法是调整在反对不正当竞争行为过程中产生的社会关系的法律规范的总称。反不正当竞争法和反垄断法都属于竞争法，但是二者的立法目的不同，反垄断法解决的是是否有竞争、竞争是否充分的问题，而反不正当竞争法解决的是如何公平竞争的问题。在立法体例上，有的国家将二者合并立法，有的国家采用分别立法的模式，而我国采用的是分别立法模式。为了促进社会主义市场经济健康发展，鼓励和保护公平竞争，制止不正当竞争行为，保护经营者和消费者的合法权益，我国于1993年通过了《反不正当竞争法》，于1993年12月1日起施行。该法已于2017年11月4日修订，新法于2018年1月1日起施行。此外，人民法院在审理反不正当竞争案件时，还适用相关司法解释，例如2006年通过的《最高人民法院关于审理不正当竞争民事案件应用法律若干问题的解释》。国务院履行工商行政管理（市场监管）职责的部门，还制定有反不正当竞争的行政规章，例如原国家工商行政管理局于1995年制定的《关于禁止侵犯商业秘密行为的若干规定》。

《反不正当竞争法》所称的经营者,是指从事商品生产、经营或者提供服务(广义的商品包括服务)的自然人、法人和非法人组织。

(二) 反不正当竞争行为的类型

《反不正当竞争法》第二章,规定经营者不得实施以下不正当竞争行为:

1. 混淆行为

经营者不得实施混淆行为,引人误认为是他人商品或者与他人存在特定联系。

(1) 擅自使用与他人有一定影响的商品名称、包装、装潢等相同或者近似的标识。

其中,"有一定影响的商品"又称"知名商品",是指在中国境内具有一定的市场知名度,为相关公众所知悉的商品。人民法院在认定知名商品时,应当考虑该商品的销售时间、销售区域、销售额和销售对象,进行任何宣传的持续时间、程度和地域范围,作为知名商品受保护的情况等因素,进行综合判断。在举证责任分配上,原告应当对其商品的市场知名度负举证责任。商品的名称、包装、装潢都可以起到区别商品来源的作用。一般而言,有下列情形之一的,人民法院不认定为知名商品的名称、包装、装潢:商品的通用名称、图形、型号;仅仅直接表示商品的质量、主要原料、功能、用途、重量、数量及其他特点的商品名称;仅由商品自身的性质产生的形状,为获得技术效果而需有的商品形状以及使商品具有实质性价值的形状;其他缺乏显著特征的商品名称、包装、装潢。此外,如果知名商品的名称、包装、装潢中含有本商品的通用名称、图形、型号,或者直接表示商品的质量、主要原料、功能、用途、重量、数量以及其他特点,或者含有地名,他人因客观叙述商品而正当使用的,不构成不正当竞争行为。这里的"装潢"是指由经营者营业场所的装饰、营业用具的式样、营业人员的服饰等构成的具有独特风格的整体营业形象,如模仿知名快餐企业的装潢,达到足以让人混淆的程度。

(2) 擅自使用他人有一定影响的企业名称(包括简称、字号等)、社会组织名称(包括简称等)、姓名(包括笔名、艺名、译名等)。

此处的企业名称,包括简称、字号等;社会组织名称,包括简称;姓名指自然人姓名,包括笔名、艺名、译名等。未经许可即擅自使用他人名称、姓名,侵害了企业、社会组织的名称权和自然人的姓名权,不仅会损害他人商誉、信誉,削弱其竞争力,而且会对公众造成误导,损害消费者知情权。

(3) 擅自使用他人有一定影响的域名主体部分、网站名称、网页等。

该项是针对互联网环境下的混淆行为作出的特别规定。

(4) 其他足以引人误认为是他人商品或者与他人存在特定联系的混淆行为。

2. 商业贿赂行为

商业贿赂行为是指经营者在市场交易活动中,为争取交易机会,特别是为获得相对于竞争对手的市场优势,通过给付财物或者其他报偿等不正当手段收买客户的负责人、雇员、合伙人、代理人和政府有关部门工作人员等能够影响市场交易的有关人员的行为。

鉴于商业贿赂行为会危害公平的竞争秩序、毒化社会风气,《反不正当竞争法》规定:经营者不得采用财物或者其他手段贿赂下列单位或者个人,以谋取交易机会或者竞争优

势：交易相对方的工作人员；受交易相对方委托办理相关事务的单位或者个人；利用职权或者影响力影响交易的单位或者个人。经营者的工作人员进行贿赂的，应当认定为经营者的行为；但是，经营者有证据证明该工作人员的行为与为经营者谋取交易机会或者竞争优势无关的除外。

为了将法律允许、符合商业惯例的商业折扣、佣金和法律所禁止的商业贿赂行为区别对待，《反不正当竞争法》又规定：经营者在交易活动中，可以以明示方式向交易相对方支付折扣，或者向中间人支付佣金，但应当如实入账，接受折扣、佣金的经营者也应当如实入账。

3. 虚假商业宣传行为

经营者不得对其商品的性质、功能、质量、销售状况、用户评价、曾获荣誉等作虚假或者引人误解的商业宣传，欺骗、误导消费者。此外，经营者不得通过组织虚假交易等方式，帮助其他经营者进行虚假或者引人误解的商业宣传。

考虑到电子商务时代，看销售量和用户点评下单成为很多人的购物或服务消费习惯，因此催生了大量"刷单""刷好评"行为，甚至出现专门组织虚假交易帮助他人进行虚假宣传以牟取不正当利益的情况，形成专业的黑色产业链，严重扰乱正常市场秩序，侵害消费者的知情权，立法机关在修订《反不正当竞争法》时对网络环境下的虚假宣传予以细化，将虚假"用户评价"和帮助虚假宣传规定为虚假商业宣传行为加以禁止。

广告是商业宣传的主要方式之一，《广告法》《食品安全法》《药品管理法》等法律、法规，对商业广告，特别是食品、药品等特殊商品的广告行为加以规制，不仅规定了广告主、广告经营者的义务和责任，还规定了明星代言行为规范和连带责任。

4. 侵犯商业秘密的行为

商业秘密，是指不为公众所知悉、具有商业价值并经权利人采取相应保密措施的技术信息和经营信息。"不为公众所知悉"是指有关信息不为其所属领域的相关人员普遍知悉和容易获得。"保密措施"是指权利人为防止信息泄漏所采取的与其商业价值等具体情况相适应的合理保护措施。人民法院应当根据所涉信息载体的特性、权利人保密的意愿、保密措施的可识别程度、他人通过正当方式获得的难易程度等因素，认定权利人是否采取了保密措施。

《反不正当竞争法》规定，经营者不得实施下列侵犯商业秘密的行为：以盗窃、贿赂、欺诈、胁迫或者其他不正当手段获取权利人的商业秘密；披露、使用或者允许他人使用以前项手段获取的权利人的商业秘密；违反约定或者违反权利人有关保守商业秘密的要求，披露、使用或者允许他人使用其所掌握的商业秘密。此外，第三人明知或者应知商业秘密权利人的员工、前员工或者其他单位、个人实施前款所列违法行为，仍获取、披露、使用或者允许他人使用该商业秘密的，视为侵犯商业秘密。

5. 不正当有奖销售行为

有奖销售是常见的商家吸引客户的促销方式，经营者为了促销其商品或服务，会采用附赠式或是抽奖式的销售方式，附带向消费者提供物品、金钱或者其他经济利益。但是如果有奖销售不加规范，也会产生破坏竞争、损害消费者权益的后果。因此《反不正当竞争法》规定,经营者进行有奖销售不得存在下列情形:所设奖的种类、兑奖条件、奖金金额或者奖品等有奖信息不明确,影响兑奖;采用谎称有奖或者故意让内定人员中奖的欺骗方式进行有奖销售;抽奖式的有奖销售,最高奖的金额超过五万元。

6. 商业诋毁行为

《反不正当竞争法》规定,经营者不得编造、传播虚假信息或者误导性信息,损害竞争对手的商业信誉、商品声誉。鉴于商业诋毁往往采用比较广告的方式进行,《广告法》规定,"广告不得贬低其他生产经营者的商品或者服务"。

7. 互联网不正当竞争行为

修订之前的《反不正当竞争法》未能考虑到互联网环境下的不正当竞争问题,因此面对网络时代不断出现的互联网不正当竞争现象缺乏具体的法律条款加以应对,实践中对其定性、取证、惩罚都存在难题,司法裁判标准也难统一。针对这一问题,立法机关在修正《反不正当竞争法》时增加了互联网不正当竞争条款,规定经营者利用网络从事生产经营活动,应当遵守本法的各项规定。修订后的《反不正当竞争法》又规定,经营者不得利用技术手段,通过影响用户选择或者其他方式,实施下列妨碍、破坏其他经营者合法提供的网络产品或者服务正常运行的行为:未经其他经营者同意,在其合法提供的网络产品或者服务中,插入链接、强制进行目标跳转;误导、欺骗、强迫用户修改、关闭、卸载其他经营者合法提供的网络产品或者服务;恶意对其他经营者合法提供的网络产品或者服务实施不兼容;其他妨碍、破坏其他经营者合法提供的网络产品或者服务正常运行的行为。

（三）对涉嫌不正当竞争行为的调查

修订后的《反不正当竞争法》细化、强化了对涉嫌不正当竞争行为的查处措施。县级以上人民政府履行工商行政管理职责的部门对不正当竞争行为进行查处;法律、行政法规规定由其他部门查处的,依照其规定。

监督检查部门有权依据《行政强制法》的规定,调查涉嫌不正当竞争行为,并可采取下列措施:进入涉嫌不正当竞争行为的经营场所进行检查;询问被调查的经营者、利害关系人及其他有关单位、个人,要求其说明有关情况或者提供与被调查行为有关的其他资料;查询、复制与涉嫌不正当竞争行为有关的协议、账簿、单据、文件、记录、业务函电和其他资料;查封、扣押与涉嫌不正当竞争行为有关的财物;查询涉嫌不正当竞争行为的经营者的银行账户。

（四）不正当竞争行为的法律责任

1. 民事责任

经营者违反《反不正当竞争法》规定,给他人造成损失的,应当依法承担民事责任。因不正当竞争行为受到损害的经营者的赔偿数额,按照其因被侵权所受到的实际损失确定;实际损失难以计算的,按照侵权人因侵权所获得的利益确定。赔偿数额还应当包括经营者为制止侵权行为所支付的合理开支。违反关于禁止混淆行为、禁止侵犯商业秘密行为规定的,权利人因被侵权所受到的实际损失、侵权人因侵权所获得的利益难以确定的,适

用法定赔偿金的规定,即由人民法院根据侵权的情节判决给予权利人三百万元以下的赔偿。

2. 行政责任和刑事责任

对经营者违反《反不正当竞争法》的行为,视行为方式及情节,由监督检查部门决定给予责令停止违法行为和消除影响、没收违法商品、罚款、吊销营业执照等行政处罚,由监督检查部门记入信用记录,并依照有关法律、行政法规的规定予以公示。妨害监督检查部门依法履行职责,拒绝、阻碍调查的,由监督检查部门责令改正,可以处以罚款,并可由公安机关依法给予治安管理处罚。

违反《反不正当竞争法》规定,构成犯罪的,依法追究刑事责任。

经营者违反《反不正当竞争法》规定,应当承担民事责任、行政责任和刑事责任,其财产不足以支付的,优先用于承担民事责任。

四、消费者权益保护法

消费者在与经营者的交往中往往处于弱势地位,因此法律通过明确消费者的权利和经营者的义务来协调这种事实上的不对等地位,因此消费者权益保护法的立法目的就是保护消费者的合法权益,维护社会经济秩序,促进社会主义市场经济健康发展。

(一) 消费者权益保护法概述

1. 消费者权益保护法的含义

中华人民共和国消费者权益保护法是维护全体公民消费权益的法律规范的总称。这里首先需要明确消费者和经营者的范围。所谓消费者,是指为生活消费需要购买、使用商品或者接受服务的主体。所谓经营者,是指为消费者提供其生产、销售的商品或者提供服务的主体。

《消费者权益保护法》于1993年10月31日八届全国人大常委会第四次会议通过,自1994年1月1日起施行。此后,在2009年8月27日和2013年10月25日进行了两次修正。最新修正的《消费者权益保护法》于2014年3月15日正式实施。

2. 消费者权益保护法的原则

我国《消费者权益保护法》在第一章总则部分规定四项基本原则:

(1) 经营者与消费者进行交易,应当遵循自愿、平等、公平、诚实信用的原则;

(2) 向相对弱势地位的消费者倾斜,给消费者特别的保护的原则;

(3) 保障消费者的人身、财产和自主权不受侵犯的原则;

(4) 保护消费者合法权益是全社会共同的责任的原则。

(二) 消费者的权利

消费者的权利是对消费者合法利益在法律上的规定和明确,也是国家对消费者进行保护的前提和基础。按照我国《消费者权益保护法》的规定,消费者的权利主要有以下几种类型:

1. 安全权

安全权是指消费者在购买、使用商品和接受服务时享有人身、财产安全不受损害的权利。消费者有权要求经营者提供的商品和服务,符合保障人身、财产安全的要求。

2. 知情权

知情权是指消费者享有知悉其购买、使用的商品或者接受的服务的真实情况的权利。消费者有权根据商品或者服务的不同情况,要求经营者提供商品的价格、产地、生产者、用途、性能、规格、等级、主要成分、生产日期、有效期限、检验合格证明、使用方法说明书、售后服务,或者服务的内容、规格、费用等有关情况。

3. 自主选择权

自主选择权是指消费者享有自主选择商品或者服务的权利。消费者有权自主选择提供商品或者服务的经营者,自主选择商品品种或者服务方式,自主决定购买或者不购买任何一种商品、接受或者不接受任何一项服务。消费者在自主选择商品或者服务时,有权进行比较、鉴别和挑选。

4. 公平交易权

公平交易权是指消费者享有公平交易的权利。消费者在购买商品或者接受服务时,有权获得质量保障、价格合理、计量正确等公平交易条件,有权拒绝经营者的强制交易行为。

5. 求偿权

求偿权是指消费者因购买、使用商品或者接受服务受到人身、财产损害的,享有依法获得赔偿的权利。

6. 结社权

结社权是指消费者享有依法成立维护自身合法权益的社会组织的权利。在我国主要是消费者协会。

7. 获取知识权

获取知识权是指消费者享有获得有关消费和消费者权益保护方面的知识的权利。消费者应当努力掌握所需商品或者服务的知识和使用技能,正确使用商品,提高自我保护意识。

8. 维护尊严权

维护尊严权是指消费者在购买、使用商品和接受服务时,享有人格尊严、民族风俗习惯得到尊重的权利,享有个人信息依法得到保护的权利。

9. 监督批评权

监督批评权是指消费者享有对商品和服务以及保护消费者权益工作进行监督的权利。消费者有权检举、控告侵害消费者权益的行为和国家机关及其工作人员在保护消费者权益工作中的违法失职行为,有权对保护消费者权益工作提出批评、建议。

（三）经营者的义务

我国《消费者权益保护法》专章规定了经营者需要履行的义务,主要包括以下几个方面:

1. 依法经营义务

经营者向消费者提供商品或者服务,应当依照本法和其他有关法律、法规的规定履行义务。经营者和消费者有约定的,应当按照约定履行义务,但双方的约定不得违背法律、法规的规定。经营者向消费者提供商品或者服务,应当恪守社会公德,诚信经营,保障消费者的合法权益;不得设定不公平、不合理的交易条件,不得强制交易。

2. 接受监督的义务

经营者应当听取消费者对其提供的商品或者服务的意见,接受消费者的监督。

3. 保障消费者安全的义务

经营者应当保证其提供的商品或者服务符合保障人身、财产安全的要求。对可能危及人身、财产安全的商品和服务,应当向消费者作出真实的说明和明确的警示,并说明和标明正确使用商品或者接受服务的方法以及防止危害发生的方法。此外,特别强调了宾馆、商场、餐馆、银行、机场、车站、港口、影剧院等经营场所的经营者,应当对消费者尽到安全保障义务。

如果经营者发现其提供的商品或者服务存在缺陷,有危及人身、财产安全危险的,应当立即向有关行政部门报告和告知消费者,并采取停止销售、警示、召回、无害化处理、销毁、停止生产或者服务等措施。采取召回措施的,经营者应当承担消费者因商品被召回支出的必要费用。

4. 提供商品和服务真实信息的义务

经营者向消费者提供有关商品或者服务的质量、性能、用途、有效期限等信息,应当真实、全面,不得作虚假或者引人误解的宣传。经营者对消费者就其提供的商品或者服务的质量和使用方法等问题提出的询问,应当作出真实、明确的答复。经营者提供商品或者服务应当明码标价。

5. 提供真实身份的义务

经营者应当标明其真实名称和标记。如果是租赁他人柜台或者场地的经营者,应当标明其真实名称和标记。

6. 提供有效票证的义务

经营者提供商品或者服务,应当按照国家有关规定或者商业惯例向消费者出具发票等购货凭证或者服务单据;消费者索要发票等购货凭证或者服务单据的,经营者必须出具。

7. 提供商品和服务性能、质量、用途、有效期的义务

经营者应当保证在正常使用商品或者接受服务的情况下其提供的商品或者服务应当具有的质量、性能、用途和有效期限;但消费者在购买该商品或者接受该服务前已经知道其存在瑕疵,且存在该瑕疵不违反法律强制性规定的除外。

8. 售后服务和"三包"的义务

经营者提供的商品或者服务不符合质量要求的,消费者可以依照国家规定、当事人约定退货,或者要求经营者履行更换、修理等义务。没有国家规定和当事人约定的,消费者可以自收到商品之日起七日内退货;七日后符合法定解除合同条件的,消费者可以及时退货,不符合法定解除合同条件的,可以要求经营者履行更换、修理等义务。消费者进行退货、更换、修理的,由经营者承担运输等必要费用。

9. 不得自我免责的义务

经营者在经营活动中使用格式条款的,应当以显著方式提请消费者注意商品或者服务的数量和质量、价款或者费用、履行期限和方式、安全注意事项和风险警示、售后服务、民事责任等与消费者有重大利害关系的内容,并按照消费者的要求予以说明。经营者不得以格式条款、通知、声明、店堂告示等方式,作出排除或者限制消费者权利、减轻或者免除经营者责任、加重消费者责任等对消费者不公平、不合理的规定,不得利用格式条款并借助技术手段强制交易。

10. 尊重消费者的义务

经营者不得对消费者进行侮辱、诽谤,不得搜查消费者的身体及其携带的物品,不得侵犯消费者的人身自由。

(四) 消费者权益争议的解决

根据我国的《消费者权益保护法》的规定,消费者权益争议解决的途径主要有:

(1) 协商和解。通过和经营者协商解决,是最具有效率的解决方式。

(2) 请求消费者协会调解。在经营者与消费者无法自行协商解决的时候,可以请求消费者保护协会介入帮助解决争议。消费者协会是依法成立的对商品和服务进行社会监督的保护消费者合法权益的社会组织。

(3) 向有关行政部门申诉。如果经营者存在违反《消费者权益保护法》的行为,可以向相关行政主管部门申诉解决。

(4) 提请仲裁机构仲裁。仲裁需要以双方约定仲裁协议作为前提,如果双方约定采用仲裁方式解决争议,可以由仲裁机构居中裁决。

(5) 向法院提起诉讼。向人民法院起诉是保障消费者合法权益的最后一道屏障。

五、产品质量法

为了加强对产品质量的监督管理,提高产品质量水平,明确产品质量责任,保护消费者的合法权益,维护社会经济秩序,就需要通过制定《中华人民共和国产品质量法》来加以规范。

（一）产品质量与产品质量法

1. 产品质量

这里的产品是指经过加工、制作,用于销售的产品。而未经加工的天然物品、初级农产品、建筑工程、不动产、军工产品等不属于产品质量法所规范调整的产品的范畴。虽然建设工程不适用产品质量法的规定;但是,建设工程使用的建筑材料、建筑构配件和设备,属于前款规定的产品范围的,则依然适用产品质量法。

产品质量是指产品反映实体满足明确和隐含需要的能力和特性的总和。产品质量是由与之有关的各种要素共同组成的,这些要素也被称为产品所具有的特征和特性。产品质量通常包括该产品满足需要的适用性、安全性、可靠性、耐用性、经济性的特征。由于不同的产品具有不同的特征和特性,那么这些特征的总和便构成了产品质量的内涵。产品质量要求反映了产品的特性和特性满足顾客和其他相关方要求的能力。

2. 产品质量法

产品质量法是指调整在产品生产销售中以及对产品质量的监督管理活动中所发生的社会关系的法律规范的总称。调整对象包括产品质量的监督管理关系、产品质量责任关系和产品质量的检验、认证关系,体现了国家对于产品质量的把关,是为了维护消费者的合法权益。

《产品质量法》自 1993 年 9 月 1 日起施行,后于 2000 年 7 月 8 日第九届全国人民代表大会常务委员会第十六次会议进行第一次修正,2009 年 8 月 27 日第十一届全国人民代表大会常务委员会第十次会议进行了第二次修正,2018 年 12 月 29 日第十三届全国人民代表大会常务委员会第七次会议进行了第三次修正。

（二）产品质量责任和产品损害责任

产品质量不合格包括了两种情形:一是产品有瑕疵,这是产品自身存在着质量问题;二是产品有缺陷,这是产品存在危及人身、财产安全的不合理危险。

1. 产品质量责任

产品质量责任是指产品的生产者、销售者以及对产品质量负有直接责任的人违反产品质量法规定的产品质量义务应承担的法律后果。这里的损失不仅包括因产品不合格对消费者的经济效益的影响,也包括不合格产品给消费者及他人的人身和财产造成的损害。因此,这种民事责任既包括了违反合同的民事责任,又包括了因产品质量问题而引起的一种特殊的侵权损害赔偿责任。

对于产品质量责任的承担方式,《产品质量法》规定了修理、更换、退货或者赔偿损失等产品质量责任形式。

2. 产品损害责任

产品损害责任是指产品存在可能危及人身、财产安全的不合理危险,造成消费者人身或者除缺陷产品以外的其他财产损失后,缺陷产品的生产者、销售者应当承担的特殊的侵权法律责任。这主要是一种侵权责任。

在责任的承担主体方面,因产品存在缺陷造成人身、他人财产损害的,受害人可以向产品的生产者要求赔偿,也可以向产品的销售者要求赔偿。属于产品的生产者的责任,产品的销售者先行赔偿的,产品的销售者有权向产品的生产者追偿。属于产品的销售者的责任,产品的生产者先行赔偿的,产品的生产者有权向产品的销售者追偿。

在赔偿标准方面,现行《产品质量法》对损害赔偿的规定只有补偿性赔偿。根据《产品质量法》的规定,产品存在缺陷造成受害人人身伤害的,侵害人应当赔偿医疗费、治疗期间的护理费、因误工减少的收入等费用;造成残疾的,还应当支付残疾者生活自助具费、生活补助费、残疾赔偿金以及由其扶养的人所必需的生活费等费用;造成受害人死亡的,还应当支付丧葬费、死亡赔偿金以及由死者生前扶养的人所必需的生活费等费用。产品存在缺陷造成受害人财产损失的,侵害人应当恢复原状或者折价赔偿。受害人因此遭受其他重大损失的,侵害人应当赔偿损失。但总的来说,产品损害责任的赔偿范围很窄,赔偿数额较低,且没有规定精神损害赔偿。

【本章思考题】

1. 如何理解经济法的概念和调整对象?
2. 有限责任公司和股份有限公司有什么区别?
3. 税法的构成要素是什么?
4. 违约责任的承担形式包括哪些?
5. 简述反垄断法适用除外的主要内容。
6. 消费者有哪些权利?

【本章讨论案例一】

原告中广金桥文化公司在起诉被告易庭东方文化公司的起诉书中称,原告是当年世界旅游小姐年度冠军总决赛的承办方,并已成功举办16届相关赛事。同年8月28日,中广金桥公司主办的世界旅游小姐年度冠军总决赛在黄山落幕;同年9月25日,世界旅游小姐年度全球总决赛在山东青州落幕。为举办当年世界旅游小姐年度冠军总决赛的比赛,中广金桥公司投入了大量人力、财力、物力进行组织和宣传,使"世界旅游小姐年度冠军总决赛"项目家喻户晓,在国内已经成为一流的赛事。目前,其正在积极筹备下一年度"世界旅游小姐年度冠军总决赛"的比赛。

中广金桥文化公司称,易庭东方文化公司在没有经过原告同意和授权下,在其注册的网站上擅自使用"世界旅游小姐年度总决赛"这个名称组织招商并进行比赛。易庭东方文化公司的行为使公众误认该公司所组织的赛事是原告的行为,亦使其赞助机构、推广合作伙伴以及大赛参赛者均误认被告组织的赛事是原告的行为。同时,易庭东方文化公司在其网站上恶意诋毁原告公司的商业信誉。为此,原告组织的下一年度的"世界旅游小姐年度冠军总决赛"的推广活动遇到了极大的困难。被告易庭东方文化公司无视原告对推广"世界旅游小姐年度冠军总决赛"赛事而付出的努力,擅自使用"世界旅游小姐年度冠军总赛事"的名称组织、承办选美赛事,且大量使用原告组织赛事的照片,目的是利用原告已经建立的"世界旅游小姐"这个赛事的良好商业信誉和知名度,其行为违反了《不正当竞争

法》的规定,即擅自使用知名商品特有的名称、包装、装潢,使购买者误认为是该知名商品。为了维护合法权益,保证"世界旅游小姐年度冠军总决赛"赛事的公正,故诉至法院,要求停止使用"世界旅游小姐年度冠军总决赛"名称并道歉。

被告易庭东方公司答辩称:首先,虽然涉案网站是我公司注册登记的网站,但该网站目前已经下线,我公司无法核实中广金桥公司所述是否属实,即便我公司网站登载过相关内容,时间也很短;其次,我公司只是对外发送过邮件,仅仅进行了沟通,不足以给中广金桥公司造成损害;再次,我公司网站已经下线,已经停止使用"世界旅游小姐年度冠军总决赛"名称。因此,我公司不同意中广金桥公司的诉讼请求。

问:被告易庭东方公司是否构成了不正当竞争? 如果构成了不正当竞争,属于哪一种不正当竞争行为?

【本章讨论案例二】

王某于 2015 年 3 月 20 日在某烟酒食品商店购买牛肉干 10 盒,时隔三天即 3 月 23 日,又在该食品店购买牛肉干 15 盒,共计 25 盒。牛肉干单价为每盒 12 元,共计 300 元。该牛肉干包装盒标注的生产日期为 2014 年 7 月 3 日,保质期 6 个月,即王某购买之日,该食品已超过保质期。4 月 5 日,王某帮他人就 3 月 25 日所购买的价值 240 元的牛肉干向该食品店索赔,食品店退款并三倍赔偿。后王某又就 3 月 20 日、23 日两次自己所购买的牛肉干向该食品店索赔,要求三倍赔偿。食品店认为王某系恶意维权,不同意予以赔偿。双方遂产生纠纷。王某依据双方达成的仲裁协议,向某仲裁委员会申请仲裁,要求食品店退还货款并三倍赔偿。

问:明知食品已过保质期而购买的人是否仍是普通意义上的消费者? 是否受《消费者权益保护法》的保护? 该食品店应否予以赔偿,如何赔偿?

第七章　诉讼法概论

【本章要点提示】 通过本章学习,掌握刑事诉讼、行政诉讼、民事诉讼的基本原则、管辖、证据类型,刑事强制措施,刑事举证责任和证明标准,非法证据排除,行政诉讼受案范围,行政诉讼参加人,行政诉讼举证责任,民事诉讼参加人,民事举证责任及证明标准,民事诉讼的第一审程序、第二审程序和审判监督程序;了解附带民事诉讼、刑事诉讼阶段、刑事执行、行政诉讼的判决及执行,妨碍民事诉讼的强制措施,民事执行。

第一节　刑事诉讼法

引例:赵某故意杀人案

　　基本案情:赵某因家庭纠纷情绪失控,掐死妻子后外逃,次日被抓获。一审法院以故意杀人罪判处赵某死刑,缓期2年执行。赵某以量刑过重为由提起上诉。而被害人亲属则认为量刑太轻,在二审期间数十人到省高院上访,要求改判赵某死刑立即执行。省高院经审理,认为赵某犯罪情节严重,社会影响恶劣,一审量刑偏低,如维持原判可能影响社会稳定,于是以原判认定事实不清为由裁定发回重审。一审法院重审后,认为原判认定的犯罪事实没有变化,但对是否判处赵某死刑立即执行,合议庭和审判委员会内部都有分歧。

　　法律分析:① 省高院裁定发回重审不合法。发回重审只限于原判决事实不清或证据不足情形,而本案省高院实际是考虑到被害人亲属上访,维持原判可能影响社会稳定,并非事实不清。② 一审法院重审后不可以判处死刑立即执行。第二审法院审理被告人上诉的案件,不得加重刑罚;发回重审的案件,除有新的犯罪事实,检察机关补充起诉的外,原审法院也不得加重刑罚。本案一审法院重审后,认定的犯罪事实没有变化,更无检察机关补充起诉新的犯罪事实,不得加重刑罚。

一、刑事诉讼法概述

(一) 刑事诉讼及刑事诉讼法的概念

　　刑事诉讼,指在国家专门机关的主持和相关诉讼参与人的参加下,查明、追究和惩罚犯罪、保障人权的活动。在我国,刑事诉讼有广义、狭义之分。广义的刑事诉讼指国家为实施刑罚权的全部诉讼活动,就诉讼主体而言,包括公安机关(以及国家安全机关、军队保卫部门等,下同)、检察机关、法院、监狱等执行机关,以及当事人和其他诉讼参与人;就诉

讼行为及其阶段而言,包括立案、侦查、起诉、审判、执行等。狭义的刑事诉讼专指刑事审判程序,即以审判为中心,控、辩、审三方的诉讼行为。广义说为通说,被我国立法所采纳,同时狭义说对于诉讼制度改革亦有其指导和启发意义。①

狭义的刑事诉讼法,特指全国人大通过的《中华人民共和国刑事诉讼法》。② 广义的刑事诉讼法,除狭义外,还包括宪法、其他法律、法规、司法解释、对我国适用的国际法文件③中涉及刑事诉讼的相关规定。

(二) 刑事诉讼法的任务和基本原则

根据《刑事诉讼法》第二条,刑事诉讼法的任务,是保证准确、及时地查明犯罪事实,正确应用法律,惩罚犯罪分子,保障无罪的人不受刑事追究,教育公民自觉遵守法律,积极同犯罪行为作斗争,维护社会主义法制,尊重和保障人权,保护公民的人身权利、财产权利、民主权利和其他权利,保障社会主义建设事业的顺利进行。

我国《刑事诉讼法》规定了以下基本原则:

1. 人权保障原则

2012 年修订《刑事诉讼法》时,首次明确"尊重和保障人权"是刑事诉讼法的任务之一,这在我国刑事诉讼法历史上具有里程碑意义。保障被追诉人的基本人权与惩罚犯罪并列为刑事诉讼法的两大基本任务。现代法治国家不容许不择手段、不计代价地查明和惩罚犯罪,刑事诉讼必须遵循正当、合法、公正的法律程序,限制国家公权力,防止其恣意滥用于侵犯被追诉人的人权。该原则具体体现在刑事诉讼的各个环节,包括:尊重、保障、严禁侵犯被追诉人的各项实体权利和程序权利,对国家专门机关设定关照、提醒义务,在被追诉人的基本人权遭受公权力机关违法侵犯时及时提供司法救济途径,等等。

2. 侦查权、检察权、审判权由专门机关依法行使原则

这主要包含两方面内容。第一,进行刑事诉讼的权力专属于国家,除法律特别规定的以外,其他任何机关、团体和个人都无权行使这些权力。第二,三种权力所属机关应当分工负责,不得出现权力配置和行使上的混同或合一。

具体讲:① 对刑事案件的侦查由公安机关进行,法律另有规定的除外。人民检察院在对诉讼活动实行监督中发现的司法工作人员利用职权实施的非法拘禁、刑讯逼供、非法搜查等侵犯公民权利、损害司法公正的犯罪,可以由人民检察院立案侦查。对于公安机关管辖的国家机关工作人员利用职权实施的重大犯罪案件,需要由人民检察院直接受理的

---

① 中共十八届四中全会通过的《中共中央关于全面推进依法治国若干重大问题的决定》要求:推进以审判为中心的诉讼制度改革,确保侦查、审查起诉的案件事实证据经得起法律的检验。全面贯彻证据裁判规则,严格依法收集、固定、保存、审查、运用证据,完善证人、鉴定人出庭制度,保证庭审在查明事实、认定证据、保护诉权、公正裁判中发挥决定性作用。

② 该法于 1979 年通过,此后经过三次修正,于 2018 年 10 月 26 日通过最新的修正案,并从通过之日起施行,以下简称《刑事诉讼法》。

③ 例如我国政府已经签署尚待批准的《公民权利和政治权利国际公约》,待立法机关批准后,其中关于刑事诉讼准则的条款,将会成为我国刑事诉讼法的重要渊源。

时候,经省级以上人民检察院决定,可以由人民检察院立案侦查。[①]

② 检察、批准逮捕、提起公诉,由检察机关负责。

③ 审判由人民法院负责。

根据《刑事诉讼法》,国家安全机关依照法律规定,办理危害国家安全的刑事案件,行使与公安机关相同的职权。

3. 严格遵守法律程序原则

该原则是程序法定和正当程序原则在我国《刑事诉讼法》中的具体体现。根据《刑事诉讼法》,审判机关、检察机关和公安机关进行刑事诉讼,必须严格遵守本法和其他法律的有关规定。此处的其他法律,系指与刑事诉讼程序相关的法律,包括《刑法》《中华人民共和国人民法院组织法》和《中华人民共和国人民检察院组织法》等,在附带民事诉讼中,还必须遵守《中华人民共和国民事诉讼法》的相关规定。违背该原则,将会导致诉讼行为无效,所获得的证据应作为非法证据予以排除。

4. 人民法院、人民检察院依法独立行使职权原则

根据《刑事诉讼法》,人民法院依照法律规定独立行使审判权,检察机关依照法律规定独立行使检察权,不受行政机关、社会团体和个人的干涉。其主要含义:一是审判权和检察权的行使不受非法干涉;二是独立的检察权、审判权应当由检察机关和法院集体行使,同时也必须尊重检察官和法院的个体独立意志。

5. 依靠群众与专门机关相结合原则

根据《刑事诉讼法》,人民法院、检察机关和公安机关进行刑事诉讼,必须依靠群众。与前述"侦查权、检察权、审判权由专门机关依法行使"联系起来,即构成依靠群众与专门机关相结合原则。在刑事诉讼的各个环节,许多具体规定都体现了依靠群众的理念,例如任何单位和个人发现犯罪事实或者犯罪嫌疑人,有权利也有义务报案或者举报;凡是知道案件情况的人,都有作证的义务;对正在实施犯罪或者犯罪后被发现的人、通缉在案的人、越狱逃跑的人、正在被追捕的人,任何公民都可以立即扭送公安机关;在采取强制性侦查措施如搜查、扣押时,由公民作为见证人在场。

6. 分工负责、互相配合、互相制约原则

根据《刑事诉讼法》,人民法院、检察机关和公安机关进行刑事诉讼,应当分工负责,互相配合,互相制约,以保证准确有效地执行法律。其包括三方面内容:① 分工负责,三机关应当在法定职权范围内各司其职、各负其责。② 互相配合,三机关应当通力合作,共同完成刑事诉讼的任务。③ 互相制约,三机关应当在分权前提下相互制衡,以此防止司法权集中导致腐败和专横擅断,及时发现和纠正错误,保证法律的准确有效实施,做到不枉不纵、不错不漏。应当强调侦查对检控的配合,检控对侦查的主导,审判对检控、侦查的制约,推进以审判为中心的刑事诉讼制度改革,确保侦查、审查起诉的案件经得起法律检验。

---

① 2018 年 3 月 20 日全国人大通过《中华人民共和国监察法》,依据该法深化国家监察体制改革,原人民检察院反贪污渎职部门转隶监察机关,原由人民检察院对贪污、贿赂、渎职等犯罪行使的侦查权,改为由监察机关对涉嫌贪污贿赂、失职渎职等严重职务违法或职务犯罪行使的调查权。

7. 人民检察院依法对刑事诉讼实行法律监督原则

根据《刑事诉讼法》，检察机关依法对刑事诉讼实行法律监督，简称检察监督原则。在我国，检察机关不仅作为检控方参与刑事诉讼，而且在刑事诉讼从侦查、起诉、审判直到刑罚执行的整个过程中，都要对其他机关的刑事司法行为依法行使法律监督权。

8. 反对强迫自证其罪原则

2012 年修正《刑事诉讼法》时，首次规定"不得强迫任何人证实自己有罪。"该项原则源于联合国《公民权利和政治权利国际公约》，其中规定"任何不得强迫作不利于他自己的证言或强迫承认犯罪"。我国政府已经签署该公约，但是考虑到现行法律与公约存在冲突，全国人大尚未批准，现行《刑事诉讼法》增加反对强迫自证其罪原则，赋予被追诉人以沉默权，可以视作立法机关为批准该人权公约所作的准备。根据最新的刑诉法修正案，如果犯罪嫌疑人、被告人自愿如实供述自己的罪行，承认指控的犯罪事实愿意接受处罚的，可以依法从宽处理。

9. 各民族公民有权使用本民族语言文字进行诉讼原则

这是《宪法》规定的各民族一律平等原则在刑事诉讼法中的具体体现。根据《刑事诉讼法》，法院、检察机关和公安机关对于不通晓当地通用的语言文字的诉讼参与人，应当为其翻译；在少数民族聚居或者多民族杂居的地区，应当用当地通用的语言进行审讯，用当地通用的文字发布判决书、布告和其他文件。

10. 犯罪嫌疑人、被告人有权获得辩护原则

根据《刑事诉讼法》，被告人有权获得辩护，人民法院有义务保证被告人获得辩护。除被告人外，犯罪嫌疑人也有权获得辩护，主要体现在：① 犯罪嫌疑人、被告人既可以自行辩护，也可以委托辩护人辩护。② 犯罪嫌疑人、被告人在刑事诉讼全过程中均有权获得辩护。其中犯罪嫌疑人自侦查机关第一次讯问或者采取强制措施之日起，有权委托辩护人，在侦查期间，只能委托律师作为辩护人。被告人有权随时委托辩护人。③ 符合法定条件的，犯罪嫌疑人、被告人有权获得法律援助机构指定律师提供辩护。

11. 无罪推定原则

根据《刑事诉讼法》，未经人民法院依法判决，对任何人都不得确定有罪。该原则起码有以下三层含义：① 定罪权只能由人民法院统一行使。② 在人民法院作出最终有罪判决之前，不得将嫌疑人、被告人视为有罪之人，对其作出有罪推定。③ 疑罪从无。在审查起诉阶段，经过两次补充侦查的案件，检察机关仍然认为证据不足的，应当作不起诉处理。在审判阶段，对于证据不足，不能认定被告人有罪的，法院应当作出证据不足、指控罪名不能成立的无罪判决。

12. 具有法定情形不追究刑事责任原则

这是刑法谦抑性在刑事程序法上的体现。根据《刑事诉讼法》，有下列情形之一的，不追究刑事责任，已经追究的，应当撤销案件，或者不起诉，或者终止审理，或者宣告无罪：① 情节显著轻微、危害不大，不认为是犯罪的；② 犯罪已过追诉时效期限的；③ 经特赦令免除刑罚的；④ 依照刑法告诉才处理的犯罪，没有告诉或者撤回告诉的；⑤ 犯罪嫌疑人、

被告人死亡的;⑥ 其他法律规定免予追究刑事责任的。

13. 追究外国人刑事责任适用我国刑事诉讼法原则

这是国家主权原则以及外交特权和豁免权规则在刑事司法领域的体现。根据《刑事诉讼法》,对于外国人犯罪应当追究刑事责任的,适用本法的规定。对于享有外交特权和豁免权的外国人犯罪应当追究刑事责任的,通过外交途径解决,包括:要求派遣国将相关人员召回,依法予以处理;宣布为不受欢迎的人,令其限期出境或者驱逐出境。

14. 刑事司法协助原则

按照《刑事诉讼法》,根据我国缔结或者参加的国际条约,或者按照互惠原则,我国司法机关和外国司法机关可以相互请求刑事司法协助,包括:代为送达文书,代为调查取证;委托进行鉴定、勘验、检查、搜查、扣押,代为通知证人、鉴定人出庭,移交物证、书证等证据等。广义的刑事司法协助还包括引渡。我国与外国的引渡安排须以与外国签订引渡条约为依据,同时也须符合《中华人民共和国引渡法》的规定。

二、管辖

在我国,刑事诉讼中的管辖是指公安机关、检察机关和人民法院等国家专门机关立案受理刑事案件的权限划分,以及法院内部对第一审刑事案件审判权划分的诉讼制度。前者称为立案管辖,后者称为审判管辖。

(一) 立案管辖

立案管辖又称职能管辖,解决的是哪些案件应由公安机关立案侦查,哪些案件由检察机关立案侦查,哪些案件不经过侦查而由人民法院直接审判的问题。关于公安、检察等机关的行使侦查已如前述。根据《刑事诉讼法》,自诉案件由人民法院直接受理。自诉案件包括刑法规定告诉才处理的案件,被害人有证据证明的轻微刑事案件,被害人有证据证明被告人侵犯自己人身、财产权利的行为应当依法追究刑事责任,而公安或检察机关不予追究被告人刑事责任的案件。

(二) 审判管辖

1. 级别管辖

① 基层法院管辖第一审普通刑事案件,但依《刑事诉讼法》由上级法院管辖的除外。② 中级人民法院管辖两类一审案件:一是危害国家安全、恐怖活动案件;二是可能判处无期徒刑、死刑的案件。③ 高级法院管辖全省(自治区、直辖市)重大刑事案件一审。④ 最高人民法院管辖全国性重大刑事案件一审。

上级法院在必要时,可以审理下级法院管辖的一审案件;下级法院认为案情重大、复杂,也可以请求将案件移送上一级法院审判。

2. 地域管辖

① 刑事案件原则上由犯罪地法院管辖。② 如果更加适宜,也可以由被告人居住地的法院管辖。③ 几个同级法院都有权管辖的案件,由最初受理的法院审判。必要时可以

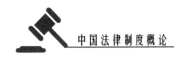

移送主要犯罪地法院审判。④ 上级法院可以指定下级法院审判管辖不明的案件,也可以指定下级法院将案件移送其他法院审判。

此外,最高人民法院司法解释还规定了一些特殊案件的地域管辖。

3. 专门管辖

根据《刑事诉讼法》,专门法院案件的管辖另行规定。目前具有刑事案件管辖权的专门法院是军事法院,其管辖三类刑事案件:刑法分则第十章规定的军人违反职责罪;军队内部发生的刑事案件;最高人民法院授权审判的刑事案件。

三、回避

《刑事诉讼法》第三章以及相关司法解释对刑事诉讼中的回避作出了规定,其主要内容:

1. 回避的适用对象

回避对象主要包括审判人员、检察人员、侦查人员。此外,书记员、翻译人员、鉴定人、勘验人员、司法警察、执行员也参照执行。

2. 回避的事由

适用回避的对象有下列情形之一的,应当自行回避,当事人及其法定代理人也有权要求他们回避:① 是本案的当事人或者是当事人的近亲属的;② 本人或者他的近亲属和本案有利害关系的;③ 担任过本案的证人、鉴定人、辩护人、诉讼代理人的;④ 与本案当事人有其他关系,可能影响公正处理案件的。

适用回避的人员不得接受当事人及其委托人的请客送礼,不得违反规定会见当事人及其委托人。如有违反,除应依法追究法律责任外,当事人及其法定代理人有权要求其回避。

3. 回避的程序

审判人员、检察人员、侦查人员的回避,应当分别由院长、检察长、公安机关负责人决定;院长的回避,由本院审判委员会决定;检察长和公安机关负责人的回避,由同级检察机关检察委员会决定。

对侦查人员的回避作出决定前,侦查人员不能停止对案件的侦查。对驳回申请回避的决定,当事人及其法定代理人可以申请复议一次。

辩护人、诉讼代理人可以要求回避、申请复议。

四、辩护与代理

(一) 刑事辩护

1. 刑事辩护的种类

(1) 自行辩护。指犯罪嫌疑人、被告人自己行使辩护权。

(2) 委托辩护。犯罪嫌疑人、被告人可以委托一至二人作为辩护人。可以委托律师,人民团体或者所在单位推荐的人,监护人、亲友。如果是被开除公职和被吊销律师、公证员执业证书的人,不得担任辩护人,但系犯罪嫌疑人、被告人的监护人、近亲属的除外。

（3）指派辩护。又分为两种,一种是申请指派辩护。犯罪嫌疑人、被告人因经济困难或者其他原因没有委托辩护人的,本人及其近亲属可以向法律援助机构提出申请。符合条件的,法律援助机构应当指派律师为其提供辩护。另一种是强制指派辩护。犯罪嫌疑人、被告人是盲、聋、哑人,或者是尚未完全丧失辨认或者控制自己行为能力的精神病人,没有委托辩护人的,人民法院、检察机关和公安机关应当通知法律援助机构指派律师为其提供辩护。犯罪嫌疑人、被告人可能被判处无期徒刑、死刑,没有委托辩护人的,人民法院、检察机关和公安机关应当通知法律援助机构指派律师为其提供辩护。值得关注的是新的刑诉法修正案中增加了援助律师的相关规定:法律援助机构可以在人民法院、看守所等场所派驻值班律师。犯罪嫌疑人、被告人没有委托辩护人,法律援助机构没有指派律师为其提供辩护的,由值班律师为犯罪嫌疑人、被告人提供法律咨询、程序选择建议、申请变更强制措施、对案件处理提出意见等法律帮助。人民法院、人民检察院、看守所应当告知犯罪嫌疑人、被告人有权约见值班律师,并为犯罪嫌疑人、被告人约见值班律师提供便利。

2. 辩护人的责任

辩护人的责任是根据事实和法律,提出犯罪嫌疑人、被告人无罪、罪轻或者减轻、免除其刑事责任的材料和意见,维护犯罪嫌疑人、被告人的诉讼权利和其他合法权益。

辩护人的责任具体为:一是从实体上进行辩护;二是从程序上进行辩护,维护犯罪嫌疑人、被告人的诉讼权利和其他合法权益,包括人身权利、财产权利等;三是提供其他法律帮助,包括法律咨询、代写诉讼文书、提出诉讼方案或建议等。

3. 辩护人的诉讼权利和诉讼义务

辩护人在刑事诉讼中享有以下诉讼权利:职务保障权;阅卷权;会见、通信权;调查取证权;提出辩护意见权;获得出庭通知权;出庭辩护权;拒绝辩护权;要求公安、司法机关对采取强制措施超过法定期限的犯罪嫌疑人、被告人解除强制措施;对办案机关及其工作人员违法办案,侵犯当事人人身权利、财产权利的行为依法提出申诉、控告;辩护律师在履行辩护职责过程中获悉委托人的有关情况和信息,有权予以保密(辩护律师知悉委托人或者其他人,准备或者正在实施危害国家安全、公共安全以及严重危害他人人身安全的犯罪的,应当及时告知司法机关);其他诉讼权利。

辩护人在刑事诉讼中也承担法定的诉讼义务。

（二）刑事代理

公诉案件的被害人及其法定代理人或者近亲属,附带民事诉讼的当事人及其法定代理人,自案件移送审查起诉之日起,有权委托诉讼代理人。自诉案件的自诉人及其法定代理人,附带民事诉讼的当事人及其法定代理人,有权随时委托诉讼代理人。

五、刑事证据

(一) 概述

1. 刑事证据的概念

可以用于证明案件事实的材料,都是刑事证据,包括:物证;书证;证人证言;被害人陈述;犯罪嫌疑人、被告人供述和辩解;鉴定意见;勘验、检查、辨认、侦查实验等笔录;视听资料、电子数据。

2. 刑事证据的属性

证据须经查证属实才能作为定案的根据,故应将"证据材料"与经过查证属实、经审查符合客观性、关联性、合法性三项基本属性,可以作为定案根据的"定案证据"严格区分。客观性,指证据材料应当是客观存在的,办案人员只能收集利用而不能加工捏造,还需防止和辨识自然因素、疏忽、错误等导致的证据失真。关联性,指证据必须与刑事诉讼中的待证事实存在客观联系。具备了客观性、关联性,证据就具有了证明力;此外,证据还须具有合法性,才能具有法律上的证据资格。

(二) 刑事证据合法性原则

1. 刑事证据的原则

① 证据裁判原则,要求法庭认定案件事实,必须以证据为根据。② 直接言词原则,要求法庭在案件审理中,应直接审查所有证据,听取被告人、被害人、取证人、被害人、鉴定人等当事人和参与人的陈述。③ 质证原则,指作为定案依据的证据必须经过庭审质证。④ 合法性原则。

2. 合法性原则

针对刑事证据的特点,这里着重介绍合法性原则。其含义是:证据的形式、收集、出示和查证,都由法律规范和调整;作为定案依据的证据,必须为法律所容许。具体要求:证据应当依法定程序收集;证据必须具有法定形式和合法来源;证据必须经法定程序查证属实。

2012 年修改《刑事诉讼法》时,增加了"不得强迫自证其罪"和"非法证据排除"两项证据合法性规则。① 严禁刑讯逼供和威胁、引诱、欺骗以及其他非法方法收集证据,不得强迫任何人证实自己有罪。② 采用刑讯逼供等非法方法收集的犯罪嫌疑人、被告人供述和采用暴力、威胁等非法方法收集的证人证言、被害人陈述,应当予以排除。③ 收集物证、书证不符合法定程序,可能严重影响司法公正的,应当予以补正或者作出合理解释,否则排除该证据。

(三) 刑事诉讼证明

1. 全面收集证据的责任

收集证据的责任,或称证明责任,存在于侦查、起诉和审判阶段。审判、检察、公安人员必须依照法定程序,收集能够证实犯罪嫌疑人、被告人有罪或者无罪、犯罪情节轻重的各种证据。必须保证一切与案件有关或者了解案情的公民,有客观充分地提供证据的条件,除特殊情况外,可以吸收他们协助调查。

2. 举证责任

举证责任只存在于审判阶段。举证是指在审判过程中,控、辩双方谁有责任向法院提出证据以证明自己的诉讼主张,负有举证责任的一方未能履行或完全履行举证责任,其诉讼主张就不会被法院接受,将承担败诉的后果。

刑事诉讼中的举证责任分配有三种情形:① 公诉案件中,被告有罪的举证责任由检察机关承担。② 自诉案件中,被告人有罪的举证责任由自诉人承担。③ 附带民事诉讼原告人,对其赔偿请求承担举证责任。

犯罪嫌疑人、被告人及其辩护人在诉讼中有权提供证据,这也是辩护人的职责,其目的是反驳控诉,而不是证明辩方无罪,其不行使或不充分行使该权利,不能导致有罪的法律后果。

3. 证明标准

证明标准又称证明要求,指公安机关、检察机关、审判机关运用证据证明案件事实应达到何种程度,方可进行某种诉讼活动或者作出某种结论。立案、逮捕、移送审查起诉、提起公诉、作出有罪判决、作出死刑判决的证明标准各不相同,总体上逐步提高。

作出有罪判决的证明标准:案件事实清楚,证据确实、充分。若证据不足,不能认定被告人有罪的,应当作出证据不足、指控的犯罪不能成立的无罪判决。针对长期形成的轻信口供的思维定式,《刑事诉讼法》强调:对一切案件的判处都要重证据,重调查研究,不轻信口供;只有被告人供述,没有其他证据的,不能认定被告人有罪和处以刑罚;没有被告人口供,证据确实充分,可以认定被告人有罪和处以刑罚。"证据确实、充分"应符合以下条件:定罪量刑的事实都有证据证明;据以定案的证据均经法定程序查证属实;综合全案证据,对所认定事实已排除合理怀疑。

根据最高人民法院《办理死刑案件证据规定》,作出死刑判决的证明标准,除对被告人犯罪事实的认定必须达到证据确实、充分外,对犯罪事实的发生,被告人实施了犯罪行为及实施该行为的时间、地点、手段、后果、其他情节,影响被告人定罪的身份情况,被告人有刑事责任能力,被告人的罪过,是否共同犯罪及被告人在共同犯罪中的地位、作用,对被告人从重处罚的事实,也须达到上述标准。

六、强制措施

(一) 概述

强制措施指公安机关、检察机关、审判机关为了保证刑事诉讼的顺利进行,依法采取的对犯罪嫌疑人、被告人的人身自由限制或剥夺的各种强制方法。其特点:① 有权采取强制措施的主体是公安机关、检察机关、审判机关,其他任何机关、团体、个人都无权采取,否则构成对公民人身权利的侵犯。公民对犯罪嫌疑人、被告人或越狱人员的扭送不是强

制措施,只是配合强制措施的辅助手段。② 强制措施的适用对象仅限于犯罪嫌疑人、被告人,对诉讼参与人和案外人不得实施。③ 强制措施的内容是限制或剥夺人身自由。④ 强制措施是预防性的而非惩戒性的,只有在确有必要时才能采取,并且符合比例原则,即所实施的强制措施须与强制对象的人身危险程度和被指控犯罪的轻重程度相适应。⑤ 强制措施必须严格依法定条件和程序实施。⑥ 强制措施是临时措施,应随刑事诉讼进程变更或解除。

(二)强制措施的种类

1. 拘传

拘传指公安机关、检察机关、审判机关对未被羁押的犯罪嫌疑人、被告人,依法强制其到案接受询问的强制措施。拘传持续的时间不得超过十二小时;案情特别重大、复杂,需要采取拘留、逮捕措施的,拘传持续的时间不得超过二十四小时。不得以连续拘传的形式变相拘禁犯罪嫌疑人,应当保证犯罪嫌疑人的饮食和必要的休息时间。

2. 取保候审

取保候审指在刑事诉讼中,公安机关、检察机关、审判机关责令犯罪嫌疑人、被告人提出保证人或者交纳保证金,保证犯罪嫌疑人、被告人遵守相关法律规定,不逃避或妨碍侦查、起诉和审判,并随传随到的强制措施。取保候审由公安机关执行,最长不得超过十二个月。

取保候审只是限制而不剥夺强制对象的人身自由,是一种强制程度较轻的措施,适用于:① 可能判处管制、拘役或独立适用附加刑的。② 可能判处有期徒刑以上刑罚,采取取保候审不致发生社会危险性。③ 患有严重疾病、生活不能自理,怀孕或者正在哺乳自己婴儿的妇女,采取取保候审不致发生社会危险性。④ 羁押限期届满,案件尚未办结,需要采取取保候审的。

3. 监视居住

监视居住指公安机关、检察机关、审判机关对犯罪嫌疑人、被告人采用的,命令其不得擅自离开住所或指定的居所,并对其活动予以监视和控制的强制措施。监视居住应当在犯罪嫌疑人、被告人的住处执行;无固定住处的,可以在指定的居所执行。对于涉嫌危害国家安全犯罪、恐怖活动犯罪,在住处执行可能有碍侦查的,经上一级公安机关批准,也可以在指定的居所执行。但是,不得在羁押场所、专门的办案场所执行。监视居住由公安机关执行。监视居住最长不得超过六个月。

监视居住适用于符合逮捕条件,但有下列情形之一的犯罪嫌疑人、被告人:① 患有严重疾病、生活不能自理的。② 怀孕或者正在哺乳自己婴儿的妇女。③ 系生活不能自理的人的唯一扶养人。④ 因为案件的特殊情况或者办理案件的需要,采取监视居住措施更为适宜的。⑤ 羁押期限届满,案件尚未办结,需要采取监视居住措施。另外,对符合取保候审条件,但犯罪嫌疑人、被告人不能提出保证人,也不交纳保证金的,可以监视居住。

4. 拘留

拘留指公安机关、检察机关在侦查过程中,在紧急情况下,依法临时剥夺某些现行犯或重大嫌疑分子的人身自由的强制措施。必须将刑事拘留与行政拘留(一种行政处罚)、民事拘留(一种民事诉讼强制措施)相区别。

拘留是紧急情况(来不及办理逮捕手续)下采取的临时性措施,随着诉讼的进程,或者转为逮捕,或者转为取保候审或监视居住,或者释放。

公安机关对现行犯或者重大嫌疑分子,如果有下列情形之一的,可以先行拘留:① 正在预备犯罪、实行犯罪或者在犯罪后即时被发现的;② 被害人或者在场亲眼看见的人指认他犯罪的;③ 在身边或者住处发现有犯罪证据的;④ 犯罪后企图自杀、逃跑或者在逃的;⑤ 有毁灭、伪造证据或者串供可能的;⑥ 不讲真实姓名、住址,身份不明的;⑦ 有流窜作案、多次作案、结伙作案重大嫌疑的。检察机关自侦案件过程中,对具备上述第④、⑤种情形的,有权决定拘留犯罪嫌疑人。

公安机关决定拘留的,由县级以上公安机关负责人批准,签发拘留证,由提请拘留的单位负责执行。检察机关决定拘留的,由检察长批准,作出拘留决定书交由公安机关负责执行。对法定特殊身份人员拘留,还须履行相关的批准或备案手续。

拘留后,应立即将被拘留人送看守所羁押,至迟不得超过二十四小时。除非有法定情形,应当在拘留后二十四小时以内通知被拘留人家属。律师在参与诉讼活动中因涉嫌犯罪被依法拘留的,执行拘留的机关应当在拘留后二十四小时内通知其家属、所在的律师事务所和所属律师协会(也适用于逮捕)。

公安机关对被拘留的人,检察机关对自侦案件中被拘留的人,均应在拘留后二十四小时内进行讯问。发现不应当拘留的,必须立即释放。公安机关、检察机关认为需要逮捕的,应当在法定期限内提请逮捕或决定逮捕,对不需要逮捕的,应当立即释放,发给释放证;对需要继续侦查并符合条件的,依法取保候审或者监视居住。

5. 逮捕

逮捕指公安机关、检察机关和审判机关为防止犯罪嫌疑人、被告人逃避侦查、起诉和审判,进行妨碍刑事诉讼的行为,或者发生社会危险性,而依法剥夺其人身自由,予以羁押的强制措施。

逮捕是刑事诉讼中最严厉的强制措施,具有诸多作用,但是如果适用不当,将会导致伤害无辜、侵犯公民人身权利和民主权利等严重后果,因此应依法坚持少逮慎捕的刑事政策,对无罪而错捕的,须按《国家赔偿法》对受害人予以赔偿。

逮捕犯罪嫌疑人、被告人必须经过检察机关批准或者决定,或者人民法院决定,由公安机关执行。可见,逮捕的批准或决定权与执行权相互分离,目的是发挥公安、检察、审判机关之间的相互制约和监督,防止错逮滥捕。对法定特殊身份人员逮捕,还须履行相关的批准和备案手续。

逮捕适用于:① 对有证据证明有犯罪事实,可能判处徒刑以上刑罚的犯罪嫌疑人、被告人,采取取保候审尚不足以防止发生法定的社会危险性的,应当逮捕。② 对有证据证明有犯罪事实,可能判处十年有期徒刑以上刑罚的,或者有证据证明有犯罪事实,可能判处徒刑以上刑罚,曾经故意犯罪或者身份不明的,应当逮捕。③ 被取保候审、监视居住的犯罪嫌疑人、被告人违反取保候审、监视居住规定,情节严重的,可以逮捕。批准或者决定逮捕,应当将犯罪嫌疑人、被告人涉嫌犯罪的性质、情节,认罪认罚等情况,作为是否可能

发生社会危险性的考虑因素。

在逮捕后,除有妨碍侦查或无法通知等情形外,应将逮捕原因与羁押处所于二十四小时内通知被捕人的家属。公安机关执行逮捕时,必须出示逮捕证。对被逮捕人必须在逮捕后二十四小时内进行讯问,发现逮捕不当时必须立即释放,发给释放证。

《刑事诉讼法》对逮捕等强制措施还规定了变更、撤销、解除和救济程序,以便更充分保护犯罪嫌疑人、被告人的诉讼权利。

七、附带民事诉讼

(一) 概述

附带民事诉讼,指法院在解决刑事被告人的刑事责任的同时,在当事人的参加下,附带解决由犯罪行为造成的被害人物质损失的赔偿纠纷的诉讼活动。

并非任何因犯罪造成的物质损失都可以通过提起附带民事诉讼解决,根据相关司法解释规定,被告人非法占有、处置被害人财产的,应当依法予以追缴或者责令退赔,被害人提起附带民事诉讼的,法院不予受理。因此,被害人因人身权利受到犯罪侵犯或者财物被犯罪分子毁坏而遭受物质损失的,才可以提起附带民事诉讼。

另据司法解释规定,因受到犯罪侵犯,提起附带民事诉讼或者单独提起民事诉讼要求赔偿精神损失的,法院不予受理。

(二) 附带民事诉讼程序

被害人有权提起附带民事诉讼。被害人死亡或者丧失行为能力的,其法定代理人、近亲属有权提起民事诉讼。如果是国家财产、集体财产遭受损失的,检察机关在提起公诉时可以提起附带民事诉讼。

人民法院在必要时可以适用民事诉讼法规定采取保全措施,查封、扣押或者冻结被告人的财产。附带民事诉讼原告人或者检察机关可以申请法院采取保全措施。

人民法院审理附带民事诉讼案件,可以进行调解,或者作出判决、裁定。附带民事诉讼应当同刑事案件一并审判,只有为了防止刑事案件审判过分迟延,才可以在刑事案件审判后,由同一审判组织继续审理附带民事诉讼。

八、刑事诉讼阶段

刑事诉讼一般经过立案、侦查、起诉、审判、执行五个阶段,也有可能在某一阶段终结程序,不进入下一阶段。如果是自诉程序,无须经过侦查和(检察)起诉阶段,自诉到人民法院即可直接进入审判阶段。

(一) 立案与侦查

1. 立案

立案指公安机关、检察机关、审判机关按照管辖范围,对报案、控告、举报、自首等方面的材料进行审查,以判明是否确有犯罪事实存在和是否追究刑事责任,并依法决定是否作为刑事案件进行侦查或审判的诉讼活动。简言之,立案阶段的任务是决定是否启动刑事诉讼程序。

公安、检察机关发现犯罪事实或者犯罪嫌疑人,应当按照管辖范围立案侦查。人民法院、检察机关或者公安机关对于报案、控告、举报和自首的材料,应当按照管辖范围,迅速进行审查,认为有犯罪事实需要追究刑事责任的,应当立案;认为没有犯罪事实,或者犯罪事实显著轻微,不需要追究刑事责任的,不予立案,并且将不立案的原因通知控告人;控告人不服的,可以申请复议。检察机关有权对公安机关的不立案决定进行监督。

对于自诉案件,被害人有权向人民法院直接起诉。被害人死亡或者丧失行为能力的,被害人的法定代理人、近亲属有权向人民法院起诉。人民法院应当依法受理。

2. 侦查

侦查指公安机关、人民检察院对于刑事案件,依照法律进行的收集证据、查明案情的工作和有关的强制性措施。侦查的任务是收集证据,查明犯罪事实和查获犯罪嫌疑人,为打击和预防犯罪、保障诉讼的顺利进行提供可靠的根据。公安机关经过侦查,对有证据证明有犯罪事实的案件,应当进行预审,对收集、调取的证据材料予以核实。侦查工作应遵循迅速及时、客观全面、深入细致、遵守法制、保守秘密的原则。侦查权的运行应主动适应司法的要求,司法权也应介入侦查程序中,对侦查行为进行适当约束。

侦查行为,是侦查机关在侦查阶段依法进行的各种专门调查工作,包括:

(1) 讯问犯罪行为人。

讯问必须由检察机关或公安机关的侦查人员进行,讯问时侦查人员不得少于二人。犯罪嫌疑人被送交看守所羁押后,对其讯问应当在看守所内进行。讯问时,应当首先讯问犯罪嫌疑人是否有犯罪行为,让他陈述有罪的情节或无罪的辩解,然后向他提出问题。犯罪嫌疑人对提问应当如实回答,但是对与本案无关的问题,有拒绝回答的权利。侦查人员在讯问犯罪嫌疑人的时候,应当告知犯罪嫌疑人享有的诉讼权利,如实供述自己的罪行可以从宽处理和认罪认罚的法律规定。讯问聋、哑的犯罪嫌疑人,应当有通晓聋、哑手势的人参加。可以对讯问过程录音或录像;对可能判处无期徒刑、死刑的案件或者其他重大犯罪案件,应当录音或录像;录音或录像应当全程进行,保持完整性。

(2) 询问证人、被害人。

侦查人员询问证人应当个别进行,应当告知其须如实提供证据、证言以及有意作伪证或者隐匿罪证要负的法律责任。询问被害人,适用询问证人的规定。

(3) 勘验、检查。

侦查人员对于与犯罪有关的场所、物品、人身、尸体应当进行勘验或者检查;必要时,也可以指派或聘请具有专门知识的人,在侦查人员的主持下进行勘验、检查。任何单位和个人,都有义务保护犯罪现场,并立即通知公安机关勘验。对死因不明的尸体,公安机关有权决定解剖,并通知死者家属到场。为了确定被害人、犯罪嫌疑人的某些特征、伤害情况或者生理状态,可以对人身进行检查,可以提取指纹信息、采集生物样本。犯罪嫌疑人如果拒绝检查,侦查人员认为必要时可以强制检查。检查妇女的身体,应当由女工作人员或者医师进行。检察机关复查案件时,认为需要的,可以要求公安机关复验、复查,并可派员参加。为了查明案情,必要时经批准可以进行侦查实验,禁止一切足以造成危险、侮辱

人格或有伤风化的行为。

（4）搜查。

为了收集犯罪证据、查获犯罪人，侦查人员可以对犯罪嫌疑人以及可能隐藏罪犯或犯罪证据的人身、物品、住处和其他有关地方进行搜查。任何单位和个人，有义务按照检察机关和公安机关的要求，交出可以证明犯罪嫌疑人有罪或者无罪的物证、书证、视听资料等证据。进行搜查，必须向被搜查人出示搜查证，但在执行逮捕、拘留的时候遇有紧急情况除外。搜查时应当有被搜查人或者他的家属、邻居或者其他见证人在场。搜查妇女身体，应当由女性工作人员进行。

（5）查封、扣押物证、书证。

在侦查中发现的可用以证明犯罪嫌疑人有罪或者无罪的各种财物、文件，应当查封、扣押，并应妥善保管或者封存，开列清单，不得使用、调换或损毁。与案件无关的财物、文件不得查封、扣押。

侦查人员认为需要，经公安机关或者检察机关批准，可以扣押犯罪嫌疑人的邮件、电报。检察机关、公安机关根据侦查需要，可以按规定查询、冻结犯罪嫌疑人的存款、汇款、债券、股票、基金份额等财产，但上述财产已被冻结的，不得重复冻结。

（6）鉴定。

为了查明案情，需要解决案件中某些专门性问题的时候，应当指派、聘请有专门知识的人进行鉴定（如法医鉴定、司法精神病鉴定、笔迹鉴定），鉴定人应当写出鉴定意见并签名。鉴定人故意作虚假鉴定的，应当承担法律责任。

侦查机关应当将用作证据的鉴定意见告知犯罪嫌疑人、被害人；如果犯罪嫌疑人、被害人提出申请，可以补充鉴定或者重新鉴定。对犯罪嫌疑人作精神病鉴定的期间不计入办案期限。

（7）技术侦查措施。

技术侦查措施简称"技侦"，特指国家安全机关和公安机关为了侦查犯罪而采取的电子侦听、电子监控、秘密拍照或录像、秘密获取某些物证、邮件检查等秘密的专门技术手段。适用于：① 公安机关在立案后，对危害国家安全罪、恐怖活动犯罪、黑社会性质的组织犯罪、重大毒品犯罪或者其他严重危害社会的犯罪案件，根据侦查犯罪的需要，经过严格的批准手续，可以采取技侦措施。② 人民检察院在立案后，对于利用职权实施的严重侵犯公民人身权利的重大犯罪案件，根据侦查犯罪的需要，经过严格的批准手续，可以采取技术侦查措施，按照规定交有关机关执行。③ 追捕被通缉或者批准、决定逮捕的在逃犯罪嫌疑人、被告人，经过批准，可以采取追捕所必需的技侦措施。

技侦措施必须严格按批准的措施种类、适用对象和期限执行。侦查人员对采取技侦措施中知悉的国家秘密、商业秘密和个人隐私应当保密，对获取的与案件无关的材料必须及时销毁，获取的材料只能用于对犯罪的侦查、起诉和审判。

（8）通缉。

应当逮捕的犯罪嫌疑人如果在逃，公安机关可以发布通缉令，采取有效措施追捕归案。各级公安机关在自己辖区内可以直接发布通缉令；超出辖区应当报请有权决定的上级机关发布。

经过以上侦查行为,侦查机关认为案件事实已经查清,证据确实、充分,足以认定犯罪嫌疑人是否有罪和应否对其追究刑事责任的,应当决定结束侦查,并对案件依法作出结论和处理,即侦查终结。有三种结论和处理:① 犯罪事实清楚,证据确实充分的,写出起诉意见书,连同案卷材料、证据一并移送同级检察机关审查决定,同时将案件移送情况告知犯罪嫌疑人及其辩护律师。犯罪嫌疑人自愿认罪的,应当记录在案,随案移送并在起诉意见书中写明有关情况。② 发现不应对犯罪嫌疑人追究刑事责任的,应当撤销案件,对已逮捕的犯罪嫌疑人立即释放,发给释放证明,并通知原批准逮捕的检察机关。

检察机关对侦查终结的案件,应当作出提起公诉、不起诉或者撤销案件的决定。

(二) 起诉

1. 概述

刑事起诉,是国家公诉(检察)机关和享有控诉权的公民(被害人及其法定代理人、近亲属)针对发生的犯罪行为,依法向人民法院提起诉讼,要求人民法院对指控的犯罪进行审判,以确定被告人刑事责任并予以刑事处罚的诉讼活动。

按行使控诉权主体的不同,起诉分为公诉和自诉。起诉是启动审判程序的前提和依据,人民法院不得就未经起诉的犯罪审判;起诉也使犯罪嫌疑人成为刑事被告人。

2. 审查起诉

审查起诉指检察机关对公安机关侦查终结移送审查起诉的案件和自行侦查终结的案件进行审查,依法对犯罪嫌疑人作出提起公诉、不起诉或者撤销案件的诉讼活动。检察机关还对侦查机关的侦查活动进行监督,纠正违法;复查被害人、被不起诉人的申诉;对公安机关认为不起诉的决定有错误而要求复议、提请复核的进行复议、复核。

人民检察院对于监察机关移送起诉的案件,依照《刑事诉讼法》和监察法的有关规定进行审查。人民检察院经审查,认为需要补充核实的,应当退回监察机关补充调查,必要时可以自行补充侦查。

人民检察院审查案件,应当讯问犯罪嫌疑人,听取辩护人或者值班律师、被害人及其诉讼代理人的意见,并记录在案。辩护人或者值班律师、被害人及其诉讼代理人提出书面意见的,应当附卷。犯罪嫌疑人认罪认罚的,人民检察院应当告知其享有的诉讼权利和认罪认罚的法律规定,听取犯罪嫌疑人、辩护人或者值班律师、被害人及其诉讼代理人对下列事项的意见,并记录在案:① 涉嫌的犯罪事实、罪名及适用的法律规定;② 从轻、减轻或者免除处罚等从宽处罚的建议;③ 认罪认罚后案件审理适用的程序;④ 其他需要听取意见的事项。人民检察院依照前两款规定听取值班律师意见的,应当提前为值班律师了解案件有关情况提供必要的便利。犯罪嫌疑人自愿认罪,同意量刑建议和程序适用的,应当在辩护人或者值班律师在场的情况下签署认罪认罚具结书。犯罪嫌疑人认罪认罚,有下列情形之一的,不需要签署认罪认罚具结书:① 犯罪嫌疑人是盲、聋、哑人,或者是尚未完全丧失辨认或者控制自己行为能力的精神病人的;② 未成年犯罪嫌疑人的法定代理人、辩护人对未成年人认罪认罚有异议的;③ 其他不需要签署认罪认罚具结书的情形。

检察机关对于需要补充侦查的,可以退回公安机关补充侦查,也可以自行侦查。补充

侦查以二次为限,满二次检察机关仍认为证据不足,不符合起诉条件的,应当作出不起诉决定。

3. 提起公诉

经过审查,检察机关认为犯罪嫌疑人的犯罪事实已经查清,证据确实、充分,依法应当追究刑事责任的,应当作出起诉决定,按照审判管辖的规定,向人民法院提起公诉,并将案卷材料、证据移送人民法院。

4. 不起诉

不起诉是检察机关审查后,认为不符合起诉条件,作出不将案件交付人民法院审判的处理决定,其效力是终止刑事诉讼,适用于三种情形:① 绝对不起诉。犯罪嫌疑人没有犯罪事实,或者属于《刑事诉讼法》第十五条规定不追究刑事责任情形之一的,应当不起诉。② 酌定不起诉。犯罪轻微,依照刑法不需要判处刑罚或者免除刑罚的,可以不起诉。③ 存疑不起诉。对于二次补充侦查的案件,检察机关仍然认为证据不足,不符合起诉条件的,应当作出不起诉决定。对不起诉决定,《刑事诉讼法》规定了检察机关、公安机关的制约措施,也规定了被不起诉人、被害人的救济权利。

犯罪嫌疑人自愿如实供述涉嫌犯罪的事实,有重大立功或者案件涉及国家重大利益的,经最高人民检察院核准,公安机关可以撤销案件,人民检察院可以作出不起诉决定,也可以对涉嫌数罪中的一项或者多项不起诉。根据前款规定不起诉或者撤销案件的,人民检察院、公安机关应当及时对查封、扣押、冻结的财物及其孳息作出处理。

5. 自诉

自诉案件,指享有起诉权的人依法提起刑事诉讼,由法院直接受理的案件。提起自诉的条件:① 自诉人是本案的被害人或其法定代理人、近亲属。② 属于《刑事诉讼法》第二百零四条规定的案件,即告诉才处理的案件;被害人有证据证明的轻微刑事案件;被害人有证据证明对被告人侵犯自己人身、财产权利的行为应当依法追究刑事责任,而公安机关或者检察机关不予追究的案件。③ 案件属于受诉法院管辖。④ 有明确的被告人、具体的诉讼请求和能证明被告人犯罪事实的证据。

(三) 审判

1. 概述

(1)审判的概念和任务。

审判是审理和裁判的简称,指法院审判组织在控、辩双方和其他诉讼参与人的参加下,对案件的事实和证据进行审查核实,查明案件事实,听取控、辩双方的意见,正确适用法律、对案件的实体问题与某些程序问题作出权威性处理决定,并以法院名义予以公开宣告的活动。审判的任务:一是对案件事实进行审查、判断;二是适用法律,对案件作出权威性处理。审判在刑事诉讼中居于核心地位,在此阶段控、辩、审三种职能充分结合,其他阶段均围绕审判阶段展开。

(2)刑事审判模式。

我国的刑事审判模式,曾经具有浓厚的职权主义色彩,法官完全主导和控制程序,积极主导地调查事实和证据,被告人诉讼主体地位虚化、法官与检察官职能模糊。1996 年、2012 年两度修正《刑事诉讼法》,对原有审判模式进行了重大改革,形成以职权主义为主,当事人主义为辅的混合式审判模式,强化了控方的举证责任,弱化了法官对事实与证据的调查功能,扩大了辩护方的权利,增强了庭审的对抗性,还规定了公诉案件的刑事和解制度。

（3）审判组织。

审判组织指法院审判案件的组织形式。基层人民法院、中级人民法院审判第一审案件,应当由审判员三人或者由审判员和人民陪审员共三人或者七人组成合议庭进行,但是基层人民法院适用简易程序、速裁程序的案件可以由审判员一人独任审判。高级人民法院审判第一审案件,应当由审判员三人至七人或者由审判员和人民陪审员共三人或者七人组成合议庭进行。最高人民法院审判第一审案件,应当由审判员三人至七人组成合议庭进行。人民法院审判上诉和抗诉案件,由审判员三人或者五人组成合议庭进行。合议庭的成员人数应当是单数,按多数人意见作出决定,少数人意见应当写入笔录。对于疑难、复杂、重大案件,合议庭认为难以作出决定的,提请院长决定提交审判委员会讨论决定,审委会的决定合议庭应当执行。

2. 第一审程序

（1）第一审一般程序。

第一审一般程序指法院对公诉案件进行第一次审判遵循的普通程序基本规则,区别于自诉案件和简易程序适用的特别规则,无特别规则的仍适用基本规则。

第一审一般程序分为庭前程序和法庭审判程序两个阶段。庭前程序指检察机关向法院提起公诉后到法院开庭审判前,法院所进行的各种审判准备程序,其核心是准备,目的是效率,即为顺利开展庭审创造条件。开庭前,审判人员可以召集公诉人、当事人和辩护人、代理人,对回避、出庭证人名单、非法证据排除等与审判相关的问题了解情况、听取意见,必要时可以召开庭前会议。

法庭审判程序是第一审程序的中心环节,包括开庭（开始程序）、法庭调查、法庭辩论、被告人最后陈述、评议与宣判等阶段。被告人认罪认罚的,审判长应当告知被告人享有的诉讼权利和认罪认罚的法律规定,审查认罪认罚的自愿性和认罪认罚具结书内容的真实性、合法性。对于认罪认罚案件,人民法院依法作出判决时,一般应当采纳人民检察院指控的罪名和量刑建议,但有下列情形的除外：① 被告人的行为不构成犯罪或者不应当追究其刑事责任的；② 被告人违背意愿认罪认罚的；③ 被告人否认指控的犯罪事实的；④ 起诉指控的罪名与审理认定的罪名不一致的；⑤ 其他可能影响公正审判的情形。

（2）速裁程序。

基层人民法院管辖的可能判处三年有期徒刑以下刑罚的案件,案件事实清楚,证据确实、充分,被告人认罪认罚并同意适用速裁程序的,可以适用速裁程序,由审判员一人独任审判。人民检察院在提起公诉的时候,也可以建议人民法院适用速裁程序。

有下列情形之一的,不适用速裁程序：① 被告人是盲、聋、哑人,或者是尚未完全丧失辨认或者控制自己行为能力的精神病人的；② 被告人是未成年人的；③ 案件有重大社会影响的；④ 共同犯罪案件中部分被告人对指控的犯罪事实、罪名、量刑建议或者适用速裁

程序有异议的;⑤ 被告人与被害人或者其法定代理人没有就附带民事诉讼赔偿等事项达成调解或者和解协议的;⑥ 其他不宜适用速裁程序审理的。

适用速裁程序审理案件,不受送达期限的限制,一般不进行法庭调查、法庭辩论,但在判决宣告前应当听取辩护人的意见和被告人的最后陈述意见。适用速裁程序审理案件,应当当庭宣判。

适用速裁程序审理案件,人民法院应当在受理后十日以内审结;对可能判处的有期徒刑超过一年的,可以延长至十五日。

人民法院在审理过程中,发现有被告人的行为不构成犯罪或者不应当追究其刑事责任、被告人违背意愿认罪认罚、被告人否认指控的犯罪事实或者其他不宜适用速裁程序审理的情形的,应当按刑诉法的规定重新审理。

3. 第二审程序

(1)概述。

第二审程序又称上诉审程序,指第一审法院的上一级法院根据上诉人的上诉或检察机关的抗诉,依法对第一审法院的判决或裁定尚未发生法律效力的案件再次进行审判的程序。

第二审程序对保障审判的公正性、实现刑事诉讼任务具有重要作用,具体说,第二审程序具有对第一审程序进行审查和救济,发现和纠正其裁判错误的功能,可以满足当事人对审判公正性的需求,也有利于维护法制的统一,还有利于实现上级法院对下级法院的监督指导。

(2)第二审程序的提起。

第二审程序不是第一审程序的自动延续,不是刑事案件必经的审判程序,须经上诉或抗诉而提起。

上诉人包括三类:一是当事人,即被告人、自诉人、附带民事诉讼的原告、被告(仅针对附带民事诉讼部分);二是当事人的法定代理人;三是经被告同意的辩护人和近亲属。上诉人只需对一审裁判不服即可提起上诉,无须提出上诉理由。

地方检察机关认为本级法院第一审裁判确有错误的,应当向上一级法院提起抗诉。被害人及其法定代理人不服地方各级法院第一审判决的,自收到判决书后五日内有权提请检察机关提起抗诉,检察机关收到该请求后五日内应当作出是否抗诉的决定并答复请求人。抗诉必须提出理由。

不服判决的上诉和抗诉的期限为十日,不服裁定的上诉和抗诉的期限为五日,从接到判决书、裁定书的第二日起算。上诉可以通过原审法院提出,也可以直接向第二审法院提出;抗诉应当通过原审法院提出,上级检察机关如果认为抗诉不当,可以向同级法院撤回抗诉。

(3)第二审程序的审判。

第二审法院应当就第一审判决认定的事实和适用的法律进行全面审查,不受上诉或者抗诉范围的限制。共同犯罪的案件只有部分被告人上诉的,应当对全案进行审查,一并处理。以上即"全面审查原则"。

第二审程序的审判方式有开庭审理和不开庭审理两种方式。对下列案件应当组成合议庭,开庭审理:上诉人对第一审认定的事实、证据提出异议,可能影响定罪量刑的案件;被告人被判处死刑的案件;检察机关抗诉的案件;其他应当开庭审理的案件。第二审法院决定不开庭审理的,应当讯问被告人,听取其他当事人、辩护人、诉讼代理人的意见。

对不服第一审判决的上诉、抗诉案件,经过审理,按照下列情形分别处理:原判决认定事实和适用法律正确、量刑适当的,应当裁定驳回上诉或抗诉,维持原判;原判决认定事实没有错误,但适用法律有错误,或者量刑不当的,应当改判;原判决事实不清或证据不足的,可以在查明事实后改判,也可以裁定撤销原判,发回原审法院重新审判。原审理法院对发回重新审判的案件作出判决后,被告人上诉或检察机关抗诉的,第二审法院应当依法作出判决或裁定,不得再次发回重审。

第二审法院审理被告人或者其法定代理人、辩护人、近亲属上诉的案件,不得加重被告人的刑罚。发回重审的案件,除有新的犯罪事实,检察机关补充起诉的外,原审法院也不得加重被告人的刑罚。以上即"上诉不加刑"原则。但是检察机关提出抗诉或自诉人提出上诉的,不受该原则限制。

第二审法院发现第一审法院的审理违反法律规定的诉讼程序,可能影响公正审判的,应当撤销原判,发回原审法院重审。

第二审的判决、裁定和最高人民法院的判决裁定,都是终审的判决、裁定。

4. 死刑复核程序

暂不废除死刑,限制死刑的适用,坚持少杀、慎杀,防止错杀,是我国坚持的死刑政策。在《刑事诉讼法》中专章规定死刑复核程序,是该政策的具体体现之一,其任务有两项:一是审查原判认定的犯罪事实是否清楚,定罪的证据是否确实、充分,罪名是否准确,量刑是否适当,程序是否合法;二是依据事实和法律,作出是否核准死刑的裁定并制作相应的司法文书。

1979 年《刑事诉讼法》规定,死刑由最高人民法院核准。但该规定实施不久,有关部门就不断将死刑核准权下放高级人民法院行使。根据 2006 年全国人大常委会的决定,将死刑复核权再次统一收归最高人民法院行使,这是落实依法治国基本方略、尊重和保障人权的重大举措。

死刑由最高人民法院核准。中级人民法院判处死刑的第一审案件,被告人不上诉的,应当由高级人民法院复核后,报请最高人民法院核准;高级人民法院不同意判处死刑的,可以提审或者发回重审。高级人民法院判处死刑的第一审案件被告人不上诉的,以及判处死刑的第二审案件,都应当报请最高人民法院核准。

中级人民法院判处死刑缓期二年执行的案件,由高级人民法院核准。最高人民法院复核死刑案件,高级人民法院复核死刑缓期执行案件,应当由审判员三人组成合议庭进行。

最高人民法院复核死刑案件,应当作出核准或不核准死刑的裁定。不核准死刑的,最高人民法院可以发回重审或者予以改判。

最高人民法院复核死刑案件,应当讯问被告人,辩护律师提出要求的,应当听取辩护律师的意见。在复核死刑案件中,最高人民检察院可以向最高人民法院提出意见,最高人民法院应当将死刑复核结果通报最高人民检察院。

5. 审判监督程序

审判监督程序,又称再审程序,指法院、检察院对于已经发生法律效力的判决、裁定,发现在认定事实或者适用法律上确有错误,或者程序上存在严重违法,予以提出并由法院对该案重新审判所遵循的程序。

(1) 再审程序的提起。

提起再审程序的材料来源,除司法机关自行发现外,主要基于当事人等的申诉。当事人及其法定代理人、近亲属,对已经发生法律效力的判决、裁定,可以向原审法院或者上级法院提出申诉,但是不能停止判决、裁定的执行。申诉有下列情形之一的,法院应当重新审判:有新的证据证明原判决、裁定认定的事实确有错误,可能影响定罪量刑的;据以定罪量刑的证据不确实、不充分、依法应当排除,或者证明案件事实的主要证据之间存在矛盾的;原判决、裁定适用法律确有错误的;违反法律规定的诉讼程序,可能影响公正审判的;审判人员在审理该案时,有贪污受贿、徇私舞弊、枉法裁判行为的。

有权提起再审程序的主要包括:第一,法院院长和审判委员会,法院院长对本院已经发生法律效力的判决和裁定,发现在认定事实上或在适用法律上确有错误,提交审判委员会处理,决定再审。第二,最高人民法院和上级法院指令下级法院再审、决定提审。第三,最高人民检察院和上级检察院提出抗诉。

(2) 依照再审程序对案件的重新审判。

对再审案件,应当另行组成合议庭进行审判。如果原审是第一审案件,仍依照第一审程序审判,对所作出的判决、裁定可以上诉或抗诉。如果原审是第二审案件,或者是上级法院提审的案件,应当依照第二审程序审判,所作的判决、裁定是终审的判决、裁定。

(四) 执行程序

1. 概述

执行,指法院将已经发生法律效力的判决和裁定交付执行机关,以实施其确定的内容以及处理执行中的诉讼问题而进行各种活动。

发生法律效力的判决和裁定是指:① 已过法定期限没有上诉、抗诉的判决和裁定;② 终审的判决和裁定;③ 最高人民法院核准的死刑判决和高级人民法院核准的死刑缓期二年执行判决。

2. 死刑立即执行判决的执行

为防止无法挽回的错误,《刑事诉讼法》及相关司法解释对死刑执行作了严格周密的规定。

最高人民法院判处和核准的死刑立即执行的判决,由最高人民法院院长签发执行死刑的命令,下级法院接到该命令后,应在七日内交付执行。但是发现下列情形之一的,应当停止执行,立即报告最高人民法院由其作出裁定:① 在执行前发现判决可能有错误的;② 在执行前罪犯揭发重大犯罪事实或者有其他重大立功表现,可能需要改判的;③ 罪犯正在怀孕的。第①②项停止执行的原因消失后,必须报请最高人民法院院长再签发执行死刑的命令才能执行;由于第③项原因停止执行的,应当报请最高人民法院依法改判。

3. 死缓、无期徒刑、有期徒刑、拘役判决的执行

对这些判决,应由交付执行的法院在判决生效后十日内将有关法律文书送达公安机关、监狱或者其他执行机关(如未成年犯管教所),并将罪犯交付执行刑罚。

在死刑缓期二年执行期间故意犯罪的,应由检察机关提起公诉,服刑地中级人民法院审判。认定构成故意犯罪的判决、裁定发生法律效力后,报请最高人民法院核准,核准后,交罪犯服刑地中级人民法院执行死刑。被判处死刑缓期二年执行的罪犯,在死刑缓期执行期间,如果没有故意犯罪,死刑缓期执行期满,应当予以减刑的,由执行机关提出书面意见,报请高级人民法院裁定;如果故意犯罪,情节恶劣,查证属实,应当执行死刑的,由高级人民法院报请最高人民法院核准;对于故意犯罪未执行死刑的,死刑缓期执行的期间重新计算,并报最高人民法院备案。

判处有期徒刑、拘役的罪犯,执行期满应当由执行机关发给释放证明书。

4. 缓刑、管制、剥夺政治权利的执行

有期徒刑缓刑、拘役缓刑、管制的判决发生法律效力后,应当将法律文书和罪犯交当地社区矫正机构负责执行。

对被判处剥夺政治权利的罪犯,由公安机关执行。执行期满,应由执行机关书面通知本人及其所在单位、居住地基层组织。

5. 罚金、没收财产的执行

被判处罚金的罪犯,期满不缴纳的,人民法院应当强制缴纳;如果由于遭遇不能抗拒的灾祸等原因缴纳确实有困难的,经人民法院裁定,可以延期缴纳、酌情减少或者免除没收财产的判决,无论附加适用或者独立适用,都由人民法院执行,必要时也可会同公安机关执行。

6. 新罪、漏罪、申诉的处理

罪犯在服刑期间又犯罪的,或者发现了判决的时候所没有发现的罪行的,由执行机关移送检察机关处理;认为需要追究刑事责任的,检察机关向有管辖权的法院起诉,由法院依法审判,将对新罪和漏罪所判处的刑罚与原判决尚未执行完毕的刑期,按数罪并罚的原则,决定应当执行的刑罚。

监狱等执行机关在刑罚执行中,如果认为判决有错误或者罪犯提出申诉,应当转请检察机关或者原审法院处理。

7. 暂予监外执行

对被判处有期徒刑或者拘役的罪犯,有下列情形之一的,经法定程序批准,可以暂予监外执行:① 有严重疾病需要保外就医的,但可能有社会危险性,或者自伤自残的罪犯除外;② 怀孕或者正在哺乳自己婴儿的妇女(此种情形也可适用于被判处无期徒刑的罪犯);③ 生活不能自理,适用暂予监外执行不致危害社会的。发现不符合暂予监外执行条件,严重违反有关暂予监外执行监管规定,暂予监外执行情形消失而刑期未满的,均须及时收监。

九、特别程序

（一）未成年人刑事案件诉讼程序

未成年人刑事案件，指被告人被指控实施犯罪时已满14周岁、不满18周岁的案件。考虑到未成年人的心理和生理特点，基于保护未成年人权利的要求，根据相关国际公约、准则及《刑事诉讼法》《中华人民共和国未成年人保护法》《中华人民共和国预防未成年人犯罪法》等规定，对此类案件实行某些区别于成年人刑事案件的特别程序。

未成年人刑事案件诉讼程序须遵循教育为主、惩罚为辅、分案处理、不公开审理、及时、和缓的特别原则。具体适用以下特别制度或规则：① 必须查明犯罪嫌疑人、被告人的准确出生日期，重点查明其是否年满14、16、18周岁。② 由专门机构或专职人员承办，如法院审理应由熟悉未成年人身心特点的审判员和/或人民陪审员组成少年法庭进行。③ 诉讼工作要求全面、细致，例如制作诉讼文书时，应当着重写明犯罪嫌疑人、被告人的确切出生年月日，生活居住环境、心理性格特征，走上犯罪道路的原因等情况。④ 未成年犯罪嫌疑人、被告人享有特别的诉讼权利，例如没有委托辩护人的，审判、检查、公安机关应当通知法律援助机构指派律师为其提供辩护，合适成年人在场制度，不公开审理等。⑤ 慎重适用强制措施。⑥ 区别对待的起诉政策，附条件不起诉制度。⑦ 相对和缓的办案方式。⑧ 减刑、假释的标准比照成年罪犯适度放宽。⑨ 犯罪记录封存制度。

（二）当事人和解的公诉案件诉讼程序

下列公诉案件，犯罪嫌疑人、被告人真诚悔罪，通过向被害人赔偿损失、赔礼道歉等获得被害人谅解，被害人自愿和解的，双方当事人可以和解：① 因民事纠纷引起，涉嫌刑法分则第四章（侵犯公民人身权利、民主权利罪）、第五章（侵犯财产罪）规定的犯罪案件，可能判处三年有期徒刑以下刑罚的；② 除渎职犯罪以外的可能判处七年有期徒刑以下刑罚的过失犯罪案件。但是，犯罪嫌疑人、被告人在五年内曾经故意犯罪的，不适用和解程序。

犯罪嫌疑人、被告人逃匿、死亡案件违法所得的没收程序

双方当事人和解的，公安机关、检察机关、审判机关应当听取当事人和其他有关人员的意见，对和解的自愿性、合法性进行审查，并主持制作和解协议书。对达成和解协议的案件，公安机关可以向检察机关提出从宽处理的建议；检察机关可以向人民法院提出从宽处罚的建议，对犯罪情节轻微，不需要判处刑罚的，可以作出不起诉的决定；人民法院可以依法对被告人从宽处罚。

第二节　行政诉讼法

引例：行政征收土地案

　　基本案情：某县通过招商引资，吸引了一个大公司前来投资高档房地产项目。县人民政府发布文件，决定对投资者看中的县城附近某村民小组的承包地、宅基地等土地及地上物实施成片征收。被征地村民共同向有管辖权的法院提起行政诉讼，请求判决确认县政府的征收决定无效。被告县政府仅委托省城的某律师代理出庭，该律师在庭审中提出，县政府的决定并非针对某一村民的具体行政行为，而是对该村民小组实施成片整体征收，故本案不属于法院受理范围。

　　法律分析：① 被告县政府仅委托律师出庭，其负责人没有出庭，也没有委托行政机关相应工作人员出庭，违反了《中华人民共和国行政诉讼法》规定的行政机关负责人出庭应诉原则。② 根据2014年修改后的《中华人民共和国行政诉讼法》，可诉行政行为已经不限于具体行政行为，县政府针对特定范围的土地征收作出的决定，也不属于规范性文件，故被告律师关于本案不属于法院受理范围的主张不能成立。

一、行政诉讼法概述

（一）行政诉讼的概念

　　行政诉讼，指公民、法人或其他组织认为行政机关及其工作人员的行政行为侵犯其合法权益，向法院起诉，由法院进行审理、作出裁判，解决行政争议的诉讼活动。

　　行政诉讼法，简称行诉法，指规范法院、当事人和其他诉讼参与人的诉讼活动和诉讼关系的程序法。在我国，狭义的行诉法指《中华人民共和国行政诉讼法》[①]；广义的行诉法，还包括其他关于行政诉讼程序的法律规定，以及最高人民法院发布的用于指导行政诉讼的司法解释和司法文件，例如《最高人民法院关于执行〈中华人民共和国行政诉讼法〉若干问题的解释》（简称《行诉法解释》）。

（二）行政诉讼法的立法宗旨与基本原则

　　《行政诉讼法》的立法宗旨为：保证法院公正、及时审理行政案件，解决行政争议，保护公民、法人和其他组织的合法权益，监督行政机关依法行使职权。

　　行政诉讼须遵循以下基本原则：

　　1. 保障起诉权利原则

　　法院应当保障公民、法人和其他组织的起诉权利，对应当受理的行政案件依法受理。

---

　　① 该法于1989年通过，现行文本于2014年11月1日第一次修改、2017年6月27日第二次修改，2017年7月1日起施行。以下简称《行政诉讼法》。

现行《行政诉讼法》增加该原则,是基于长期存在的行政诉讼立案难,行政机关不愿当被告,法院不愿受理,大量本应通过诉讼解决的行政纠纷进入信访渠道的状况,着力强化人民法院对公民、法人、其他组织行政起诉权的保护。

2. 禁止行政机关干预受理原则

考虑到一些地方的政府部门干预法院受理行政案件的状况,现行《行政诉讼法》增加该原则,规定:行政机关及其工作人员不得干预、阻碍法院受理行政案件。

3. 行政机关负责人出庭应诉原则

为了增强被诉行政机关及其负责人的行政法治观念,有利于行政争议及时化解和行政法律秩序及时恢复,现行《行政诉讼法》增加该原则:被诉行政机关负责人应当出庭应诉。不能出庭的,应当委托行政机关相应的工作人员出庭。此处负责人不一定专指正职负责人即法定代表人,也包括分管副职领导。负责人应当出庭是原则,有正当理由不能出庭的,也应当委托行政机关相应的工作人员,首先要考虑相应职级的工作人员,也可以协调政府法制部门工作人员出庭应诉。

4. 合法性审查原则

《行政诉讼法》规定:法院审理行政案件,对行政行为是否合法进行审查。这是行诉法区别于刑诉法、民诉法的一项特有原则,最集中地反映了行政诉讼的精神与价值取向。该原则的意义,一是明确法院与行政机关之间监督与被监督的关系;二是确认公民、法人或其他组织因行政机关的行政行为违法而权益受损时,有权依法获得司法救济的权利。

上述规定也意味着,就原则而言,法院仅对行政行为进行合法性审查,除非另有具体规定,一般不涉及适当性或合理性审查。

5. 其他基本原则

除了以上行政诉讼的特有原则外,《行政诉讼法》还规定了与刑诉法或民诉法共同适用的原则,包括:以事实为依据,以法律为准绳原则;合议、回避、公开审判、两审终审原则;辩论原则;检察监督原则等。

二、行政诉讼受案范围

(一) 关于受案范围的概括规定

根据《行政诉讼法》,公民、法人或者其他组织认为行政机关和行政机关工作人员的行政行为侵犯其合法权益,有权依照本法向法院提起诉讼;此处所称行政行为,包括法律、法规、规章授权的组织作出的行政行为。

《行政诉讼法》修改前,将可诉行政行为限定于"具体"行政行为,修改后,"具体行政行为"一律替换成"行政行为",后者外延极其丰富,包括抽象、具体、内部、外部、合法、违法、法律行为、事实行为、单方行为、合同行为等各类行政行为,仅排除行政机关与行政职权无关的民事行为和刑事侦查行为,以及法律明文规定不受理对其诉讼的行为,从而突破了长期以来制约行政诉讼受案范围的瓶颈。修改后,还将行政诉讼保护范围从"人身权、财产权"扩大至"人身权、财产权等合法权益",即起诉人主张,法律、法规、规章或者规范性文件以及行政机关承诺保护的权利和权益,但是不包括法律明确规定应当通过民事诉讼、刑事诉讼途径救济的权利。

2018年2月8日起开始施行的《最高人民法院关于适用〈中华人民共和国行政诉讼法〉的解释》是对正在实行的《行诉法解释》和《最高人民法院关于适用〈中华人民共和国行政诉讼法〉若干问题的解释》(以下简称《行诉法司法解释》)的修改、补充和完善,进一步明确了行政诉讼受案范围边界,既要解决"立案难"痼疾,又要防止滥诉现象的出现。

(二) 行政诉讼受案范围的列举

修改后的《行政诉讼法》第十二条是关于行政诉讼受案范围的肯定式列举。

其中该条第一款第一至六项是对可诉行政行为的列举:对行政拘留、暂扣或者吊销许可证和执照、责令停产停业、没收违法所得、没收非法财物、罚款、警告等行政处罚不服的;对限制人身自由或者对财产的查封、扣押、冻结等行政强制措施和行政强制执行不服的;申请行政许可,行政机关拒绝或者对行政机关作出的有关行政许可的其他决定不服的;对行政机关作出的关于确认土地、矿藏、水流、森林、山岭、草原、荒地、滩涂、海域等自然资源的所有权或者使用权的决定不服的;对征收、征用决定及其补偿决定不服的;申请行政机关履行保护人身权、财产权等合法权益的法定职责,行政机关拒绝履行或者不予答复的。

第七至十项以及第十二项是对行政诉讼所保护合法权益的列举和兜底条款:认为行政机关侵犯其经营自主权或者农村土地承包经营权、农村土地经营权的;认为行政机关滥用行政权力排除或者限制竞争的;认为行政机关违法集资、摊派费用或者违法要求履行其他义务的;认为行政机关没有依法支付抚恤金、最低生活保障待遇或者社会保险待遇的;认为行政机关侵犯其他人身权、财产权等合法权益的。

第十一项是对行政合同行为的专门列举:认为行政机关不依法履行、未按照约定履行或者违法变更、解除政府特许经营协议、土地房屋征收补偿协议等协议的。

该条第二款是对受案范围的再次兜底规定:除前款规定外,法院受理法律、法规规定可以提起诉讼的其他行政案件。

(三) 不属于行政诉讼受案范围的情形

根据《行政诉讼法》第十三条,人民法院不受理对下列事项提起的诉讼:① 国防、外交等国家行为,其中"国家行为",是指国务院、中央军事委员会、国防部、外交部等根据宪法和法律的授权,以国家的名义实施的有关国防和外交事务的行为,以及经宪法和法律授权的国家机关宣布紧急状态等行为;② 行政法规、规章或者行政机关制定、发布的具有普遍约束力的决定、命令,这里"具有普遍约束力的决定、命令",是指行政机关针对不特定对象发布的能反复适用的规范性文件;③ 行政机关对行政机关工作人员的奖惩、任免等决定,该项是指行政机关作出的涉及行政机关工作人员含公务员权利义务的决定;④ 法律规定由行政机关最终裁决的行政行为,此处的"法律"是指全国人民代表大会及其常务委员会制定、通过的规范性文件。

除以上列举外,根据新的《行诉法司法解释》,用排除法进一步明确十种行为不在可诉之列,即不属于行政诉讼的受案范围:① 公安、国家安全等机关依照《刑事诉讼法》的明确授权实施的行为;② 调解行为以及法律规定的仲裁行为;③ 行政指导行为;④ 驳回当事人对行政行为提起申诉的重复处理行为;⑤ 行政机关作出的不产生外部法律效力的行为;⑥ 行政机关为作出行政行为而实施的准备、论证、研究、层报、咨询等过程性行为;⑦ 行政机关根据人民法院的生效裁判、协助执行通知书作出的执行行为,但行政机关扩大执行范围或者采取违法方式实施的除外;⑧ 上级行政机关基于内部层级监督关系对下级行政机关作出的听取报告、执法检查、督促履责等行为;⑨ 行政机关针对信访事项作出的登记、受理、交办、转送、复查、复核意见等行为;⑩ 对公民、法人或者其他组织权利义务不产生实际影响的行为。

三、管辖

(一)行政诉讼管辖概述

行政诉讼管辖,指法院之间受理第一审行政案件的权限分工。管辖包括上下级法院之间的权限分工,即"级别管辖";同一级别法院之间的权限分工,称"地域管辖"。

(二)级别管辖

基层法院管辖第一审行政案件。

中级人民法院管辖下列第一审行政案件:① 对国务院部门或者县级以上地方人民政府所作的行政行为提起诉讼的案件;② 海关处理的案件;③ 本辖区内重大、复杂的案件;④ 其他法律规定由中级人民法院管辖的案件。其中,"本辖区内重大、复杂的案件"包括以下三种情形:① 社会影响重大的共同诉讼案件;② 涉外或者涉及香港特别行政区、澳门特别行政区、台湾地区的案件;③ 其他重大、复杂案件。

高级人民法院管辖本辖区内重大、复杂的第一审案件。最高人民法院管辖全国范围内重大、复杂的第一审行政案件。

(三)地域管辖

1. 一般地域管辖

一般地域管辖指适用于一般行政案件、按照一般标准确定的管辖。一般情形下,行政案件由最初作出行政行为的行政机关所在地法院管辖。

经最高人民法院批准,高级人民法院可以根据审判工作的实际情况,确定若干法院跨行政区域管辖行政案件。

2. 特殊地域管辖

特殊地域管辖指按照特殊标准来确定地域管辖,包括:① 经复议的案件,可以按一般标准由原行政机关所在地法院管辖,也可以由复议机关所在地法院管辖。② 对限制人身自由的行政强制措施不服提起的诉讼,由被告所在地或者原告所在地法院管辖,这里的"原告所在地",包括原告的户籍所在地、经常居住地和被限制人身自由地。对行政机关基于同一事实,既采取限制公民人身自由的行政强制措施,又采取其他行政强制措施或者行政处罚不服的,可以由被告所在地或者原告所在地的人民法院管辖。③ 因不动产提起的诉讼,由不动产所在地法院管辖。

3. 选择管辖

两个以上法院都有管辖权的案件。原告可以选择其中一个法院提起诉讼。原告向两个以上有管辖权的法院提起诉讼的,由最先立案的法院管辖。

4. 移送管辖

法院发现受理的案件不属于本院管辖的,应当移送有管辖权的法院。受移送的法院应当受理;若其认为案件按照规定不属于本院管辖的,应当报请上级法院指定管辖,不得再自行移送。

5. 指定管辖

有管辖权的法院由于特殊原因不能行使管辖权的,由上级法院指定管辖。

法院对管辖权发生争议,由争议双方协商解决。协商不成的,报其共同上级法院指定管辖。

四、诉讼参加人

(一) 原告

行政行为的相对人以及其他与行政行为有利害关系的公民、法人或者其他组织,认为该行政行为侵犯其合法权益的,有权提起行政诉讼。

可见,有权作为原告提起行政诉讼的人,一是行政行为的相对人,简称行政相对人,指行政行为直接针对的人,其受到行政行为直接、明显的影响;二是其他与行政行为有利害关系的人,或称行政相关人,指相对人之外,已经或将会受到行政行为效力实际影响的人。这里需要对"利害关系"进行界定,根据新的《行诉法司法解释》,与行政行为有利害关系的情形包括以下 6 种:① 被诉的行政行为涉及其相邻权或者公平竞争权的;② 在行政复议等行政程序中被追加为第三人的;③ 要求行政机关依法追究加害人法律责任的;④ 撤销或者变更行政行为涉及其合法权益的;⑤ 为维护自身合法权益向行政机关投诉,具有处理投诉职责的行政机关作出或者未作出处理的;⑥ 其他与行政行为有利害关系的情形。

有权提起诉讼的公民死亡,其近亲属可以提起诉讼。有权提起诉讼的法人或者其他组织终止,承受其权利的法人或者其他组织可以提起诉讼。区别于民事诉讼与刑事诉讼,行政诉讼中的近亲属范围较大,包括配偶、父母、子女、兄弟姐妹、祖父母、外祖父母、孙子女、外孙子女和其他具有扶养、赡养关系的亲属。

此外,对于一些特殊的原告主体的资格问题结合其他法律法规也进行了明确。第一是合伙企业的原告资格。合伙企业向人民法院提起诉讼的,应当以核准登记的字号为原告。未依法登记领取营业执照的个人合伙的全体合伙人为共同原告;全体合伙人可以推选代表人,被推选的代表人,应当由全体合伙人出具推选书。第二是个体工商户的原告资格。个体工商户向人民法院提起诉讼的,以营业执照上登记的经营者为原告。有字号的,

以营业执照上登记的字号为原告,并应当注明该字号经营者的基本信息。第三是股份制企业的内部组织的原告资格。股份制企业的股东大会、股东会、董事会等认为行政机关作出的行政行为侵犯企业经营自主权的,可以企业名义提起诉讼。第四,联营企业、中外合资或者合作企业的联营、合资、合作各方,认为联营、合资、合作企业权益或者自己一方合法权益受行政行为侵害的,可以自己的名义提起诉讼。第五,非国有企业被行政机关注销、撤销、合并、强令兼并、出售、分立或者改变企业隶属关系的,该企业或者其法定代表人可以提起诉讼。第六,事业单位、社会团体、基金会、社会服务机构等非营利法人的出资人、设立人认为行政行为损害法人合法权益的,可以自己的名义提起诉讼。第七,业主的原告资格问题。业主委员会对于行政机关作出的涉及业主共有利益的行政行为,可以自己的名义提起诉讼;业主委员会不起诉的,专有部分占建筑物总面积过半数或者占总户数过半数的业主可以提起诉讼。

(二)被告

1. 未经复议的案件

未经行政复议,原告直接向法院提起诉讼的,作出行政行为的行政机关是原告。

2. 经复议的案件

复议机关决定维持原行政行为的,作出原行政行为的行政机关和复议机关是共同被告,法院应对复议决定和原行政行为一并作出裁判。对这种情形,修订前的《行政诉讼法》规定作出原行政行为的行政机关是被告,实践中导致复议机关为了不当被告,倾向于维持原行政行为。修改后的规定可以促使复议机关认真审查原行政行为,有助于发挥行政复议的作用。"复议机关决定维持原行政行为",包括复议机关驳回复议申请或者复议请求的情形,但以复议申请不符合受理条件为由驳回的除外。

复议机关改变原行政行为的,复议机关是被告。

行政复议决定既有维持原行政行为内容,又有改变原行政行为内容或者不予受理申请内容的,作出原行政行为的行政机关和复议机关为共同被告。

3. 逾期未作出复议决定的案件

复议机关在法定期限内未作出复议决定,原告起诉原行政行为的,作出原行政行为的行政机关是被告;起诉复议机关不作为的,复议机关是被告。

4. 共同被告

两个以上行政机关作出同一行政行为的,共同作出行政行为的行政机关是共同被告。

5. 授权行为与委托行为

由法律、行政法规、行政规章授权的组织所作的行政行为,该组织是被告。

由行政机关委托的组织所作的行政行为,委托的行政机关是被告。

6. 行政机关被撤销或职权变更

此种情形下,继续行使其职权的行政机关是被告。

其他被告

7. 其他被告

新的《行诉法司法解释》明确了开发区管理机构及其职能部门、村委会和居委会、事业单位和行业协会的被告资格。具体规定为：第一，当事人对村民委员会或者居民委员会依据法律、法规、规章的授权履行行政管理职责的行为不服提起诉讼的，以村民委员会或者居民委员会为被告。当事人对村民委员会、居民委员会受行政机关委托作出的行为不服提起诉讼的，以委托的行政机关为被告。第二，当事人对高等学校等事业单位以及律师协会、注册会计师协会等行业协会依据法律、法规、规章的授权实施的行政行为不服提起诉讼的，以该事业单位、行业协会为被告。当事人对高等学校等事业单位以及律师协会、注册会计师协会等行业协会受行政机关委托作出的行为不服提起诉讼的，以委托的行政机关为被告。第三，市、县级人民政府确定的房屋征收部门组织实施房屋征收与补偿工作过程中作出行政行为，被征收人不服提起诉讼的，以房屋征收部门为被告。征收实施单位受房屋征收部门委托，在委托范围内从事的行为，被征收人不服提起诉讼的，应当以房屋征收部门为被告。第四，当事人对由国务院、省级人民政府批准设立的开发区管理机构作出的行政行为不服提起诉讼的，以该开发区管理机构为被告；对由国务院、省级人民政府批准设立的开发区管理机构所属职能部门作出的行政行为不服提起诉讼的，以其职能部门为被告；对其他开发区管理机构所属职能部门作出的行政行为不服提起诉讼的，以开发区管理机构为被告；开发区管理机构没有行政主体资格的，以设立该机构的地方人民政府为被告。

(三) 第三人

公民、法人或者其他组织同被诉行政行为有独立的利害关系但没有提起诉讼，或者同案件处理结果有利害关系的，可以作为第三人申请参加诉讼，或者由法院通知参加诉讼。

人民法院判决其承担义务或者减损其权益的第三人，有权提出上诉或者申请再审。

第三人原则上应是行政相对人或行政相关人，但在法律有规定的特殊情况下，也可以是行政机关。例如在反倾销、反补贴行政案件中，根据相关司法解释，与被诉反倾销、反补贴行政行为具有法律上利害关系的其他国务院主管部门，可以作为第三人参加诉讼。此外，第三人的情形还包括行政机关的同一行政行为涉及两个以上利害关系人，其中一部分利害关系人对行政行为不服提起诉讼，人民法院应当通知没有起诉的其他利害关系人作为第三人参加诉讼。

(四) 共同诉讼人与诉讼代表人

共同诉讼，指当事人一方或双方为二人以上的诉讼。其中原告为二人以上的，称为积极的共同诉讼，各原告称为共同原告；被告为二人以上的，称为消极的共同诉讼，各被告称为共同被告。

当事人一方或者双方为二人以上，因同一行政行为发生的行政案件，或者因同类行政行为发生的行政案件、法院认为可以合并审理并经当事人同意的，为共同诉讼。

当事人一方人数众多的共同诉讼，可以由当事人推举代表人（其必须是当事人）进行诉讼，当事人推选不出的，也可以由人民法院在起诉的当事人中指定代表人，这里的"人数

众多", 一般指十人以上。诉讼代表人的诉讼行为对其所代表的当事人发生效力, 但代表人变更、放弃诉讼请求或者承认对方当事人的诉讼请求, 应当经被代表的当事人同意。

(五) 诉讼代理人

一是法定代理人。没有诉讼行为能力的公民, 由其法定代理人代为诉讼。法定代理人互相推诿代理责任的, 由法院指定其中之一代为诉讼。

二是委托代理人。当事人、法定代理人可以委托一至二名下列人员作为诉讼代理人: 律师、基层法律服务工作者; 当事人的近亲属或者工作人员; 当事人所在社区、单位以及有关社会团体推荐的公民。

代理诉讼的律师有权按规定查阅、复制本案有关材料, 有权向有关组织和公民调查, 收集与本案有关的证据。对涉及国家秘密、商业秘密和个人隐私的材料, 应当依法保密。当事人和其他诉讼代理人有权按照规定查阅、复制本案庭审材料, 但涉及国家秘密、商业秘密和个人隐私的内容除外。

五、证据

(一) 行政诉讼证据的种类

证据包括: 书证; 物证; 视听资料; 电子数据; 证人证言; 当事人的陈述; 鉴定意见; 勘验笔录、现场笔录。

以上证据经法庭审查属实, 才能作为认定案件事实的根据。

(二) 被告举证

1. 被告的举证责任

行政诉讼证据规则的一个重要特点, 是被告承担举证责任起到主导作用: 被告对作出的行政行为负有举证责任, 应当提供作出该行政行为的证据和所依据的规范性文件。该举证责任规则的法理依据和立法考量: 提高行政机关的应诉和举证意识, 杜绝消极应诉甚至不应诉的情况, 促使行政机关在行政程序中依法履行职责、积极调查取证、严格遵守法律、恪守行政程序, 推动依法行政。

被告不提供或者无正当理由逾期提供证据, 视为没有相应证据。但是, 被诉行政行为涉及第三方合法权益, 第三方提供证据的除外。

2. 对被告举证的限制

在诉讼过程中, 被告及其诉讼代理人不得自行向原告、第三人和证人收集证据。

行政机关作出行政行为时, 应当先充分调取或审查证据、查明案件或事件的事实, 方可依法作出行政行为, 况且行政机关调查收集证据的权力也有法律保障。反之, 先认定事实后调查取证, 本身就不符合依法行政原则。正因如此, 法院在行政诉讼中对行政行为进行司法复审, 需要对被告的证据收集和举证行为规定以上限制。

3. 被告延期提供证据和补充证据

被告在作出行政行为时已经收集了证据, 但因不可抗力等正当事由不能提供的, 经法院准许可以延期提供。原告或者第三人提出了其在行政处理程序中没有提出的理由或者证据的,经法院准许,被告可以补充证据。

(三) 原告举证

1. 原告举证的权利

原则上,举证是原告的诉讼权利而非责任,原告可以提供证明行政行为违法的证据;原告提供的证据不成立的,不免除被告的举证责任。

2. 原告的举证责任及其例外

例外地,原告在一定范围内也负有举证责任。一种情况是在起诉被告不履行法定职责的案件中,原告应当提供其向被告提出申请的证据。但有下列情形之一的除外:① 被告应当依职权主动履行法定职责的;② 原告因正当理由不能提供证据的。

另一种情况是在行政赔偿、补偿的案件中,原告应当对行政行为造成的损害提供证据。但被告导致原告无法举证的,由被告承担举证责任。

(四) 法院调取证据

法院有权要求当事人提供或者补充证据。法院有权依职权向有关行政机关以及其他组织、公民调取证据。但是,法院不得为证明行政行为的合法性调取被告作出行政行为时未收集的证据。

与本案有关的下列证据,原告或者第三人不能自行收集的,可以申请法院调取:① 由国家机关保存而须由法院调取的证据;② 涉及国家秘密、商业秘密和个人隐私的证据;③ 确因客观原因不能自行收集的其他证据。

(五) 证据的质证与认证

证据应当在法庭上出示,并由当事人互相质证。但对涉及国家秘密、商业秘密和个人隐私的证据,不得在公开开庭时出示。

法院应当按法定程序,全面客观地审查证据。对未采纳的证据应当在裁判文书中说明理由。

以非法手段取得的证据,不得作为认定案件事实的根据。判断是否是"以非法手段取得的证据",主要是从以下几个方面:① 严重违反法定程序收集的证据材料;② 以违反法律强制性规定的手段获取且侵害他人合法权益的证据材料;③ 以利诱、欺诈、胁迫、暴力等手段获取的证据材料。

六、起诉与受理

(一) 起诉

1. 行政复议与起诉的关系

一般情况下,行政复议不是提起行政诉讼的先决条件。对属于法院受案范围的行政

案件,公民、法人或者其他组织可以先向行政机关申请复议,对复议决定不服的,再向法院起诉;也可以直接向法院起诉。

但是,法律、法规规定应当先向行政机关申请复议,对复议决定不服再向法院起诉的,依照法律、法规的规定。

不服复议决定的,可以在收到复议决定书之日起十五日内向法院起诉。复议机关逾期不作决定的,申请人可以在复议期满之日起十五日内向法院起诉。法律另有规定的除外。

2. 起诉期限

(1) 起诉期限的性质。

起诉期限指向法院提起行政诉讼的法定期限。起诉期限属于不变期间,具有除斥期间性质,而不是诉讼时效,不适用中止和中断,期限期满而未起诉的,不再享有起诉权。

(2) 普通起诉期限。

公民、法人或者其他组织直接向法院起诉的,应当自知道或者应当知道作出行政行为之日起六个月内提出。法律另有规定的除外。

(3) 最长诉权保护期限。

因不动产起诉的案件自行政行为作出之日起超过二十年,其他案件自行政行为作出之日起超过五年提起诉讼的,人民法院不予受理。如果行政机关作出行政行为时,未告知公民、法人或者其他组织起诉期限的,起诉期限从公民、法人或者其他组织知道或者应当知道起诉期限之日起计算,但从知道或者应当知道行政行为内容之日起最长不得超过一年。

3. 起诉条件和方式

起诉应当符合以下条件:① 原告符合《行政诉讼法》第二十五条规定的主体资格;② 有明确的被告;③ 有具体的诉讼请求和事实根据;④ 属于法院受案范围和受诉法院管辖。

起诉应当向法院递交起诉状,并按照被告人数提出副本。书写起诉状确有困难的,可以口头起诉,由法院记入笔录,出具注明日期的书面凭证,并告知对方当事人。

(二) 受理

1. 立案登记

法院在接到起诉状时对符合《行政诉讼法》规定的起诉条件的,应当登记立案。

对当场不能判定是否符合本法规定的起诉条件的,应当接收起诉状,出具注明收到日期的书面凭证,并在七日内决定是否立案。不符合起诉条件的,作出不予立案的裁定,并应载明不予立案的理由。原告对裁定不服的,可以上诉。

2. 投诉与越级起诉

对不接收起诉状、接收起诉状后不出具书面凭证,以及不一次性告知当事人需补正的起诉状内容的,当事人可以向上级法院投诉,上级法院应当责令改正,并对直接负责的主管人员和其他直接责任人员依法给予处分。

法院既不立案,又不作出不予立案裁定的,当事人可以向上一级法院起诉。上一级法院认为符合起诉条件的,应当立案、审理,也可指定其他下级法院立案、审理。

(三) 请求对规范性文件附带审查

《行政诉讼法》第五十三条规定:公民、法人或者其他组织认为行政行为所依据的国务院部门和地方人民政府及其他部门制定的规范性文件不合法,在对行政行为提起诉讼时,可以一并请求对该规范性文件进行审查。前述规范性文件不含规章。

七、审理

《行政诉讼法》第七章规定了行政案件审理的程序制度和规则,含一般规定,第一审普通程序、简易程序、第二审程序、审判监督程序等。结合行政诉讼的特殊性,择其要者介绍如下:

(一) 诉讼期间行政行为的执行和行政义务的先予执行

诉讼期间,原则上不停止行政行为的执行,但有下列情形之一的,裁定停止执行:① 被告认为需要停止执行的;② 原告或者利害关系人申请停止执行,法院认为该行政行为的执行会造成难以弥补的损失,并且停止执行不损害国家利益、社会公共利益的;③ 法院认为该行政行为的执行会给国家利益、社会公共利益造成重大损害的;④ 法律、法规规定停止执行的。

法院对起诉行政机关没有依法支付抚恤金、最低生活保障金和工伤、医疗社会保险金的案件,权利义务关系明确、不先执行将严重影响原告生活的,可以根据原告的申请,裁定先予执行。

(二) 调解

法院审理行政案件,不适用调解。但是行政赔偿、补偿以及行政机关行使法律、法规规定的自由裁量权的案件可以在遵循自愿、合法原则,不损害国家利益、社会公共利益和他人合法权益的基础上调解。调解如果达成协议,人民法院应当制作调解书,并在调解书中写明诉讼请求、案件的事实和调解结果。调解书由审判人员、书记员署名,加盖人民法院印章,送达双方当事人。调解书经双方当事人签收后,即具有法律效力。调解书生效日期根据最后收到调解书的当事人签收的日期确定。

(三) 行政附带民事诉讼

在涉及行政许可、登记、征收、征用和行政机关对民事争议所作的裁决的行政诉讼中,当事人申请一并解决相关民事争议的,法院可以一并审理。相关民事争议,应当在第一审开庭审理前提出;有正当理由的,也可以在法庭调查中提出。

人民法院决定在行政诉讼中一并审理相关民事争议,或者案件当事人一致同意相关民事争议在行政诉讼中一并解决,人民法院准许的,由受理行政案件的人民法院管辖。

（四）法律适用与规范性文件审查

人民法院审理行政案件,依据法律和行政法规、地方性法规,参照规章。其中地方性法规适用于本行政区域内发生的行政案件。审理民族自治地方的行政案件,并以该自治地方的自治条例和单行条例为依据。

公民、法人或者其他组织请求人民法院一并审查行政诉讼法所规定的规范性文件,应当在第一审开庭审理前提出;有正当理由的,也可以在法庭调查中提出。人民法院在对规范性文件审查过程中,发现规范性文件可能不合法的,应当听取规范性文件制定机关的意见。制定机关申请出庭陈述意见的,人民法院应当准许。行政机关未陈述意见或者未提供相关证明材料的,不能阻止人民法院对规范性文件进行审查。

（五）简易程序

人民法院审理下列第一审行政案件（发回重审、按照审判监督程序审理的除外）,认为事实清楚、权利义务关系明确、争议不大的,可以适用简易程序:① 被诉行政行为是依法当场作出的;② 案件涉及款项 2000 元以下的;③ 属于政府信息公开案件的。其他第一审行政案件,当事人同意适用简易程序的,可以适用简易程序的。其中,"事实清楚",是指当事人对争议的事实陈述基本一致,并能提供相应的证据,无须人民法院调查收集证据即可查明事实;"权利义务关系明确",是指行政法律关系中权利和义务能够明确区分;"争议不大",是指当事人对行政行为的合法性、责任承担等没有实质分歧。

适用简易程序的案件,由审判员一人独任审理,并应在立案之日起四十五天内审结。法院在审理过程中发现案件不宜适用简易程序的,裁定转为普通程序。

（六）第二审程序

当事人不服人民法院第一审判决的,有权在判决书送达之日起十五日内向上一级人民法院提起上诉。当事人不服人民法院第一审裁定的,有权在裁定书送达之日起十日内向上一级人民法院提起上诉。逾期不提起上诉的,人民法院的第一审判决或者裁定发生法律效力。法院对上诉案件,应当组成合议庭开庭审理。经过阅卷、调查和询问当事人,对没有提出新的事实、证据或者理由,合议庭认为不需要开庭审理的,也可以不开庭审理。

法院审理上诉案件,应当对原审法院的判决、裁定和被诉行政行为进行全面审查。

八、行政诉讼的判决与裁定

经过案件审理,法院根据不同情形,分别作出以下行政判决:

（一）判决驳回诉讼请求

行政行为证据确凿,适用法律、法规正确,符合法定程序的,或者原告申请被告履行法定职责或者给付义务理由不成立的,法院判决驳回原告的诉讼请求。

（二）判决撤销

行政行为有下列情形之一的,法院判决撤销或者部分撤销,并可以判决被告重新作出行政行为:① 主要证据不足的;② 适用法律、法规错误的;③ 违反法定程序的;④ 超越职权的;⑤ 滥用职权的;⑥ 明显不当的。

法院判决被告重新作出行政行为的,被告不得以同一的事实和理由作出与原行政行为基本相同的行政行为。如果被告重新作出的行政行为与原行政行为的结果相同,但主要事实或者主要理由有改变的,则不受此限。

（三）判决履行义务

人民法院经审理查明被告不履行法定职责的,判决被告在一定期限内履行。

人民法院经审理查明被告依法负有给付义务的,判决被告履行给付义务。

（四）判决确认违法或无效

行政行为有下列情形之一的,人民法院判决确认违法,但不撤销行政行为:① 行政行为依法应当撤销,但撤销会给国家利益、社会公共利益造成重大损失的;② 行政行为程序轻微违法,但对原告权利不产生实际影响的。其中,"程序轻微违法"包括:① 处理期限轻微违法;② 通知、送达等程序轻微违法;③ 其他程序轻微违法的情形。

行政行为有下列情形之一,不需要撤销或者判决履行的,法院判决确认违法:① 行政行为违法,但不具有可撤销内容的;② 被告改变原违法行为,原告仍要求确认原行政行为违法的;③ 被告不履行或者拖延履行法定职责,判决履行没有意义的。

行政行为有实施主体不具有行政主体资格或者没有依据等重大且明显违法情形,原告申请确认行政行为无效的,法院判决确认无效。其中"重大且明显违法"是指:① 行政行为实施主体不具有行政主体资格;② 减损权利或者增加义务的行政行为没有法律规范依据;③ 行政行为的内容客观上不可能实施;④ 其他重大且明显违法的情形。

法院判决确认违法或者无效的,可以同时判决责令被告采取补救措施;给原告造成损失的,依法判决被告承担赔偿责任。

（五）判决变更

行政处罚明显不当,或者其他行政行为涉及对款额的确认、认定确有错误的,法院可以判决变更。判决变更,不得加重原告的义务或者减损原告的权益,但利害关系人同为原告,且诉讼请求相反的除外。

（六）判决承担行政合同责任和义务

被告不依法履行、未按照约定履行或者违法变更、解除《行政诉讼法》第十二条第一款第十一项规定的协议（即行政合同）的,人民法院判决被告承担继续履行、采取补救措施或者赔偿损失等责任。

被告变更、解除行政合同合法,但未依法给予补偿的,人民法院判决给予补偿。

（七）裁定

裁定主要是针对程序问题作出,行政诉讼法中裁定适用于下列范围: ① 不予立案;② 驳回起诉;③ 管辖异议;④ 终结诉讼;⑤ 中止诉讼;⑥ 移送或者指定管辖;⑦ 诉讼期间停止行政行为的执行或者驳回停止执行的申请;⑧ 财产保全;⑨ 先予执行;⑩ 准许或者不准许撤诉;⑪ 补正裁判文书中的笔误;⑫ 中止或者终结执行;⑬ 提审、指令再审或者发回重审;⑭ 准许或者不准许执行行政机关的行政行为;⑮ 其他需要裁定的事项。其中对第①②③项裁定,当事人可以上诉。

行政诉讼的执行

第三节　民事诉讼法

引例:排污侵权赔偿案

基本案情:A 工厂排放未经处理达标的生产污水,致使附近经营水产养殖的 B 公司财产受损。双方协商不成,B 公司向法院提起诉讼,请求法院判决 A 工厂立即停止侵害,赔偿损失 60 万元。诉讼中,原、被告双方庭外达成和解协议:A 工厂停止侵害,赔偿 B 公司损失 50 万元。

法律分析:原被告双方庭外达成和解后,如果被告已经实际履行和解协议,原告可以向法院申请撤诉;如果被告尚未履行或尚未完全履行和解协议,原告、被告可以约定履行方式和期限,并共同申请法院根据和解协议制作调解书。两种方式均可终结诉讼。

一、民事诉讼法概述

（一）民事诉讼的概念

民事诉讼,是指法院在当事人和其他诉讼参加人的参加下,依法审理和解决民事纠纷和非讼案件而进行的活动,以及由此而产生的各种诉讼法律关系的总和。

（二）民事诉讼法的概念

民事诉讼法,简称民诉法,是用于规范人民法院及诉讼参加人进行民事诉讼的法律,其中规定民事诉讼的基本原则、程序步骤和效力、法院及其他诉讼主体的诉讼权力、权利、义务和责任,既是法院审理民事案件的准则,又是当事人等诉讼参加人进行民事诉讼的准则。在我国的法律体系中,民诉法属于公法、基本法和程序法。

在我国,狭义的民诉法指《中华人民共和国民事诉讼法》[①];广义的民诉法,还包括其

---

① 该法于 1991 年通过,此后经过四次修正,目前适用的是 2021 年第四次修正的文本,以下称《民事诉讼法》。

他关于民事诉讼程序的法律规定(例如破产程序),以及最高人民法院发布、用于指导民事诉讼的司法解释和司法文件(例如最高院法释〔2015〕5 号《关于适用〈中华人民共和国民事诉讼法〉的解释》)等。

(三)民事诉讼法的基本原则

1. 当事人诉讼权利平等原则

民事诉讼当事人享有平等的诉讼权利,法院审理民事案件,应当保障和便利当事人行使诉讼权利,对当事人在适用法律上一律平等。

2. 辩论原则

当事人有权进行辩论。辩论在法院主持下进行,贯穿于诉讼的全过程,核心是法庭辩论,也可以以书面方式进行。辩论内容既包括程序问题,又包括实体问题;既包括事实认定问题,又包括法律适用问题。没有经过法庭质证和辩论的证据不能作为法院认定案件事实的根据。

3. 诚信原则

该原则规定在《民事诉讼法》第十三条第一款,对当事人、法官以及其他诉讼参加人均有制约。对当事人而言,体现在禁止诉讼权利滥用、禁止反言等方面。对法官而言,体现在禁止滥用自由裁量权、禁止突袭性裁判等方面。

4. 处分原则

这是民诉法的特有原则,最能反映民诉制度的本质。《民事诉讼法》第十三条第二款规定:"当事人有权在法律规定的范围内处分自己的民事权利和诉讼权利。"处分原则以当事人对其实体权利的处分权为基础,故与民事实体法的意思自治原则密切相关,在民事诉讼的各个阶段,无论是一审程序、二审程序还是执行程序中,当事人对其实体权利和诉讼权利都可以自由处分,即自主支配、行使或者放弃。但是处分权须在法律规定范围内行使,不得违反法律的基本精神,不能损害国家、社会和他人合法权益,法院依法审查当事人处分行为是否合法。

5. 自愿合法调解原则

人民法院审理民事案件,应当根据自愿和合法的原则进行调解;调解不成的,应当及时判决。民事诉讼以调解方式结案,应当是当事双方共同真实意愿的结果,调解结果应以不违反法律、法规强制性规定为前提。法院可以在事实清楚的基础上,分清是非,进行调解,尽量促成达成和解协议,但是如果当事人不愿意接受调解,或者经过调解仍无法达成协议,或者在调解书送达前一方反悔的,人民法院应当及时判决。

(四)民事诉讼的基本制度

1. 合议制度

人民法院审理第一审民事案件,由审判员、陪审员共同组成合议庭或者由审判员组成合议庭,但是适用简易程序审理的案件,由审判员一人独任审理;人民法院审理第二审案

件,一般由审判员组成合议庭。

2. 回避制度

"任何人不能做自己讼争的法官",自然公正要求审判人员及其他有关人员遇有可能影响案件公正审理的情形,必须退出诉讼,即回避。回避既适用于审判人员,也适用于书记员、翻译人员、鉴定人、勘验人。上述人员有下列情形之一的应自行回避,当事人也有权申请其回避:是本案当事人或者当事人、诉讼代理人近亲属的;与本案有利害关系的;与本案当事人、诉讼代理人有其他关系,可能影响对案件公正审理的;接受当事人、诉讼代理人请客送礼,或者违反规定会见当事人、诉讼代理人的。

3. 公开审判制度

民事案件原则上应公开审理、公开宣判。涉及国家秘密、个人隐私以及法律另有规定的案件,不公开审理。离婚案件和涉及商业秘密的案件,当事人申请不公开审理的,可以不公开。无论公开审理与否,均应开庭审理,并且公开宣判。除非涉及国家秘密、商业秘密和个人隐私的内容,所有的裁判文书均上网向社会发布。[①]

4. 两审终审制度

我国从基层法院到最高人民法院共设置四级法院。一审法院对民事案件作出裁判后,当事人原则上可以提起上诉,二审法院作出的裁判为发生法律效力的终审裁判。但是以下案件为一审终审:最高人民法院审理的案件;适用特别程序、督促程序、公示催告程序审理的案件;法律有规定的其他案件。

二、主管和管辖

(一) 民事主管

明确民事诉讼主管旨在划定民事诉讼的受案范围。根据《民事诉讼法》,法院受理公民之间、法人之间、其他组织之间以及他们相互之间因财产关系和人身关系提起的民事诉讼。除了上述典型的民事案件外,以下两类案件也列入民事诉讼主管:① 经济关系纠纷、劳动纠纷,法律规定经由民事诉讼程序审理和解决的;② 法律规定由法院适用民事诉讼法特别程序解决的案件,包括选民资格案件,宣告失踪、宣告死亡案件,认定公民无民事行为能力、限制民事行为能力案件,认定财产无主案件等。对于劳动争议,实行仲裁前置。对于相互关联的刑事案件和民事案件,原则上采取"先刑后民"的原则,或者通过刑事附带民事程序审理。

(二) 民事管辖概述

民事管辖,指各级法院之间和同级法院之间受理第一审民事案件的分工和权限。

确定民事管辖,应当遵循便利当事人诉讼、便于审判权运行、审判职能和工作负担均

---

① 发布于"中国裁判文书网",网址:http://www.court.gov.cn/zgcpwsw/。另外,"中国庭审公开网"对全国各级各地人民法院审理的案件进行庭审直播、录播,网址:http://tingshen.court.gov.cn/。

衡、维护国家司法主权、原则性和灵活性相结合、管辖恒定等原则。

(三) 专门法院管辖

专利纠纷案件由知识产权法院、最高人民法院确定的中级人民法院和基层法院管辖。海事、海商案件由海事法院管辖。

(四) 级别管辖

基层人民法院管辖第一审民事案件,但《民事诉讼法》另有规定的除外。

中级人民法院管辖下列第一审民事案件:重大涉外案件;在本辖区有重大影响的案件;最高人民法院确定由中级人民法院管辖的案件。

高级人民法院管辖在本辖区有重大影响的第一审民事案件。

最高人民法院管辖下列第一审民事案件:在全国有重大影响的案件;认为应当由本院审理的案件。

(五) 地域管辖

1. 一般地域管辖

又称普遍管辖,指以当事人所在地域法院辖区的关系来确定管辖法院的制度。一般地域管辖通常适用"原告就被告"原则:① 对公民提起的民事诉讼,由被告住所地(户籍所在地)法院管辖;被告住所地与经常居住地不一致的,由经常居住地法院管辖。② 对法人或者其他组织提起的民事诉讼,由被告住所地(主要办事机构所在地或者注册地、登记地)法院管辖。③ 同一诉讼的几个被告住所地、经常居住地在两个以上法院辖区的,各法院都有管辖权。

下列例外情形下,由原告住所地法院管辖;原告住所地与经常居住地不一致的,由经常居住地法院管辖:① 对不在中华人民共和国领域内居住的人提起的有关身份关系的诉讼;② 对下落不明或者宣告失踪的人提起的有关身份关系的诉讼;③ 对被采取强制性教育措施的人提起的诉讼;④ 对被监禁的人提起的诉讼。⑤ 司法解释明确的其他例外情形。

2. 特殊地域管辖

又称特别管辖,指以诉讼标的物所在地或民事法律事实所在地为标准而确定第一审法院,规定在《民事诉讼法》第二十四至三十三条,其特点是各类纠纷均为共同管辖。例如:因合同纠纷提起的诉讼,由被告住所地或者合同履行地法院管辖;因侵权行为提起的诉讼,由侵权行为地或者被告住所地法院管辖;因共同海损提起的诉讼,由船舶最先到达地、共同海损理算地或者航程终止地的法院管辖。

3. 专属管辖

指法律规定特殊类型案件必须由特定的法院管辖,其他法院无管辖权。《民事诉讼法》第三十四条规定了三种适用专属管辖的案件:① 因不动产纠纷提起的诉讼,由不动产所在地法院管辖;② 因港口作业中发生纠纷提起的诉讼,由港口所在地法院管辖;③ 因

继承遗产纠纷提起的诉讼,由被继承人死亡时住所地或者主要遗产所在地法院管辖。

4. 协议管辖

指纠纷发生前或纠纷发生后,以书面协议约定案件的管辖法院。根据《民事诉讼法》第三十五条:合同或者其他财产权益纠纷的当事人可以书面协议选择被告住所地、合同履行地、合同签订地、原告住所地、标的物所在地等与争议有实际联系的地点的法院管辖,但不得违反本法对级别管辖和专属管辖的规定。

5. 共同管辖和选择管辖

两个概念是一种管辖现象的两个观察视角:共同管辖是指两个以上法院对同一民事案件都拥有管辖权;选择管辖则是指在共同管辖情形发生时,当事人可以选择其中一个法院起诉。根据《民事诉讼法》第三十六条:两个以上法院都有管辖权的诉讼,原告可以向其中一个法院起诉;原告向两个以上有管辖权的法院起诉的,由最先立案的法院管辖。

(六) 裁定管辖

指以法院裁定来确定案件的管辖权,相对于法定管辖而言,既适用于级别管辖,也适用于地域管辖。

1. 移送管辖

指法院将其已受理但发现无管辖权的案件依法移送给有管辖权的法院,目的在于纠正基于错误管辖的立案、回归正确管辖。根据《民事诉讼法》第三十六条:法院发现受理的案件不属于本院管辖的,应当移送有管辖权的法院,受移送的法院应当受理。受移送的法院认为受移送的案件依照规定不属于本院管辖的,应当报请上级法院指定管辖,不得再自行移送。

2. 指定管辖

指上级法院以裁定方式指定其下级法院对某一案件行使管辖权。根据《民事诉讼法》第三十七、第三十八条,指定管辖适用于三种情形:① 受移送法院认为自己对移送的案件无管辖权;② 有管辖权的法院由于特殊原因不能行使管辖权;③ 法院之间发生管辖权争议且协商未成的,报请共同的上级法院指定管辖。

3. 管辖权转移

指依据上级法院的决定或同意,将案件从原本有管辖权的法院转移到原本无管辖权的法院,由后者取得并行使管辖权。根据《民事诉讼法》第三十九条:上级法院有权审理下级法院管辖的第一审民事案件,确有必要将本院管辖的第一审民事案件交下级法院审理的,应当报请上级法院批准;下级法院对其管辖的第一审民事案件,认为需要由上级法院审理的,可以报请上级法院审理。

(七) 管辖权异议

指当事人向受诉法院提出的该法院对案件无管辖权的主张。提出管辖权异议的须是本诉当事人,通常是被告,只能针对一审管辖权提出异议,且提出时间须在答辩期内。

受诉法院经审查,认为异议成立的,裁定将案件移送有管辖权的法院;认为异议不成立的,裁定驳回异议,当事人不服裁定的,可在 10 日内提出上诉。

三、诉的理论

(一) 诉的概念和要素

民事诉讼中的诉,指当事人就特定民事争议向法院提出的保护自己民事实体权益的请求。诉由三项要素构成:① 诉的主体,指有原告和明确的被告。② 诉的标的,指发生争议并请求法院作出裁判的民事权利义务关系,即请求法院裁判的对象。③ 诉的理由,即原告起诉的事实和法律依据。

(二) 诉的分类

1. 确认之诉

确认之诉即请求法院确认原告与被告之间是否存在某种民事关系。原告主张关系存在的,是积极确认之诉,如原告请求法院确认其拥有对某物的所有权。原告主张法律关系不存在的,是消极确认之诉,如原告请求法院确认其与被告之间抚养关系不存在。

2. 给付之诉

给付之诉即请求法院判令被告向原告承担一定给付义务,包括金钱、物和行为给付,而行为给付又包括作为和不作为。如对于环境污染责任主体,可以提起停止侵害之诉。

3. 形成之诉

形成之诉通常又称变更之诉,即请求法院变更或终止原、被告之间的某一法律关系。例如请求法院撤销某一可撤销婚姻。

(三) 本诉与反诉

原告提起的诉为本诉。反诉系相对于本诉而言,指在诉讼程序进行中,本诉被告针对本诉原告向法院提出的独立的反请求,其特点是:① 当事人的同一性与特定性,反诉的原、被告即为本诉的被、原告。② 诉讼请求的独立性,反诉不因本诉的消灭而消灭。③ 诉讼目的的对抗性,即旨在抵销或吞并本诉。④ 反诉与本诉之间具有牵连关系。

诉的合并与
分离·民事诉权

反诉须由本诉被告在本诉进行中的法定期限内针对本诉原告向受理本诉的法院提起。反诉一经受理,必须与本诉合并审理,适用同一诉讼程序。

四、诉讼参加人

(一) 当事人

1. 概述

民事诉讼的当事人,是指以自己的名义请求法院行使审判权,解决民事纠纷或保护民

事权益的人及其相对方,前者即主动起诉的一方为原告,后者即被动应诉的一方为被告。

以上为狭义的诉讼当事人,广义的诉讼当事人还包括共同诉讼人、第三人、诉讼代表人、提起公益诉讼的机关或组织。

公民、法人和其他组织可以作为民事诉讼的当事人。外国人、无国籍人在我国作为民事诉讼当事人的,准用公民的规定。此处的公民,也包括个体工商户业主作为当事人的情形。其他组织指非法人组织,例如银行、保险公司等金融机构的分支机构、合伙性联营企业等。

2. 诉讼权利和诉讼义务

当事人的诉讼权利主要有:① 起诉和反诉;② 用本民族语言、文字进行诉讼;③ 委托代理人;④ 申请回避;⑤ 收集、提供证据,申请保全证据;⑥ 进行辩论;⑦ 放弃、变更、承认、反驳诉讼请求;⑧ 查阅、复制本案有关材料和法律文书;⑨ 请求调解;⑩ 提起上诉;⑪ 申请执行;⑫ 进行和解;⑬ 申请再审。

当事人同时也应承担相应的诉讼义务,主要有:① 依照民诉法正当行使诉讼权利,不得滥用;② 遵守诉讼秩序,服从法庭指挥,尊重对方当事人和其他诉讼参加人的诉讼权利;③ 对发生法律效力的判决书、裁定书、调解书,义务人必须履行。

因民事实体权利义务的转移,可能导致诉讼权利义务承担,即在诉讼过程中,一方当事人的诉讼权利义务转移给另一人,由其担任诉讼当事人。例如,当事人在诉讼过程中死亡,死者的民事权利义务转移给继承人,诉讼权利义务也同时转移给继承人。又如,两个法人合并,由合并后的法人作为诉讼当事人继续参加合并前法人正在进行的诉讼活动,并承担其诉讼权利义务。

3. 共同诉讼

在同一诉讼程序中,当事人一方或双方为两个以上的诉讼。共同诉讼制度的目的,是可以在一个诉讼程序中一并解决涉及多个当事人的纠纷,既节省诉讼成本,又可避免法院在同一或同类案件处理上作出相互冲突的裁判。共同诉讼分为必要的共同诉讼和普通的共同诉讼。

必要的共同诉讼,指当事人一方或者双方为二人以上,其诉讼标的是共同的,各个当事人必须共同进行诉讼,法院也必须对此合并审理,作出同一判决。对于必要共同诉讼,法院可以依职权追加或依当事人申请追加共同诉讼人。被追加的若为原告,其明确表示放弃权利的,可以不追加。被追加的若为被告,其不愿参加诉讼的,可以缺席审判。

普通的共同诉讼,指当事人一方或者双方为二人以上,其诉讼标的是同一种类、法院认为可以合并审理并经当事人同意的。此种情形下,每一个普通共同诉讼人都是各自独立的,法院对各请求应当分别作出裁判。

4. 诉讼代表人

由人数众多(10 人以上)的一方当事人从本方当事人中推举出来的,代表他们的利益实施诉讼行为的人。

代表人具有双重身份,其自己就是当事人,同时又是其他当事人的代表人,其诉讼行为对其所代表的当事人发生效力,但是代表人变更、放弃诉讼请求或者承认对方当事人的诉讼请求,进行和解,必须经被代表的当事人同意。

5. 公益诉讼

公益诉讼指特定的机关或有关社会团体根据法律的授权,对违反法律、法规损害社会公共利益的行为,向法院提起民事诉讼,由法院通过审判追究违法者法律责任,维护社会公共利益的诉讼活动。根据《民事诉讼法》,对污染环境、侵害众多消费者合法权益等损害社会公共利益的行为,法律规定的机关和有关组织可以向法院提出诉讼。

6. 第三人

第三人指为了自身的民事权益,而参加一个与其有利害关系、已经开始的民事案件的诉讼程序、取得独立诉讼地位的人,分为两类:

一是有独立请求权的第三人。其对原、被告的诉讼标的主张独立的请求权,以起诉方式参加诉讼,诉讼地位相当于独立的原告,既反对原告,又反对被告。

二是无独立请求权的第三人。其对原、被告的诉讼标的不主张独立的请求权,只是因为与案件的处理结果有法律上的利害关系而申请参加或由法院通知其参加诉讼。例如,债权人转让债权后,债务人与受让人之间因履行合同发生诉讼,债务人针对受让人受让的债权提出抗辩的,原债权人可以列为第三人。

法院判决承担民事责任的第三人,拥有当事人的诉讼权利义务,包括有权提出上诉。

(二) 诉讼代理人

诉讼代理人指代理当事人一方,以被代理人的名义,为被代理人的利益并由被代理人承担后果,在法定或当事人授权范围内,代为行使诉讼权利并承担诉讼义务,进行诉讼的人,分为法定代理人、指定代理人和委托代理人三类。

1. 法定代理人

无诉讼行为能力人由他的监护人作为法定代理人代为诉讼。法定代理人之间互相推诿代理责任的,由人民法院指定其中一人代为诉讼。法定代理是一种全权代理,无须被代理人的授权即可自由处分诉讼权利和实体权利。

2. 指定代理人

当事人无诉讼行为能力而又无法定代理人,或虽有法定代理人,但因特殊原因不能行使代理权的,由法院依职权为其指定代理人。指定代理人的代理权限根据法院的指定而产生,因指定原因不再存续而消灭。

3. 委托代理人

当事人、法定代理人可以委托一至二人作为其诉讼代理人,即委托代理人。下列人员可以被委托为诉讼代理人:① 律师、基层法律服务工作者;② 当事人的近亲属或者工作人员;③ 当事人所在社区、单位以及有关社会团体推荐的公民。

委托他人代为诉讼,必须向法院提交由委托人签名或盖章的授权委托书,记明委托事项和权限。诉讼代理人代为承认、放弃、变更诉讼请求,进行和解,提起反诉或者上诉,必须有委托人的特别授权。

五、民事证据与民事证明

(一) 民事证据的种类

根据《民事诉讼法》,民事证据包括:① 当事人的陈述;② 书证;③ 物证;④ 视听资料;⑤ 电子数据;⑥ 证人证言;⑦ 鉴定意见;⑧ 勘验笔录。和修正前相比,现行《民事诉讼法》关于证据种类的规定有两处改进:一是增加"电子数据",以顺应信息时代的要求;二是将"鉴定结论"改成"鉴定意见",旨在纠正以往对鉴定机构专业判断性质和效力的误解。鉴定意见只是证据的一种,任何证据都必须经过法院全面客观地审查核实,只有经过查证属实,才能作为认定事实的根据。

(二) 民事诉讼中的证明责任

证明责任又称举证责任,具有双重含义:① 行为意义或形式意义的证明责任,指对案件中的待证事实,由谁负担提供证据加以证明的义务。② 结果意义或实质意义的证明责任,指当审理终结时待证事实没有证据或者证据不足以证明的,由谁承担不利诉讼后果。

证明责任,遵循"谁主张,谁举证"的原则,即《民事诉讼法》第六十七条第一款规定,"当事人对自己提出的主张,有责任提供证据"。《最高人民法院关于适用〈中华人民共和国民事诉讼法〉的解释》(法释〔2015〕5 号)第九十条规定,"当事人对自己提出的诉讼请求所依据的事实和反驳对方诉讼请求所依据的事实,应当提供证据加以证明,但法律另有规定的除外。在作出判决前,当事人未能提供证据或者证据不足以证明其事实主张的,由负有举证证明责任的当事人承担不利的后果。"

(三) 民事证明标准

民事证明标准指运用证据证明待证事实所应达到的程度。根据《最高人民法院关于适用〈中华人民共和国民事诉讼法〉的解释》第一百零八条,对负有证明责任的当事人提供的证据,人民法院经审查并结合相关事实,确信待证事实的存在具有高度可能性的,应当认定该事实存在;对一方当事人为反驳负有举证证明责任的当事人所主张事实而提供的证据,人民法院经审查并结合相关事实,认为待证事实真伪不明的,应当认定该事实不存在;法律对于待证事实所应达到的证明标准另有规定的,从其规定。据此,我国在民事诉讼中实行"明显优势证据"的证明标准,或称"高度盖然(可能)性"证明标准,该标准低于刑事诉讼中定罪事实的"证据确实、充分,排除合理怀疑"证明标准。

(四) 证明程序

1. 法院调查收集证据

根据《民事诉讼法》第六十七条第二款,当事人及其诉讼代理人因客观原因不能自行收集的证据,或者人民法院认为审理案件需要的证据,人民法院应当调查收集。具体讲,下列两种情况下,由法院调查收集:① 当事人及其诉讼代理人因客观原因不能自行收集的证据,包括证据由国家有关部门保存、当事人及其诉讼代理人无权查阅调取的,涉及国家秘密或者个人隐私的等情形。② 法院认为审理案件需要的证据,包括涉及可能损害国家利益、社会公共利益的,涉及身份关系的,涉及公益诉讼的,当事人有恶意串通损害他人合法权益可能的。

举证期限

2. 证据保全

证据在可能灭失或者以后难以取得的情况下,当事人可以在诉讼过程中向法院申请保全证据,法院也可以主动采取保全措施。

质证与认证

因情况紧急,在证据可能灭失或者以后难以取得的情况下,利害关系人可以在提起诉讼或者申请仲裁前向证据所在地、被申请人住所地或者对案件有管辖权的法院申请保全证据。证据保全的程序,参照适用保全的规定。

六、诉讼调解

当事人起诉到法院的民事纠纷,适宜调解的,先行调解,但当事人拒绝调解的除外。

法院审理民事案件,根据当事人自愿的原则,在事实清楚的基础上,分清是非,进行调解。调解达成协议,必须双方自愿,不得强迫,协议内容不得违反法律规定。

调解达成协议,法院应当制作调解书,写明诉讼请求、案件的事实和调解结果。调解书由审判人员、书记员署名,加盖法院印章,送达双方当事人。调解书一经双方当事人签收,即具有法律效力。调解和好的离婚案件、调解维持收养关系的案件、能够即时履行的案件,其他不需要制作调解书的案件,法院可以不制作调解书,但应记入笔录,由双方当事人、审判人员、书记员签名或盖章后,即具有法律效力。调解未达成协议或者调解书送达前一方反悔的,法院应及时判决。

诉讼中,双方当事人达成庭外和解的,原告可以向法院申请撤诉,也可以双方申请法院根据和解协议制作调解书,两种方式均可发生终结诉讼的效力。

七、保全和先予执行

1. 保全

保全按对象分为财产保全、行为保全和证据保全;按阶段分为诉前保全和诉讼保全。

法院对可能因当事人一方的行为或者其他原因,使判决难以执行或者造成当事人其他损害的案件,根据对方当事人的申请,可以裁定对其财产进行保全、责令其作出一定行为或者禁止其作出一定行为。当事人没有提出申请的,法院在必要时也可以依职权裁定采取保全措施。法院采取保全措施,可以责令申请人提供担保,申请人不提供担保的,裁定驳回申请。

利害关系人因情况紧急,不立即申请保全将会使其合法权益受到难以弥补的损害的,可以在提起诉讼或者申请仲裁前向被保全财产所在地、被申请人住所地或者对案件有管辖权的法院申请采取保全措施。申请人应当提供担保,否则裁定驳回申请。法院接受申请后,必须在四十八小时内作出裁定;裁定采取保全措施的,应当立即开始执行。申请人在法院采取保全措施后三十日内不依法提起诉讼或者申请仲裁的,法院应当解除保全。

申请保全有错误的,申请人应当赔偿被申请人因保全所遭受的损失。

2. 先予执行

法院对下列案件,根据当事人的申请,可以裁定先予执行:① 追索赡养费、扶养费、抚育费、抚恤金、医疗费用的;② 追索劳动报酬的;③ 因情况紧急需要先予执行的。裁定先予执行,须同时满足两项条件:第一,当事人之间权利义务关系明确,不先予执行将严重影响申请人的生活或者生产经营的;第二,被申请人有履行能力。

法院可以责令申请人提供担保,申请人不提供担保的,驳回申请。申请人败诉的,应当赔偿被申请人因先予执行遭受的财产损失。

八、对妨碍民事诉讼的强制措施

对妨碍民事诉讼的强制措施,指人民法院使用强制手段,以排除当事人、其他诉讼参加人、诉讼以外的其他人对民事诉讼秩序的干扰、破坏,保证诉讼的顺利进行。针对不同的妨碍民事诉讼的行为及情节,人民法院可以采取的强制措施包括:拘传、训诫、责令退出法庭、罚款、拘留。

九、审判程序

(一) 第一审普通程序

1. 起诉和受理

当事人提起民事诉讼,应向法院递交符合规定记载事项的起诉状,并须具备下列条件:① 原告是与本案有直接利害关系的公民、法人和其他组织;② 有明确的被告;③ 有具体的诉讼请求和事实、理由;④ 属于法院受理民事诉讼的范围和受诉法院管辖。法院应当保障当事人依法享有的起诉权利,对符合条件的起诉必须受理;符合起诉条件的,应当在七日内立案,并通知当事人;不符合起诉条件的①,应当在七日内裁定不予受理,原告对裁定不服的,可以提起上诉。

2. 审理前的准备

法院在决定受理起诉后、开庭审理前,须进行必要的准备,以便保证案件审理顺利进行。审前程序主要包括:① 通知被告。法院应在立案之日起五日内向被告发送起诉状副本,被告应在收到之日起十五日内提出答辩状。法院应在收到答辩状之日起五日内向原告发送答辩状副本。被告不提出答辩状的,不影响法院审理。② 告知当事人诉讼权利义

---

① 根据《民事诉讼法》第一百二十七条,法院对下列起诉,分别情形予以处理:① 依照行政诉讼法的规定,属于行政诉讼受案范围的,告知原告提起行政诉讼;② 依照法律规定,双方当事人达成书面仲裁协议申请仲裁不得向法院起诉的,告知原告向仲裁机构申请仲裁;③ 依照法律规定,应当由其他机关处理的争议,告知原告向有关机关申请解决;④ 对不属于本院管辖的案件,告知原告向有管辖权的法院起诉;⑤ 对判决、裁定、调解书已经发生法律效力的案件,当事人又起诉的,告知原告申请再审,但法院准许撤诉的裁定除外;⑥ 依照法律规定,在一定期限内不得起诉的案件,在不得起诉的期限内起诉的,不予受理;⑦ 判决不准离婚和调解和好的离婚案件,判决、调解维持收养关系的案件,没有新情况、新理由,原告在六个月内又起诉的,不予受理。

务以及合议庭组成人员。③ 审查管辖权异议。④ 审判人员审核诉讼材料,调查收集必要的证据,必要时可以委托外地法院调查。⑤ 通知必须共同进行诉讼的当事人参加诉讼。⑥ 当事人没有争议,符合督促程序条件的,可以转入督促程序。⑦ 开庭前可以调解的,采取调解方式及时解决纠纷。⑧ 需要开庭审理的,以交换证据等方式明确争议焦点。

3. 开庭审理

开庭审理指法院在当事人及其他诉讼参与人出庭的情况下,对民事纠纷进行正式审理和裁判,是民事诉讼活动的核心阶段。

(1) 庭审准备。

在这一环节,法院应决定案件是否公开审理;决定是否派出法庭巡回审理,就地办案;在开庭三日前通知当事人和其他诉讼参与人,如公开审理,则应公告当事人姓名、案由和开庭的时间、地点。开庭审理前,书记员应查明当事人和其他诉讼参与人是否到庭、宣布法庭纪律。

(2) 审理开始。

审理开始,由审判长或独任审判员核对当事人,宣布案由,宣布审判人员、书记员名单,告知当事人诉讼权利义务,询问当事人是否提出回避申请。

(3) 法庭调查。

法庭调查按下列顺序进行:当事人陈述;告知证人权利义务,证人作证,宣读未到庭的证人证言;出示书证、物证、视听资料和电子数据;宣读鉴定意见;宣读勘验笔录。

当事人在法庭上可以提出新的证据。经法庭许可,当事人可以向证人、鉴定人、勘验人发问。当事人要求重新进行调查、鉴定或者勘验的,是否准许由法院决定。

原告增加诉讼请求,被告提出反诉,第三人提出与本案有关的诉讼请求,可以合并审理。

(4) 法庭辩论。

法庭辩论按下列顺序进行:原告及其诉讼代理人发言;被告及其诉讼代理人答辩;第三人及其诉讼代理人发言或者答辩;互相辩论。法庭辩论终结,审判长或独任审判员分别征询原告、被告、第三人的最后意见。

(5) 撤诉、缺席判决、延期审理。

原告经传票传唤,无正当理由拒不到庭的,或者未经法庭许可中途退庭的,可以按撤诉处理;被告反诉的,可以缺席判决。

被告经传票传唤,无正当理由拒不到庭的,或者未经法庭许可中途退庭的,可以缺席判决。

宣判前,原告申请撤诉的,是否准许,由人民法院裁定。法院裁定不准许撤诉,原告经传票传唤,无正当理由拒不到庭的,可以缺席判决。

有下列情形之一的,可以延期开庭审理:必须到庭的当事人和其他诉讼参与人有正当理由没有到庭的;当事人临时提出回避申请的;需要通知新的证人到庭,调取新的证据,重新鉴定、勘验,或者需要补充调查的;其他应当延期的情形。

4. 诉讼终止和终结

有下列情形之一的,中止诉讼:① 一方当事人死亡,需要等待继承人表明是否参加诉

讼的;② 一方当事人丧失诉讼行为能力,尚未确定法定代理人的;③ 作为一方当事人的法人或者其他组织终止,尚未确定权利义务承受人的;④ 一方当事人因不可抗拒的事由,不能参加诉讼的;⑤ 本案必须以另一案的审理结果为依据,而另一案尚未审结的;⑥ 其他应当中止诉讼的情形。中止诉讼的原因消除后,恢复诉讼。

有下列情形之一的,终结诉讼:① 原告死亡,没有继承人,或者继承人放弃诉讼权利的;② 被告死亡,没有遗产,也没有应当承担义务的人的;③ 离婚案件一方当事人死亡的;④ 追索赡养费、扶养费、抚育费以及解除收养关系案件的一方当事人死亡的。

5. 判决和裁定

法庭辩论终结后休庭,合议庭进行评议,并应在规定审理期限内依法作出判决。判决前能够调解的,还可以进行调解,调解不成的,应当及时判决,判决一律公开宣告,并发给由审判人员、书记员署名,加盖法院印章的判决书。判决书应当包括以下内容:① 案由、诉讼请求、争议的事实和理由;② 判决认定的事实和理由、适用的法律和理由;③ 判决结果和诉讼费用的负担;④ 上诉期间和上诉的法院。

法院审理案件,其中一部分事实已经清楚,可以就该部分先行判决。

与判决是对案件实体问题的处理不同,裁定主要处理程序问题,适用于:① 不予受理;② 对管辖权有异议的;③ 驳回起诉;④ 保全和先予执行;⑤ 准许或者不准许撤诉;⑥ 中止或者终结诉讼;⑦ 补正判决书中的笔误;⑧ 中止或者终结执行;⑨ 撤销或者不予执行仲裁裁决;⑩ 不予执行公证机关赋予强制执行效力的债权文书;⑪ 其他需要裁定解决的事项。

(二) 简易程序

1. 简易程序的适用范围

基层法院和它派出的法庭审理事实清楚、权利义务关系明确、争议不大的简单的民事案件,适用《民事诉讼法》规定的简易程序;审理前述以外的民事案件,当事人双方也可以约定适用简易程序。

下列案件不适用简易程序:① 起诉时被告下落不明的;② 发回重审的;③ 当事人一方人数众多的;④ 适用审判监督程序的;⑤ 涉及国家利益、社会公共利益的;⑥ 第三人起诉请求改变或者撤销生效判决、裁定、调解书的;⑦ 其他不宜适用简易程序的案件。

2. 简易程序的主要内容

简易程序的特点是简便易行,效率较高,主要体现在:① 原告可以口头起诉。② 当事人双方可以同时到基层法院或其派出法庭请求解决纠纷,后者可以当即审理,也可以另定日期审理。③ 基层法院或其派出法庭可以用简便方式传唤当事人和证人、送达诉讼文书、审理案件,但应保障当事人陈述意见的权利。④ 由审判员一人独任审理,并不受普通程序开庭通知和公告、法庭调查和辩论顺序等严格限制。⑤ 原则上应在立案之日起三个月内审结。⑥ 对事实清楚、权利义务关系明确、争议不大的简单民事案件,标的额为各省、自治区、直辖市上年度就业人员年平均工资百分之五十以下的,实行一审终审。

法院在审理过程中,发现案件不宜适用简易程序的,裁定转为普通程序。

（三）第二审程序

1. 上诉的提起和受理

当事人不服地方法院第一审民事判决的，有权在判决书送达之日起十五日内向上一级法院提起上诉。当事人不服地方法院第一审可以上诉的裁定的，有权在裁定书送达之日起十日内向上一级法院提起上诉。

有权提起上诉的当事人包括：原告、被告、共同诉讼人、诉讼代表人、提起公益诉讼的机关或组织、有独立请求权的第三人和判决其承担民事责任的无独立请求权的第三人。

上诉应递交符合规定内容的上诉状。上诉状应通过原审法院提出。当事人直接向第二审法院上诉的，第二审法院应在五日内将上诉状移交原审法院。原审理法院收到上诉状，应在五日内将上诉状副本送达对方当事人，对方当事人在收到之日起十五日内提出答辩状，不提出答辩状的，不影响法院审理。法院应在收到答辩状之日起五日内将副本送达上诉人。原审法院收到上诉状、答辩状，应在五日内连同全部案卷和证据，报送第二审法院。

2. 上诉案件的审理

二审法院应对上诉请求的有关事实和适用法律进行审查，并应开庭审理。经阅卷、调查和询问当事人，对没有提出新的事实、证据或者理由，合议庭或独任审判员认为不需要开庭审理的，也可以不开庭审理。

3. 上诉案件的裁判

二审法院对上诉案件，经过审理，按照下列情形分别处理：① 原判决、裁定认定事实清楚，适用法律正确的，以判决、裁定方式驳回上诉，维持原判决、裁定；② 原判决、裁定认定事实错误或者适用法律错误的，以判决、裁定方式依法改判、撤销或者变更；③ 原判决认定基本事实不清的，裁定撤销原判决，发回原审法院重审，或者查清事实后改判；④ 原判决遗漏当事人或者违法缺席判决等严重违反法定程序的，裁定撤销原判决，发回原审法院重审。原审法院对发回重审的案件作出判决后，当事人提起上诉的，二审法院不得再次发回重审。

（四）特别程序

《民事诉讼法》第十五章规定了特别程序，适用于法院审理选民资格、宣告失踪或者宣告死亡、认定公民无民事行为能力或者限制民事行为能力、认定财产无主、确认调解协议和实现担保物权案件。这些案件均属于民事非讼案件，即利害关系人或起诉人在没有民事权益争议的情况下，请求法院确认某种事实和权利是否存在，从而引起一定的民事法律关系发生、变更或消灭的案件。

《民事诉讼法》第十五章除针对每一种特殊案件规定了审理程序外，还规定了共同适用的一般规定，主要有：① 在程序方面，优先适用本章规定，本章没有规定的适用《民事诉讼法》和其他法律的有关规定。② 原则上由审判员独任审理，仅对选民资格案件或重大、

疑难案件由审判员组成合议庭审理。③一审终审。①④审限较短,除选民资格案件须在选举日前审结外,其他特别程序案件应在立案之日起三十日内或者公告期满后三十日内审结,有特殊情况需要延长的,须经院长批准。⑤法院在审理中如发现本案属于民事权益争议的,应当裁定终结特别程序,并告知利害关系人可以另行起诉。

(五) 审判监督程序

审判监督程序,是为了纠正已经发生法律效力的判决、裁定、调解书中确实存在的错误而对案件再次进行审理(再审)的程序。

1. 法院依职权启动再审

各级法院院长对本院已经发生法律效力的判决、裁定、调解书,发现确有错误,认为需要再审的,应当提交审判委员会讨论决定。

最高人民法院对地方各级法院,或者上级法院对下级法院已经发生法律效力的判决、裁定、调解书,发现确有错误的,有权提审或者指令下级法院再审。

2. 当事人申请再审

当事人对已经发生判决、裁定认为有错误的,可以向上级法院申请再审,但申请再审不停止判决、裁定执行的效力;当事人一方人数众多或者当事人双方为公民的案件,也可以向原审法院申请再审。符合下列情形之一的,法院应当再审:①有新的证据,足以推翻原判决、裁定的;②原判决、裁定认定的基本事实缺乏证据证明的;③原判决、裁定认定事实的主要证据是伪造的;④原判决、裁定认定事实的主要证据未经质证的;⑤对审理案件需要的主要证据,当事人因客观原因不能自行收集,书面申请法院调查收集,法院未调查收集的;⑥原判决、裁定适用法律确有错误的;⑦审判组织的组成不合法或者依法应当回避的审判人员没有回避的;⑧无诉讼行为能力人未经法定代理人代为诉讼或者应当参加诉讼的当事人,因不能归责于本人或者其诉讼代理人的事由,未参加诉讼的;⑨违反法律规定,剥夺当事人辩论权利的;⑩未经传票传唤,缺席判决的;⑪原判决、裁定遗漏或者超出诉讼请求的;⑫据以作出原判决、裁定的法律文书被撤销或者变更的;⑬审判人员审理该案件时有贪污受贿,徇私舞弊,枉法裁判行为的。

3. 人民检察院抗诉或检察建议

最高人民检察院对各级法院、上级检察院对下级法院已经发生法律效力的判决、裁定,发现有法定情形的,或者发现调解书损害国家利益、社会公共利益的,应当提起抗诉。地方各级检察院对同级法院已经发生法律效力的判决、裁定,发现有法定情形的,可以向同级法院提出检察建议,也可以提请上级检察院向同级法院提起抗诉。各级检察院对审判监督程序以外的其他审判程序中审判人员的违法行为,有权向同级法院提出检察建议。

再审的效力
及再审审理

---

①　根据法释〔2015〕5号司法解释第374条,适用特别程序作出的判决、裁定,当事人、利害关系人认为有错误的,可以向作出该判决、裁定的法院提出异议。法院经审查,异议成立或者部分成立的,作出新的判决、裁定撤销或者改变原判决、裁定;异议不成立的,裁定驳回。

(六) 督促程序和公示催告程序①

1. 督促程序

《民事诉讼法》第十七章规定了督促程序,即不经开庭进行实体审理,运用法院司法权威督促债务人向债权人偿还金钱债务的程序,其价值是快捷清偿无争议债务,节省司法资源,减轻当事人讼累。对无争议债权债权人请求债务人给付金钱、有价证券,符合下列条件的,可以向有管辖权的法院申请支付令:① 债权人与债务人没有其他债务纠纷的;② 支付令能够送达债务人的。

法院受理申请后,经审查债权人提供的事实、证据,对债权债务关系明确、合法的,应在受理之日起十五日内向债务人发出支付令;申请不成立的,裁定驳回。债务人应在收到支付令之日起十五日内清偿债务,或者向法院提出书面异议,否则债权人可以向法院申请执行。法院收到债务人提出的书面异议后,经审查异议成立的,应裁定终结督促程序,支付令自行失效,转入诉讼程序,但申请支付令的一方当事人不同意提起诉讼的除外。

2. 公示催告程序

《民事诉讼法》第十八章规定了公示催告程序,指法院根据当事人的申请,公告催促利害关系人在法定期间内申报权利,否则将使其承受法律上的不利后果。公示催告主要适用于宣告票据无效,旨在保护正当票据权利人的权利,防止非法持有票据的人获得不正当利益,及时解决因票据被盗、遗失或

执行程序

灭失而造成法律关系不稳定的问题。此外,公示催告程序也可适用于依法可以申请公示催告的其他事项。

【本章思考题】

1. 在刑事诉讼中,控、辩、审三方之间的关系应当如何?
2. 简述刑事诉讼中的举证责任与证明标准。
3. 如何理解刑事诉讼强制措施的比例原则?
4. 简述行政诉讼中的行政机关负责人出庭应诉原则。
5. 在行政诉讼中法院对行政行为的合法性审查体现在哪些方面?
6. 简述行政诉讼中的举证责任分配。
7. 简述民事诉讼中诉的要素及分类。
8. 简述妨碍民事诉讼的强制措施。
9. 如何理解民事诉讼中的自愿合法调解原则?

【本章讨论案例一】

张某与邻村女友恋爱,分手后被女友控告强奸,被某县公安局拘留。因未收集到足够

---

① 在1991年《民事诉讼法》中,还规定有第十九章"企业破产还债程序"。2006年制定《企业破产法》后,该程序在2007年修正《民事诉讼法》时被删除。

证据,公安局撤销案件,释放了张某,但女友家人召集村民到县委、县政府门口静坐,强烈要求处理张某。县政法委书记召集公、检、法三家联席会议,会上县公安局局长说:"只要检察院同意起诉我就重新抓人。"县检察院检察长说:"只要法院同意判刑我就批捕、起诉。"县法院院长说:"我听政法委的。"于是政法委书记拍板抓人,张某被逮捕、起诉,法院判处其有期徒刑7年。

问:本案的处理违背了刑事诉讼法的哪些基本原则?请分析之。

【本章讨论案例二】

曾某(男)与陈某(女)于2010年结婚,次年生育一子。因夫妻经常争吵打架,陈某于2013年11月向某区法院起诉,请求与曾某离婚。经调解不成,法院作出一审判决:准予原、被告离婚;小孩随陈某生活,曾某每月给付抚养费800元;对婚后财产也有处理。曾某不服一审判决,提起上诉,请求将小孩判归自己抚养,陈某每月给付抚养费800元。二审法院经审理驳回上诉,维持原判。此后曾到陈的父母家,抢走小孩。陈某赶到曾家要求领走小孩,遭到拒绝,陈某遂向某区法院申请强制执行。法院收到申请执行书立案,执行员到曾某家中,责令曾某交出小孩,未果,即直接将小孩抱上警车,带到法院,并通知陈某来法院领回。

问:本案的执行标的是不是小孩?法院执行员的执行措施是否妥当?为什么?

参考文献

一、教材著作类

[1] 卓泽渊. 法学导论:第 4 版[M]. 北京:法律出版社,2003.

[2] 吴祖谋,李双元. 法学概论:第 11 版[M]. 北京:法律出版社,2012.

[3] 谷春德,杨晓青. 法学概论:第 4 版[M]. 北京:中国人民大学出版社,2015.

[4] 潘小军. 新编法学概论[M]. 北京:北京大学出版社,2014.

[5] 陈业宏,夏芸芸. 法学概论[M]. 北京:中国人民大学出版社,2012.

[6] 沈宗灵. 法理学:第 4 版[M]. 北京:北京大学出版社,2014.

[7] 博登海默. 法理学:法律哲学与法律方法[M]. 邓正来,译. 北京:中国政法大学出版社,2017.

[8] 张千帆. 宪法学讲义[M]. 北京:北京大学出版社,2011.

[9] 焦洪昌. 宪法学:第 5 版[M]. 北京:北京大学出版社,2013.

[10] 胡建淼. 走向法治强国[M]. 北京:法律出版社,2016.

[11] 王利明. 法治:良法与善治[M]. 北京:北京大学出版社,2015.

[12] 莫于川. 行政法与行政诉讼法[M]. 北京:中国人民大学出版社,2012.

[13] 叶必丰. 行政法与行政诉讼法:第 5 版[M]. 北京:中国人民大学出版社,2019.

[14] 杨海坤,黄学贤. 行政诉讼:基本原理与制度完善[M]. 北京:中国人事出版社,2005.

[15] 张明楷. 刑法学:第 4 版[M]. 北京:法律出版社,2011.

[16] 高铭暄,马克昌. 刑法学:第 9 版[M]. 北京:北京大学出版社,2019.

[17] 魏振瀛. 民法:第 5 版[M]. 北京:北京大学出版社,2013.

[18] 杨立新. 物权法[M]. 北京:法律出版社,2013.

[19] 崔建远. 合同法:第 2 版[M]. 北京:北京大学出版社,2013.

[20] 吴汉东. 知识产权法:第 6 版[M]. 北京:北京大学出版社,2014.

[21] 杨立新. 侵权责任法案例教程:第 2 版[M]. 北京:知识产权出版社,2012.

[22] 巫昌祯. 婚姻与继承法学:修订本[M]. 北京:中国政法大学出版社,2001.

[23] 史际春. 经济法:第 3 版[M]. 北京:中国人民大学出版社,2015.

[24] 张辉. 宏观调控权法律控制研究[M]. 北京:法律出版社,2010.

[25] 樊崇义. 刑事诉讼法学:第 4 版[M]. 北京:法律出版社,2016.

[26] 江伟. 民事诉讼法学:第 2 版[M]. 北京:北京大学出版社,2014.

[27] 王铁崖. 国际法[M]. 北京:法律出版社,1995.

[28] 赵相林. 国际私法:第 4 版[M]. 北京:中国政法大学出版社,2007.

[29] 陈安.国际经济法:第2版[M].北京:法律出版社,2007.

二、主要法律法规类

[1]《中华人民共和国宪法》

[2]《中华人民共和国行政处罚法》

[3]《中华人民共和国公务员法》

[4]《中华人民共和国行政许可法》

[5]《中华人民共和国治安管理处罚法》

[6]《中华人民共和国行政复议法》

[7]《中华人民共和国国家赔偿法》

[8]《中华人民共和国刑法》

[9]《中华人民共和国民法典》

[10]《中华人民共和国商标法》

[11]《中华人民共和国全民所有制工业企业法》

[12]《中华人民共和国公司法》

[13]《中华人民共和国外商投资法》

[14]《中华人民共和国预算法》

[15]《中华人民共和国政府采购法》

[16]《中华人民共和国个人所得税法》

[17]《中华人民共和国企业所得税法》

[18]《中华人民共和国增值税暂行条例》

[19]《中华人民共和国消费税暂行条例》

[20]《中华人民共和国中国人民银行法》

[21]《中华人民共和国反垄断法》

[22]《中华人民共和国消费者权益保护法》

[23]《中华人民共和国产品质量法》

[24]《中华人民共和国刑事诉讼法》

[25]《中华人民共和国民事诉讼法》

[26]《中华人民共和国行政诉讼法》

[27]《联合国宪章》

[28]《国际人权宪章》

[29]《国际法原则宣言》

[30]《联合国海洋法公约》

[31]《中华人民共和国领海及毗连区法》

[32]《维也纳外交关系公约》

[33]《联合国国际货物销售合同公约》

[34]《国际贸易术语解释通则》

[35]《建立世界贸易组织协定》

后　记

　　法治是现代社会的基本特征,也是人类社会迄今为止最佳的国家治理方式。生活在现代社会的人不可避免地要与法律打交道,接受法律的治理,依靠法律主张和维护自己的权利。为了能够更加理性地面对法律的治理,履行自己的法定义务,正确行使法定权利,每个现代人都应当具有一定的法律素养。特别是对于作为未来的社会主义事业建设者和接班人的大学生来说,习得一定的法律知识,树立科学、民主的法律观,养成良好的法律素养,尤为重要。习近平法治思想的形成,对激发大学生对法律信赖、热爱与尊崇的真实情感,培养大学生对法治的价值认同,促进法治理念在其内心落地生根,必将产生极为重要的影响。因此,给非法学专业大学生开设法学概论课是十分必要的。2020 年 11 月,《中国法律制度概论》有幸被江苏省高等教育学会评定为 2020 年江苏省高等学校重点教材立项建设项目。

　　本教材从当今社会主义法治理念和法治实践出发,以习近平法治思想为灵魂,以若干典型的法律案例作为分析线索,力求全面体现最新法律理念及法学研究成果,充分阐释我国最新法律法规规章的规定,运用简明平实的叙述方式,做到脉络清晰、内容丰富、形式出新、用语准确、叙述合理,给读者提供更多的参考信息和更大的思考空间。

　　针对非法学专业学生学习的特点,本教材在写作方法上十分注意同法学专业教材的区分度。一是在体系安排上,既注重法的基础知识、一般原理的阐释,又注重各部门法的基本规范和基本制度的介绍。二是在观点选择上,既关注学科的最新研究成果,又注意观点的成熟性和连续性。三是在语言表达上,既注意法言法语的专业性、规范性,又注意语言的生动活泼、流畅简练,力戒艰深晦涩。四是在内容取舍上,重点介绍一般法和部门法的基本知识、基本原理。同时结合最新的《民法典》《刑法修正案(十一)》《民事诉讼法》《著作权法》等法律进行编写,体现了较强的时效性。本教材具有很强的可读性和教学适用性,适合非法学专业学生阅读和使用。

　　本教材的编写者均为南通大学经济与管理学院法律系的教师,他们根据多年的教学经验和体会,参考了同类相近教材,重新编撰,形成特色。具体分工是:

宋　超:绪论、第一章、第二章、第三章。

王晓燕:第五章(第四节)。

章亚梅:第四章、第五章(第一、二、三、五、七、十、十一节)。

王　菁:第六章。

冯　泠:第五章(第八、九节)。

曹海俊:第五章(第六节)、第七章。

　　宋超、王晓燕对全书进行了统稿。本教材编写过程中,得到了江苏省高等教育学会、

南通大学教务处、南通大学经济与管理学院的大力支持,在此一并谨表谢忱!对所有参考借鉴的其他教材的作者诚表衷心感谢!对南京大学出版社的各位领导和编辑付出的劳动表示真心谢意!

教材编写本是一项必须被苛求也最应该被苛求的事,它的每一个失误,都会也都应该令其作者与编者惴惴不安。误人子弟是教师之大忌,也是教材之大忌。尽管本教材教师凭着一腔热血和高度认真负责的工作态度进行编写,但仍然会存在一定的不足和失误。为此希冀广大读者在使用后发现问题或不足及时向作者提出宝贵的意见和建议,以便我们今后进一步修订完善。

编　者
2022 年春